현대 영어 교수·학습론

정양수 지음

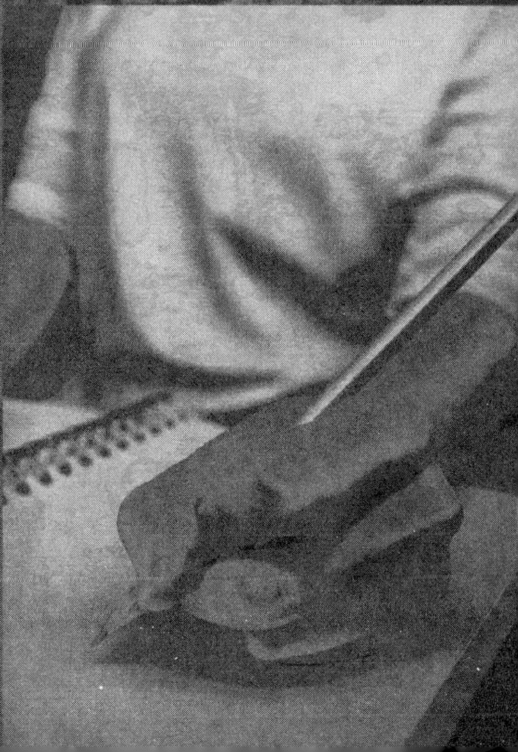

신아사

머 리 말

모국어 습득의 경우, 정신적·신체적인 특별한 예외적인 상황이 아니고서는 거의 모든 어린이들은 빠른 시간 내에 그리고 성공적으로 모국어를 습득하게 된다. 하지만, 외국어 학습은 모국어 습득만큼의 성공을 거두지 못하는 것이 현실이며, 외국어로서 영어를 배우고 있는 우리들에게도 예외는 아니다. 외국어 학습에서 많은 학습자들이 실패하는 이유는 우리들에게 중요한 의미를 부여해 준다. 따라서 많은 언어학자들은 모국어 습득과 외국어 학습 간의 유사점과 차이점을 규명하는데 많은 관심을 기울여 왔으며, 이는 궁극적으로 교사들이 외국어를 보다 효율적으로 가르치는데 많은 도움을 줄 것으로 생각된다. 이러한 맥락에서 본 교재는 영어를 외국어로서 학습/습득해 가는 과정에 대한 이해력을 높이기 위해서 기술되었다.

일반적으로 언어학습은 여러 요인들이 서로 얽혀 있는 매우 복잡한 현상이다. 외국어로서 영어를 성공적으로 학습하기 위해서는 여러 요인들이 고려되어야 한다. 본 교재는 언어발달의 특성, 학습자의 역할, 그리고 언어발달에 영향을 미치는 요인들을 중심으로 기술되었다. 특히, 학습자 개개인들은 서로 다른 독특한 특성들을 갖고 있어서 단순히 교사에 의해서 일방적으로 이끌려가는 수동적인 존재가 아니라, 오히려 학습자 개개인들이 갖고 있는 동기, 학습전략 및 인성적 요인들에 의해서 영어학습 현장에서 이루어지는 학습활동에 적극적으로 참여하고 있다는 점을 강조하였다. 그리고 모국어 습득과정에서 학습자들이 그들의 언어체계를 적극적으로 발달시켜 가는 것과 마찬가지로 외국어로서의 영어학습에서도 학습자들은 그들의 언어체계를 발달시켜 가는데 매우 적극적임을 부각시키고자 하였다.

본 교재는 총 14장으로 구성되었다. 1장에서는 언어능력, 의사소통능력, 그리고 상호작용능력에 대해서 기술하였으며, 2장에서는 행동주의 이론에 입각한 영어학습 과정, 3장에서는 인지주의 이론에 입각한 영어학습 과정, 그리고 4장에서는 구성주의에 입각한 영어학습 과정을 기술하였다. 5장에서는 학습자의 연령(나이)이 영어학습에 어떤 영향을 미치고 있는지에 대해서 살펴보았으며, 6장에서는 영어 학습자들이 보여주는 습득순서의 유사성을 설명하기 위해 내적교수요목에 대해서 기술하였다. 7장에서는 학습자들이 보여주는 오류의 유형과 출처에 대해서 기술하였으며, 8장에서는 영어학습 과정에서 나타나는 학습자 개개인의 차이를 규명하고자 하였으며, 9장에서는 학습전략과 의사소통전략을 포함하여 언어사용의 실제적 측면에 대해서 다루었다. 그리고 10장에서는 언어학습의 기본 모형으로서 행동주의 기반의 습관형성 모형과 인지주의 기반의 창의적 언어구성 과정을 서로 비교해 보았으며, 11장에서는 최근에 대두된 외국어 학습 이론에 대해서 살펴보았으며, 12장에서는 Vygotsky의 사회 · 문화 이론이 영어학습에 어떻게 접목될 수 있는지에 대해서 기술하였다. 13장에서는 교실에서 이루어지는 영어학습에 대해서 살펴보았고, 마지막으로 14장에서는 학습자들에게 영어를 가르칠 때 교사들이 주의 깊게 고려해야 할 여러 함축적인 면에 대해서 다루었다.

본 교재는 영어학습 과정에 대한 체계적이고 심층적인 이해력을 독자들에게 전달하여 영어를 보다 효과적으로 가르칠 수 있는 교수방법을 모색하려고 하였다. 따라서 영어교육을 전공하는 대학원생 및 교육대학원생, 영어교육에 관심이 있는 학부생들과 예비 교사들, 그리고 현직 영어교사들에게 영어학습 과정을 이해하는데 적합한 교재가 되리라 생각된다. 이 교재를 통해서 외국어로서의 영어학습 과정에 대한 이해가 넓어지고 학생들에게 영어를 보다 효과적으로 가르칠 수 있는 효과적인 교수법을 찾는데 도움이 되길 소망한다.

끝으로 이 책을 출판해 주신 신아사 편집부 여러 선생님들께 감사의 말씀을 드린다.

2013년 2월 대전에서

저자 정양수

차 례

현대 영어 교수 · 학습론

제1장

언어능력

현대 영어교육의 추세는 영어에 대한 문법적 지식을 습득하는 것도 중요하지만 영어를 실제적 상황에서 사용할 수 있는 의사소통능력의 배양을 강조한다. 본 장에서 언어의 본질에 대해 알아보고, 의사소통능력의 의미와 그 중요성에 대해 언급하고자 한다. 그리고 사회적 맥락에서 구성원 간의 상호작용이 강조됨에 따라 새롭게 부각되고 있는 상호작용능력에 대해서도 살펴보고자 한다.

1.1 언어의 본질적 기능

인간은 사회적 동물로서 공동체 생활을 영위하면서 사회 구성원들과 의사소통을 하면서 살아간다. 인간은 태어날 때부터 사회의 한 구성원이 되며 생존 및 기타 필요에 의해 그 구성원들과 의사소통을 하게 된다. 어릴 때부터 언어를 통하여 자신의 의사, 의미, 느낌, 그리고 감정 등을 전달하고 다른 사람의 의사소통에 반응하는 방법을 배우게 된다. 완전한 의사소통이 이루어질 때 인간은 사회의 구성원으로서 불편 없이 살아갈 수 있는데 이에 대한 매개체 역할을 하는 것이 언어이다. 따라서 언어가 화자(speaker)와 청자(listener) 간에 완전한 의사소통의 매개체 역할을 할 때 언어로서 제 기능을 한다고 할 수 있다. 인간의 사회적 만남의 한 형태가 의사소통으로 이루어지고 있고 이러한 사람들 간에 의사소통의 통로를 열어주고 적절한 사회적 관계를 형성하도록 해주는 것이 바로 언어의 사용이다. 따라서 언어의 궁극적 목적이 의사소통에 있다면 영어를 외국어로 배우고 있는 우리나라의 경우, 학습자들이 모국어 화자들과 실제 상황에서 영어를 유창하게 그리고 적절하게 사용할 수 있는 능력을 개발하도록 하는 것이 영어교육의 최대 목표라고 할 수 있다. 그러나 Corder(1973)의 말대로 언어란 매우 복잡한 현상이기 때문에 어느 한 견해로 언어교육의 모든 과정을 설명하는 것이 힘들기 때문에 언어교육과 관련된 여러 견해를 선택, 종합하여 언급하는 것이 필요하다.

1) 구어 (Spoken Form)의 중요성

언어는 원래 발성기관과 청각기관을 이용한 말(speech) 또는 음성(vocal)으로 시작되었다. 문자언어(written language)는 말의 이차적 표기에 불과하기 때문에 인간이 언어를 사용하는 행위는 무엇보다도 입과 귀를 이용한 구두-청각적(oral-aural) 면을 기본 형태로 삼는다. 물론 교통신호, 수화(sign language), 제스처(gesture) 등도 어떤 의미를 전달하는 의사소통을 위해 사용될 수 있지만 엄격한 의미로는 부차언어(paralanguage)로 여겨진다. 따라서 외국어 교육에서 구어의 이해력과 구사력을 함양하는데 큰 비중을 두어야 하며, 서로 다른 음을 변별할 수 있는 능력뿐만 아니라 억양과 강세에서 비롯되는 구어 특유의 표현을 습득할 수 있도록 강조하여야 한다.

2) 언어의 체계성(System)

언어는 어휘, 음, 의미, 문법 등과 같은 여러 구성요소들을 가지고 있는데 이런 요소들이 각기 별개의 상태로 그냥 모여서는 언어 그 본래의 목적을 달성할 수 없다. 일정한 문법 규칙에 따라 어휘가 삽입되고 음이 결정되며 이에 따라 의미가 결합되는 일정한 체계를 이룬다. 이러한 체계성은 인간언어와 동물언어를 구별짓는 중요한 기준이 된다.

3) 언어의 자의성(Arbitrary)

언어사회의 구성원들은 의사소통을 위해 상호간에 이미 약속된 언어기호를 사용한다. 이때 언어기호를 형태소(morpheme)라고도 하며 구성원들 간에 임의적으로 약속된 규약이라고도 한다. 일반적으로 언어기호가 갖는 특징은 특정 사물과 이를 표시하는 기호 그리고 그 사물의 의미 간에는 고정된 관계가 없으며 언어사회 구성원들의 심리 속에 임의적이고 자의적으로 약속한 것에 불과하다. 따라서 각 언어의 음운적, 어휘적, 문법적인 표현 방법이 각 언어사회마다 다르기 때문에 그 약속을 모르는 다른 언어사회의 구성원들은 그 기호를 이해할 수 없다. 예를 들어, 자기를 낳아준 사람을 한국인은 '어머니', 영어사회에서는 'mother', 불어사회에서는 'mere'로 나타낸다. 그리고 의성어에서도 개짖는 소리로 한국인은 '멍멍', 일본인은 '왕왕', 영국인은 'bow-wow', 그리고 독일인은 'wau-wau'로 나타내는데 이들은 언어의 자의성 및 인습성을 잘 나타내는 증거이다. 이런 의미에서 Brown(2000)은 언어를 '자의적 기호(arbitrary symbols)'로, Wardhaugh(1992)는 '자의적 음성기호(arbitrary symbols)'로 그리고 Webster(1932)는 '인습적인 기호체계(a system of conventionalized sign)'라는 표현을 사용하였다. 이러한 언어적 자의성은 언어적인 면뿐만 아니라 문화적인 현상을 나타내는데도 적용된다. 즉, 서로 다른 문화권의 사람들은 정치적, 문화적, 윤리적 신념이 다르기 때문에 주변의 물체나 현상을 다르게 인식하며 이에 따른 언어적 표현도 다르게 나타난다.

4) 의사소통(Communication) 목적의 언어

언어사용의 가장 근본적 목적은 사람과 사람간의 상호작용을 통한 의사소통에 있다. 화자가 의미전달을 위해 언어사회 구성원들 간에 합의된 언어기호를 사용하여 전달내용을 부호화(encoding)하면 청자는 전달받은 언어기호를 해석(decoding)하게 된다. 그리고 부호화와 부호해석의 과정을 통해 화자가 전달하고자 한 내용을 청자가 정확하게 이해하였을 때 의사소통의 목적을 달성하였다고 할 수 있다. 그러나 의사소통이란 사회 구성원들이 동일한 언어를 의미전달 매개체로 하여 상호협력하고 상호작용을 하는 과정이기 때문에 언어적 의미 이외에 사회적인 의미를 지니고 있다. 이러한 언어의 사회성은 그 사회의 구성원이 사용하는 나름대로의 표현방식, 인습, 문화 등이 언어에 반영되어 나타난 경우라 할 수 있다.

5) 언어의 변화성(Changeability)

언어는 항상 고정된 형태로 있는 것이 아니라 계속적인 변화의 과정을 거친다. 사회현상에 따라, 법령이나 규칙 등과 같은 사회 구성원의 합의에 따라 음운, 어휘, 의미, 구문 등의 언어의 각 요소가 변화될 수 있다. 특히, 과학 기술의 발달과 함께 어휘 분야에서 가장 많은 변화가 일어나고 있으며, 의미 또한 많은 변화를 겪고 있다. 이러한 변화는 사회 구성원들 간의 합의에 따라 일어나기도 하지만 때로는 사회 구성원들이 모르는 사이 무의식중에 일어나기도 한다.

6) 언어의 변이성(Variability)

언어는 보통 하나의 사회 공동체내에서 상호 의사소통을 위해 사용된다. 그러나 한 공동체내에서도 동일한 전달수단인 언어가 지역에 따라 그리고 사회 구성원의 교육, 경제, 문화, 직업 등의 배경에 따라 방언(dialects)이라 불리는 여러 변이형으로 바뀌어 사용된다. 변이형에는 크게 지역에 따른 '지역 변이형(지역방언)', 사회 구성원의 사회, 문화, 경제적 배경에 따라 언어사용이 달라지는 '사회 변이형(사회방언)', 그리고 화자가 언제, 어디서, 누구에게, 무엇에 대해, 어떻게 그 언어를 사용하는가에 따라, 즉 언어사용의 장면, 상황 등에 따라 언어사용이 달라지는 '상황 변이형(situational variants)' 또는 '기능적 변이형(functional variants)'으로 구별된다.

7) 인간으로서의 언어(Language as Human)

인간으로서의 언어는 언어가 인간 특유의 것이라는 것을 의미한다. 동물도 그들 나름의 언어를 사용하여 의사소통을 한다. 그러나 동물언어는 비조직적이고 무한한 문장을 만들어낼 수 없어서 예측이 가능하다는 특성을 갖는다. 반면, 인간의 언어는 유한(finite)의 문법규칙을 가지고 무한(infinite)의 문장을 생성해 낼 수 있는 창의성(creativity)을 갖는다. 따라서 인간 언어는 개방적(open)이고, 그 범주가 무한하며, 그리고 사전에 예측(predictability)이 어렵다. Hoijer(1972)는 인간언어의 여러 특성 중 언어의 인간적인 면과 관련하여 부재사실(displacement)을 표현할 수 있는 기능을 한 예루 들었다. 이는 시간과 공간을 초월하여 어떤 사실을 언급할 수 있다는 것을 의미한다. 먼 과거의 일이나 앞으로 일어날 미래의 일, 그리고 존재하지 않거나 일어나지 않은 일에 대해 인간의 상상력을 발휘하여 언어로 표현할 수 있다는 것은 인간 특유의 능력이다.

8) 언어의 학습성(Learnability)

인간은 태어날 때 언어 자체를 가지고 태어나기 보다는 언어를 배울 수 있는 능력을 가지고 태어난다는 것이 더 정확한 표현이다. 인간의 이러한 생득적 언어능력(innate language ability) 때문에 인간은 태어나서 수년 안에 복잡한 언어체계를 완벽하게 습득할 수 있다. 물론 언어학습은 많은 시간과 노력을 필요로 하지만, 어린이들은 적절한 언어 환경에 노출만 된다면 언어사용의 여러 규칙들을 습득하여 언어를 자유롭고 창의적으로 사용할 수 있다.

1.2 언어능력과 의사소통능력

1.2.1 Chomsky의 언어능력(Linguistic Competence)

Chomsky(1965)에 의하면, 언어능력(linguistic competence)이란 동질적인 언어사회의 한 구성원으로서 그 사회에서 사용되는 언어를 완전무결하게 사용할 줄 아는 이상적인 화자와 청자가 그 언어에 대해 내재적으로 가지고 있는 추상적인 지식을 의미한다. 한편, 언어수행(linguistic performance)은 구체적인 언어사용의 맥락에서 언어가 사용되는 것을 의미하지만, Chomsky는 다음 글에서 언어수행은 가장 이상적인 여건에서만 언어능력을 반영하며 언어능력이 반드시 언어수행을 전제로 하고 있지 않다는 것을 언급하였다.

> Linguistic theory is concerned primarily with an ideal speaker-listener, in a completely homogeneous speech community, who knows its language perfectly and is unaffected by such grammatically irrelevant conditions as memory limitation, distractions, shifts of attention and interest, and errors in applying his knowledge of the language in actual performance. (p. 3)

그러나 화자와 청자는 실제로 언어를 사용하는 도중에서 볼 수 있는 여러 변인들 - 정신적, 육체적 피로로 인한 말더듬, 기억의 한계, 주의나 관심의 변화, 화제의 변화, 문법규칙에서의 이탈, 기타 외부 요인들 - 을 발견할 수 있다. Chomsky는 이러한 언어수행 과정 중에 얻어지는 언어 자료들은 일관성과 신빙성이 없어서 화자-청자의 참된 언어능력을 반영하지 못하므로 인간이 가지고 있는 언어능력의 본질은 언어수행이 아닌 언어능력에서 찾아야 한다고 주장하였다. 이렇듯 Chomsky가 바라본 언어능력은 행위적이기 보다는 지식적이라 할 수 있다. 또한 언어능력은 언어가 사용되는 사회, 문화적 맥락에서 유리시킨 화자가 내재적으로 지니고 있는 추상적이고 완벽한 언어지식을 의미한다.

언어능력은 구체적인 상황에서 언어가 실제로 사용되는 언어수행과는 엄밀히 구별된다. 언어능력은 언어의 구조에 관한 추상적이고도 총체적인 지식이며 유한의 법칙으로 무한의 문법적 문장을 생성하고 이해할 수 있는 능력인데 이는 학습되는 것이 아니라 생득적인 것으로 보았다. Chomsky(1984)는 이러한 능력을 문법적인 개념으로 언급하였는데, 그가 의미하는 문법적 개념은 다음과 같다.

① 어떤 문장이 문법적인지 아니면 비문법적인지를 구별할 수 있는 능력
② 전에 들어보지도 못하고 말해 보지도 못한 수많은 문장을 듣고 이해할 수 있으며 생성해 낼 수 있는 능력
③ 표면상으로는 서로 다른 문법적 구조를 지니고 있지만 이들 문장

이 의미하는 바는 서로 같다는 것을 알 수 있는 능력

예) The hunter killed the bear.

The bear was killed by the hunter.

④ 표면 구조상 한 문장이 둘 또는 그 이상의 의미로 해석되는 것, 즉 문장의 애매성을 알 수 있는 능력

예) Flying planes can be dangerous.

- 날고 있는 비행기는 위험할 수 있다.
- 비행기를 타는 것은 위험할 수 있다.

언어는 의사소통을 목적으로 사용되기 때문에 언어가 사용되는 사회적 맥락을 유리시켜 언어를 설명하는 것은 언어의 본질을 파악하는데 한계가 있기 마련이다. 따라서 사회언어학자들은 Chomsky가 주장했던 언어능력보다 더 넓은 개념의 언어능력을 재설정해야 한다고 주장하였는데 이 새로운 개념의 언어능력이 '의사소통능력(communicative competence)'이다.

1.2.2 의사소통능력(Communicative Competence)의 정의

1) Hymes의 의사소통능력

의사소통능력(communicative competence)은 Chomsky의 언어능력과 구별하여 언어의 실제적 사용을 강조하기 위해 Hymes(1972)가 사용한 용어이다. Hymes에 의하면, Chomsky의 언어능력은 순전히 동질적인(homogeneous) 언어사회 내에서 이상적인 화자-청자의 지식을 다루기 때문에 인간의 언어능력을 설명하기엔 너무 이상적이고 한정적이라는 것이다. 더욱이 Hymes는 외국어 학습상황에서 흔히 나타날 수 있는 이질적인 언어사회(heterogeneous speech community)의 비이상적(non-ideal)

인 화자-청자의 예를 들면서 사회적 맥락에서 외국어가 실제로 사용되는 언어행위는 전적으로 동질적인 언어사회의 것으로 특징 지워질 수 없다고 주장하였다. 따라서 Chomsky가 언어수행의 영역으로 정의했던 사회, 문화적 요인을 포함한 좀 더 넓은 의미의 언어능력을 설정할 필요가 있어서 '의사소통능력'이라는 용어를 사용하였다. 의사소통능력은 실제 상황에서 적절하고 합당하게 의사소통을 이끌어 나갈 수 있는 능력을 의미한다. 사회, 언어적인 관점에서 Hymes가 생각하였던 의사소통능력의 일반적 개념 4가지는 다음과 같다.

① 한 언어가 문법적으로 가능한 구조를 갖고 있는가 그 여부를 다루는 영역
② 문법적으로 가능하지만 실제 사회적 상황에서 사용이 가능한지 그 여부를 다루는 영역
③ 실제 언어사용의 맥락과 관련하여 적절한가를 다루는 영역
④ 사용된 언어가 실제로 사회 구성원들에 의해 받아들여 질 수 있는가를 다루는 영역

Hymes가 의미하는 의사소통능력은 위 4가지 영역을 통합한 의미인데 일반적으로 문법적 능력(grammatical competence)으로 여겨지는 Chomsky의 언어능력 개념보다는 훨씬 광범위한 것이다.

2) Canale과 Swain의 의사소통능력

Canale과 Swain(1980)은 가장 중요한 언어능력은 문법적이기보다는 언어가 사용되는 상황에 적합한 발화를 생성하고 이해할 수 있는 능력이라고 하면서 다음 4가지의 하부 구성요소가 의사소통능력을 구성하고 있다고 보았다.

① 문법능력(grammatical competence): 어휘 항목의 지식, 형태소, 통사, 문장의 의미 및 음운 등의 규칙에 관한 지식을 의미한다. 하지만 문법능력은 이러한 문법규칙을 설명하기 위한 것이 아니라 이런 규칙에 맞게 단어를 배열하여 문장으로 구성하는 방법을 이해하고 사용할 수 있는 능력을 의미한다.

② 담화능력(discourse competence): 독립된 개별적인 문장이 아니라 일련의 문장들을 연결한 담화 속에서 전체적인 의미를 형성해 내는 능력을 뜻한다. 때로는 문장사이의 관계가 명확하지 않은 경우가 많은데 이때는 세상에 관해 알고 있는 여러 지식을 사용함으로써 문맥에 따라 그 언어 표현 속에 내재되어 있는 의미를 추론할 수 있는 능력까지 포함한다. 즉, 여러 문장이 연결된 가운데 전체적인 의미를 파악하는 것과 함께 일정한 상황에 맞는 말이나 글을 구성할 수 있는 능력을 지칭한다.

③ 사회 언어적 능력(socio-linguistic competence): 서로 다른 사회 언어적 상황에서 적절한 언어사용을 위한 사회 언어적 규칙에 관한 지식을 뜻한다. 모국인들은 이 규칙을 잘 알고 있으며 상황에 따라 적절한 표현을 사용한다. 이는 언제 침묵을 지켜야 하는지, 언제 존댓말을 사용해야 하는지, 언제 주저하는 태도로 말을 해야 하는지 등의 특정한 상황에서 무슨 말을 어떻게 말해야 하는가를 아는 능력이다.

④ 전략적 능력(strategic competence): 언어수행의 변수 혹은 불충분한 언어능력 때문에 의사소통의 좌절을 보완하기 위해 취해지는 언어적, 비언어적 소통전략에 관한 지식으로 성공적인 의사소통을 결정짓는 중요한 요소가 된다. 예를 들어, 단어가 생각나지 않을 경우 어떻게 의사소통을 지속할 것인지, 상대방의 말을 이해하지 못했을 경우 어떻게 할 것인지 등의 여러 상황에서 말을 바꾸어서 한다든지, 돌려서 말을 한다든지, 또는 반복하고, 주저하고, 회피하는 전략을 사용할 줄 아는 능력이라 할 수 있다.

3) Savignon의 의사소통능력

Savignon(1983)은 지식(knowledge)과 기능(skill)을 의사소통능력의 기저체계로 보았다. 여기서 지식은 외국어 학습을 위해서 어휘와 사회 언어학적 규칙, 즉 언어와 의사소통의 제 양상에 대해 아는 것을 의미하며 기능은 실제 상황에서 지식을 얼마나 잘 수행하고 있는가를 의미한다. Savignon은 의사소통능력의 이론적 기틀로서 문법적 능력, 사회 언어적 능력 그리고 전략적 능력을 구성요소로 보았다.

4) Bachman의 의사소통능력

Bachman(1990, pp. 85-87)은 다음 그림에서 보는 바와 같이 의사소통능력은 5가지 요인들의 상호작용으로 보았다. Bachman이 뜻하는 의사소통능력은 언어적 지식뿐만 아니라 실제 언어사용에서도 이러한 지식을 직접 적용할 수 있는 능력을 포함한다. 따라서 언어를 제대로 사용하기 위해서는 언어지식인 언어능력과 화자와 청자를 둘러싼 세상지식이 필요하다고 하였다. 즉, 의사소통능력은 언어적 능력(language competence)과 전략적 능력(strategic competence)뿐만 아니라 주어진 상황을 이해하고 선험지식들을 활용할 수 있는 능력, 그리고 구두와 문자언어의 이해와 표현기술을 내포하는 심리 생리학적 기제(psychophysiological mechanism)를 포함하는 능력으로 구성된다. Bachman의 의사소통능력 모형을 도식으로 나타내면 다음과 같다.

① 세상지식(Knowledge structures: Knowledge of the world)
② 언어능력(Language competence: Knowledge of language)
③ 전략을 사용하는 능력(Strategic competence)
④ 심리 생리학적 기제(Psychophysiological mechanism)
⑤ 상황(Context of situation)

5) 기타

Zelson(1976)은 어휘, 음운, 형태, 구문의 기능(skill)에는 언어적 단위, 집합, 체계 등이 포함되는데 언어의 이러한 구성성분이 사용되는 규칙에 통달하는 것을 언어능력이라 하고, 의미(message)를 받아들여 이해하고 표현할 수 있는 능력을 의사소통능력으로 보았다. 따라서 언어숙달을 위한 교과과정은 '언어능력(LC) + 의사소통능력(CC) = Proficiency'라고 하였다.

한편, Allwight(1979)는 언어능력과 의사소통능력간의 관계를 구별하기 위해 다음과 같은 도표를 들어 설명하고 있다.

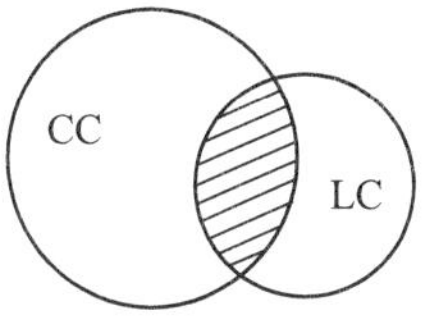

CC : Communicative Competence

LC : Linguistic Competence

> ....that teaching comprehensively for linguistic competence will necessarily leave a large area of communicative competence untouched, whereas teaching equally comprehensively for communicative competence will necessarily cater for all but a small part of linguistic competence. If this way of specifying the relationship is generally correct, then, if we really have communication as the major aim of our language teaching, we would be well advised to focus on communicative skills, ... (p. 168)

위 도표에서 본 바와 같이 언어능력의 극히 일부분은 의사소통능력과 무관하지만 일반적으로 볼 때 언어능력은 의사소통능력의 부분임을 알 수 있다. 그러므로 좀 더 넓은 의미의 언어능력, 즉 의사소통능력을 교육하게 되면 언어능력의 일부분을 제외하고는 모든 것을 만족시켜줄 것이므로 영어교육의 목표는 문법적 능력과 사회 언어적 능력을 포함하고 있는 의사소통능력을 배양하도록 그 방향이 전환되어야 함을 의미한다.

Littlewood(1981)와 Stern(1983)은 언어의 사회적 규칙을 상황에 적절하게 활용하는 것이 중요하다고 하였다. 따라서 의사소통능력은 언어의 구조적 의미뿐만 아니라 기능적 의미와 사회적 의미를 이해하고 표현할 수 있는 능력을 포함하는데 그들은 의사소통능력의 개념을 다음과 같이 열거하였다.

① The intuitive mastery of the forms of the language.
② The intuitive mastery of the linguistic, cognitive, affective and sociocultural meanings expressed by the language forms.
③ The capacity of using the language with maximum attention to communication and minimum attention to form.
④ The capacity of language use.

1.2.3 의사소통능력의 범수

사회 언어학적 견지에서 살펴본 의사수통능력은 Chomsky의 언어능력을 그 일부분으로 받아들이면서 동시에 사회 문화적인 맥락에 적합한 문장을 생성해 내고, 사회 문화적 규범에 적합한 문장을 생성하기 위해 어떻게 작용하는가를 아는 능력까지를 포함하고 있다. 사회 언어적 측면에서 의사소통능력은 다음과 같은 능력들이 포함되어야 한다.

1) 문법규칙에 대한 지식

문법적 지식은 생성된 발화가 문법적인지 아니면 비문법적인지 그 정확성을 결정해 주는 기준이 된다. 만일 생성된 발화가 문법적이라면 그 발화는 문법이나 구문의 형식적인 규칙 등의 언어로써 갖추어야 할 모든 외적인 요인들이 맞게 구성되어 있다는 것을 의미한다. 우리가 갖고 있는 문법적 지식은 어휘 항목의 지식, 형태소, 통사적 구조, 문장, 음운 등의 언어체계에 대한 지식을 의미한다.

2) 적절한 언어사용에 대한 지식

적절성(appropriateness)은 구조적 정확성과는 차이가 있다. 만약, 언어를 올바르게 사용할 수 있는 사용규칙을 모른다면 문법규칙은 쓸모가 없다. 아래 두 문장의 예를 살펴보면 적절한 언어사용이 무엇을 의미하는지를 알 수 있다.

(a) I'm Elizabeth Taylor.

(b) This is Elizabeth Taylor.

두 문장 모두 문법적으로 아무런 잘못이 없는 문장이다. 모두 '나는 Elizabeth Taylor입니다.' 라는 뜻을 갖고 있지만, 서로 대면하여 이야기할 때는 (a) 문장의 사용이 적절하고 (b) 문장은 사용이 적절하지 않다. 그리고 전화상으로는 (b) 문장은 가능하지만 (a)문장은 사용이 적절하지 않다. 실제 언어행위에서 언어를 사용할 때 어떤 표현이 옳고 그른가를 판단하기 위해서는 협의의 문법성을 따져서는 안 되고 용인성(acceptability)을 따져 보아야 한다. 그리고 그 표현이 사용될 때의 여러 가지 외적인 요인들, 즉 대화가 이루어지고 있는 장면이나 상황의 특성, 대화자 사이의 사회적 관계, 대화의 주제 등을 고려하여야 한다.

3) 사회적 규범에 대한 지식

의사소통에 참여하는 사람들은 대화의 전개에 따른 사회적 규범을 파악하는 것이 중요하다. 발화구조를 지배하는 통사적, 음운적 규칙은 잘 알고 있으면서도 그 상황에서 용인(acceptable)할 수 있는 발화규범을 모르면 심각한 소통장애를 유발할 수 있다. 따라서 대화 참여자들은 사회가 그 구성원들에게 설정해 놓은 규범(적절한 행위에 대한 공유된 믿음)을 이해할 필요가 있다. 예를 들어, 사무실에서 'It's stuffy.'라는 말을 비서가 사장에게 했다면 단순한 서술문으로 이해할 수 있지만, 반대로 사장이 비서에게 이 말을 했다면 이는 '방안이 답답하니 창문을 열어라.'라는 명령문으로 이해할 수 있다. 이와 같이 언어표현은 지시적인 면 이외에 사회적 의미를 갖는데 이는 언어표현이 나타내는 의미가 지시적인 면에 국한하지 않음을 뜻한다. 여기서 사회적 의미란 언어표현의 1차적 외연의미(denotation) 이외에 부차적인 내포의미(connotation)를 갖는 것으로 이는 언어의 내재적 속성으로 존재하는 것이 아니라 그 표현이 사용된 사회적 상황에 의해 결정되는 것이다. 한편, 한영목(1992)은 실제 언어활동에서 화자가 자신의 의사를 가장 효율적으로 나타내 줄 수 있는 언어표현을 선택하는 과정에는 크게 두 가지 여과과정이 있다고 하였다. 첫째는 비문법적 표현을 걸러내는 것이고, 둘째는 언어행위가 이루어지고 있는 사회적 여건에 타당치 못한 표현을 걸러내는 과정이다. 이를 도표로 나타내면 다음과 같다.

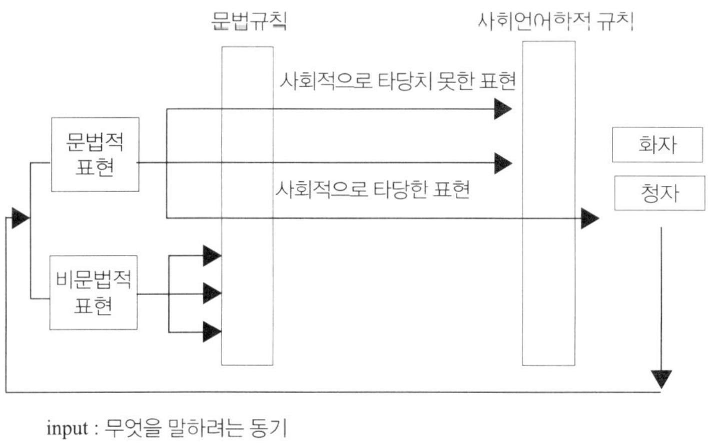

〈그림 1-3〉 적절한 언어사용의 도식표

4) 담화분석에 대한 지식

의사소통을 위해서 일단 언어를 가르칠 필요가 있다는 것을 받아들인다면 단지 문장의 차원에서만 언어를 생각해서는 안되고 더 나아가 담화의 성격과 결부된 자료들을 영어교육의 자료로 사용하여야 한다. 문장이란 기술언어학적 접근방식의 추상적인 단위이므로 실제 언어사용에서 그 자체로서는 의미가 없어 고립된 문장(sentence in isolation)이 될 수밖에 없다. 따라서 하나의 문장만 가지고서는 그 문장의 완전한 의미를 파악할 수 없기 때문에 완전한 의미를 파악하기 위해서는 그 문장이 사용된 전체적 문맥과 화자-청자 간의 언어적 환경을 동시에 이해하여야 한다.

Widdowson(1979)은 담화를 '배합된 문장의 사용(the use of sentence in combination)'이라고 정의하면서 고립된 문장의 특성을 파악하는 관심에서 벗어나서 문장을 배합하여 쓰는 능력을 강조하여야 한다고 하였다. 언어는 화자-청자와의 연속되는 담화 속에서 사용되기 때문에 문장과 문장 사이의 관련성이 중요하고 이러한 전체적 맥락 안에서 의미를 파악하여야 한다. 따라서 담화분석에 대한 지식이란 그저 단독문 뿐만 아니라 앞에 나온 문장과 다음에 계속되는 양 문장사이에 언어로 표시되어 있는 의미를 정확하게 이해할 수 있는 능력을 의미한다. 담화상의 의미를 제대로 파악하기 위해서 문장 하나의 의미보다는 문장과 문장이 연결된 대화의 규칙을 이해하고 사용할 수 있는 능력을 갖추는 것이 매우 중요하다. 이러한 담화규칙이 적절히 사용되고 있는지 그 여부를 점검하는 것이 '담화분석(discourse analysis)'이다. 이와 같이 문장에서 담화로의 전이는 문장에 대한 지식을 효율적인 의사소통에 적용시킬 수 있도록 해주는 필연적인 과정이다.

1.2.4 응집성(Cohesion)과 맥락성(Coherence)

1) 응집성(Cohesion)

응집성(cohesion)은 문장과 문장, 또는 문장의 일부가 결합하는 문법적인 연결을 뜻하는 것으로 연결되는 문장을 통하여 표현되는 명제들 간의 명백한 관계를 의미한다. 다음 아래의 대화를 살펴보면 응집성의 의미를 보다 명확하게 이해할 수 있다.

A: Is John coming to the party, tonight?
B: Yes, he is.
A: If you have the plan to visit Seoul, Korea, I can give you the address of a good hotel there.

위 대화에서는 우선 문장 중의 문법적 항목 및 어휘적 관계를 보더라도 응집성이 있다는 것을 알 수 있다. Johson, *is*, *coming, he* 간의 관계에는 문법적 결합 고리가 있어서 상호간의 응집성을 유지하도록 해 준다. 그리고 응집성은 다음 예문에서와 같이 문장 사이, 또는 문장의 다른 부분 사이의 관계를 나타내기도 한다.

If you have the plan to visit Seoul, Korea, I can give you the address of a good hotel *there*.

위 문장에서는 Seoul의 반복을 피하기 위해서 *there*를 대용어로 사용하고 있는 점에서 문법적 응집성이 있다. 담화에서 의사소통을 위해 사용되는 문장은 독립적으로 그 뜻을 나타낼 수 없기 때문에 문장 내의 다른 요소들과의 관련성 그리고 다른 문장과 연결되는 관련성 속에서 비로소 그 뜻을 가진다.

2) 맥락성(Coherence)

모든 담화는 명제(proposition)와 언표내적 행위(illocutionary acts) 간의 관계를 나타낸다. 비록 각 문장이 나타내는 명제들이 항상 분명하게 연결되어 있지 않아도 이들 명제가 사용되어 수행하고자 하는 언표내적 행위들 간의 관계를 인식할 수 있다면 이는 맥락성(coherence)을 감지하는 것이다. 문법적인 연결을 의미하는 응집성은 명제들의 연결로부터 언표내적 행위를 추론할 수 있는 반면, 전달기능의 타당한 연결을 뜻하는 맥락성은 잠재적인(covert) 명제 연결 속에서 언표내적 행위를 추론할 수 있다. 다음 대화와 함께 Widdowson(1978)의 설명을 살펴보고자 한다.

Husband : That's the telephone.
Wife : I'm in the bathroom.
Husband : OK.

위 각각의 발화는 외형상 서로 관련이 없어 응집성을 갖추고 있지 못하지만 위 발화들 간의 관계에서 언표내적 행위를 성립시키고 맥락을 갖춘 담화(coherent discourse)를 이루고 있다. 위 대화의 생략된 부분을 보충하여 응집성을 갖춘 형태로 다시 나타낼 수 있는데, 의사소통능력은 명제 전개에 따라 응집성과 언표내적 전개에 따른 맥락성까지 감지할 수 있는 능력까지 포함하고 있다.

Husband : That's the telephone. (Can you answer it, please?)
Wife : (No, I can't answer it because) I'm in the bathroom.
Husband : OK. (I'll answer it.)

정리해 보면, 응집성은 표층 요소들 간에 결합된 연속성을 유지하여 의미파악을 돕는 과정이라면, 맥락성은 문장과 문장 사이에 존재하는 의미의 연결성을 유지하여 숨겨진 의미 파악을 돕는 과정이라 할 수 있다.

1.2.5 의사소통능력에 대한 비평

앞서 언급한 바와 같이 의사소통능력은 언어적 정확성을 포함하여 사회적 맥락에서 적절한 언어적 표현을 사용할 수 있는 보다 광범위한 언어능력으로 규정하고 있지만, Johnson(2004)은 의사소통능력 역시 언어 사용의 인지적 과정에서 벗어나지 못하고 있다고 주장하였다. Johnson은 의사소통능력에 대해서 다음과 같은 비평을 하였다.

① 의사소통능력 역시 인지적 과정이라 할 수 있다. 의사소통능력의 목적이 사회적 맥락에 적절한 언어를 유창하게 사용하는 것이라 할 수 있지만, 의사소통능력의 하위 구성요소들은 결국 학습자의 내부에서 상호작용하면서 역할을 수행하는 것으로 봐야 하기 때문에 사회적 측면보다는 인지적 측면이 더 강하게 나타난다고 볼 수 있다.

② 학습자 내면에서 의사소통능력의 하위 요소들 간의 상호작용이 일어나는 것으로 보여 지는데, 기존 의사소통능력의 개념에서는 이들 상호작용을 조절하는 어떤 메카니즘에 대한 설명이 결여되어 있다.

③ 의사소통능력을 구성하는 하위 요소들이 상호작용을 하면서 각각의 하위 요소들이 동등하게 상호작용에 기여를 하는 것인지, 아니면 특정 맥락에 따라 서로 다르게 기여를 하는지에 대한 설명이 결여되어 있다.

④ 기존의 의사소통능력에서 다루어지고 있는 상호작용에 대한 정의가 명확하지 않다. 즉, 의사소통능력을 구성하고 있는 하위 구성요소들 간의 상호작용인지, 아니면 학습자들을 둘러싼 외부 환경과의 상호작용을 의미하는 것인지에 대한 명확한 설명이 결여되어 있다.

1.3 상호작용능력(Interaction Competence)

상호작용능력은 일반적 의미의 언어능력을 지칭하기 보다는 상호작용에 간여하고 있는 참여자들이 특정의 상호작용 상황에 참여하고, 상호작용의 현실을 인식하고, 그러한 가운데 언어능력이 어떻게 습득되어지는가를 아는 능력이라 할 수 있다(Young, 1999). 그렇기 때문에 상호작용능력은 보다 구체적인 상황, 면대면 상호작용 상황, 문어체보다는 구어적 언어를 사용하여 이루어지는 상호작용 측면과 매우 밀접한 관련이 있다. 실제 이러한 상호작용 가운데, 참여자들은 어휘, 통사, 의미, 문법 등의 언어적 지식을 포함하여 대화를 이끌어나가고, 대화중에서 화제를 바꾸면서, 그리고 상호작용을 지속해 나가면서 실제적 언어지식을 습득해 나간다. 따라서 상호작용능력에서는 학습자들이 구성해내는 어떤 의미(언어능력)는 상호작용이 일어나는 사회적 실제성이라는 측면과 매우 밀접한 관련이 있음을 알 수 있다.

앞서 Johnson(2004)은 의사소통능력의 구성요소(문법적 능력, 사회 언어적 능력, 담화능력, 전략적 능력)들이 학습자들 마음속에서 서로 상호작용하는 심리적인 측면이 있다는 비평을 하였다. 하지만 상호작용능력 측면에서의 상호작용은 실제로 상호작용에 참여하는 사람들이 서로 면대면(face-to-face)으로 상호작용을 하는 사회적 측면을 강조한다. 이러한 맥락에서 중시되는 또 하나의 개념이 '구성(construction)'이다. '구성'이라는 개념에 대해서 Jacoby와 Ochs(1995, p. 171)는 "the joint creation of a form, interpretation, stance, action, activity, identity, institution, skill, ideology, emotion, or other culturally meaningful reality."와 같이 정의를 내렸다. 성공적인 상호작용이 이루어지기 위해서 누구에게 책임이 있는가라는 질문에 대해서 상호작용에 참여하는 모두에게 책임이 있으며, 결국 습득되는 언어지식 또한 상호작용에 참여하는 모든 참여자의 노력과 협동에 의해서 이루어진다는 것을 함축하고 있다. 과거에는 성공적인 상호작용을 위해서 참여자 개개인의 책임을 중시하는 입장이었지만, 상호작용능력에서는 상호작용에 참여하는 모든 구성원들의 동등한 책임을 강조하고 있음을 알 수 있다.

최근에 많은 관심을 끌고 있는 상호작용능력은 앞서 Bachman (1990)이 제시했던 언어능력, 그리고 Canale과 Swain(1980)이 제시했던 의사소통능력과 전혀 다른 의미의 언어능력으로 해석되기 보다는 언어능력 및 의사소통능력의 보다 확장된 의미로 해석하는 경향이 강하다. 이런 맥락에서 Johnson(2004, p. 98)은 Bachman(1990)의 언어능력 중 화용적 능력(pragmatic competence)에 상호작용능력을 추가하는 모델, 그리고 Canale과 Swain(1980)이 제시한 의사소통능력을 구성하는 4가지 하위 구성능력에 상호작용능력을 추가하는 모델을 제시하였다.

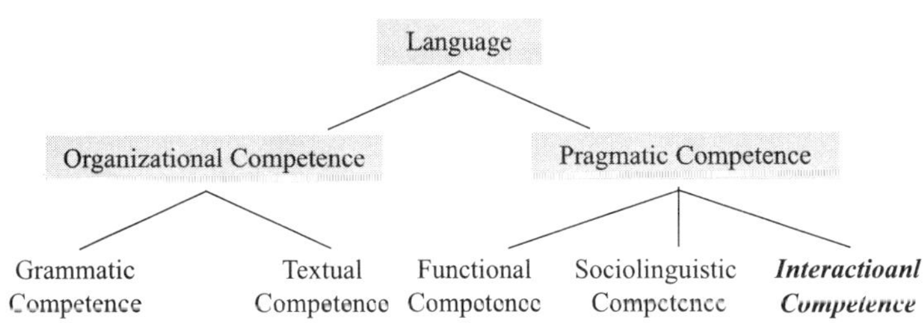

〈그림 1-4〉 Bachman의 모델과 상호작용 능력

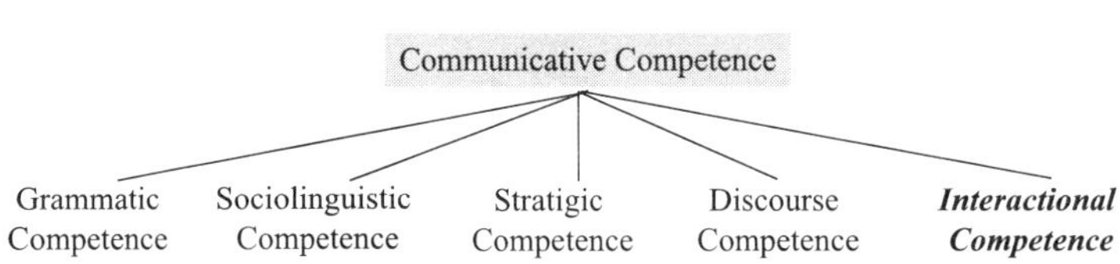

〈그림 1-5〉 Canale & Swain 모델과 상호작용 능력

제2장

행동주의와 영어학습

1960년대에는 행동주의 원리가 모국어 습득과정을 연구하는데 강력한 영향을 미쳤는데, 이 원리는 또한 외국어 학습과정을 연구하고 설명하는데 강력한 영향력을 미쳤다. 행동주의 학습원리 중 가장 핵심이 되는 이론은 습관형성(habit formation)이라 할 수 있는데, 습관형성은 행위의 모방, 반복, 연습, 그리고 암기를 통해서 이루어진다고 생각하였다. 언어학습 역시 습관형성이라 할 수 있다면, 외국어를 학습하는 학습자들은 새로운 습관을 형성해야 한다. 문제는 모국어라는 이미 형성된 습관과 서로 상충되는 경우가 있다는 것이다. 이미 형성된 모국어 습관이 외국어라는 새로운 습관을 형성하는데 도움이 될 수 있지만 때로는 장애요인이 될 수 있다. 따라서 많은 학자들은 모국어라는 옛 습관과 외국어라는 새로운 습관 간에 상충되는 부분을 학습자들이 어떻게 잘 극복하여 학습하게 할 것인지에 대해 많은 관심을 보였다. 따라서 본 장에서는 먼저 행동주의 원리에 의한 언어학습 과정을 설명하고, 다음 장에서는 인지주의 원리에 의한 언어학습 과정을 설명하고자 한다.

2.1 행동주의 학습 원리

Pavlov의 실험은 자극(음식, 종소리)과 반응(침) 간의 연합(association) 관계를 설정함으로써 새로운 습관을 형성해 나가는 과정을 설명하려고 하였다. 즉, 일성한 자극에 대해 일성한 반응이 일어나노록 습관을 형성할 때 유기체의 행동에 영속적인 변화를 가져올 수 있다는 점을 주장하였는데, 이 때문에 Pavlov의 이론을 고전적 행동주의(Classical Behaviorism) 또는 S(stimulus)-R(response) 이론이라고도 한다. 고전적 행동주의에 따르면, 인간의 학습은 백지상태(tabula rasa)에서 시작하여 자극과 반응 간의 반복을 통한 연합관계 설정 그리고 습관화 형성을 통해서 이루어진 결과로 보고 있다. 한 예를 들어, 한 사물의 이름을 듣고 그 이미지를 생각해 내는 것(예: '개'라는 소리를 듣고 '개'의 이미지를 생각해 내는 경우)은 조건화되지 않은 자극과 반응이다. 그러나 개의 영어 발음(/dog/)만 들어도 개의 이미지를 생각해 낼 수 있다면 이는 조건화된 자극과 반응이라고 할 수 있다.

한편, Skinner의 신행동주의(Neo-behaviorism)는 사건의 결과에 따른 반응(강화)을 중시한다. 예를 들어, 어린아이가 엄마 얼굴을 쳐다보면서 생애 처음으로 '엄마~'라는 발성을 하였을 경우, 그 어린아이가 엄마로부터 받는 미소, 칭찬, 포옹 등과 같은 특정한 반응(강화요인)은 어린아이의 심리적, 육체적 만족을 가져다 주어 차후에 어린아이가 '엄마~'라고 발성할 수 있는 가능성을 높여주고 또한 '엄마'라는 어휘의 의미를 깨닫도록 해준다는 것이다. 이렇듯 신행동주의에서는 어떤 반응의 결과에 대해 주어지는 강화(reinforcement)를 통해 학습이 이루어진다고 주장하였다. 강화에는 바람직한 행동이 더 많이 유발하기 위해 제공되는 칭찬, 상, 물질적 보상 등과 같은 긍정적 강화(positive reinforcement)와 바람직하지 않은 행동을 없애기 위해 주어지는 벌, 비난, 체벌 등과 같은 부정적 강화(negative reinforcement)가 있다.

부분에서 전체로의 배열을 택한다.

④ 적절한 암시나 힌트를 제공하여 처음부터 올바른 반응을 유도하도록 한다.

⑤ 반응 결과에 대해 즉각적인 피드백을 제공하여 긍정적 강화와 함께 오류를 수정할 수 있는 기회를 제공한다.

행동주의 학습 원리의 가장 중요한 점은 모방과 함께 반복 연습을 통한 습관형성이며 바람직한 방향으로 습관화될 수 있도록 적절한 강화요인이 제공되어야 한다는 것이다. 예를 들어, 부모는 어린이에게 그들이 배울 문장들을 제시하고, 어린이들은 이들 문장들을 반복하여 학습하게 된다. 물론 학습과정 중에서 어린이들은 실수를 하게 될 것이고 부모는 실수에 대해 적절한 수정이 이루어질 수 있도록 강화요인을 제공한다. 어린이들은 계속적으로 이러한 문장들을 연습하게 되고 부모 또한 자녀들에게 강화요인을 제공하는 과정을 계속적으로 반복하게 된다. 이렇게 몇 해가 지나면 어린이들은 의사소통을 하는데 전혀 어려움이 없는 인간 언어를 발화하게 된다. 행동주의 학자들은 이 원리가 외국어 학습에도 그대로 적용될 수 있다고 믿는다. 따라서 학습자가 배우고자 하는 언어가 원어민의 언어(목표 외국어)라고 할 때 이를 모방하고, 반복하여 무의식적으로 말이 나올 정도로 반복 연습하여 습관화시킬 때 외국어 역시 성공적으로 학습될 수 있다고 생각한다. 행동주의 언어학자들은 '언어란 곧 습관(language learning = habit formation)'이기 때문에 언어는 습관형성을 통해서 학습되어야 한다고 생각하면서 습관형성을 위한 가장 좋은 방법으로 모방, 암기, 그리고 반복연습을 꼽았다. 따라서 우리가 흔히 들었던 문형연습, 흉내-암기 방법 등이 외국어 학습을 위해서 사용되는 주요 교수법의 예이다.

따라서 행동주의에서 바라보는 외국어 학습은 그 구성요소인 단편적인 언어요소 하나하나를 자세히 분해하여 그 하나하나가 습관형성이 될 때까지 모방, 반복, 강화를 통해 차례차례 축적해 가다보면 나중에 전체가 연쇄적으로 묶이어 새로운 언어습관을 형성하는 과정이다. 행동주의 이론에 입각한 언어학습의 원리를 다음과 같이 정리해 볼 수 있다.

① 하나의 발화는 하나의 자극에 대한 하나의 반응을 학습한 결과이다.
② 언어구조의 전체상은 이러한 발화에 대한 자극-반응-강화의 순환구조나 일반화에 의해서 서서히 모아진 체계이다.
③ 어린이는 자신 주위에서 들을 수 있는 음성과 문형을 모방한다.
④ 성인은 어린이의 이러한 모방에 대해서 긍정적 또는 부정적인 반응을 보임으로써 강화를 제공한다.
⑤ 어린이는 성인이 제공하는 긍정적 강화를 더 많이 받기 위해서 음성과 문형을 모방하여 반복하게 되며, 이러한 반복은 습관형성을 가져온다.
⑥ 성인들의 강화를 통해서 어린이의 언어적 행위는 성인이 받아들일 수 있는 정도로 조건화가 된다.
⑦ 언어에는 지식이 존재하지 않고 다만 관찰 가능한 언어행위만이 문제가 된다.

2.2 대조분석(Contrastive Analysis)

행동주의 심리학에 기초한 구조주의 언어학자들은 언어학습은 계속적인 반복과 연습을 통한 습관형성에 의해 이루어진다고 주장하였다. 태어날 때부터 인간의 두뇌는 백지상태이지만 기계적인 반복과 연습을 통한 후천적 경험을 통해 언어는 습관화에 의해 형성되고 이들은 하나씩 언어지식으로 인간의 두뇌에 정착된다. 언어습득이 습관형성의 결과라고 한다면 외국어를 학습하고자 하는 학습자는 모국어라는 옛 습관을 버리고 외국어라는 새로운 습관을 형성할 필요가 있다. 행동주의자들에 의하면, 새로운 습관을 형성하기 위해서는 백지상태(tabula rasa)에서 새롭게 모방과 반복 연습을 통해 이루어져야 한다. 그러나 외국어 학습을 위한 새로운 습관형성이 어려운 경우가 종종 발생한다. 그 이유로 구조주의 언어학자는 학습자들이 모국어를 배우면서 이미 가지고 있는 모국어 습관이 외국어를 배우는데 필요한 습관형성에 부정적인 영향을 미치고 있기 때문이라고 주장하였다. 즉, 모국어가 외국어를 배우는데 장애요인이 된다는 것이다. 실제로 학습자가 가지고 있는 모국어 지식이 외국어를 학습하는데 영향을 미치고 있음을 발견할 수 있다. 이는 모국어를 습득하면서 형성된 습관이 외국어를 습득하는데 간섭(interference) 요인으로 작용한다는 것을 의미한다. 따라서 모국어와 외국어를 상호 비교, 분석함으로써 외국어 습관을 형성하는데 장애요인이 될 수 있는 특정한 차이나 유사점을 미리 파악하여 학습자들이 어려움을 느끼지 않도록 도움을 줄 수 있다면, 외국어 학습을 성공적으로 이끌 수 있는데 이런 취지에서 대조분석이 시작되었다.

2.2.1 간섭(Interference)과 전이(Transfer)

외국어를 학습하는 경우와 같이 새로운 내용을 학습하거나 주어진 문제를 해결하고자 할 때 학습자는 자신이 가지고 있는 선험경험 지식을 활용한다. 이러한 선험 지식은 새로운 지식을 습득하는데 긍정적으로 작용하여 새로운 학습을 촉진시킬 수도 있고, 아니면 부정적으로 작용하여 선험지식이 새로운 지식을 학습하는데 오히려 장애요인이 될 수 있다. 이와 같이 선험학습의 경험이 다른 후험학습에 직접적 또는 간접적으로 영향을 미치는 것을 전이(transfer)라고 한다. 선험지식이 새로운 학습을 하는데 촉진적 역할을 하는 경우 이를 긍정적 전이(positive transfer)라 하고, 선험지식이 새로운 지식을 학습하는데 장애

요인으로 작용하는 경우 이를 부정적 전이(negative transfer) 또는 간섭(interference)이라고 한다.

구조주의 언어학자들에 의하면, 모국어와 외국어 체계에 있어서 차이가 클수록 외국어를 배우는데 간섭현상은 많이 나타날 것이고, 차이가 적으면 간섭이 적을 것이라고 생각하여 두 언어 간의 차이를 분석, 대조, 기술하려고 하였다. 따라서 대조분석을 주장한 구조주의 언어학자들은 긍정적 전이보다는 간섭이 되는 부정적 전이를 규명하는데 더 많은 관심을 보였다.

또한 간섭(interference)은 동일 언어 내에서 규칙의 유사성, 복잡성 등으로 인해 오류가 발생되는 언어내(intralingual) 간섭과 모국어와 외국어의 두 언어 간의 차이로 인해 오류가 발생되는 언어간(interlingual) 간섭으로 구분된다. 하지만 대조분석은 두 언어 간의 차이를 기술하는데 그 목적이 있기 때문에 언어내 간섭보다는 언어간 간섭을 규명하는데 더 많은 관심을 보인다. 언어 간의 간섭은 다시 배제적(preclusive) 간섭과 침입적(intrusive) 간섭으로 나누어진다. 배제적 간섭은 모국어에서 존재하지 않는 항목 때문에 외국어를 배우는데 장애가 되는 경우를 뜻하는데, 한국어에서는 관사가 없기 때문에 한국 학생들이 영어의 관사 사용을 배울 때 어려움을 겪는 경우를 지칭한다. 반면, 침입적 간섭은 모국어와 외국어 모두에 존재하지만 서로간의 차이 때문에 외국어를 배우는데 장애를 경험하는 경우이다. 이는 한국어와 영어의 어순의 차이 때문에 한국 학생들이 영어를 학습할 때 어순과 관련하여 어려움을 겪는 경우를 지칭한다.

2.2.2 대조분석 가설(Contrastive Analysis Hypothesis)

구조주의 언어학자들은 외국어를 배우는데 있어서 가장 큰 장애물로 모국어를 꼽았다. 그들에 의하면 언어학습이란 일종의 반복, 연습 그리고 연합을 통한 습관 형성을 통해 이루어지기 때문에 외국어를 배운다는 것 역시 새로운 습관을 형성하는 것이다. 그러나 모국어를 배우면서 이미 형성된 옛 습관이 외국어를 배우는 새로운 습관형성에 간섭을 하게 되고 이러한 간섭은 궁극적으로 외국어를 성공적으로 학습하는데 장애요인이 될 수 있다. 특히, 모국어 체계와 외국어 체계 간에 차이가 크면 클수록 모국어가 외국어 학습에 미치는 간섭은 클 수밖에 없으나, 만약 두 언어 간에 유사한 점이 많으면 모국어의 언어적 항목이 외국어를 배우는데 긍정적으로 전이되어 간섭이 예견되지 않는다. 따라서 구조주의 언어학자들은 성공적인 언어학습을 위해서는 모국어와 외국어 간의 차이점을 극복하는 것이 매우 중요하다고 생각하였다.

1) 강한 입장의 대조분석(Strong Version Contrastive Analysis)

강한 입장의 대조분석은 학습자가 실제로 외국어를 학습하기 전에 모국어와 외국어 사이의 차이로 인해 발생될 수 있는 간섭의 요인들을 미리 예측해 보는 방법이다. 간섭요인을 미리 예측한다고 해서 사전(a priori) 분석이라고도 한다. 외국어를 학습하기 전에 예측되는 어려움을 미리 예측해 낼 수만 있다면 성공적인 외국어 학습을 위해서 더 바랄 나위가 없다. 그러나 언어는 수많은 항목으로 구성되어 있어서 두 언어를 정확히 분석하여 기술할 수 있는지, 예측되는 어려움을 정확하게 나열할 수 있는지 등의 현실적인 문제에 부딪히게 된다. 두 언어 사이에 존재하는 음운적 차이 등과 같이 눈에 띄는 큰 어려움은 예측이 가능하겠지만 그 외에 다른 어려움을 예측하기란 현실적으로 불가능하다. 한 예로 Whitman과 Jackson(1972)은 일본어와 영어체계 간의 대조분석을 통해 일본인들이 영어를 학습하면서 겪을 수 있는 어려움을 예측해 보려고 하였다. 이를 위해 일본인 2,500명을 대상으로 40문항의 영문법 테스트를 실시하였다. 그 결과, 실제로는 일본인들이 보여준 오류와 대조분석을 통해 예측된 오류 간에는 발음과 같은 음운적인 면을 제외하고는 많은 차이가 있음을 발견하였다. 이는 대조분석을 통해 언어 학습자의 간섭문제를 정확하게 미리 예측하기란 현실적으로 매우 어렵다는 것을 보여준다.

2) 약한 입장의 대조분석(Weak Version Contrastive Analysis)

약한 입장의 대조분석은 학습이 끝난 후에 학습자들이 보여준 실제적인 오류를 대상으로 분석을 하는 방법인데 사후(a posteriori) 분석이라고도 한다. 외국어를 학습하면서 학습자들이 어려움을 겪는 언어적 항목을 직접 관찰한 후에 대조분석을 이용하여 관찰된 어려움이 왜 나타났는지를 후험적으로 설명이 가능하다면 언어학습에 있어서 보다 효과적일 것이라고 생각하는 입장이다. 학습이 끝난 후에 관찰된 오류를 대상으로 분석이 이루어지기 때문에 관찰될 수 없는 사고, 기억 등과 같은 인지적인 영역의 오류에 대해서는 설명할 방법이 없다.

3) 중용적 입장의 대조분석(Moderating Contrastive Analysis)

Oller와 Ziahosseiny(1970)는 그들의 실험을 통해서 로마자 철자를 쓰는 스페인과 프랑스 영어학습자들이 로마자를 쓰지 않는 일본인 영어학습자에 비해 영어를 배우는데 더 어려움을 겪는다는 것을 발견하였다. 행동주의 이론에 따르면, 두 언어 간의 차이가 클 때 간섭이 예측되었으나, Oller와 Ziahosseiny의 실험에서는 유사한 언어 체계를 학습하는 것이 전혀 다른 언어적 체계를 배우는 것보다 더 어렵다는 것을 보여주었다. 따라서 그들은 강한 입장의 대조분석은 너무 강하고 약한 입장의 대조분석은 너무 약하기 때문에 이를 통합할 필요가 있으며, 강한 입장과 약한 입장의 대조분석을 통합하여 중용적 대조분석을 제시하였다. 중용적 입장의 대조분석은 외국어 학습에서 발생되는 오류는 모국어의 부정적 전이로 인해 비롯되는 간섭일 수도 있겠지만 외국어 자체 내의 규칙들의 과잉일반화(overgeneralization)와 단순화(simplification) 적용으로 인해 비롯될 수 있다고 주장하면서 언어내 간섭(intralingual interference)을 과소평가하지 않아야 한다고 주장하였다. 따라서 중용적 입장의 대조분석은 오류분석으로 넘어가는 과도기적 입장이라 할 수 있다.

2.2.3 대조분석의 절차

구조주의 언어학자들은 두 언어를 구조적이고 체계적으로 대조하고 분석하여 그 차이점을 기술함으로써 두 언어 간의 차이로 인해 발생될 수 있는 학습상의 어려움을 미리 예견하고 훈련시킬 수 있다면 외국어를 성공적으로 배울 수 있다고 주장하였다. 또한 학습자가 생성한 오류에 대해서 그 원인을 파악하고 설명하는데 대조분석 방법은 매우 유용하다고 주장하였다. Banathy, Trager와 Waddle(1966), 그리고 Lado(1961)는 두 언어 간의 차이만 극복된다면 외국어 학습은 성공적으로 이루어질 수 있다고 하면서 대조분석의 유용성을 주장하였는데 이들이 주장한 대조분석은 다음과 같은 점에 근거를 두고 있다.

① 학습자의 모국어 체계와 학습자가 배우려는 외국어의 체계 간에 차이점뿐만 아니라 유사점이 존재한다.
② 두 언어 사이에 존재하는 유사점과 차이점은 구조주의 언어학 도구 덕분에 분석 및 기술이 가능하다.
③ 학습자의 모국어 체계는 외국어를 학습하는데 긍정적으로 또는 부정적으로 전이를 한다.

대조분석의 관점에서 본다면, 두 언어 사이의 차이점은 다양하게 나타날 수 있으며, 또한 이들 차이점으로 인한 학습의 어려움도 다양하게 나타날 수 있다. 따라서 대조분석 주창자들은 두 언어 간의 다양한 차이를 근거로 해서 학습상의 어려움을 예측하기 위한 보다 체계적인 방식을 마련하고자 하였는데, 그 대표적인 예가 Stockwell 등(1965)이 마련한 '난이도 위계성(hierarchy of difficulty)'이다. 이 모델은 주로 음운체계를 대조하여 그 목록을 작성함으로써 난이도를 결정하는데 사용되었으며, 목표어를 학습하는 학습자들이 겪는 상대적 어려움을 예측하고자 하였다. 난이도 정도는 8단계로 구분되었는데, 대조되는 두 언어 간에 일어난 전이가 부정적인가 아니면 긍정적인가, 아니면 아무런 전이가 일어나지 않는가, 선택할 수 있는 음소가 전이되는가 아니면 반드시 필요한 음소가 전이되는가를 근거로 하여 결정되었다. 한편, Prator(1967)는 언어의 문법적 특징과 음운적 특징 모두에 적용할 수 있도록 난이도 위계를 다음과 같이 6단계로 재구성하였다(단계가 높아질수록 난이도가 높아진다).

① 전이(transfer): 모국어와 목표어 사이에 서로 다르거나 대조되는 점이 나타나지 않는다. 이 경우, 학습자는 자신의 모국어에서 음, 단어, 문장 등을 쉽게 목표어로 전이할 수 있다.
② 합체(coalescence): 모국어의 두 항목이 목표어에서는 한 항목으로 합쳐져서 나타난다. 이때 학습자는 자신의 모국어에서 이루어졌던 언어상의 구별이 목표어에서는 더 이상 구별할 필요가 없다.
③ 구별부족(underdifferentiation): 모국어에 있는 항목이 목표어에서는 나타나지 않는다. 학습자는 이러한 항목에 대해서 목표어에서는 더 이상 사용해서는 안 된다.
④ 재해석(reinterpretation): 모국어의 어떤 항목이 목표어에서는 새로운 형태로 나타난다. 문두에 위치하는 '리'와 '이'는 의미상의 차이

2.2.4 대조분석의 문제점

대조분석을 주장한 구조주의 언어학자들은 모국어와 외국어 간의 체계에서 차이가 크면 클수록 간섭이 크게 작용할 것이라고 생각하였다. 외국어를 학습한다는 것은 모국어와 전혀 다른 언어체계를 새롭게 학습하는 것이기 때문에 학습자들은 자신이 가지고 있는 선험경험 또는 지식이라 할 수 있는 모국어 지식을 활용하게 된다. 이런 맥락에서 앞서 언급된 구조주의 언어학자들의 주장은 타당하게 느껴진다. 그러나 실제 외국어 학습에 비추어 보면, 모국어와 외국어 간에 차이가 크다고 해서 항상 간섭이 작용하는 것은 아니다. Wilds(1962)는 두 언어 간에 차이가 적거나 상호 유사한 경우 오히려 간섭 요인이 최대로 작용하며, 두 언어 간의 차이가 클 경우 학습자는 그 차이를 쉽게 인식할 수 있기 때문에 간섭 요인이 줄어들거나 아예 간섭이 사라진다고 하였다. Newmark와 Reibel(1968)은 학습자들이 나타내는 오류는 모국어의 간섭으로 인해 나타나는 것이 아니라 외국어 체계와 규칙에 대한 무지에서 비롯된다고 주장하였으며, Seah(1980)와 Taylor(1975)는 외국어 자체 내의 규칙의 유사성과 모호성으로 인해 규칙을 잘못 적용하여 오류가 발생한다고 주장하였다. 한편 Richards(1974)에 의하면, 외국어를 배우는 초기 단계에서 모국어 간섭이 오류의 53%를 차지하고 언어내적 오류는 31%를 차지하지만 고급단계로 갈수록 언어간 오류는 감소하고 언어내 오류는 증가한다.

따라서 백지상태에서 모방과 반복 연습을 통해 외국어 습득을 위한 새로운 습관이 형성되도록 하지만 모국어로 인해 외국어를 습득하는데 간섭이 될 수 있는 요인을 최소화할 필요가 있다. 이를 위해 행동주의 언어학자들은 대조분석(contrastive analysis) 방법을 도입하게 되었으며 모국어와 외국어의 두 언어를 서로 비교 대조하여 외국어를 습득하는데 방해가 될 수 있는 요소를 제거하려고 노력하였다. 그러나 언어는 매우 복잡한 체계로 되어 있어서 두 언어를 체계적으로 비교 대조하는 것은 매우 어려울 뿐만 아니라 어떤 특정 언어적 항목이 외국어를 학습하는데 꼭 간섭요인이 될 것이라고 예측하는 것은 현실적으로 어렵다는 비판이 있다. 외국어를 습득하는데 간섭요인으로 여겨졌던 항목이 촉진요인으로 작용할 수 있고, 역으로 촉진요인으로 여겨졌던 것이 간섭요인으로 작용할 수 있기 때문이다.

2.3 행동주의 언어학습 원리의 한계

행동주의에서 바라보는 가장 이상적인 학습의 출발점은 백지상태(tabula rasa)이다. 부모나 선생님 그리고 다른 사람으로부터 받은 언어입력을 반복, 연습하고 모방함으로써 언어를 학습하게 된다. 문법적으로 올바른 문장을 생성해내면 긍정적 강화를 받게 되며 그렇지 못한 경우에는 부정적 강화를 받게 되는 것과 같이 언어학습은 강화와 보상을 받는 과정으로 이루어진다. 따라서 모방과 연습은 언어학습에 있어서 매우 중요하며 강화는 학습자가 보다 높은 수준의 언어적 숙련도에 도달하는데 꼭 필요하다. 그러나 행동주의 학습원리는 인간의 창의적인 언어사용, 그리고 짧은 시간 안에 복잡한 언어체계와 규칙을 완벽하게 터득할 수 있는 천부적인 언어능력에 대해 자극과 반응, 연습, 모방, 습관화 등의 이론으로 설명하는데 제약이 따른다. 이에 Littlewood(1987)는 행동주의 언어학습 원리는 다음과 같은 제한점이 있다고 주장하였다.

① 언어가 단순히 눈에 보이는 언어적 행동이라는 행동주의자들의 언어관은 언어적인 행동 기저에 있는 복잡한 규칙체계를 간과한 것이기 때문에 더 이상 타당한 이론으로 받아들여지지 않는다. 학습

자는 언어행동 기저에 있는 복잡한 규칙체계를 이용하여 전에 들어보지도 말해 보지도 못한 수많은 문장을 이해할 수 있고 생성해 낼 수 있다. 이러한 언어 사용의 창의성은 단순히 반복, 연습, 습관화라는 행동주의 원리로는 도저히 설명할 수 없다. 인간 언어의 창의성은 학습자 내면에 내재화된 규칙체계를 활용할 때 가능하다. 언어규칙에 대해 학습자들이 알고 있는 지식은 '언어능력(competence)'이라고 불리며, 실제 상황 속에서 언어능력이 구현되는 '언어수행(performance)'과는 구별이 된다.

② 어린이들이 배우는 것은 언어규칙 혹은 언어능력이라 불리는 추상적인 지식이다. 이러한 언어규칙에 대한 지식은 언어들이 실제 상황 속에서 사용되는 구체적인 예라고 할 수 있는 언어수행으로부터 터득되지는 않는다. Chomsky는 언어수행은 학습자의 언어능력을 그대로 반영해 주지 않기 때문에 언어수행보다는 학습자의 언어능력을 파악하는데 더 많은 관심을 기울여야 한다고 주장하였다. 한편, 행동주의에서는 관찰 가능한 언어행위를 중시하기 때문에 언어학습을 위해서 이루어지는 모방은 결국 언어수행을 통해서 나타난 발화를 모방하게 되는 꼴이다. Chomsky는 언어수행을 불완전한 것으로 인식하였는데, Chomsky의 주장이 사실이라면 학습자들이 하는 모방은 결국 불완전한 언어를 모방한 것이기 때문에 참다운 언어규칙을 발견하고 내재화하는데 문제가 있다. 따라서 언어수행이라는 구체적인 발화의 예로부터 추상적인 언어규칙을 도출해 내는 과정은 습관형성(habit formation) 이론으로는 설명할 수 없다.

③ 발화의 표층구조(surface structure)가 언어규칙을 직, 간접적으로 반영하고 있다면 언어수행이라는 구체적인 발화의 예로부터 추상적인 언어규칙을 도출해 내는 과정은 이해할 만하다. 그러나 언어의 심층구조(deep structure)는 표층구조에서 보이는 것처럼 단순하지

는 않다. 예를 들어, (1) John is easy to please. (2) John is eager to please. 라는 두 문장은 표층구조에서 동일하다. 그러나 위 두 문장에서 기쁨(please)을 느끼는 주체가 서로 다르기 때문에 심층구조에서는 차이가 있다. 문장의 심층구조에서 나타나는 미묘한 차이점들은 단순히 행동주의에서 주장하는 모방과 관찰에 의해서 습득되는 것이 아니다.

④ 언어를 학습한다는 것은 매우 어렵고 복잡한 과제라고 할 수 있다. 더욱이 외국어라는 또 다른 언어를 학습하는 과정은 우리 인간이 수행하는 다른 어떤 학습과제보다도 더 복잡하다고 할 수 있다. 모국어 습득의 경우, 어린이들은 어린 시기에 그리고 예외 없이 빠른 속도로 언어를 습득해 나간다. 정상적인 언어 환경에 노출된 어린이들은 생후, 3년에서 5년 정도 지나면 모국어의 언어규칙 체계를 어느 정도 내재화시켜 어려움 없이 언어를 사용할 수 있다. 이러한 언어습득의 천재성은 습관형성이라는 행동주의 이론으로는 설명할 수 없다.

⑤ 모국어를 습득해 나가는 많은 어린이들은 실제로 서로 다른 언어 입력에 노출되어 있지만 같은 언어적 공동체에 속하는 어린이들은 궁극적으로 서로 같은 언어규칙 체계에 도달하게 된다. 이러한 증거는 바로 언어규칙을 터득해 나가는 어린이들은 매우 유사한 습득순서를 거친다는 것을 암시해 준다. 시작단계에서부터 어린이들은 그들 나름의 언어규칙 체계를 형성해 나가는 것처럼 보인다. 그리고 점차 목표어의 완벽한 언어체계로 도달해 나간다. 이는 어린이의 언어는 외부적인 환경에 의해 형성되기보다는 어린이 자신을 둘러싼 여러 환경적 요인, 언어적 요인과 상호작용하는 가운데 언어체계를 창의적으로 발달시켜 가는 것이라 할 수 있다.

2.4 습관형성 대 창의적 언어구성(Creative Construction)

언어학습의 실제 경험에 의하면, 대조분석에 의해서는 학습자들이 유발하는 오류들을 예측하기는 어렵다. 이는 외국어를 학습하는데 모국어의 간섭이 모든 오류의 원인이 아니라는 것을 의미한다. 이러한 점은 언어학습에 대한 행동주의적 접근 방식의 근간이라 할 수 있는 습관형성이 갖는 역할에 대해서 의문을 제기하도록 해준다. Dulay와 Burt(1974a)는 영어학습에서 간섭과 습관형성이 갖는 역할을 검증하기 위해서 스페인어를 모국어를 사용하면서 영어를 학습하고 있는 5세에서 8세 사이의 어린이 145명을 대상으로 영어와 스페인어 간에 서로 다른 6개의 언어항목에 대해서 어린이들이 어떻게 사용하는지에 대해서 조사를 하였다. 특히 Dulay와 Burt는 어린이들이 생성하였던 오류들의 유형과 이들 오류들의 생성 비율에 대해서 관심을 갖고 있었다.

① 간섭 오류(interference error): 스페인어가 갖는 문법적 구조의 영향을 받아서 오류가 생성됨. 예) They have hunger.
② 발달적 오류(developmental error): 영어를 모국어로 습득하는 어린이들이 생성하는 오류의 유형과 비슷함. 예) They hungry.

Dulay와 Burt의 분석에 의하면, 어린이들이 생성한 오류의 3% 만이 모국어의 간섭에 의한 오류로 분류되었으며, 반면에 어린이들이 생성한 오류의 85%가 발달적 오류로 분류되었다. 그리고 12%의 오류는 어느 쪽에 포함시킬지 결정하기가 어려운 경우였다. 이런 연구 결과는 모국어 습득과 관련하여 언어학습이란 습관형성에 의해서 이루어지는 것이 아니라 창의적 언어구성에 의해서 이루어진다는 것을 강력하게 암시해 준다. 또한 이러한 연구 결과는 외국어 또는 제2언어로서 영어학습의 경우에서도 그대로 적용된다. 그러므로 낮은 비율의 간섭 오류와 높은 비율의 발달적 오류는 다음 사항을 뒷받침해 준다.

① 습관형성은 모국어 습득과정을 설명하는데 부적절한 것과 같이 외국어로서 또는 제2언어로서 영어학습 과정을 설명하는데도 부적절하다.
② 모국어 습득과정과 마찬가지로 어린이들은 외국어로서 또는 제2언어로서 영어를 창의적 언어구성 방식을 통해서 습득하게 된다.

Dulay와 Burt의 연구에서는 모국어의 전이에 의한 오류의 비율이 매우 낮게 나왔지만, 일반적으로 다른 연구에서는 오류의 30%에서 50% 정도가 모국어의 전이에 의해서 생성된 것으로 나타난다. 그러나 여기서 중요한 점은 전이가 꼭 행동주의에서 주장하는 습관형성이라는 이론의 전유물로 여겨질 필요가 없다는 것이다. 따라서 전이 역시 창의적 언어구성의 한 부분이 될 수 있으며, 모국어의 규칙을 외국어 학습에 적용하여 활용하려는 노력은 이국어라는 언어체계를 이해하려는 학습자의 적극적인 학습전략의 일환으로 이해될 필요가 있다.

행동주의 원리만으로 모국어와 외국어 학습과정을 완벽하게 설명하는 것은 불가능하다. 모국어 및 외국어 학습과정에는 행동주의에서 주장하는 모방, 연습, 암기, 습관형성 이외에도 또 다른 과정이 내재되어 있다. 그렇다고 해서 행동주의 원리가 언어학습 과정을 설명하는데 전혀 쓸모가 없다는 것을 의미하지는 않는다. 이어지는 후속 장에서 다루겠지만, 조립식 문형(prefabricated pattern)과 상투적 문구(routine formula), 그리고 모방 등은 언어학습 과정에서 매우 중요한 부분이 되고 있음을 발견할 수 있다. 한편, 강한 의미의 대조분석과 약한 의미의 대조분석을 구별할 필요가 있다. 앞서 언급하였지만, 강한 의미의 대조분석은 학습자들이 보여줄 언어학습 상의 어려움과 오류들을 미리 예측 가능하다고 주장하였다. 그러나 많은 예에서 보듯이 이 주장은 그다지 설득력이 없다. 반면에 약한 의미의 대조분석은 학습자가 실제로 생성한 오류를 관찰한 후에 대조분석이 사용되며, 그 결과 학습자가 왜 이러한 오류를 생성하게 되었는지를 설명하는데 도움이 되기 때문에 오히려 강한 의미의 대조분석보다는 설득력이 있어 보인다. 이러한 맥락에서 약한 의미의 대조분석은 보다 넓은 의미에서 오류분석의 한 부분이 될 수 있다. 인지주의에 근거한 오류분석에 대해서는 다음 장에서 언급하고자 한다.

제3장

인지주의와 영어학습

인간의 언어학습이 반복, 연습, 조건화, 그리고 습관형성에 의해 이루어진다는 행동주의 학습원리는 인간 언어학습의 창의성과 복잡성을 설명하기에는 제한이 따를 수밖에 없다. 이에 생득론자(nativist)들은 인간은 태어날 때부터 언어를 습득할 수 있는 언어습득장치(LAD)를 가지고 태어나기 때문에 어린이들이 단기간에 복잡한 언어규칙을 습득할 수 있으며 언어를 완벽하게 구사할 수 있는 능력이 있다고 생각하였다. 이러한 언어습득장치 때문에 우리는 언어 규칙을 활용하여 전에 들어보지도 그리고 사용해 보지도 못한 무한한 문장을 생성하고 이해할 수 있다. 이는 언어의 기저에는 언어 사용에 대한 규칙이나 원리가 내재되어 있음을 암시한다. 따라서 많은 학자들은 이러한 언어학습의 생득성 및 선천성의 원리가 외국어 학습에도 그대로 적용되고 있다는 것을 뒷받침할 수 있는 증거를 수집하는데 많은 관심을 기울이고 있다. 본 장에서는 인지주의 원리가 영어를 모국어로 습득하는 어린이들과 외국어 또는 제2언어로 영어를 학습하고 있는 어린이 및 성인들의 언어학습 과정에 어떻게 적용될 수 있는지에 대해서 기술하고자 한다.

3.1 생득적 언어학습 능력

Chomsky에 의하면, 인간은 외부로부터 단순히 문장을 들음으로써 인간 언어의 복잡한 문법체계를 완벽하게 습득할 수 없다. 예를 들어, 어린이들은 그들이 알고 있는 내용을 실제로 발화를 하지 못하더라도 그들이 들었던 문장들 이상의 것을 이해할 수 있다. 또한 중요한 것은 어린이들은 의식적인 노력 없이 인간 언어의 복잡한 문법체계를 거의 완벽하게 습득해 나간다. Chomsky는 이렇게 어린이들이 모국어를 완벽하게 습득할 수 있는 것은 이미 태어날 때부터 생물학적으로 언어를 배울 수 있는 언어습득장치(Language Aquisition Device)를 가지고 태어나기 때문이라고 주장하였다. 어린이가 모국어를 배우기 위해서는 단지 성장하고 특정 언어적 환경에 노출만 하면 되는 것이다. 그러나 언어습득이 어린이들에게 생득적이라고 할지라도 이제 막 태어난 어린아이가 생득적으로 이미 갖고 있는 언어적 체계를 발화할 수 있는 것은 아니다. 갓 태어난 어린이가 바로 걷지 못하고 시간이 흐른 후 걸을 수 있듯이, 언어 역시 머리속의 언어습득장치가 언어입력을 받아 들여 언어 규칙을 찾아낼 수 있는 충분한 시간이 흐른 후에 말을 할 수 있도록 생물학적으로 프로그램화된 것이라 할 수 있다.

3.1.1 언어습득장치, 반구편중현상, 결정적 시기

1) 언어습득의 생득성: 언어습득장치

Chomsky(1965)는 인간은 동물과 달리 태어날 때부터 언어를 습득할 수 있는 장치를 가지고 태어나기 때문에 단순히 언어를 반복 연습하고, 모방하고, 강화를 통해서 습득할 수 없다고 생각하였다. 언어규칙은 극히 추상적임에도 불구하고 어린이들이 모국어를 단기간 동안 완벽하게 습득할 수 있는 것은 언어의 생득적 특징이 있기 때문에 가능하다고 주장하면서 이러한 생득적 지식은 언어습득장치 안에서 구체화된다고 주장하였다. McNeill(1966)에 의하면, LAD에는 다음과 같은 4가지의 생득적 언어특성이 포함되어 있다.

① 환경 속에서 언어음과 비 언어음을 구별할 수 있는 능력
② 언어자료를 언어적 특성 및 자질에 따라 여러 부류로 조직할 수 있는 능력
③ 어떤 유형의 언어체계는 문법적으로 가능하고 다른 유형은 그렇지 않다는 것을 알 수 있는 능력
④ 언어체계는 수용 가능한 언어입력 중에서 일반화 및 단순화 과정을 거치는데, 이러한 언어체계를 끊임 없이 평가할 수 있는 능력

인간이 언어습득장치를 통해 단기간에 모국어를 완벽하게 습득할 수 있지만 외부에서 주어지는 언어입력(input) 자체가 언어능력의 근원이 되지는 않는다는 것이 생득론자들의 주장이다. 예를 들어, 어린이들이 특정언어에 노출된다면 일정한 교육이 없어도 언어습득이 생리적으로 가능하다. 언어습득장치는 외부에서 주어지는 언어입력 중에서 언어의 규칙을 발견하게 되고 이를 토대로 무한한 문장을 이해할 수 있고 생성

할 수 있기 때문에 언어의 종류나 수량, 언어의 학습환경에 상관없이 언어 습득이 가능하도록 해준다. 다음은 언어습득장치의 기능을 도식으로 나타낸 것이다(신성철 외, 1999, p. 108).

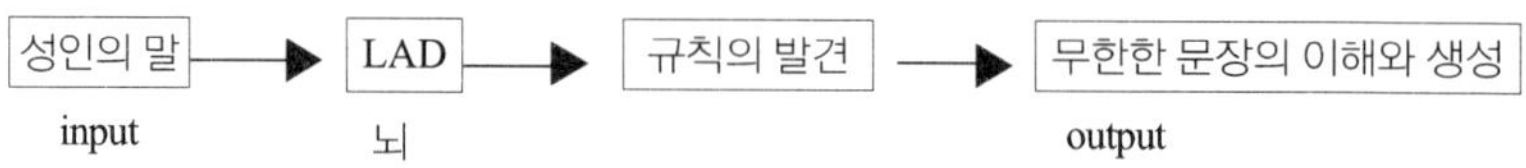

〈그림 3-1〉 언어습득장치의 기능

생득론자들이 생각하는 언어습득이란 언어가 가지고 있는 복잡한 규칙체계를 아는 것이다. 인간은 언어의 규칙을 사용하여 문법적인 문장과 비문법적인 문장의 이해와 생성뿐만 아니라 무한한 문장을 창의적으로 생성할 수 있는데, 인간 특유의 언어습득을 가능케 하는 장치가 바로 '언어습득장치'이다.

한편, 언어습득장치의 구조를 파악할 수 있다면 언어습득의 모든 과정을 이해할 수 있지만 해부학적으로 관찰 및 검증이 용이하지 않으며 더욱이 언어습득장치가 무엇인지를 과학적으로 설명할 수 없는 제한점을 지니고 있다. 대신 인간 두뇌 중의 어느 부분이 이러한 기능을 담당하고 있을 것이라는 추상적인 개념을 통해 눈에 보이지 않은 추상적인 언어구조에 대한 접근방식을 택하였다는 점, 어린이의 언어체계를 규칙이 지배하는 체계적인 것으로 인식하였다는 점, 그리고 인간의 창의적인 언어사용을 부각하였다는 점은 언어습득장치가 가지고 있는 의의라고 할 수 있다.

LAD의 개념은 이제 보편문법(UG: Universal Grammar)이라는 개념을 통해 보다 보편적 언어규칙 체계로 확장되었다. '블랙박스'라는 종전의 LAD 개념은 보편문법에서는 '원리(principles)'와 '매개변항(parameters)'의 두 개념으로 대체되었다. 원리는 다양한 언어들에서 찾을 수 있는 공통적인 언어적 특성을 지칭하는 반면에, 매개변항은 언어들 간에 존재하는 다양성을 지칭하는 것으로 서로 다른 언어적 환경에 따라 각 각의 매개변항이 설정된다. 매개변항 그 자체는 모든 언어들 사이에서 보편적으로 나타나는 현상이지만 매개변항이 각 언어에 대해 갖는 의미는 특정 언어적 환경마다 다를 수밖에 없다. UG의 작동 원리는 아래와 같다.

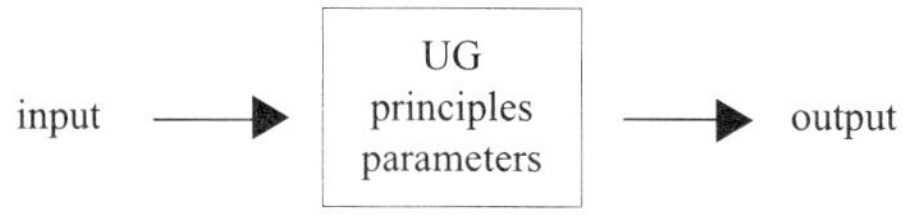

〈그림 3-2〉 UG의 작동원리

한편, 어린이들이 모국어를 완벽하게 습득할 수 있는 이유가 생득적인 UG를 활용할 수 있기 때문이라면, 여기서 우리가 생각해 볼 수 있는 흥미로운 질문은 외국어를 학습하는 성인 역시 UG를 활용하여 외국어를 성공적으로 학습할 수 있는가 이다. 하지만 UG는 어린이들에게만 활용 가능한 것이고 성인들은 UG에 도달할 수 없기 때문에 어린이만큼 외국어를 학습하는데 있어서 효율적이지 못하다는 견해가 지배적이다. 이를 뒷받침해 주는 증거로 결정적 시기(critical period) 가설이 있다. 결정적 시기는 뇌의 유연성과 관련이 깊으며 이 시기 동안에는 뇌의 유연성이 높아서 언어를 보다 쉽게 습득할 수 있지만 이 시기가 지나고 난 후에는 언어습득을 하는데 어려움을 겪게 된다는 것이다. 예를 들어, 결정적 시기 동안에 특정 언어적 환경에 충분히 노출되지 못할 경우 심각한 언어적 결손을 경험할 수 있으며, 또한 결정적 시기가 지나 외국어를 학습하기 시작한 성인 학습자의 발음은 외국어 억양(foreign accent)에서 벗어나기가 어렵다.

이렇듯 UG라는 생득적 요인에서 성인의 외국어 학습을 살펴본다면 성인 학습자들은 UG에 도달하지 못하는 것처럼 비쳐질 수 있다. 그러

간이 지나면 발달되지 않는다고 하면서 결정적 시기를 뒷받침하는 주장을 하였다. 즉 인간의 언어능력은 신체적 성장의 복잡한 시간표에 의해 조건화되어 있는데, 결정적 시기는 언어를 가장 잘 배울 수 있는 시기이며 이 시기가 지나면 생물학적으로 언어습득이 계속적으로 어려워진다는 것이다. 하지만 반구편중현상과 결정적 시기가 구체적으로 언제인지에 대해서는 학자들마다 의견이 다르다.

그러나 Krashen(1973)은 결정적 시기와 반구편중현상이 일시에 한 순간적으로 일어나는 것이 아니고 점진적으로 일어나기 때문에 반구편중현상 이후 학습자의 외국어 습득능력이 일시에 사라지지 않는다고 주장하였다. 다양한 영역에 걸친 개개인의 언어능력이 어느 한 순간에 사라진다고 가정하는 결정적시기 가설로는 복잡한 언어습득의 다양한 양상을 설명하는데 한계가 있음을 의미한다. 이러한 Krashen의 입장을 뒷받침하는 것으로 Long(1990)과 Seliger(1978)는 '다중 결정적 시기(multiple critical period)' 또는 '민감한 시기(sensitive period)'라는 개념을 제시하였다. 이 개념에 의하면, 인간의 두뇌가 성숙해 감에 따라 유연성이 떨어지면서 외국어 습득능력은 점차 쇠퇴해 간다. 그러나 뇌의 유연성은 어느 한 순간 전체가 사라지는 것이 아니라 시간이 지나감에 따라 조금씩 그리고 누적적으로 사라지는 것이기 때문에 결정적 시기 및 반구편중현상 역시 일정 시간동안 지속된다. 따라서 각각의 다양한 언어적 항목에 따라 원어민과 같은 언어능력에 도달하는데 요구되는 연령이 다를 수밖에 없다. Long과 Seliger에 의하면, 원어민과 같은 발음을 하기 위해서는 최소한 6세 이전까지는 학습하고자 하는 외국어에 노출이 되어야 하고, 원어민과 같은 어휘와 통사적 능력에 도달하기 위해서는 15세 이전에 외국어에 노출되어야 하며, 그리고 다른 언어적 항목에 있어서 원어민 수준에 도달하기 위해서는 최소한 6세와 15세 어느 사이에 외국어에 노출이 되어야 한다. 여기서 중요한 점은 외국어에 대한 노출 시기가 위에서 언급한 시기에서 보다 늦어질 경우 원어민과 같은 수준의 언어능력에 도달하는데 한계가 있다는 점이다.

그렇다고 해서 성인들이 항상 외국어를 완벽하게 학습하지 못한다는 것은 아니다. 성인 외국어 학습자들은 기억능력이 어린이들에 비해 월등하게 뛰어나고 외국어를 학습하고자 하는 동기가 강하다. 이러한 특징 때문에 Hill(1970)은 성인들이 비록 외국어를 늦게 시작하였다 하더라도 어린이들보다 더 효과적이고 완벽하게 습득할 수 있다고 주장하면서 언어습득을 위한 결정적 시기에 대해 반박하였다. 일반적으로 발음에 관한 한 어려서 외국어를 배울 경우 더 유리하다는 것이 지배적인 견해이지만, 발음이 언어능력을 결정짓는 유일한 기준이라고는 할 수 없다. 억양과 엑센트 때문에 원어민과 같은 발음을 낼 수 없지만 원어민에 못지않은 영어를 구사하는 성인이 많기 때문이다. 한 예를 들어, 미국 국무장관을 지냈던 헨리 키신저는 독일 엑센트가 매우 강했지만 미국인 어느 누구보다도 훌륭한 영어를 구사하였다.

인간 언어의 창의성을 설명하는데 보편문법(UG) 이론은 매우 유용하다. 그러나 현재까지 UG에 근거한 외국어 습득이론은 주로 외국어 학습자의 통사적 구조의 발달을 규명하는데 더 많은 관심을 기울인 반면에 음운적, 형태적, 그리고 어휘적인 면에 대해서는 상대적으로 그 관심이 미흡했다. 또한 학습자가 습득하는 언어적 항목의 순서가 정해져있다 하더라도 외국어 습득 그 자체를 촉진시킬 수도 있고 지체시킬 수도 있는 학습자 내부 또는 학습자들 둘러싼 사회적 심리적 변인들에 대한 설명은 부족했다는 비판을 받고 있다. 보편문법을 연구하는 학자들은 모든 어린이들이 그들이 주위에서 듣게 되는 언어적 자극에 상관없이 성공적으로 언어습득 과정을 경험하는 그 원인이 무엇인지를 규명하는데 많은 관심을 보이고 있다.

3.1.2 문법체계의 발달단계

생득론적 이론이 언어학습에 끼친 가장 큰 공헌은 어린이의 언어습득 체계가 발달해 나가는 과정을 보다 구체적이고 체계적으로 보여주었다는데 있다. 어린이의 언어체계는 성인의 기준으로 볼 때 어느 시점에서도 오류가 있기 마련이다. 그러나 이러한 어린이의 언어체계가 매우 합법적이며 체계적으로 발달해 나가고 있다는 것이 생득론자들의 주장이다. 그들에 따르면, 어린이는 어느 단계에서든지 그들이 받아들인 언어 입력을 토대로 끊임없이 가설을 세우고 말을 하면서 이 가설을 시험하게 된다. 어린이의 언어가 발달해 가면서 어린이들이 세운 가설은 계속 검증되고, 수정되며, 재형성되고, 그리고 때로는 폐기되는 매우 체계적인 과정을 거친다는 것이다.

1) 추축문법에 의한 발화

생후 1년이 되면, 어린이들은 단어 하나로 의미를 전달하는 '1어 = 1문(one word utterance)' 단계를 거친다. 이때 단일어 발화는 구문형성 이전의 단계이지만 첫 언어적 발화를 위한 구문형성의 준비과정으로 이해된다. 이 단계에서 어린이들이 사용하는 언어목록은 그들이 일상생활 속에서 쉽게 접할 수 있는 언어를 중심으로 이루어지며, 그들이 실제로 발화하는 목록보다 이해하고 있는 목록이 더 많다는 것이 지배적인 견해이다.

그리고 생후 2년이 지나면 '2어 발화단계(two-word utterance)'를 거친다. 이때 어린이들이 사용하는 초기 문법을 '추축문법(pivot grammar)'이라고 하는데 단순히 두 낱말이 제멋대로 결합되는 것이 아니라 두 개의 서로 다른 단어류가 매우 체계적으로 배열되어 있다는 것을 발견할 수 있다. 예를 들면 다음과 같다.

allgone sticky (어린이가 자신의 손을 씻은 후에)
allgone outside (어린이가 문을 닫은 후에)
more page (책을 더 읽어 줄 것을 성인에게 요구할 때)
sweater chair (스웨터가 있는 곳을 가리키면서)

어린이가 사용한 추축문법에서 왼쪽에 위치한 낱말들은 오른쪽에 위치한 낱말과는 서로 다른 유형의 단어이다. 보통 오른쪽에 위치한 낱말들을 '개방어(open word)'라고 하며 주로 서술적인 역할을 담당한다. 그리고 왼쪽에 위치한 낱말들은 개방어에 속하는 낱말의 축을 이루고 있다고 해서 '추축어(pivot word)'라고 한다. 이러한 추축어는 성인언어의 내용어(content word) 역할을 한다. 따라서 이 단계에서 어린이들이 갖고 있는 생성문법의 첫 번째 규칙은 다음과 같이 기술된다.

문장(sentence) = 추축어(pivot word) + 개방어(open word)

추축문법 단계에서 어린이들이 사용하는 문법체계는 상당히 축약되어 있기 때문에 성인의 기준으로 볼 때 부정확한 문법체계로 이해될 수밖에 없다. 그러나 어린이의 구문 구성은 낱말의 잘못된 배열이라기보다는 그들 나름의 문법체계를 갖고 있는 것으로 이해되어야 한다. 이때 의미를 전달하기 위해 발화가 생성된 상황은 중요한 역할을 담당한다. 왜냐하면, 같은 두 단어가 서로 결합되어 사용되었다 하더라도 상황에 따라 서로 다른 의미를 전달할 수 있기 때문이다. 예를 들어, 첫째 상황은 어린이가 어머니의 양말을 들어 올리면서, 그리고 두 번째 상황은 어머니가 어린이에게 옷을 입히고 있을 때, 이렇게 서로 다른 두 상황에서 어린이가 "mommy sock"이라고 발음하였다고 가정해 보자. 첫 번째 상황에서 두 단어 간의 관계는 소유(이 양말은 어머니의 것이다)를 나타내는 반면에, 두 번째 상황에서는 주체자(agent)와 목적어(object) 관계를 나타내 준다(어머니가 나에게 양말을 신겨주고 있다). 이 단계에서도 어린이들은 전에 들어보지 못한 문장들을 생성하고 있기 때문에 언어를 창의적으로 사용하고 있다고 말할 수 있다. 따라서 어린이들이 이 단계에서 생성해 내는 문장들은 주위의 성인 말을 부정확하게 모방한 결과로 보기는 어렵다. 사실, 성인들은 "allgone sticky"와 같이 두 단어를 이와 같은 순서로 사용하지 않으며, 이들 두 단어의 결합은 어린이 자신이 창의적으로 고안한 것이라 할 수 있다. 어린이들도 성인들과 같이 의미를 전달하고 의사소통을 하기 위해 자신들이 가지고 있는 제한된 언어목록들 가운데서 단어들을 서로 결합하여 사용할 수 있는 문법적 능력을 이미 활용하고 있다.

두 단어를 결합하여 사용하는 어린이의 문법체계를 규명하려는 노력은 추축어와 개방어 위치에 놓이는 단어들의 유형을 파악하는데 집중되었다. 그러나 단어의 유형만을 파악하고자 했던 과거의 이러한 노력은 어린이들이 생성해 내는 추축문법의 모든 것을 설명해 주지는 못한다. 따라서 추축문법을 설명하기 위한 보다 효과적인 방법으로 각각의 발화가 전달하고자 하는 의미가 무엇인지를 파악하는데 초점이 맞추어졌다. 예를 들어, Bloom(1970)은 두개의 명사로 이루어진 문장들은 다음 5가지의 관계를 나타낸다고 하였다.

① 접속(conjunction): cup glass, cf. cup and glass
② 묘사(description): party hat, cf. a party hat
③ 소유(possession): daddy hat, cf. daddy's hat
④ 위치(location): sweater chair, indicating where the sweater is
⑤ 주체자-목적어(agent-object): mommy book, cf. mommy is reading a book

이와 유사하게 Slobin(1979)은 서로 다른 언어를 습득하고 있는 어린이들의 발화를 관찰한 후에 두 단어로 결합된 문장이 수행하는 의사소통적 기능 6가지를 다음과 같이 제시하였다.

① 명명하기(naming): e.g., three books
② 요구 또는 소망(demanding or desiring): e.g., more milk
③ 부정하기(negating): e.g., not hungry
④ 사건 또는 상황 묘사하기(describing): e.g., block fall
⑤ 소유(possession): e.g., my shoes
⑥ 질문하기(questioning): e.g., where ball

한편, Halliday(1975)는 어린이의 발화를 의사소통적 기능 측면에서 분석하였는데, 어린이들이 언어를 사용하여 무엇을 할 수 있는지를 인식할 때 언어습득이 이루어진다고 하였다. 따라서 어린이들의 언어습득은 다음과 같은 서로 다른 언어적 기능들을 배우면서 시작된다. 첫째, 어린이들은 그들이 원하는 것을 얻기 위해 언어를 사용하게 되는데 이를 도구적 기능(instrumental function)이라고 한다. 둘째, 어린이들은 다른 사람들의 행위를 통제하기 위해 언어를 사용하는데 이를 규정적 기능(regulatory function)이라고 한다.

2) 굴절과 기능어의 발달

이제 생후 3년이 지나면 어린이들은 '전보문식 발화(telegraphic speech)'를 하게 된다. 전치사, 관사, 조동사 등은 생략되어 있고 주로 내용어를 중심으로 발화가 구성되어 있다. 예를 들면 다음과 같다.

Andrew want that.
Cat stand up table.

그러나 이 단계에서 어린이들은 굴절(want 또는 stand 뒤에 오는 -s)과 기능어(a 또는 the 등의 관사)의 사용에 대해서도 어느 정도 숙달되어 있다. 많은 관련 연구에서 이와 같은 작은 문법적 항목들은 형태소(morpheme)로 불린다. Brown(1973)은 3명의 어린이들이 자신들의 모국어를 습득하면서 14개의 형태소를 어떤 순서에 따라 습득하는지를 조사하였는데, 이는 모국어 습득 연구뿐만 아니라 외국어 학습 연구에도 지대한 영향을 미치게 되었다.

어린이들은 형태소들을 갑작스럽게 습득하지는 않는다. 점차적으로 그리고 오랜 시간을 두고 습득해 나간다. 따라서 이들 연구에서 대두되는 한 가지 문제점은 어느 시점을 어린이들이 해당 형태소를 완벽하게 습득한 시점으로 결정할 것인지가 어렵다는데 있다. Brown은 성인 수준의 문법이 요구되는 상황(obligatory context)에서 어린이들이 특정 형태소를 90% 이상 올바르게 사용한 시점을 완벽하게 형태소를 습득한 기준으로 사용하였다. 이 기준을 적용시켜 볼 때, Brown은 3명의 어린이들이 매우 유사한 순서에 따라 14개의 형태소들을 습득하였다는 것을 발견하였다. 3명의 어린이들이 평균적으로 보여준 형태소들의 습득 순서는 다음과 같다.

- 현재 진행형 -ing (예: She is running.)
- 전치사 on
- 전치사 in
- 복수 -s (예: three books)
- 불규칙 과거형 (예: She went.)
- 소유격 's (예: daddy's hat)
- 축약되지 않은 copula (예: yes, he is)
- 관사 a, the
- 규칙 과거형 -ed (예: She walked.)

- 규칙 3인칭 단수 -s (예: She runs.)
- 불규칙 3인칭 단수 (예: She has-)
- 축약되지 않은 조동사 be (예: She was coming.)
- 축약된 copula (예: She's tired.)
- 축약된 조동사 be (예: She's coming.)

Brown은 이들 어린이들의 부모들이 생성하는 발화에서 나타나는 형태소들의 빈도(frequency)를 계산하였다. 그 결과, 이들 빈도의 순서는 습득의 순서와 별다른 상관관계가 없었기 때문에 어린이들이 보여준 습득순서의 유사성은 습관형성 측면에서는 설명할 수가 없다. 이는 결국 어린이들이 언어를 습득하는데 보다 적극적이고 창의적으로 언어를 습득해 나가는 증거가 된다.

동사의 굴절 규칙을 습득해 나가는 과정은 어린이들이 그들의 언어 학습 과정에 대해 매우 적극적으로 기여하고 있다는 매우 흥미로운 증거를 제공해 준다. 어린이들이 규칙 동사의 과거형 굴절 규칙을 터득하기 전에(예: She walked.), 그들은 *went, came* 등과 같은 보편적인 동사의 불규칙 과거형을 상당히 많이 생성하게 된다. 이 단계에서 어린이들은 생성규칙에 따라 동사의 기본형에서 불규칙 과거형을 생성한 것이 아니라 단순히 개별적인 단어로 인식한다. 그런 후, 어린이들은 *Where it goed? It comed off.*와 같이 올바른 동사 형태를 사용하지 않고 비정상적인 형태의 발화를 생성하여 마치 어린이들의 언어규칙 체계가 퇴보한 것처럼 보이게 된다. 그러나 심층적인 면에서 이들 형태들은 어린이들의 언어규칙 체계가 퇴보한 것이 아니라 한층 더 발달하고 있음을 보여준다. 어린이들은 동사 기본형에 *-ed*를 붙여서 과거형을 만드는 규칙을 터득하게 되었는데, 이 규칙을 활용하여 'walk →walked', 'climb → climbed' 등과 같은 동사 형태를 생성하게 된다. 같은 맥락에서 어린이들은 'come → comed', 'go → goed' 등과 같은 동사 형태를 생성한 것이다. 후에 어린이들은 'go'와 'come'은 이들 규칙 동사의 과거형에서 예외적인 규칙이 적용된다는 것을 알게 된다.

Brown의 연구는 어린이들이 이들 형태소들을 학습하는 실제 시기 동안에 어린이들의 수행 정도를 대상으로 연구가 이루어졌기 때문에 공시적인(longitudinal) 성격을 띈다. 반면에 24명의 어린이들이 똑같이 형태소들을 어떻게 습득해 나가는지를 파악하기 위해 Jill과 Peter de Villers(1973)에 의해서 이루어진 연구는 통시적인(cross-sectional) 성격을 띄고 있다. 이들은 어떤 특정 시기에 학습자들의 발화를 대상으로 연구를 진행하였는데, 어린이들이 이들 형태소를 사용하여 얼마나 잘 언어수행을 하였는지 그리고 정확하게 사용하였는지에 따라 점수를 부여하였다. 그 결과, 이들 연구자들은 어린이들이 보여준 정확성의 순서는 Brown이 발견한 습득순서와 어느 정도 유사성이 있다는 것을 발견하였다. 한편, de Villers의 연구는 다음 2가지 측면에서 의미가 있다. 첫째, Villers의 연구는 Brown이 발견한 형태소의 습득 순서를 다시 확인시켜준다. 둘째, 통시적인 연구 방법에 의해서 확인된 형태소의 정확성 순서와 공시적인 연구 방법에 의해서 확인된 습득 순서 간에 어느 정도 유사성이 발견되었다. 그러나 이들이 모두 사실인 것으로 받아들이기 어려운 부분이 있는데, 여기서 우리가 생각해볼 점은 다음과 같다. 첫째, Villers의 연구 방식은 Brown의 연구 방식과 본질적으로 다르기 때문에 정확성 순서와 습득 순서는 서로 다른 개념을 지칭하고 있다는 것이 가능해진다. 둘째, 통시적 연구는 공시적 연구에 비해서 훨씬 적은 시간이 소요되기 때문에 통시적 연구 측면에서 위 두 번째 가정은 매우 손쉽게 생각해낼 수 있다는 점이다.

3) 문장변형(Transformation) 능력의 발달

전보문식 발화단계를 거쳐 5-6세가 되면 어린이들은 모국어의 음조직과 구문조직을 통달하게 된다. 이 단계에서는 모국어를 무의식적으로, 자유스럽게, 그리고 문법적인 문장을 자유자재로 구사하고 이해할 수 있는 단계가 된다. 어휘 또한 언어경험이 많아짐에 따라 그 수가 점차 증가하게 되며, 기본 문형에서 보다 복잡한 문형으로 문장을 변환시킬 수 있는 능력 또한 발전하게 된다. 본 장에서는 특별히 부정문과 의문문의 습득 순서에 대해 언급하고자 한다. 이들 두 문형 변화에 대해 일반적으로 어린이들은 매우 보편적인 발달 단계를 거친다.

[부정문]

(1) 초기 단계에서 부정을 나타내는 단어는 문장의 구성요소로 보지 않는다. 따라서 부정문을 생성하기 위해 어린이들은 부정을 나타내는 단어를 단지 문두에 두어 부정문을 만든다.

No singing song.

No the sun shining.

(2) 부정을 나타내는 단어를 문장 구성요소로 인식하여 문장 중에 놓이게 함으로써 부정문을 생성한다. 이때는 단순히 *no* 또는 *not*를 문장 중에 삽입할 수 있으며, *don't* 또는 *can't*를 사용하여 부정문을 만들 수 있다. 그러나 이때는 인칭과 시제에 따른 굴절까지는 사용하지 못한다.

I no want envelop.

He no bite you.

He don't want it.

(3) 시제와 인칭에 따라, 그리고 *do*, *be* 동사에 적절하게 부정문을 만들어 생성할 수 있게 된다.

You don't want some supper.

Paul didn't laugh.

I am not a doctor.

[의문문]

(1) Yes/No 의문문의 경우, 문장의 구조를 바꾸지 않은 상태에서 의문문을 만든다. 이때 문장의 끝을 올리는 억양을 이용한다. Wh- 의문문의 경우, 의문문을 나타내는 wh-단어는 문장의 구조를 바꾸지 않고 단순히 문두에 위치하여 사용된다.

See hole?

You can't fix it?

Where daddy going?

Why you caught it?

Where my spoon goed?

(2) 후에 어린이들은 성인들과 마찬가지로 의문문을 만들기 위해서는 도치 또는 조동사 do를 이용하여 의문문을 만들어 생성하게 된다.

[의문문과 부정문의 결합] - 부정의문문의 경우

(1) Yes/No 의문문의 경우, 의문문을 만들기 위해 주어-동사를 도치시킨다. Wh- 의문문의 경우, wh- 단어를 문두에 위치시킨다. 그러나 위 두 가지 규칙이 적용되어 동시에 나타나지는 않는다.

Can he ride a truck?

Where I can put them?

(2) Wh- 의문문의 경우, wh-단어를 문두에 놓고 이제는 조동사를 이용하여 도치하여 문장을 생성한다. 그러나 wh-로 시작하는 부정의문문에서는 도치가 일어나지 않는다.

Why can he go out?

Why he can't go out?

(3) 부정, 도치의 모든 규칙 적용이 동시에 일어난다.

Why can't he go out?

앞에서 언급된 형태소 연구와 관련하여 부정문과 의문문의 변형과정에 대한 연구는 외국어 학습 및 습득 연구에 지대한 영향을 미치게 되었다. 다음 장에서 언급이 되겠지만, 모국어와 외국어 간의 습득순서를 비교하는 이와 유사한 연구가 외국어 학습 및 습득 분야에서 수행되었다. 그리고 이와 관련된 모국어와 외국어 습득과 학습과정이 갖는 특징을 규명하기 위해서 많은 논쟁을 불러 일으켰다.

4) 늦게 발달되는 언어능력 영역

어린이들이 모국어를 습득해 나가면서 다른 언어적 항목에 비해서 상대적으로 늦게 습득하는 언어적 항목이 무엇인지에 대한 연구는 모국어 습득 초기에 어린이들이 습득하는 언어적 항목이 무엇인지를 파악하고자 했던 연구에 비하면 다소 심층적으로 이루어지지 못했다. 분명히 모국어 습득 초기에 어린이들은 모국어를 사용하는데 많은 제한이 있어 보이지만 시간이 흐름에 따라 점차 복잡한 문장을 생성하고 이해할 수 있는 능력을 갖추게 된다. 예를 들어, 처음에는 1개의 절(clause)을 포함하는 문장을 생성하지만 점차 2개의 절 또는 그 이상의 절을 포함하는 복잡한 문장을 생성하고 이해할 수 있게 된다. 또한 문장 중의 절이 동사의 목적어로 사용되는 경우는 분명 습득 순서상 늦게 발달하는 것으로 분명해 보인다(예: I think it's the wrong way.).

또한 어린이들은 10세 이전에는 미묘한 문법적 차이를 가져오는 언어적 항목을 완전히 습득할 수 없다. 예를 들어, 아래에 제시된 각각의 2개의 문장은 표층구조가 같지만 심층구조에서 그 의미하는 바가 달라진다.

John is eager to please. (기쁨을 느끼는 주체는 다른 사람들)
John is easy to please. (기쁨을 느끼는 주체는 John)

John asked Bill to come. (오는 사람은 Bill)
John promised Bill to come. (오는 사람은 John)

모국어 경우와 마찬가지로 영어를 외국어로 학습하는 경우에서도 학습자들은 위의 예에서 제시된 미묘한 문법적 차이를 다소 늦게 배운다.

한편 사람들은 주제에 따라, 청중에 따라, 그리고 주위 상황에 따라 언어 사용을 달리하는데, 서로 다른 상황에 알맞은 문체를 선택하여 언어를 사용하는 능력도 매우 중요하다. 따라서 학습자들은 점차 다른 사람과의 상호작용 기회를 가짐으로써 언어의 다양한 형태가 갖는 사회적 의미를 인식하게 되고 사회적 상황에 따라 다소 다양한 방식으로 발화를 하는 사회적 관습에 대한 지식을 증대시키게 된다. 복잡한 문장을 생성하고 이해하는 능력과 사회적 맥락에 적절한 언어를 구사할 수 있는 능력은 언어습득의 시기에서는 다소 늦게 발달된다. 하지만 개인이 갖는 의사소통의 필요성이 보다 증대되고 확장됨에 따라 성인이 될 때까지 그리고 일생에 걸쳐 계속적으로 발달시켜 나가야할 언어적 항목이라 할 수 있다.

3.2 인지구조와 영어학습

인지주의에서는 직접 관찰 가능한 학습자의 행위보다는 그 행위를 지배하는 내적인 정신활동을 규명하는데 관심을 갖고 있는데, 인지주의 심리학자들은 인간의 모든 지적인 활동의 내면에는 인지구조가 작용한다고 생각한다. 인지구조(cognitive structure)는 여러 요소들이 상호 관련을 맺고 체계적인 조직을 이루고 있어서 보다 안정적이고 광범위한 능력을 발휘할 수 있는 체계를 의미한다. 따라서 새로운 상황에 직면하거나 새로운 문제를 해결하고자 할 때 우리는 자신이 가지고 있는 인지구조를 활용하게 된다.

인지구조는 새로운 환경 또는 정보와의 상호작용을 통해 변화될 수 있고 발전할 수 있는데 새로운 지식은 결국 변화된 인지구조의 산물이다. 따라서 지식이란 개인이 가지고 있는 기존의 인지구조와 새로운 정보 및 환경과의 상호작용을 하는 가운데 만들어지는 것이다. 인지주의에서 바라보는 학습은 경험의 결과로 인해 학습자의 인지구조가 변화되는 것이다. 학습자가 기존의 인지구조 내에 존재하고 있는 정보를 활용하여 새로 학습할 내용의 구조를 파악함으로써 기존의 인지구조에 변화가 생겼다면 이는 학습이 이루어졌다고 할 수 있다.

인지발달 과정은 동화(assimilation)와 조절(accommodation)을 통해 일어난다. 동화란 학습자 자신이 가지고 있는 사고방식, 인지구조를 토대로 외부의 새로운 정보나 사건을 해석하고 이해하는 것을 의미하며, 반면에 조절은 외부의 새로운 정보나 사건의 속성 그리고 이들 속성간의 상호관계를 알아 이에 맞게 학습자 내부의 인지구조를 변화시키는 것을 의미한다. 이러한 동화와 조절작업은 학습자 내부에 존재하고 있는 기존의 인지구조와 새로운 사실을 연결시키는 유의적 과정으로 이해할 수 있다. 학습자가 학습할 내용을 기존의 인지구조와 연결하여 의미 있는 것으로 인식할 때 학습이 보다 효율적으로 이루어진다.

한편, 인간이 새로운 상황에 처하게 되면 기존의 인지구조를 활용하여 문제를 해결하고자 할 때 동화와 조절과정은 서로 상호의존 방식으로 항상 같이 일어난다. 기존의 인지구조에 의해 동화/조절할 수 있는 것은 그렇게 하겠지만 기존의 인지구조로 동화/조절이 적용되지 않는 상황이 발생할 수 있다. 이때 인지적 불균형이 일어나는데 모든 인간은 인지적 불균형 상태에서 벗어나 자기 자신과 환경사이에 최적의 순응상태를 유지하려는 생득적 욕구가 있다. 이렇게 인지의 불균형과 균형 상태가 반복적으로 계속되는 것은 우리가 새로운 지식을 획득해 나가는 과정이라 할 수 있다.

3.2.1 정보처리 이론

정보처리 이론에서 가장 중요하게 다루는 부분은 인간의 기억장소이다. 인간의 기억장소는 수동적으로 정보를 저장하는 것이 아니라 능동적으로 의미있는 정보를 처리하고, 조직하며, 나중에 정보를 적절히 활용하기 위해 정보를 재생하는 기능을 한다. 따라서 인지주의자들은 인간의 기억이 능동적이며 복합적인 정보의 조직자이며 처리자라고 생각한다. 다음 〈그림 3-3〉은 우리가 정보를 어떻게 기억하고 사고하며 처리하는지를 보여준다.

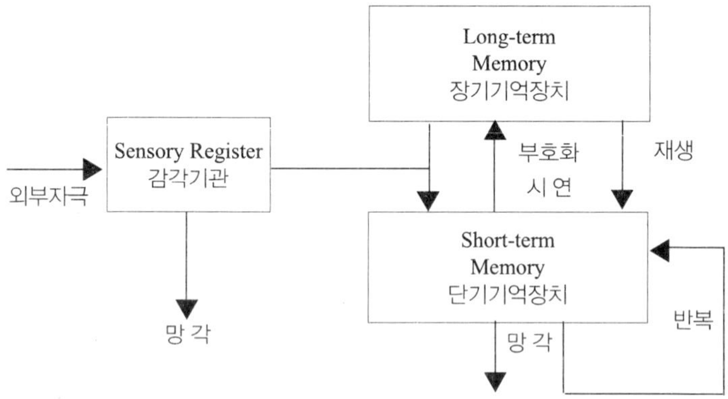

〈그림 3-3〉 기억의 정보처리과정 모형

위에서 보듯이 인간의 기억구조는 크게 감각기관, 단기기억장치, 장기기억장치로 구분된다. 우리는 감각기관을 통해 정보를 받아들이며 일차적인 정보의 저장장소가 된다. 그러나 감각기관에서 정보가 저장되는 시간은 단지 1-2초 미만이며 우리의 관심을 끌지 못하거나 의미 없는 많은 정보들은 감각기관을 거치면서 곧바로 망각하게 된다. 이때 살아남은 정보들은 단기기억장치로 이동하게 되지만 매우 제한된 정보를 저장할 뿐이며 저장되는 시간 역시 3-4초에 불과하다. 단기기억장치 역시 학습자의 관심을 끌지 못하는 무의미한 많은 정보들이 망각되기 때문에 학습자들은 정보를 보다 오랫동안 기억하기 위해 반복이라는 방법을 사용하게 된다. 이때 기억되는 정보는 부호화, 시연(리허설) 등의 기억을 촉진하는 방법을 통해 기존의 인지구조와 통합하는 작업을 거치면서 장기기억장치로 이동한다. 그리고 장기기억장치에 저장된 정보는 필요에 따라 재생이 되는데 이러한 단계는 자동적으로 이루어진다.

정보처리이론이 인간학습에 암시하는 바는 크게 인간의 기억 활동은 매우 능동적으로 일어난다는 점, 그리고 인간 기억능력은 컴퓨터와 같이 무한한 정보를 기억하고 저장하는 것이 아니라 매우 제한되어 있다는 점이다. 앞서 정보처리 모형에서 보았듯이 학습자의 관심을 끌지 못하거나 무의미한 많은 정보들은 망각된다. 따라서 인간의 제한적인 기억능력을 극복하고 학습의 효율성을 높이기 위해서는 무엇보다도 학습자의 주의를 끌 수 있는 정보 그리고 새로운 학습내용과 학습자가 가지고 있는 기존의 인지구조와 적절히 연결시킬 수 있는 유의미한 학습경험을 학습자에게 제공하여야 한다.

3.2.2 유의적 학습(Meaningful Learning)

Ausubel(1968)에 의하면, 학습이란 우리가 가지고 있는 기존의 인지구조에 새로운 항목을 연결시켜 나가는 유의적인 과정이라고 하였다. 새로운 자료가 기존의 인지구조 안에 들어오면서 그것보다 더 포괄적인 개념과 상호작용하여 어떤 개념체계 안으로 포섭(subsumed)되어 진다고 보았다. 따라서 유의적 학습은 새로운 학습자료가 기존의 인지구조 속에 자리 잡고 있는 관련 항목과 연관되어 동화 또는 조절되어 가는 과정이다. 한편 Brown(2000)은 학습내용이 학습자에게 의미가 있거나, 또는 학습자가 가지고 있는 기존의 인지구조와 관련이 있을 경우 유의적 학습이 된다고 하였다. 유의적 학습(meaningful learning)은 기존의 인지구조와 관련이 있기 때문에 학습자가 새로운 정보를 기억해야 하는 부담도 적을 뿐만 아니라 학습문제도 수월하게 해결할 수 있는 이점을 제공한다.

그러나 기계적 학습(rote learning)은 따로 떨어진 고립되고 전혀 관련성이 없는 항목을 습득하는 것이라고 하였다. 예를 들어, 전화번호부에서 특정 페이지에 수록되어 있는 사람 이름과 전화번호를 외운다는 것은 자의적이고 인위적인 방법에 의해 기존의 인지구조에 통합시키는 것이라 할 수 있다. 그럴 경우 얼마나 많은 전화번호를 외울 수 있으며, 그리고 외운 전화번호는 얼마나 오래 동안 기억할 수 있겠는가? 이렇듯 기계적 학습은 현재의 인지구조와 전혀 관계가 없는 무관한 항목을 암기하는 것과 같기 때문에 그 기억 역시 오래가지 못하여 학습자에게 유익한 학습경험이 되지 못한다.

학습이 영속적인 변화를 의미한다면 단지 단기간의 기억으로 끝나는 기계적 학습보다는 기억보존과 장기기억이라는 측면에서 유의적 학습이 보다 학습자에게 유익할 것이다. 다음 〈그림 3-4〉는 유의적 학습과 기계적 학습의 차이를 단면으로 보여준다.

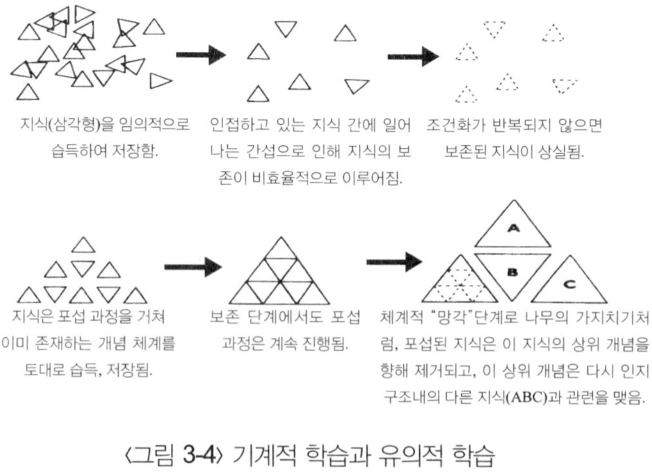

〈그림 3-4〉 기계적 학습과 유의적 학습

3.2.3 체계적 망각(Systematic Forgetting)

기계적 학습에 의해 학습된 내용은 단편적이고 고립되어 기존의 인지구조와는 관련성이 없기 때문에 이런 자료의 기억보존은 오래 가지 않는다. 반면, 유의적 학습으로 학습된 내용은 기존의 인지구조와 관련성이 있을 뿐만 아니라 상호 관련있는 상위 개념에 포섭되면서 누적적으로 만들어진 개념체계로 남아 있어서 기억보존이 오래 갈 수밖에 없다. 그러나 유의적으로 학습한 자료 역시 시간이 흐르면 망각될 수밖에 없다.

유의적 학습에서의 망각은 자연적인 현상이기보다는 보다 더 많은 정보를 기억하기 위한 다분히 의도적이며 목적이 있다. Brown(2007)에 의하면, 망각은 학습을 행할 때 일어나는 포섭화의 한 과정이며 '기억의 최소 공배수 환산(memorial reduction to the least common denominator)'이라는 특징을 가지고 있다고 하였다. 즉, 포괄적인 개념 하나를 기억하는 것이 구체적이고 개별적인 항목을 많이 기억하는 것보다 더 많은 정보를 기억하고 저장하는데 유리하다는 것이다.

또한 Brown은 '가지치기(pruning)'라는 개념을 소개하였는데, 가지치기는 더 많은 유익한 정보를 기억하기 위해 상위 포괄적인 개념에 포섭될 수 있는 하위의 단편적인 정보들을 망각하는 것이다. 그러나 가지치기는 마구잡이식으로 일어나는 것이 아니고 체계적으로 일어난다. 가지치기의 궁극적 목적은 불필요한 기억들을 망각하고 인지적으로 가지치기를 함으로써 기억체계 속에 더 많은 공간을 확보하여 새롭게 포섭되는 새로운 정보들을 기억하고 저장하는데 있다.

3.3 인지능력의 발달과 영어학습

3.3.1 개념과 언어

언어발달은 어린이들이 자신을 둘러싼 세상을 통해서 형성한 개념들과 어린이들이 의사소통을 통해서 전달하고자 하는 의미와 밀접한 관련을 맺고 있다. Slobin(1979)은 서로 다른 공동체에 살고 있는 어린이들이 2어 발화(two-word utterance)를 이용하여 어떻게 서로 유사한 의미를 표현할 수 있는지에 대해서 연구를 하였다. 또한 인지능력의 발달과 언어능력의 발달 간에는 매우 긍정적인 상관관계가 있다는 증거를 발견하였다. Cromer(1974)의 연구에 의하면, 부모의 발화에서 완료시제(예: he has walked)가 자주 발견되었다 할지라도, 그리고 설사 완료시제가 간단한 언어적 요인으로서 어린이들의 언어적 영역 안에 조금이라도 자리를 잡았다 할지라도 4세 또는 5세 이전의 어린이들은 영어의 완료 시제를 사용하지 않고 있다는 것이 발견되었다. 그는 어린이들이 생성하는 다른 발화들의 예를 조사한 후에 어린이들은 완료시제가 갖는 심층적인 개념을 터득하기 전까지는 완료 시제를 사용하지 않는다고 결론을 내렸다. 즉, 완료시제라는 개념이 성립되지 않는다면 이를 표현하기 위한 완료시제라는 문법적 구조가 나타나지 않는다는 것이다.

따라서 이러한 개념의 발달은 언어발달을 유도하지만, 역으로 언어발달이 이러한 개념의 발달을 유도하기도 한다. 예를 들어, 현재완료 시제 내에서 구체화되어 나타나는 현재의 관련성은 어린이들로 하여금 현재완료라는 개념을 터득하도록 하는데 도움을 제공한다. 이와 유사하게, 외국어 학습자들은 외국어를 학습하면서 영어 원어민들이 그들의 모국어를 습득하면서 언어적으로 분리할 수 있는 소유와 분리할 수 없는 소유(예: my book, my arm) 등과 같은 전에 인식하지 못했던 이러한 개념상의 차이를 구별할 수 있도록 해준다.

영어 학습자들은 이미 자신을 둘러싼 세상에 대해서 기본적인 개념을 형성한 후에 외국어인 영어를 학습하기 때문에 인지발달과 언어발달 간에는 별다른 관계가 없어 보인다. 그럼에도 불구하고, 인지와 언어 간의 관계는 여전히 중요하다. 왜냐하면, 외국어인 영어 역시 때때로 영어 학습자들로 하여금 새로운 개념과 소통적 유의성을 위해서 서로 다르게 사용되는 언어적 항목들 간의 구별을 인식할 수 있는 능력을 발전시키도록 요구하기 때문이다.

3.3.2 언어학습 메카니즘

인지적 요인이 모국어 습득에 영향을 미치는 또 다른 방식에 대해서 살펴보고자 한다. 앞서 우리는 어린이들이 모국어를 학습하면서 그들이 접하는 언어 자료들을 근거로 하여 습득 순서를 창조해 나가는지에 대해서 살펴보았다. 예를 들어, 어린이들은 언어 규칙을 형성하게 되는데, 어떤 경우에는 그 규칙을 과잉일반화시켜서 적용해서는 안되는 영역까지 그 규칙을 적용하게 된다(예: comed, mouses). 이러한 증거는 어린이들이 언어적 항목이 뜻하는 의미를 인식하고 이를 표현하는데 인지적 요인이 결정적인 영향을 미치기 보다는 어린이들이 접하는 언어적 체계 그 자체를 이해하는 것이 더 많은 영향을 미치고 있다는 것을 암시해 준다.

Slobin(1973)은 다양한 언어를 대상으로 어린이들의 언어습득 순서와 그들이 보여준 다양한 오류를 연구한 후에, 어린이들은 그들이 접하는 언어 자료들을 처리하고 언어 체계를 이해하는데 몇 개의 '작동원리(operating principles)'가 있다는 것을 주장하였다. 다음과 같은 원리들이 작동원리에 속한다.

1) 예외적으로 적용되는 규칙을 피한다.

이 원리는 왜 어린이들이 과잉일반화 규칙을 적용하는지에 대해서 설명해 준다.

2) 내재된 의미관계는 유표적으로 분명하게 표현한다.

이는 어린이들이 왜 능동태 문장에 비해서 수동태 문장을 사용하는데 더 많은 어려움을 겪는지를 설명해 준다. 일반적으로 어린이들은 문장에서 처음 위치하는 명사를 주어 또는 주체자로 그리고 그 다음에 위치하는 명사를 목적어로 인식하는 경향이 강하다.

3) 문법적 표지(grammatical marker)의 사용은 전달하려는 의미와 직접적으로 관련을 시킨다.

"Where is he?"와 같은 의문문에서는 주어와 동사가 도치되어 나타난다. 하지만 "Do you know where he is?" 등과 같은 간접의문문에서는 주어와 동사가 서로 도치되어 나타나지 않는다. 이 원리는 왜 어린이들이 종속절의 어순에 대해 어려움을 겪는지에 대해서 설명해 준다.

일반적으로 어린이들은 언어체계를 접하게 되면, 그들은 먼저 일관되게 적용할 수 있는 언어규칙이 무엇인지를 발견하고, 전달하고자 하는 의미가 보다 분명하게 제시될 수 있는 문법적 방식을 찾게 된다. 그리고 명확한 의미전달이라는 소통적 유의성을 위해서 그 기능면에서 분명하게 구별되어야 할 언어적 항목이 무엇인지를 발견하고자 한다. 사실, 이러한 작동원리들은 어린이의 모국어 습득을 설명하기 위해서 고안되었지만, 이들 원리 또한 외국어 학습 과정에도 그대로 적용될 수 있다. 외국어로서 영어를 학습하면서, 학습자들은 언어규칙을 과잉일반화하여 적용시킬 수 있고, 또한 영어 학습자들은 언어적 항목과 그 의미 간에 일치가 되지 않을 때 어려움을 겪을 수 있으며, 그리고 영어 학습자들은 의미전달을 위한 의사소통을 하는데 꼭 필요한 요소가 아닌 언어적 항목에 대해서는 이들을 구별하는데 오류를 유발할 수 있다.

3.4 환경적 요인의 영향

언어습득에 대한 행동주의 입장에서 어린이를 둘러싼 주위 환경은 언어습득에 지대한 영향을 미친다고 생각한다. 어린이들이 주위 성인의 발화를 모방하고 이에 대한 보상과 강화를 받음으로써 언어학습이 이루어진다는 언어습득 모델은 이를 뒷받침해 준다. 반면에 인지주의 입장에서는 언어 규칙을 찾고 내재화하는 학습자 내면에서 이루어지는 언어습득 과정에 대해서 더 많은 관심을 기울인다. 그럼에도 불구하고, 학습자들에게 언어자료를 제공하고 학습자 내면에서 이루어지는 습득과정을 촉진시키는 환경적 요인의 중요성은 간과할 수 없다. 또한 모방과 강화 등과 같은 행동주의 학습 원리들이 모국어나 외국어 학습 과정의 모든 면을 설명하는데 충분하지는 않지만 그렇다고 해서 이들 원리들이 전혀 아무런 역할을 하지 않는다는 것을 의미하지는 않는다.

이와 관련하여 언어학자들은 어머니, 성인, 또는 나이든 어린이들이 나이어린 어린이들에게 말을 하고자 할 때 사용된 언어를 관찰하는데 많은 관심을 기울여 왔다. 연구자들은 이들 성인들이 어린이들에게 말할 때 사용하는 말을 소위 '보모의 말(caretaker speech)'이라 칭하였는데, 이는 분명 성인과 성인이 서로 대화를 할 때 사용되는 말과는 분명히 차이가 있다. 보모의 말이 갖는 특징은 다음과 같다.

① 일반적으로 좀 더 느리게 그리고 분명하게 말한다.
② 보다 짧은 길이의 문장을 사용한다.
③ 보다 정확한 문법적인 문장을 사용한다.
④ 절과 절이 연결되는 복잡한 문장의 구조를 사용하지 않는다.
⑤ 시제(tense)의 선택도 단순하게 사용한다.
⑥ 광범위한 어휘의 선택과 사용이 제한된다.

⑦ 보다 많은 반복이 이루어진다.

⑧ 발화는 'here and now'라는 개념과 직접적으로 연관되어 있다.

보모의 말은 어린이들이 언어의 규칙과 의미를 보다 쉽게 찾을 수 있도록 도움을 제공하는데 적합해 보인다. 보모의 말은 구조적으로 단순해서 어린이들이 쉽게 인식할 수 있으며, 제한된 어휘영역에 대해 어린이들이 쉽게 적응할 수 있는 시간적 여유를 제공해 준다. 또한 반복에 의해서 그리고 의사소통이 이루어지는 상황을 직접적으로 언급함으로써 전달하고자 하는 의미는 보다 분명해 진다. 만약 특정 유형의 언어입력이 언어학습에 영향을 미치는 중요한 요인이 된다면, 이는 어떤 유형의 언어입력이 외국어 학습을 촉진시켜줄 수 있을 것인지에 대한 실마리를 제공해 준다.

단순화(simplification) 측면에서 볼 때, 보모의 말은 학습자들이 모방을 위한 적합한 모델이 될 수 있다는 것을 보여준다. 그러나 언어습득에서 모방이 갖는 역할은 분명하지 않다. 만약, 어린이들이 방금 들었던 성인의 말을 모방한다고 할 때 그들은 당시 그들 내면에 내재화되어 있고 작동되고 있는 문법체계에 맞추어 그들이 방금 들었던 문장을 변형시켜 모방을 하게 된다. 즉, 모든 문장을 대상으로 모방이 이루어지는 것이 아니라 어린이들이 현재 갖고 있는 문법적 수준에 맞추어 모방이 이루어진다는 것이다. 이와 유사한 연구 결과에서도 어린이들은 방금 학습하여 숙달시킨 문형을 쉽게 모방할 수 있다는 것을 보여준다. 이러한 연구 결과들은 학습자 내면에서 이루어지는 규칙을 찾고 형성하는 창의적인 과정이 언어습득에서 주된 역할을 담당하는 반면에, 모방은 언어습득에서 주된 역할이 아니라 부수적인 역할을 담당하고 있다는 것을 암시해 준다.

본 장을 통해서 우리는 언어습득 과정을 설명하기 위해서 습관형성을 강조하는 행동주의 접근방식보다는 언어의 규칙발견과 형성을 강조하는 인지주의적 접근 방식이 더 설득력이 있다는 것을 살펴보았다. 또한 학습자들이 언어습득 과정에 보다 적극적으로 개입하고 기여를 하고 있다는 것을 살펴보았다. 이러한 과정을 우리는 '창의적 언어구성(creative construction)'이라 하는데, 이는 어린이들이 모국어를 배우는데 유사한 습득단계를 거친다는 것을 설명해 준다. 또한 학습자들의 인지능력의 발달과 언어능력의 발달 간에도 많은 상호작용 및 상관관계가 있다는 것을 보여주며, 보모의 말이 갖는 특징에서 살펴보았듯이 학습자를 둘러싼 언어적 환경이 학습자들의 언어학습 과정을 촉진시킬 수 있음을 보여준다.

제4장

구성주의와 영어학습

❋❋❋

Wilson(1996)에 의하면, 학습자 외부에 객관적으로 존재하는 지식을 잘 정리하여 학습자에게 전달하는 것이 객관주의 학습관이라면, 구성주의 학습관은 학습자 개개인이 외부 세계와의 상호작용을 통해 지식의 의미를 자신의 경험에 맞추어 구성해 나가는 과정이다. 교육현장에서 구성주의는 새로운 수업 패러다임(paradigm)으로 등장하고 있으며, 종래 교사 위주의 교수(teaching)에서 학습자 위주의 학습(learning)으로 전환 및 학습자의 자발적인 참여를 유발하는 학습환경을 강조하고 있다. 본 장에서는 구성주의가 추구하는 기본 원리와 수업의 패러다임에 대해서 살펴보며, 구성주의 이론의 등장에 지대한 영향을 미친 Vygotsky와 생물학적인 시간표에 의한 인지발달 과정을 중시한 Piaget을 비교해 보고자 한다.

4.1 객관주의와 구성주의

Duffy와 Jonassen(1991)에 의하면, 객관주의에서는 학습자가 학습해야 할 실체 또는 그 실체의 의미가 학습자의 개별적인 경험과는 별도로 학습자 외부의 객관적인 세계 속에 존재한다고 믿는다. 반면에 구성주의는 학습자의 경험에 의해 구성되는 실체의 의미에 더 중점을 둔다. 실체 또는 세계는 객관적으로 학습자 외부에 존재하는 것은 사실이나 그 세계를 인식하고 이해하는 방식은 외부 실체와의 상호작용을 통해서 이루어지는 각 개인의 경험에 의해 구성된다. 결국 실체의 의미는 각 개인의 경험에 의해 결정된다.

1) 객관주의(Objectivism)

실체 또는 세계는 학습자의 외부에 객관적으로 존재하고 있으며 이들 실체가 갖는 의미 또한 학습자의 경험과는 별도로 학습자 외부에 존재한다. 따라서 그 실체의 의미를 파악하는데 개인의 경험은 그다지 중요한 역할을 하지 않는다는 것이 객관주의 입장이다. 객관주의에서 바라보는 실체에 대한 이해는 객관적으로 존재하는 실체의 속성과 여러 실체들간의 관계를 파악하는 것이다. 즉, 실체나 세계는 객관적으로 이미 존재하는 것이기 때문에 개인의 선험지식 또는 경험에 의해 실체에 대한 이해는 달라지지 않는다.

따라서 학습이란 객관적으로 존재하는 실체의 속성과 구조를 파악하는 것이며, 교사의 주 역할은 학습자들로 하여금 실체가 가지고 있는 객관적 법칙을 파악하고 이해하도록 돕는데 있다. 학습자가 학습할 지식(실체)은 이미 학습자 외부에 객관적으로 존재하고 있기 때문에 교사의 주 책임은 학습자가 꼭 알아야 할 실체와 그 실체가 가지고 있는 속성을 선택하여 학습자가 그 구조를 잘 파악할 수 있도록 잘 조직하여 학습자에게 제공하는 것이다. 객관주의에서 본다면, 지식은 학습과정 중에서 생성되는 것이 아니라 이미 학습자 외부에 존재하는 것이기 때문에 결과적으로 학습자가 이를 잘 파악하고 이해하였는가만 평가하면 충분하다.

2) 구성주의(Constructivism)

객관주의 입장에서 지식이란 학습자 외부에 객관적으로 존재한다고 보았다면, 구성주의 입장에서 바라본 지식은 학습자의 경험에 의해 구성된다. Duffy와 Bednar(1991)는 실체란 학습자 마음속에 존재한다고 하면서 학습자 경험에 따라 실체를 파악하고 그 의미를 부여하는 것이기 때문에 학습자 개개인에 따라 구성되는 실체 또는 그 의미가 다를 수밖에 없다고 하였다.

구성주의에서 학습의 의미는 개인적이면서 개별적인 경험의 세계를 구축하는 것이기 때문에 교사의 주요 역할은 학습자들로 하여금 개인적인 경험을 통해 실체 또는 세계에 대해 어떻게 이해할 것인가를 보여주는 것이다. 그렇지만 이런 방법은 교사에 의해 미리 결정되어질 수 없고 단지 학습과정 중에서 개발되어야 한다는 것이다. 구성주의에서는 어떤 실체의 구조나 의미를 맹목적으로 받아들이고 암기하는 객관주의 방식은 학습에 아무런 의미가 없다고 주장한다. 따라서 구성주의에서는 학습자가 교수목적을 달성하였는가를 알아보기 위해서 실제와 동일한 복잡한 문제상황 속에서 학습된 지식을 활용하여 문제를 해결하는 과제의 수행과정을 파악하는 것을 중요하게 생각한다.

구성주의에서 바라보는 교수-학습은 학습환경을 설계하는데 많은 시사점을 준다. 학습자들로 하여금 특정 사물이나 정보에 대해 다양한 관점과 시각을 접하도록 하는 점, 그 해석이 객관적으로 존재하는 것이 아니라 개인의 경험과 문제 상황에 의존하고 그 해석도 다양해질 수 있다는 점, 학습자의 능동적인 참여를 유발하는 학습환경을 만들 수 있다는 점을 들 수 있다. 나일주와 정인성(1996)에 의하면, 구성주의자들은 수업환경을 복합적이고 역동적으로 제시하여 학습자들로 하여금 탐구적이고, 인지적으로 융통성이 있으며, 지식이 어떻게 실제로 사용되는지를 경험할 수 있으며, 생산적인 지식생성 과정을 촉진하는 환경을 설계하는데 많은 관심을 갖고 있다. 그리고 이러한 관심은 기술(technology)이 발달하고 그 기술을 인지활동의 적극적인 보조자로 활용됨에 따라 구성주의 원리가 실제 수업현장에서 활용될 수 있는 가능성은 높아지고 있다. 다음 〈표4-1〉은 객관주의와 구성주의 교수설계 원리를 상호 비교한 것이다.

〈표 4-1〉 객관주의와 구성주의 교수설계원리 비교(나일주와 정인성, 1996)

	객 관 주 의	구 성 주 의
1. 교수의 목적	• 객관적으로 존재하는 실체에 대한 법칙의 파악	• 세상에 대한 스스로의 해석을 어떻게 하는가를 보여 주는 것
2. 교수의 내용	• 객관적인 법칙이라고 밝혀진 체계화된 지식	• 현실세계와 동일한 복잡한 문제상황 속에서 지식 제공
3. 내용의 조직	• 학습자가 지식을 잘 파악할 수 있는 방식으로 조직	• 복합적인 현실과 다양한 관점이 포함되는 환경으로 설계
4. 주요 교수전략	• 반복연습 • 피드백의 제공 • 외적 흥미요소 강조	• 다양한 문제상황 속에서의 지식활용 기회 제공 • 스스로의 의미구성 기회 제공 학습자의 능동적인 참여 조장
5. 교수의 평가	• 교수 후 목적달성 여부의 객관적 평가	• 학습과정에서 지식을 이용하여 문제를 해결하는 수행 여부 파악
6. 설계의 핵심	• 교수목표 및 과제의 구체적 분석 • 목표달성을 위한 교수 전략의 고안	• 현실상황의 복합성을 나타내는 환경구성 • 발생학적 지식생성의 환경 구성

3) 구성주의가 추구하는 수업 패러다임

Jonassen(1991)의 구성주의적 수업 패러다임에 의하면, 학습자는 자신의 경험에 의존하여 지식(실체)을 구성하기 때문에 각 개인의 경험이 다르듯이 구성된 지식의 의미도 각 개인마다 다르다. 따라서 교사는 학습자들이 사실, 개념, 원리 등을 이해하도록 이들을 잘 조직해서 제공하는 것은 중요하지 않다. 오히려 학습자가 사회적 맥락 안에서 실제 생활과 상호작용하는 가운데 세상에 대한 각자 스스로의 이해를 어떻게 구성하는가를 보여주는 것이 중요하다.

한편, Cunningham(1991)은 개인과 따로 떨어져 존재하는 실제 세계나 객관적인 실체는 없기 때문에 현실세계와 동일하고 복잡한 과제를 수행하면서 학습자 개개인의 관점과 이해를 구성해 가는 과정이 바로 구성주의적 학습목표를 달성하는 것이라고 하였다.

구성주의 수업 패러다임에서 추구하는 교수-학습 원리는 다음과 같다.

첫째, 지식은 주입식으로 학습자에게 제공되는 것이 아니다. 학습자 스스로 경험에 의해서 형성해 나갈 수 있도록 의미있는 학습과제를 제공함으로써 학습자들이 적극적으로 학습과정에 참여토록 해야 한다. Savery와 Duffy(1995)는 학습자들이 학습목적과 이유를 알 때 그리고 학습내용이 학습자의 흥미와 필요에 부합할 때 학습과제를 수행하는데 적극적으로 참여한다고 하였다. 학습자 스스로 학습과제를 선택하고 학습활동을 선택하는 학습환경 안에서 학습자들은 학습정보에 대해 스스로 의미를 부여하고 구성해 나가는 과정을 촉진시킨다. 이때 교사는 기존의 조직된 지식을 전달하는 지식의 전수자가 아닌 '인도자,' '안내자,' 그리고 '학습자와 동등한 학습자'의 역할을 담당하게 된다.

둘째, 학습자에게 주어지는 지식은 현실세계와 동일한 복잡한 문제상황 속에서 사건이나 사물, 개념 등이 활용되고 해석될 수 있는 것이어야 한다. 이는 학습자들이 교사가 이미 조직한 지식 또는 그 의미를 수동적으로 받아들이기보다는 능동적으로 학습활동에 참여하여 적절한 맥락이 담긴 교수환경 속에서 그 의미를 스스로 구성하도록 하는 것이 중요하다.

셋째, 지식은 동료와의 상호작용을 촉진하는 협동학습 환경 속에서 제공되어야 한다. 협동학습은 실제 상황에서 과제가 수행되는 과정과 비슷하다. 따라서 각 개인이 가지고 있는 관점이나 시각은 협동학습을 통해 다른 사람의 시각과 관점을 접할 수 있어서 궁극적으로 자신의 시각과 관점을 넓히고 보다 깊은 사고의 학습을 할 수 있다. 그리고 협동학습은 활발한 상호 의사소통이 이루어져서 자신의 의견을 자유롭게 제시하고 상대방으로부터 피드백을 받을 수 있다. 이러한 점 때문에 강인애(1995)는 협동학습의 모형은 구성주의 학습원리를 잘 실현시켜주는 방안이라고 하였다. 이와 관련하여 Lebow(1993)는 상호작용 과정은 자신과 상대방 간의 서로 다른 시각과 관점을 조정할 수 있기 때문에 사회 구성원들이 인증하는 지식을 구성할 수 있다고 하였다.

넷째, 교사이외의 다른 전문가와 상호작용이 이루어지도록 한다. 교실이라는 물리적인 학습환경을 뛰어 넘어 실제 전문가와 상호작용을 통해 그들의 의견을 접할 수 있다면 가장 신뢰할 수 있는 최신의 정보를 습득할 수 있어서 과제에 대해 보다 관심이 깊어진다.

다섯째, 학습자들로 하여금 자신의 지식습득 과정을 반추(reflection)할 수 있는 기회를 제공한다. 자신의 학습과정에 대한 반추는 학습자 자신이 다른 사람과 어떤 상호작용을 하였고, 자신의 학습경험을 통해 어떤 의미를 구성하였고, 그리고 다른 학습자와 어떻게 협력하였는가를 알 수 있도록 해 준다.

한편, Honebein(1996)은 구성주의적 학습환경을 설계하는데 있어서 다음 7가지 목표를 제시하였다.

① 학습자들로 하여금 주제, 세부 주제, 학습방법, 그리고 문제해결 전략 등을 직접 결정하게 하여 학습자 스스로 지식을 구성해 나가는 과정을 경험하게 한다.
② 습득된 지식들이 실제로 사용될 수 있는 현실적이고 적절한 상황을 제공한다.
③ 학습과정에서 학습자가 학습의 주체자가 되며 교사는 안내자와 조언자 역할을 한다.
④ 학습자들이 다양한 관점을 접하도록 함으로써 다양한 대안을 가지고 주어진 문제점을 해결하도록 한다.
⑤ 교사와 학습자, 학습자와 학습자, 그리고 학습자와 교실 밖의 전문가들과 상호작용을 통한 사회적 경험 속에서 학습이 이루어지도록 한다.
⑥ 다양한 학습매체를 사용하도록 한다.
⑦ 학습자 자신의 학습과정을 스스로 관찰하고 인식하게 한다.

앞에서 언급한 바와 같이, 구성주의가 추구하는 수업 패러다임은 학습자 개개인의 경험을 중시한다. 학습자에게 다양한 학습경험을 제공하며, 학습자는 이를 사회적 맥락 안에서 타인과의 상호작용을 통한 실제 생활의 경험을 바탕으로 나름대로의 의미를 구성해 나가는 것을 중시한다. 한편, 김정렬(1999)은 구성주의적 관점에서 멀티미디어 교육환경을 접목할 때 다음과 같은 방향이 우선 중요시되어야 한다고 하였다.

① 학습은 개개인의 경험으로부터 구성되며 사물에 대한 개인의 해석이므로 지식은 교사가 전달하는 것이 아니라 학습자 스스로 능동적으로 구성하도록 한다.
② 여러 사람이 갖고 있는 다양한 개인적인 관점을 수용하는 협동학습을 중시한다.

③ 학습은 학습한 내용이 실제 생활 속에서 사용되는 것이 가장 효과적이므로 학습환경은 실제 환경과 유사하게 구성되어야 한다.
④ 평가는 지식을 습득하고 활용하는 과정에서 연속적으로 이루어져야 한다.

4.2 상호작용 가설

Krashen, McLaughlin, 그리고 Bialystok의 모형이 인간내면의 처리과정에 의해 외국어습득 과정을 설명하려고 했다면, 상호작용 가설(Interaction Hypothesis)은 학습자를 둘러싼 외부적인 환경에 대해 체계적으로 접근하여 외국어 습득과정을 규명하려고 하였다. 한 예를 들어, 과거에는 교실이란 다양한 능력과 배경을 지닌 학습자들이 단순히 섞여 있는 공간의 개념으로 인식하였으나 이제는 그 이외에도 상호작용을 위한 장소로 인식되고 있다. 교실은 이제 무엇보다도 상호작용을 위한 최적의 상황이 만들어진다면 학습자 스스로 발화를 생성하여 외국어를 보다 효율적으로 습득할 수 있는 곳으로 인식되고 있다.

Saville-Troike(1984)는 언어를 배운다는 것은 의사소통 활동을 통해 언어의 의미를 익혀나가는 것이라고 하면서, 언어학습은 학습자에게 주어지는 언어지료의 외형적인 형태보다는 대화자 간의 상호자용을 통한 사회적 활동을 의미한다고 하였다. 그는 언어습득이란 개인의 인지적 활동에 국한되는 것이 아니라 다른 구성원과의 상호작용까지 포함하는 사회적인 과정이라고 하면서 사회적 상호작용을 통한 의사소통능력의 배양을 다음과 같이 강조하였다.

> Attention has now shifted to such topics as the functions language serves for children, what communicative strategies they use, and how these are developed and how input is structured in the processes

> of social interaction: in short, the acquisition of communicative competence. (p. 204)

따라서 모국어 습득과정에서 상호작용은 언어발달과는 불가분의 관계이며 외국어 습득과정 역시 상호작용은 언어발달의 결정적인 요인이 된다. Krashen(1982)은 외국어 습득을 위해서 학습자에게 이해 가능한 언어입력(comprehensible input)을 충분히 제공해 주어야 한다고 주장하였다. 그러나 Hatch(1983)와 같은 상호작용론자들은 학습자에게 주어진 언어입력 만으로는 외국어를 습득하는데 불충분하기 때문에 사회적 맥락 안에서 다른 구성원과 상호작용을 하면서 언어를 배우는 것이 언어의 습득이나 발달에 직접적인 영향을 미친다고 주장하였다.

Pica(1987) 그리고 Pica와 Doughty(1985)가 주창한 상호작용 가설에 의하면, 언어사용의 가장 큰 목적은 의사소통을 위한 것이고 언어는 주로 사회적 맥락 안에서 사용되기 때문에 외국어는 사회적 맥락 안에서 이루어지는 상호작용을 통해 보다 더 잘 배울 수 있다. 그들에 의하면, 학습자들은 상호작용을 통해 언어의 문법적인 면보다는 의미전달이라는 언어의 기능적인 면에 관심을 더 많이 기울이기 때문에 상호작용에 참여하는 학습자와 학습자간에 그리고 교사와 학습자간에 의미교섭(negotiation of meaning) 및 이해력 증진에 도움을 주어 의사소통능력 개발에 도움이 된다. 따라서 학습자와 그들 동료 학습자, 학습자와 교사, 그리고 학습자와 다른 외부 사람과의 상호작용이라는 역동적인 성격을 매우 중요하게 생각하며 이를 규명하는데 관심을 기울인다. 또한 앞서 Krashen 모형에서 언어입력(input)와 언어흡입(intake) 간의 차이를 구별하였는데 언어흡입이 일어나는 정도는 학습자와 다른 학습자 간에 일어나는 상호작용에 따라 달라진다.

Wells(1981)는 상호작용을 상호 협동적 활동(collaborative activity)이라고 하면서 효율적인 상호작용을 위해서는 화자(speaker)가 전달하고자 하는 의미, 전달된 의미를 제대로 이해하는 청자(listener), 그리고 이러한 상호작용이 일어나는 상황(situation)에 대한 관계를 잘 이해하는 것이 필요하다고 하였다. 따라서 언어적 상호작용은 언어의 형태보다는 언어의 기능적인 면에 초점을 맞추어 전달되는 의미를 중시한다. 또한 상호작용의 최우선 목표는 의사소통이며 언어의 실질적 의미 전달을 위한 의사소통 활동을 통해 언어를 보다 효율적으로 습득할 수 있다고 생각하였다.

한편, Long(1985, 1996)과 Young(1988)은 Krashen의 '언어입력' 모형을 사회적 측면에서 접근하여 '수정된 상호작용(modified interaction)' 모형을 제시하였다. 수정된 상호작용 모형에 의하면, 외국어 학습자와 상호작용을 하는 동안 원어민은 그들이 하는 말(언어입력)을 학습자가 이해가능하도록 신중하게 말을 하거나, 말하는 속도를 느리게 하거나, 또는 주어진 언어입력을 학습자가 이해하였는지에 대한 확인을 하는 등의 방법을 사용하면서 의미교섭(negotiation of meaning)을 위해 다양한 수정과정을 거친다. 이러한 수정되고 단순화된 언어적 자료는 학습자에게 이해 가능한 언어입력이 되는데, 학습자가 전혀 이해할 수 없는 원어민의 언어입력은 외국어 습득에 전혀 도움이 되지 않을 수 있기 때문이다. 즉, Long과 Young은 외국어 습득에서 언어입력과 상호작용의 중요성을 동시에 인정하고 있으며, 원어민은 상호작용을 통해 학습자가 이해 가능한 언어입력(comprehensible input)이 제공될 수 있도록 자신의 발화를 수정하게 되는데 이러한 과정은 학습자의 외국어 습득에 도움을 준다.

상호작용 중의 의미교섭(negotiation of meaning)은 언어습득에 어느 정도로 도움이 되는가? Gass와 Varonis(1994)는 원어민 화자와 비원어민 화자 간의 상호작용이 비원어민 화자의 이해력과 발화 능력에 어떤 영향을 미치는지를 조사하였다. 두 집단으로 나누어서 실험을 진행하였는데, 한 집단은 원어민 집단과 비원어민 집단 간에 자유스러운 질문과 응답 등의 교섭을 통해 상호작용을 진행하였고, 다른 집단은 상호작용 없이 원어민이 비원어민 집단에게 단방향으로 지시를 내리는 방법을 사용하였다. 이 실험의 결과, Gass와 Varonis는 의미교섭의 방법을 사용하였던 비원어민 화자들은 유용한 어휘와 구문을 내재화시켰지만, 의미교섭을 거치지 않고 일방적으로 지시를 받은 경우에는 어휘와 구문을 내재화시키는데 효과가 없었다는 것을 발견하였다. 따라서 언어입력 그 자체보다는 주어진 언어입력을 바탕으로 의미교섭이 이루어질 때 학습자의 이해력을 증진시키는데 효과적이다는 것을 암시해 준다. 또한 학습자 수준에 맞게 언어입력을 인위적으로 조작하기 보다는 상호작용이 이루어지는 맥락에서 학습자들이 메시지를 전달하고 이해하려는 일련의 노력이 의미교섭 형태로 나타날 때 외국어 학습에 가장 효과가 높다는 것을 보여주는 것이라 할 수 있다.

한편, Fillmore(1991)는 모든 종류의 상호작용이 항상 외국어 습득에 도움이 되는 것은 아니라고 주장한다. ESL(English as a Second Language) 맥락과 같이 영어가 주요 의사소통 도구로 사용되는 사회적 맥락에서는 그 언어를 배우기 위해서 그 언어를 모국어로 사용하는 원어민과 사회적 상호작용을 할 필요가 있다. 이러한 상황에서는 원어민과의 상호작용이 외국어 습득에 도움이 되지만, EFL(English as a Foreign Language) 맥락과 같이 영어가 주요 의사소통 도구가 아닌 단순히 외국어로 학습되는 상황에서는 원어민과의 상호작용이 용이하지 않기 때문에 외국어 습득에는 도움이 되지 않는다. Fillmore는 상호작용이 외국어 습득에 미치는 영향을 검증하기 위해서 다음 2가지 요인을 고려할 필요가 있다고 했는데, 첫째는 외국인과 잘 어울리고 그들과 사회적 상호작용을 이끌어갈 만한 개인의 사회적 성격을 꼽았고, 둘째는 학습자 주위에 얼마나 많은 원어민이 있어서 그들과의 상호작용이 용이한가를 꼽았다. Fillmore는 원어민이 많을 때 그리고 언어가 자연스럽게 사용되는 사회적 맥락일 때 상호작용의 효과는 극대화된다고 하였다. 그러나 EFL 맥락과 같이 학습자 주위에 원어민이 적은 경우에는 개인의 사회적 성향이 성공적인 외국어 습득을 예측하는데 그다지 큰 영향을 미치지 못한다고 하였다. 따라서 상호작용을 통해 성공적으로 외국어를 습득하기 위해서는 학습자 주위에 접촉 가능한 원어민의 수가 매우 중요한 요인이 되기 때문에 원어민과의 접촉이 쉽지 않은 우리나라와 같은 맥락에서는 원어민을 대신할 수 있는 다른 요소들을 찾아야 한다. 또한 ESL 상황에서 상호작용은 외국어를 습득하는데 매우 유익한 영향을 미치고 있으며, 이와 같은 똑같은 효과를 EFL 상황에서도 기대할 수 있는 효율적인 교수방법을 찾을 필요가 있다.

상호작용 가설에서 대화를 통한 상호작용, 대화를 통한 조정 및 수정(conversational interaction, adjustment, modification) 개념이 중시되며, 이는 대화에 참여한 외국어 학습자가 언어규칙을 연습할 수 있는 맥락을 제공하며, 이를 통해서 언어규칙을 습득하게 된다고 생각한다. 이때 상호작용은 화자와 청자 쌍방 간의 대등한 위치에서 이루어지는 상호작용(symmetry interaction), 그리고 대화에 참여하는 쌍방 모두 기꺼이 상호작용에 참여하고자 하는 의지를 갖고 있으며(willing to interact), 양과 질적인 면에서 동등한 피드백(equal feedback)을 받는다고 전제한다. 그러나 Johnson(2004)은 실제 의사소통 상황에서 상호작용 가설 주창자들이 생각하는 것과 같은 의사소통이 일어나지 않는다고 지적하였다. 즉, 쌍방 간의 상호작용이 균형적으로 이루어지기 보다는 불균형 상태가 더 많고, 모든 대화의 참여자가 항상 의사소통에 적극적이지도 않으며, 실제로 상호작용 중의 학습자들은 명시적으로 그들의 오류를 수정하도록 요구받지 않기 때문에 상호작용 가설에 대한 이해를 달리 할 필요가 있다고 주장하였다.

상호작용 가설은 언어의 사회적인 면을 중시한다. 언어는 사회적 맥락 안에서 의사소통을 위해서 사용되고 있기 때문에 모국어나 외국어 역시 사회적 맥락 안에서 다른 구성원과 상호작용을 통해서 가장 잘 습

동이 어렵다고 보았다. 이렇듯 Piaget은 생물학적인 시간표에 따른 인지 발달과정을 매우 중시하였다. 한편, 자기중심적 언어(ego-centric speech)와 관련하여, Vygotsky는 자기중심적 언어는 아동의 자기중심 사고를 나타낼 뿐만 아니라 문제 해결을 위한 아동의 사고 도구가 된다고 주장하였다. 반면에 Piaget은 자기중심적 언어는 아동의 전조작기 동안에 단지 자기중심의 사고를 보여주는 것이고, 성장과 동시에 이러한 자기중심적 언어는 감소한다고 주장하였다. 자기중심적 언어에 대한 Piaget과 Vygotsky 간의 차이를 표로 정리해 보면 다음과 같다.

〈표 4-2〉 Egocentric speech에 대한 Piaget과 Vygotsky 비교

Piaget	Vygotsky
• 자기중심적 사고 반영	• 자기중심적이지만 문제해결을 위한 사고의 도구로 사용됨
• 타인을 고려하지 않음	• 현재 자신의 발달단계를 넘어선 과업에 직면하였을때 나타남
• 성숙하면서 감소	• 다른 사람으로부터 도움을 청할 때 나타남 이를 통해서 ZPD를 만들어 냄
	• 내재화 시작을 의미함
	• 인간 간 세계에서 인간 내 세계로의 전환을 의미함
	• 내재화 과정이 끝날 때 인간의 고등정신의 기능을 기대할 수 있음

2) Vygotsky

Vygotsky는 인간에 대한 이해에 있어서 사회-문화적 측면을 강조하였다. 즉, 아동은 타인과의 상호작용 속에서 영향을 받으면서 성장하

는 사회적 존재로 인식하였다. Vygotsky는 아동을 둘러싼 사회적이고 문화적인 환경을 중시하였으며, 이들 환경이 아동의 사고 유형을 결정한다고 보았다. Piaget은 아동의 인지발달은 생물학적인 시간표 측면을 강조하였다면, Vygotsky는 다른 아동 또는 성인과의 상호작용을 통해서 인지발달이 이루어진다고 생각하였다. 이들 다른 아동과 성인은 아동이 지적으로 발달하는데 필요한 요소들을 제공해주는 안내자 역할을 담당한다. Vygotsky는 아동은 태어날 때부터 주의력, 감각, 기억 등의 기본적인 정신능력을 가지고 태어나지만, 이러한 기능들은 문화, 언어, 사회적 상호작용에 의해서 더욱 정교한 고등정신능력으로 발전한다고 주장하였다. 특히 언어는 아동의 인지발전에 지대한 영향을 미치는데, Vygotsky는 자기중심적 언어(ego-centric speech), 사적 언어(private speech), 내적 언어(inner speech), 그리고 공공 언어(public speech) 등의 역할에 대해서 언급하였다.

Vygotsky의 언어가 인지발달에 영향을 미친다는 주장은 인지능력이 언어발달에 영향을 미친다고 주장한 Piaget과는 대조를 이룬다. 그리고 아동의 고등정신능력의 발달은 사회적으로 더 많은 지식과 경험을 가지고 있는 교사나 성인과의 상호작용을 통해서 이루어진다. 따라서 아동의 능력 밖에 있는 과제는 아동이 스스로 수행할 수 없지만, 성인이나 뛰어난 동료의 도움을 받아 같이 학습을 하게 된다면 성공할 수 있게 되는데, Vygotsky는 이 영역을 근접발달영역(proximal development zone)이라고 하였다. 아동이 실패하지 않도록 초기에는 충분한 도움을 제공하지만, 아동이 독립적으로 과제를 수행할 수 있는 능력이 갖추어지면 도움은 제공되지 않는다. 한편 사적 언어(private speech)와 관련하여, Piaget은 인지능력이 낮은 어린이가 사회적 맥락과는 무관하게 자신에게 말하는 글자 그대로의 사적 언어라고 하였지만, Vygotsky는 아동이 자신의 행동과 사고를 조절하기 위해서 자기 자신과 의사소통하는데 사용하는 언어로 인식하였다. Vygotsky는 사적 언어는 혼자 말로 시작하여 나중에는 다른 사람이 들을 수 없는 내적 언어(inner speech)로 발전해 간다고 하였다. 아동의 사적언어는 문제해결을 돕고, 아동의 행동을 조절하는 역할을 한다. 사적 언어에 대한 Piaget과 Vygotsky 간의 차이를 표로 정리해 보면 다음과 같다.

〈표 4-3〉 Private speech에 대한 Piaget과 Vygotsky 비교

	Piaget	Vygotsky
• 정의	• 인지능력이 낮을 때 나타남	• 자신과의 의사소통 도구로 사용됨
• 발달과정	• 성숙하면서 감소함	• 나중에 inner speech로 전환됨
• Public speech와의 관계	• 어린이들이 사용함	• 능력있는 동료, 선생님과 상호작용하면서 더 발달됨
• 사회적 맥락과의 관계	• 사회적 맥락은 무의미함	• 학습자들은 사회적 유형, 행위, 관습, 사고 등을 내재화함. 그런 후, 고등정신의 기능을 가져올 수 있는 inner speech를 발달시킴

지금까지 살펴본 Piaget과 Vygotsky의 인지발달 과정을 대조하여 정리해 보면 다음 표와 같다.

〈표 4-4〉 인지발달 과정에 대한 Piaget과 Vygotsky 비교

	Piaget	Vygotsky
• 인지 구조	• 자연적인, 생물학적 시간표 • 두뇌, 인지 • 사고가 언어에 영향을 미침	• 사회, 문화, 역사적 환경 • 주의력, 사고, 기억력 • 언어가 사고에 영향을 미침

• 사회적 맥락의 역할	• 생물학적 시간표 • 성숙	• 사회, 문화적 맥락이 아동의 사고유형을 결정함
• 언어와 인지간의 관계	• language < cognition	• language > cognition
• 인지발달에 대한 시각	• 성숙과 함께 인지능력이 발달하여 독립적 학습자가 됨.	• 사회적 맥락에서 상호작용을 통해서 이루어짐
• 학습의 의미	• 인지발달 정도가 학습능력을 결정함	• 학습이 인지발달을 가져옴
• 협동학습	• 같은 인지능력 발달 정도를 갖고 있는 아동과 가능함	• 뛰어난 동료, 또는 교사와 가능

그렇다면, Vygotsky 이론은 아동의 전반적인 학습에 대해서 어떤 함축성을 갖고 있는가? 이를 정리해 보면 다음과 같다.

① 교수(instruction)를 통한 학습적 발전이 발생학적인(생물학적인) 발전보다 더 중요하다.

② 학교는 아동의 인지 발달에 매우 중요한 역할을 한다.

③ 아동의 현재 인지발달 단계보다 위에 해당되는 과제를 아동에게 제공될 때 아동의 인지발달을 더 촉진시킬 수 있다.

④ 뛰어난 동료와 교사는 상호작용을 통해서 아동에게 도움을 제공하면서 아동의 인지발달을 위한 '스캐폴딩(scaffolding)'을 만들어낸다. 이때 스캐폴딩은 학습자 수준에 적절해야 한다.

⑤ 아동이 독립적으로 과제를 수행할 수 있게 되면, 교사는 더 이상 도움을 아동에게 제공하지 않는다.

⑥ 사회적 맥락 안에서 다른 뛰어난 아동과 상호 협동하여 상호작용하도록 권장한다.

⑦ 문제 해결 과정 중에 내적 언어(inner speech)를 사용하도록 권장한다. 내적 언어는 아동이 직면한 문제를 해결하는 사고의 도구가 된다.

* 본 장에서는 Vygotsky의 사회-문화적 이론에서 다루는 주요 용어에 대한 설명은 하지 않았음. 이에 대한 자세한 설명은 13장을 참조하기 바람.

제5장

나이와 영어학습

많은 언어학자들은 언어습득과 관련된 제반 여러 조건이 동일한 상황에서 어린이와 성인의 언어 습득 성취도가 유사하게 나타날 것인지 아니면 다르게 나타날 것인지를 파악하는데 관심을 기울여 왔다. Lenneberg(1967)가 사춘기를 기점으로 제2언어 혹은 외국어 습득이 어려워진다는 결정적 시기 가설(Critical Period Hypothesis: CPH)을 발표하자 학자들 사이에서는 이를 둘러싸고 찬반 논쟁이 일어났다. 물론 이 문제는 아직도 결론이 나지 않은 채 논란이 지속되고 있는 상황이며, L2 습득과정에서 나이가 어떻게 영향을 미치고 있는가에 관한 연구는 주로 Lenneberg의 결정적 시기 가설을 증명하거나 또는 반증하는데 그 초점을 맞추고 있다. 본 장에서는 먼저 언어 습득의 결정적 시기 가설을 형성하는 요인들을 네 가지 측면으로 나누어 어린이와 어른의 언어 학습상 이점과 난점을 짚어보고자 한다. 그리고 L2 학습자의 성취도를 발음과 통사, 사회 언어학적 측면으로 나누어 나이에 따라 언어 항목별 성취도에 차이가 있는지를 살펴보며, 학습자의 연령에 따라 어떤 언어적 입력의 환경이 높은 성취도를 나타나는지를 알아보고자 한다. 마지막으로 전 세계적으로 불고 있는 조기 언어 교육 열풍을 나이와 언어 학습의 측면에서 어떻게 바라볼 것인지를 생각해 보고자 한다.

5.1 어린이와 성인 간의 언어 학습 비교

여기서는 현재까지 진행된 나이와 언어 학습의 관계를 신경·생리학적 측면, 인지적 측면, 정의적 측면, 그리고 언어적 측면의 네 가지 측면에서 종합해 보고자 한다.

5.1.1 신경·생리학적 측면의 비교

뇌신경학적 측면에서 성인과 어린이의 언어 학습을 비교할 때 가장 많이 고려되는 사항은 반구편중현상(lateralization)과 결정적 시기(critical period)에 관한 것이다. 먼저 반구편중현상과 언어 학습의 관련성을 살펴본다면, Lenneberg(1967)를 비롯한 많은 학자들은 2세에서 시작하여 사춘기를 전후하여 반구편중현상이 일어난다고 보고 있다. 반구편중현상이란 인간 대뇌의 좌반구와 우반구가 담당하는 그 자체 대뇌 기능이 각각 좌반구와 우반구로 자리를 잡아가는 기능 양분화 현상을 가리킨다. 그 결과 좌반구는 언어 기능, 계산 기능 등의 분석적, 지적, 논리적 기능을 담당하는 반면에, 우반구는 음악, 예술 기능 등의 통합적, 정서적, 사회적 기능을 총괄하게 된다.

이 중 Lenneberg가 강조하고자 했던 것은 인간의 두뇌가 성장하면서 두뇌의 좌반구에서 언어 중추 기능을 맡게 되는 반구편중현상이라고 할 수 있다. 따라서 어린이가 사춘기 이전에 두뇌에 손상을 입게 되더라도 우반구가 그 기능을 이어 받아 언어 습득에 큰 지장이 없다. 그러나 사춘기 이후에 좌반구가 손상되면 언어 능력의 회복이 거의 불가능하고 또한 성인의 70% 가량이 실어증을 경험하게 된다고 주장한다. 이는 신경 생리학적 측면에서 볼 때 사춘기 이후에는 대뇌의 유연성(brain plasticity)이 거의 없어지기 때문이라고도 설명할 수 있다. 따라서 Lenneberg는 반구편중현상이 종결되고 두뇌의 유연성이 사라지는 사춘기를 전후한 시기가 외국어 학습에 있어서 결정적 시기(critical period)가 된다는 점을 제안하였다. 즉, 사춘기 이전에 언어를 습득하게 되면 인간의 두뇌가 가진 유연성 때문에 외국어를 학습하는데 효율적이지만 사춘기 이후에는 그렇지 않다는 것이다. 이와 관련하여, Scovel(1988) 역시 Lenneberg의 입장을 지지하였다. Scovel은 반구편중현상이 완결되는 사춘기 이전의 학습자는 뇌의 유연성으로 인해 모국어뿐만 아니라 외국어를 용이하게 습득하지만 사춘기 이후에는 외국어의 유창한 구사가 어렵다고 하였다.

그러나 어린이의 언어 습득 용이성을 뇌의 유연성으로 귀인시키려는 전통적 견해를 부정하는 많은 연구들이 있었다. Krashen(1973)은 반구편중 시기와 관련하여 반구 편중화가 사춘기 경에 종료되는 것이 아니라 그보다 훨씬 앞선 만 5세 경에 종료되며 5세 이후에도 언어 습득이 가능하다는 연구를 통해 두뇌 편중 시기와 언어 습득 간에는 관련성이 없음을 주장하였다. 또한 결정적 시기가 끝나면 언어 습득 능력이 갑자기 떨어진다는 주장 역시 반박을 받고 있다. Krashen(1973)과 Johnson과 Newport(1989)는 언어를 습득하는 능력은 점진적으로 떨어지는 현상이라고 주장하였다. 이는 다양한 영역에 걸친 학습자의 언어 능력이 어느 한 순간에 사라진다는 결정적 시기 가설로는 다양하고 복잡한 언어 습득의 양상을 설명하는데 한계가 있음을 의미한다. 이를 뒷받침하기 위해 Seliger(1978)와 Long(1990)은 '다중 결정적 시기(multiple critical period)' 또는 '민감한 시기(sensitive period)'라는 개념을 제안하였다. 이 개념에 따르면, 뇌의 유연성이 떨어지면서 외국어 습득 능력은 점차 쇠

퇴해 가지만, 각각의 언어적 항목별로 원어민과 같은 언어능력에 도달하는데 요구되는 연령이 다르다는 것이다. 예를 들어, 원어민과 같은 발음을 하기 위해서는 최소한 6세 이전에, 원어민과 같은 어휘와 통사적 능력에 도달하기 위해서는 15세 이전에 외국어에 노출되어야 한다는 것 등이다.

한편, 발화 근육(speech muscle)의 발달을 통한 발음 문제와 관련하여 사춘기 이후에는 원어민과 같은 발음을 할 수 없다는 점에는 큰 이의가 없는 것으로 보인다. Brown(2000)은 음성을 조절할 수 있을 만큼 발화 근육이 성숙되는 5세부터 발화 근육의 유연성이 지속되는 사춘기 동안에 외국어를 배우는 것이 원어민과 같은 발음과 억양에 도달하는데 효과적이라고 보았다. 학자에 따라서는 결정적 시기가 단지 발음 영역에 국한되는 것이기 때문에 어른이 되어도 외국어 학습에서 높은 성과를 나타낼 수 있다고 주장한다. 그러나 어린이가 신경·생리학적으로 많은 유연성과 적응 능력을 가지고 있다는 사실을 부인할 수는 없다. 따라서 어린이를 대상으로 한 조기 영어교육의 높은 효과를 기대할 수 있을 것이다.

5.1.2 인지적 측면의 비교

많은 사람들은 성인들이 인지적으로 어린이에 비해 더 성숙하기 때문에 성인이 외국어를 배우는데 더 유리할 것이라고 생각한다. 그러나 인지적인 성숙은 때로는 성인들에게 외국어 학습에 있어서 어려움의 원인이 되기도 한다.

Piaget(1952)은 인간의 인지가 처음 16년 동안 급속하게 발달하고 그 이후에는 발달의 속도가 둔화된다고 주장하면서 어린이의 인지적 성장에 따른 지적 발달을 3단계 – 감각 운동 단계(sensorimotor stage: 0-2세), 전조작 단계(preoperational stage: 2-7세), 조작 단계(operational stage: 7-16세) – 로 분류하였다. 또한 조작 단계를 11세 무렵을 분기점으로 하여 구체적 조작 단계(concrete operational stage)와 형식적 조작 단계(formal operational stage)로 세분하였다. Piaget에 의하면, 구체적 조작 단계에 있는 학습자는 구체적인 경험이나 직접적인 지각을 통해 언어를 습득할 수 있으며, 형식적 조작 단계에 접어들면서 추상화와 논리적인 개념을 다룰 수 있게 된다. 따라서 언어 습득의 중요한 시기를 구체적 조작 단계에서 형식적 조작 단계로의 전환기인 사춘기 이전으로 보았다.

또한 Piaget은 인간의 인지 능력이 불균형(disequilibrium)과 균형(equilibrium)의 계속적인 순환 과정을 거쳐 발달한다고 보면서 언어 습득을 균형의 개념과 결부하여 설명하였다. 인지적 불균형의 단계는 의심과 불확실의 단계로 이것이 해결되면 확신의 상태인 균형의 단계로 이동하고 다시 의심과 불확실에 의해 불균형 단계로 이동한다고 보았다. 이 때 의심과 불확실은 불균형-균형의 순환 과정을 촉진시키는 원동력으로써 학습 동기를 부여해 주는 역할을 한다. Piaget은 불균형-균형의 인지 진행 상태가 가장 활발한 시기를 청소년기라고 하였으며 이 때 외국어를 배우면 보다 효과적이라고 하였다.

Krashen(1985)은 습득(acquisition)과 학습(learning)을 구별함으로써 아동이 외국어 학습에 유리하다는 점을 설명하고자 했다. Krashen에 의하면, 습득은 어린이가 자신의 모국어를 습득할 때와 마찬가지로 무의식적으로 자연스럽게 해당 언어에 대한 규칙을 내재화하는 과정 중에 외국어를 배우는 것이다. 반면에 학습은 외국어의 규칙을 명시적으로 배우면서 의식적으로 외국어를 학습하는 과정이다. Krashen은 이 두 과정 중에서 습득 과정을 통한 언어 지식만이 유창한 언어 사용의 토대가 된다고 주장하였다. 학습된 지식(learned knowledge)은 단지 보조적인 감시장치 역할을 할 뿐이며 또한 습득된 지식으로 전환될 수도 없다고 주장하였다. 따라서 성인의 인지 능력이 때로는 외국어를 학습하는데 장애 요인이 된다고 보았다.

한편, Rosansky(1975)는 '주의분산(decentration)'이라는 용어를 통해 어린이와 성인의 언어 학습의 차이를 설명하였다. 어린이는 새로 학습하는 언어적 항목을 단지 학습의 대상으로 여기지 않고 의사소통을 위한 도구로 인식하므로 모국어든 외국어든 효율적으로 습득할 수 있다. 그러나 나이가 들고 인지 구조가 성숙해감에 따라 성인은 자신의 인지 능력을 활용하여 모국어와 외국어 간에 유사점과 차이점을 찾으려고 한다. Rosansky는 이를 주의분산이라고 칭하였으며, 너무 지나친 언어 형식에 대한 분석은 오히려 외국어 학습에 장애요인이 된다는 점을 함축한다.

그러나 인지적 측면에서 어린이에 비해 성인이 갖는 이점을 제시하는 학자들도 있다. Rivers(1964)는 성인의 뛰어난 기억력과 논리력은 어린이들이 몇 달 걸려 학습할 내용을 단시간 내에 학습할 수 있는 원천이 된다고 하였다. 또한 Burstall(1975)은 성인은 어린이에 비해 인지 능력이 발달하였기 때문에 연역적인 인지 과정을 활용함으로써 귀납적 인지 과정을 선호하는 어린이들보다 외국어를 더 능률적으로 습득할 수 있다고 주장하였다. Brown(1976)도 인지 발달을 어린이 대 성인으로 보지 않고 성인 대 성인으로 보았을 때 인지가 덜 발달한 성인이 인지가 더 발달한 성인보다 언어 습득을 더 잘 수행할 것인가와 관련한 질문에 대해 그렇다고 답하는 것이 어렵다는 비유를 들었다. 따라서 아동에 비해 지적으로 우수한 성인은 고도의 인지적 전략들을 사용함으로써 어린이에 비해서 더 성공적으로 외국어를 배울 수 있을 것이라고 주장하였다.

이상의 연구를 통해 아동이 인지적 측면에서도 성인에 비해 여러 장점을 지니고 있음을 확인할 수 있었다. 물론 성인의 뛰어난 기억력과 논리력, 연역적 사고 및 인지적 전략의 사용 등은 외국어 학습에 긍정적인 영향을 나타냈으나 성인이 갖는 지나친 분석적 태도는 외국어를 배우는데 있어 장점으로 작용하고 있지 않음을 알 수 있다.

5.1.3 정의적 측면의 비교

인간은 지적인 존재이기도 하지만 감정을 가지고 있는 정의적인 존재이기 때문에 학습자 개개인의 정의적 상태에 대한 이해 역시 외국어 학습을 이해하는데 도움을 준다. 정의적 측면과 관련하여 여러 가지 요인이 복합적으로 작용하겠지만 여기서는 억압(inhibition), 언어 자아(language ego), 태도(attitude), 동기(motivation), 동료 압력(peer pressure) 등의 요인과 외국어 학습 간의 관계를 중점적으로 살펴보고자 한다.

어린이는 확고한 자아의식(self-identity)이 없기 때문에 새로운 언어 습득이 어린이에게는 큰 위협으로 작용하지 않는다. 따라서 어린이들은 외국어를 학습하더라도 자아를 보호하려는 억압 현상이 일어나지 않는다. 그러나 성장과 함께 자아의식이 발전하여 오류에 대한 불안감을 느끼고 타인을 의식하게 됨으로써 자신을 노출시키지 않으려는 억압 현상이 일어난다. 이러한 억압 현상은 외국어 습득의 지연을 초래할 수 있다.

언어 자아란 목표언어 학습과 관련하여 성인 외국어 학습자가 발달시켜나가는 자기의식을 일컫는다(Guiora, Brannonm & Dull, 1972). 대체적으로 어린이의 언어 자아는 사춘기까지 성장이 계속되어 유동적이며 활동적인 특징을 갖는다. 따라서 어린이의 경우 새로운 언어가 자아에 위협으로 작용하지 않아 새로운 언어에 대한 적응이 용이하다. 그러나 성인 외국어 학습자는 외국어 학습 및 사용에 대한 불안감은 자신의 불안한 자아를 방어하기 위한 방어기제(defense mechanism)를 만들어내면서 언어 자아는 방어적이 된다. 그래서 그 시기의 언어 자아는 나약한 자아를 보호하기 위해 모국어라는 안전한 장치에 매달리게 되고 거듭되는 시행착오 속에서 자신을 낮게 평가하게 되므로 외국어 학습에 불리하게 작용한다.

언어와 그 문화에 대한 학습자의 태도 역시 학습 효과에 영향을 끼치는 중요한 요인 중의 하나가 된다. Macnamara(1975)는 아동의 경우 인종, 문화, 사회에 대한 태도가 아직 형성되지 않아 태도의 영향을 덜 받는 반면, 성인의 경우에는 목표어에 대한 명확한 태도를 갖게 되고 그것이 언어 습득에 영향을 미칠 것이라고 주장한다. 즉, 어린이는 태도의 영향을 덜 받으므로 목표어에 대한 선입견이나 편견 없이 언어를 습득할 수 있어 더 유리하다는 것이다. 한편, Stern(1974)은 동기의 측면에서 어린이가 언어 학습에 더 유리하다고 주장하였다. 어린이들은 그들의 흥미에 맞도록 동기만 부여되면 새로운 경험에 더 민감하고 열성적이므로 다른 연령층보다 우월한 자의적 동기(self-initiated motivation)를 갖는다고 보았다. 따라서 아동들에게 적절한 동기만 부여되면 제2외국어는 물론 제 3외국어의 학습도 가능하다고 하였다.

어린이와 성인의 언어 학습상의 차이를 정의적 측면에서 설명하고자 할 때 동료 압력의 개념도 중요한 작용을 한다. 동료 압력이란 언어를 학습하면서 주위의 동료나 또래 친구들로부터 받는 압력이라고 할 수 있다. 그런데 아동은 성인에 비해 동료 압력의 영향이 크다. 아동은 또래 집단의 행동이나 말에 대해 더 민감하게 반응하고 쉽게 용납해 주지 않으려고 한다. 이러한 특성이 동료들에게 놀림을 당하거나 소외당하지 않으려는 욕구를 더욱 자극하여 외국어 학습에 긍정적으로 압력을 가한다는 것이다.

Krashen과 Terrell(1983)도 언어습득과 정의적 요인의 관계를 중요시하였다. 그들은 개인차가 있기는 하지만 아동이 사춘기가 지나면 외국어 습득에서 장애 요인이 되는 정의적 여과기(affective filter)의 작동이 급격히 증가한다고 생각하였다. 따라서 사춘기 이전에 외국어를 배우기 시작하면 비록 정의적 여과기가 영향을 준다고 해도 그렇게 강력하지 않아 완벽하게 그 언어를 습득할 수 있다고 말한다.

5.1.4 언어적 측면의 비교

구조주의 언어학자들은 모방과 반복으로 이어지는 습관형성에 의해 언어 습득이 가능하다고 보았다. 그러나 구조주의 언어학에서는 학습자가 한 번도 들어보지 못한 문장을 이해하고 또 창의적으로 사용할 수 있다는 점을 설명하지 못했다. 이에 대해 Chomsky(1965)는 인간은 동물과 달리 태어날 때부터 언어를 습득할 수 있는 장치를 가지고 태어나기 때문에 불충분한 언어 입력의 양이나 질에도 불구하고 무한한 수의 창의적인 문장을 생성하면서 언어를 습득할 수 있다고 보았다. Chomsky는 이것을 가능하게 만드는 기제를 '언어습득장치(LAD: Language Acquisition Device)'라 명명하였다. LAD는 어린이가 태어날 때부터 가지고 있으며 보편 문법이 이미 우리 머리 속에 프로그램 되어 있어서 13세 이전의 어린이는 모국어든 외국어든 언어적 환경에 노출만 된다면 자동적으로 언어를 습득할 수 있다고 보았다.

한편, Chomsky(1989)는 LAD의 역할을 보다 구체적으로 설명하기 위해 '보편문법(UG: Universal Grammar)'의 개념을 사용하였다. 그 실체와 역할을 구체적으로 관찰할 수 없기 때문에 추상적으로 여겨지던 '블랙박스'라는 종전의 LAD 개념을 UG에서는 '원리(principles)'와 '매개변항(parameters)'의 두 개념으로 대체하였다.

그렇다면 LAD나 UG가 성인과 어린이의 언어 학습에서 어떻게 기능할까? Lenneberg(1967)는 유아가 출생할 당시에는 LAD의 60% 정도만이 작동하다가 10대 초에는 100%까지 작동하며 사춘기에 접어들면서 점차 감소되어 사춘기가 지나면 그 기능이 없어진다고 하였다. 따라서 Elliot(1981)는 이러한 LAD의 기능이 가장 왕성한 유아기에 외국어 교육을 실시하는 것이 가장 효과적이라고 주장하였다. 또한 UG 역시 어린이들에게만 활용이 가능하므로 성인들은 UG에 도달할 수 없기 때문에 성공적인 외국어 학습이 불가능한 것으로 보았다. Schachter(1988)는

UG가 신체적 성장과 함께 소멸되기 때문에 이것이 언어 습득의 결정적 시기와 관련을 맺고 있다고 말했다.

한편, Felix(1985)는 인지능력과 UG 간의 경쟁모형을 제안하였다. 성공적인 외국어 학습은 UG에 의존할 수밖에 없는데, 성인의 경우에는 UG의 기능이 저하되어 성공적인 외국어 학습을 위해서 전적으로 UG에 의존할 수 없다. 이러한 점 때문에 성인 학습자는 성공적인 외국어 학습을 위해서 기능이 저하된 UG보다는 인지능력에 더 의존하게 된다. 따라서 UG와 인지능력이 서로 경쟁할 경우, 성인 학습자는 언어 습득 시 전적으로 UG에 의존하는 어린이에 비해 불리한 외국어 학습이 이루어진다고 보았다. 따라서 LAD나 UG의 측면에서 성인은 외국어를 습득하는데 어린이만큼 성공적이지 못하다는 견해가 지배적이다.

그러나 Dulay와 Burt(1974a), Ervin-Tripp(1974), McLaughlin(1985)은 모국어와 외국어 언어 습득 순서에 있어서의 유사점을 들어 성인 역시 UG를 활용하면 외국어를 성공적으로 학습할 수 있다고 반박한다. 특히, Dulay와 Burt는 그들의 연구에서 성인도 어린이와 유사한 순서로 형태소를 습득하고 있음을 발견하였는데 이는 Krashen이 제시한 '자연순서 가설'을 반영하여 언어 습득이 이루어지고 있음을 뜻한다. 이와 같이 외국어를 학습하는 과정에서 모국어 습득과 유사한 과정이 나타난다면 성인 역시 생득적 UG에 도달하여 외국어를 배울 수 있다는 증거로 받아들여야 한다는 주장이 제기되었다.

언어적 측면에서 고려해야 할 또 하나의 중요한 요인은 외국어 학습 과정에 나타날 수 있는 모국어의 간섭 현상이다. 어린이 경우 모국어와 외국어를 동시에 습득하고 두 언어 모두 창의적인 구성 과정을 거치기 때문에 모국어에 의한 간섭 현상은 일어나지 않는다. 그러나 어른의 경우에는 모국어를 습득한 후 외국어를 배우는 것이기 때문에 창의적인 구성 과정을 통해 외국어를 습득한다 하더라도 모국어의 간섭을 전혀 배제할 수는 없다. 따라서 LAD의 기능이 가장 왕성하며 모국어 간섭의 영향을 배제할 수 있는 어린이가 외국어 학습에 더 유리하다는 언어학적 측면에서의 설명이 가능하다. 그러나 성인 학습자가 겪는 모국어의 간섭은 외국어 습득에 있어서 반드시 장애 요인이 아니라 외국어 습득을 돕는 요인이 될 수도 있다. 즉, 모국어가 외국어 학습의 간섭 요인이기보다 촉진 요인이 될 가능성이 있다는 것이다. 또한 모국어가 완전히 개발되기 전에 외국어를 학습하는 것이 어린이의 언어 발달 과정에 오히려 방해가 된다는 주장을 펴는 학자도 있다.

지금까지 신경·생리학적 측면, 인지적 측면 및 정의적 측면과 언어적 측면에서 어린이와 어른의 언어 학습을 비교해 보았다. 성인은 어린이에 비해 이해력, 추리력, 분석력, 사고력 등이 뛰어나 외국어 학습에 더 유리하리라는 주장이 있었다. 그러나 대부분의 학자는 외국어 학습에 있어서 나이가 어릴수록 유리하다는 입장을 견지하고 있다. 먼저 신경·생리학적 측면에서는 어린이 대뇌의 유연성 및 결정적 시기 가설을 인용해서, 그리고 인지적 측면에서는 어린이가 의식적인 규칙을 사용하지 않고 무의식적으로 외국어를 습득한다는 점을 들어 외국어 학습에서 어린이가 어른에 비해 좀 더 유리하다는 점을 입증하였다. 또한 정의적 측면에서도 어린이들은 사회·심리학적 방해가 적고, 마지막으로 언어학적 측면에서는 LAD 및 UG의 존재로 인해 어린이가 외국어 습득에 유리하다는 것을 살펴볼 수 있었다. 이상의 결과를 바탕으로 5.4에서는 조기 영어 교육에 대해 논의하고자 한다.

5.2 언어 입력을 근거로 한 학습 환경 비교

어린이와 어른의 언어 학습 여건을 비교할 때 고려되어져야 할 또 다른 요소로 언어 입력과 관련된 학습 환경을 들 수 있다. 즉, 어린이와 어른은 각자에게 주어진 언어 입력에 따라 서로 다른 학습 효과를 보일 수 있는 것이다. 앞서 우리는 3.4에서 모국어를 배우는 어린이에게 건네지는 발화가 어른에게 건네지는 발화와 어떻게 다른지를 살펴보았다. 어린이에게 건네지는 발화는 구조상 더 간단하고, 한정된 어휘를 사용하며, 더 많은 반복을 포함했고, '지금-여기'라는 즉각적인 상황과 더 밀접하게 관련된 특징을 갖고 있었다. 이러한 언어적 입력은 어린이들의 입장에서 이해하기가 더 쉽고 기억하기도 또한 용이하여 언어 습득에 이점을 지니고 있었다.

그런데 많은 연구들은 외국어 학습을 위한 이상적인 입력 역시 어린이가 받는 입력의 특징과 유사하다고 주장한다. 즉, 입력이 학습자의 수준에 비추어 이해 가능한(comprehensible) 입력이고, 학습자의 즉각적인 관심과 더 관련이 있으며, 또한 너무 복잡하지 않아야 한다는 것이다. 이는 이런 종류의 입력에 노출될 경우에 학습자의 자연적인 습득 기제가 더 쉽게 작동하여 언어 습득에 유리하다고 보기 때문이다. 여기서 우리는 자연적인 언어 습득 환경에서 어린이들이 어른보다 언어습득에서 좀 더 성공적인 이유를 찾아낼 수 있다. 단순하고 구체적 사실과 관련된 입력을 잘 처리하는 어린이들은 자연적인 상황에서 이런 종류의 언어 입력을 쉽게 받아들인다. 그러나 일반적으로 어른의 경우에는 더 복잡하고 추상적인 발화를 이해하도록 기대되기 때문에 그들에게 주어지는 언어 입력은 아동에게 주어지는 입력과는 다른 것이다.

이제 언어적 입력의 환경을 ESL과 EFL로 나누어 각각의 환경에서 어린이와 성인 학습자 성취도가 어떻게 달라지는지를 살펴보고자 한다. ESL은 영어를 제2의 언어로 배우는 상황(English as a Second Language)을, 그리고 EFL은 영어를 외국어로 배우는 상황(English as a Foreign Language)을 일컫는 용어이다. ESL은 인도나 필리핀에서와 같이 영어가 모국어와 함께 일상생활의 언어로 쓰이고 있는 경우에 영어를 제2언어로서 배우는 것이고, 반면 EFL은 우리나라나 일본에서처럼 일상생활에서는 사용되지 않는 영어를 학교나 학원 등 일정한 곳에서 외국어로서 배우는 것이다.

ESL 환경은 주로 원어민과 상호작용을 통해서 영어를 배우기 때문에 자연적인(natural) 언어학습 환경 혹은 비공식적인(informal) 언어학습 환경으로 인식된다. 반면 EFL 환경은 주로 교실이라는 인위적인 학습 환경 내에서 명시적인 언어 규칙의 교수를 통해 영어를 배우기 때문에 비자연적인 언어학습 환경 혹은 공식적인(formal) 언어학습 환경으로 인식된다. 따라서 ESL 환경에서는 일상생활 속에서 주로 원어민과의 상호작용을 통해 더 많은 이해 가능한 입력이 제공될 것이므로 어른보다는 어린이가 영어를 습득하는데 더 유리할 것이다.

그러나 자연적인 언어 습득 상황이라 하더라도 학습자에게 제공되는 언어 입력이 충분히 이해 가능한 것이 아니라면 이 경우에는 성인이 어린이보다 유리하다. Asher는 전신반응 교수법(TPR)으로 접근했을 때 습득의 초기 단계에서 나타나는 성인과 어린이의 침묵의 시기(silent period)를 비교했다. 그 결과, 성인은 침묵의 시기가 약 10시간 정도였으나 어린이의 경우에는 약 6개월 정도가 소요되었다(Krashen, 1982). 이처럼 어린이가 성인에 비해 상대적으로 긴 침묵기를 가진 이유는 언어 습득의 초기 단계에서 비공식적 환경이 제공한 언어입력이 학습자에게 충분히 이해 가능하지 않았기 때문이라고 설명한다. 즉 자연적인 환경, ESL 상황에서의 습득 자체는 어린이가 어른보다 더 유리하다는 것이 일반적인 견해이지만 이해가능의 차원에서 보면 나이가 많을수록 이해의 정도가 높을 수도 있는 것이다.

한편, 사회적 맥락 안에서의 상호작용이 외국어 학습에 유리한 것이 일반적인 현상이기는 하지만 교실에서 이루어지는 언어 형식에 대한 교수가 외국어 습득에 유익하지 않은 것은 아니다. 때로는 시간을 절약하고 학습자의 이해를 돕기 위해 언어 형식에 대한 집중적인 교수가 필요하다(Larsen-Freeman & Long, 1991). 그런데 이 때 자연적인 언어 습득 상황이 아닌 교실 수업의 효율은 성인으로 올라갈수록 높아진다. 그 이유는 성인이 어린이에 비해 형식적 교수를 이해하는데 필요한 더 높은 인지력과 분석력, 사고력을 가지고 있기 때문이다. 이처럼 외국어 학습에 있어서 학습자에게 제공되는 언어적 환경이나 입력의 유형 역시 연령에 따른 학습자의 성취도를 결정하는 중요한 요인이 될 수 있다.

5.3 어린이와 성인 간의 영역별 성취도 비교

앞 절에서는 외국어 학습과 관련하여 어린이와 성인 간에 보여 지는 여러 가지 차이점을 신경·생리학적, 인지적, 정의적, 언어적 측면이라는 네 가지 측면에서 살펴보았다. 그렇다면 어린이와 성인 간의 이러한 네 가지 측면의 차이점이 외국어 학습의 영역별 성취도에는 어떠한 영향을 미칠까? 학습자의 성취도를 알아보기 전에 외국어 능력의 측정 기준을 무엇으로 삼을지에 대한 기준을 명확히 할 필요가 있다(박기표, 2000). 외국어 능력이라 하면 외국어를 습득하는 속도와 발달의 마지막 단계인 최종 능력이 둘 다 포함되는 개념이기 때문에 둘 중 무엇을 측정의 기준으로 삼아야 할지를 결정해야 한다. 여기서는 외국어를 습득하는 속도가 아닌 최종적인 언어 능력을 외국어 능력의 기준으로 삼고자 한다. 왜냐하면, 외국어를 습득하는 속도를 측정 기준으로 할 경우 십중팔구 성인이 어린이보다 뛰어날 가능성이 높기 때문이다. 따라서 습득 기간에 관계없이 습득 상태, 즉 원어민과 같은 수준의 언어를 습득할 수 있는 능력이 있는가를 언어 능력의 기준으로 정해야 할 것이다(Birdsong, 1999; Long, 1990). 앞서 제2언어 습득의 결정적 시기가 언어의 구성 요소에 따라 달라진다는 Seliger(1978)의 '다중 결정적 시기' 이론을 살펴보았다. 따라서 본 장에서는 다중 결정적 시기 이론을 토대로 가장 활발하게 논의되고 있는 영역인 발음과 문법, 그리고 사회 언어학적 측면에서의 성인과 어린이의 성취도를 비교한다.

5.3.1 발음 측면에서의 비교

나이가 어린 학습자일수록 외국어의 발음 습득에 유리할까? 같은 기간 동안 어린이와 성인이 외국어를 습득한다고 가정할 때 결정적 시기가 지나지 않은 어린이일수록 원어민에 가까운 발음을 습득할 수 있다고 보는 것이 일반적인 견해이다. 그렇다면 발음 습득의 결정적 시기는 언제이고, 나이라는 변수 외에 발음에 영향을 미치는 요인에는 어떤 것이 있으며, 성인 학습자의 경우에는 원어민과 같은 발음의 습득이 왜 불가능한지와 관련된 문제점들을 이 절에서 살펴보고자 한다.

Seliger, Krashen과 Ladefoged(1975)는 영어나 히브리어를 제2언어로 학습하고 있는 다양한 모국어 배경을 지닌 364명의 학습자를 대상으로 발음과 관련된 결정적 시기가 있는지를 조사하였다. 피험자들은 목표어를 사용하는 나라에 도착한 시기, 즉 제2언어를 습득하기 시작한 나이를 기준으로 세 개의 집단 — 10세 이전, 10-15세, 16세 이상 — 으로 분류되었다. 이들은 "영어나 히브리어를 사용하는 원어민들이 피험자가 원어민이 아니라는 것을 식별할 수 있겠는가?" 라는 질문에 자기 보고(self-report)를 하도록 요구되어졌다. 그 결과, 10세 이전에 이주해 온 집단의 85%, 10-15세에 이주해 온 집단의 50%, 16세 이상에 이주해 온 집단의 8%가 원어민 발음과 비교하여 그 차이를 식별할 수 없다고 응답하였다. 이 실험은 피험자가 자신의 발음을 스스로 평가했다는 점에서 연구의 한계점을 갖기는 하지만 거주한 기간이 아닌 나이가 발음 습득에 중요하다는 점을 시사해 주었고 발음 습득의 결정적 시기가 10세 이전이라는 사실을 밝혀 주었다.

Oyama(1976)는 이민 후 최소 5년 내지 18년 정도 미국에서 거주한 이탈리아인 60명의 발음을 조사하였다. 그 결과, 원어민과 같은 발음을 하는데 영향을 미치는 주요 요인은 미국에 거주한 년 수가 아니라 미국으로 이주해 올 때의 나이라는 사실을 발견하였다. 즉 12세 이전에 미국으로 이주해 온 이민자들은 원어민과 같은 발음을 구사하는 반면에, 12세 이후에 이주해 온 이민자들은 약간의 외국인 엑센트가 있었다고 보고하였다. 이 밖에 Asher와 Garcia(1969), Patkowski(1980) 등도 결정적 시기를 몇 살로 보느냐에 대해서 연구자 간에 약간의 차이가 있었지만 어쨌든 나이와 발음 능력 간에는 높은 상관관계가 있다고 밝혔다.

Scovel(1988)은 나이가 어린 학습자일수록 발음 습득에 유리한 이유를 뇌의 유연성과 관련하여 설명하였다. Scovel에 따르면, 반구편중현상이 완결되는 사춘기 이전의 학습자는 뇌의 유연성으로 인해 모국어뿐만 아니라 외국어를 용이하게 습득할 수 있지만 사춘기 이후에는 외국어의 유창한 구사력 습득이 어려워진다고 하였다. Brown(2000)은 성인의 경우 발화 근육의 유연성을 잃어버리기 때문에 일반적으로 원어민과 동일한 수준의 발음을 습득하기 어렵다고 주장하였다.

그러나 이에 대한 반대 주장도 있다. 일부 학자들은 발음 습득에 있어 나이가 아닌 다른 변인들이 더 결정적인 영향을 미친다고 주장하기도 한다. 또한 어떤 학자들은 성인 학습자가 원어민과 같은 발음을 구사하는 것이 불가능한 것은 아니라고 주장하기도 한다. Neufeld(1978)는 일본어와 중국어를 배우려는 동기가 매우 높고 교육 수준이 높은 성인 미국인 학습자를 대상으로 18시간 동안 집중적으로 발음 훈련을 시킨 결과 성인들도 원어민과 같은 발음 수준에 도달할 수 있었다고 주장하였다. Snow(1987)는 실험실과 같은 인위적인 환경에서 이루어진 연구의 결과이기는 하지만 외국어의 음운적 항목을 원어민과 비슷하게 발음하도록 집중적인 훈련을 시킨 결과 성인이 오히려 어린이들보다 발음을 더 잘할 수 있다고 보고하였다. Klein(1995) 역시 학습자들이 받아들이는 언어 입력과 원어민과 같은 발음을 하고 싶어하는 동기의 두 가지 요건만 충족되면 성인도 원어민과 같은 발음을 구사하는 것이 가능하다고 주장하였다.

이상의 연구 결과들을 종합해 볼 때 학습자의 나이가 발음 습득의 성취도를 결정하는 유일한 요인은 아니지만 나이가 발음 습득에 있어서 큰 영향을 미치고 있음을 확인할 수 있다.

5.3.2 문법 측면에서의 비교

문법이나 통사적인 측면에서도 성인이 되어 외국어를 학습할 경우 원어민과 같은 통사적 수준에 도달하는 것은 어렵다는 것이 지배적인 견해이다.

Patkowski(1980)는 15세 이전과 15세 이후에 미국으로 이주하여 최소한 5년 이상 거주한 사람들을 대상으로 그들이 가진 통사적 능력에서 어떤 차이가 있는지를 조사하였다. 연구 결과에 의하면, 미국에 도착한 나이와 문법 능력 간의 상관관계가 r = -.74로 높게 나타나 15세 이전에 이주한 사람들이 15세 이후에 이주한 사람들보다 더 높은 통사적 수준에 도달할 수 있다고 보고하였다.

Coppieters(1987)는 18세 이후에 불어를 습득하였으나 의사소통능력과 듣기 능력이 불어 원어민 화자와 유사한 21명의 외국인을 대상으로 문법 능력을 검증해 보았다. 이들이 프랑스에 거주한 기간은 적어도 5년 이상이 되었고 평균 거주 기간도 17년에 달했기 때문에 불어의 최종 능력에 도달했을 것으로 생각되었다. 하지만 이들 가운데 원어민과 같은 문법적 능력을 나타낸 사람이 없어 성인이 되어 문법을 습득하는 데는 한계가 있음을 보여주었다. 특히, 이들의 문법 능력은 보편 문법으로 간주되는 형식적 문법보다는 불어에만 나타나는 기능적 문법에서 더 큰 차이를 보였다.

문법 습득의 결정적 시기에 관한 연구로 Johnson과 Newport(1989)의 연구를 들 수 있다. 이들은 3세에서 39세 사이에 미국으로 이주해 와서 최소 3년에서 최장 26년 동안 미국에 거주한 중국인과 한국인들을 대상으로 실험을 진행하였다. 피험자들에게 문법성 판단(grammaticality judgement)을 해보도록 한 결과 3 - 7세에 미국에 도착한 집단이 8 - 10세 집단과 11 - 15세 집단보다 문법적인 능력이 뛰어난 것으로 나타났다. 따라서 어린 나이에 미국에 도착한 사람일수록 원어민과 같은 통사적 능력을 갖추는 것이 더 유리하며 그 결정적 시기는 8 - 10세 이전이라는 결론이 도출되었다.

그러나 나이와 상관없이 원어민과 같은 수준의 문법 습득이 가능하다는 주장들도 있다. Fathman(1975)은 영어를 제2언어로 사용하는 다양한 모국어 배경의 6 - 15세 학습자를 대상으로 문법능력 평가를 실시하였다. 연구 결과에 의하면, 6 - 10세 아동들이 발음 측면에서는 성인보다 높은 점수를 받았지만 영어에 노출된 기간이 비슷한 피험자들의 경우 통사 습득의 측면에서는 연령이 높을수록 더 좋은 결과를 보여 주었다. 또한, Birdsong(1992)은 11세에 프랑스에 도착한 20명의 영어 모국어 화자를 대상으로 이들의 불어 문법능력을 실험하였다. Birdsong은 이들의 문법능력이 원어민과 비슷한 수준이라고 밝혀 앞서 주장된 결정적 나이보다 늦은 시기에 문법을 습득해도 원어민과 같은 수준의 문법능력이 가능하다는 사실을 보여주었다.

이상의 연구들은 모두 문법을 습득하는데 나이가 중요한 역할을 한다는 것을 보여줌으로써 문법 습득의 결정적 시기가 있음을 입증해 주었다. 그러나 연구마다 문법 습득의 결정적 시기에 대한 결론이 다르기 때문에 그 정확한 시기를 단정 지을 수는 없다.

5.3.3 사회 언어학적 측면에서의 비교

Scarcella(1983)는 7세 경에 미국에 건너와 12년 내지 17년 거주한 10명을 대상으로 이들의 담화능력을 조사하였다. 적절한 대화 주제를 선택하고, 대화를 지속하며, 대화를 종결하는 등의 담화능력을 조사한 결과 이들 모두에게서 원어민과 같은 담화능력은 나타나지 않았다.

Scarcella는 원어민과 같은 담화능력에 도달하는 것과 학습자의 연령 간에 밀접한 상관관계가 있다는 것을 보여주는 것이라고 연구의 결과를 해석하였다. 즉, 학습자가 7세 이전에 미국으로 건너와서 영어를 배웠다면 원어민과 같은 담화 능력에 도달할 수 있을 것이라고 예상하였다.

지금까지 제2언어 습득에 있어서 학습을 일찍 시작한 어린이 학습자가 늦은 나이에 학습을 시작한 성인 학습자에 비해 발음과 통사적인 측면 그리고 사회 언어학적인 측면에서 유리한 입장과 그렇지 않은 입장을 대조하여 살펴보았다.

5.4 조기 언어 교육

아동이 외국어 학습에 더 유리하다는 Lenneberg(1967)의 결정적 시기 가설이 발표되자 많은 학자들이 이를 근거로 조기 외국어 교육의 당위성을 주장하였다. Stern(1974)은 세2차 세계 대전 후 국가 간 교류가 증대된 국제화 시대를 대비해 성인에 비해 놀랄만한 언어 습득 능력이 있는 아동들을 대상으로 외국어 교육이 이루어져야 한다고 주장하였다. Rivers(1981)도 외국어 교육의 궁극적인 목표인 의사소통능력을 함양하기 위해서는 조기 영어 교육을 실시하는 것이 유익하다는 입장을 견지했다.

이와 같은 여러 학자들의 주장에 힘입어 현재 세계적으로 약 50여개의 나라에서 초등학교부터 외국어 교육을 실시하고 있다. 이러한 맥락에서 조기 언어 교육의 개념을 정립하고 또 현재 조기 언어 교육이 안고 있는 문제점을 살펴보는 것은 매우 중요한 일이 될 것이다.

'언어 조기 교육(early language education)'은 이중 언어 교육(bilingual education)이나 제2언어 교육(second language instruction), 또는 외국어 학습(foreign language learning) 등에서 12세 이전의 아동들에게 외

국어를 가르치는 경우를 일컫는다(Rivers, 1981). 특히, 미국에서는 초등학교에서 실시되는 외국어 조기교육을 FLES(Foreign Languages in the Elementary School), FLEX(Foreign Language Experience) 혹은 몰입 프로그램(Immersion Program)이라 칭하고 있다.

우리나라에서 조기 언어 교육은 주로 초등학교 또는 초등학교 이전의 영어 교육을 일컫는다. 우리나라에서의 조기 영어 교육의 개념은 학자마다 조금씩 다른데, 배두본(1995)은 조기 영어 교육을 '초등학교의 영어교육(Teaching English in the Elementary School: TELES)'이라고 간주한다. 또한, 이혜란(1995)은 취학 전 아동에서부터 초등학교 상급 학년 아동까지의 영어교육을 '영어 조기 교육'이라는 용어로 표현하였다. 국제 공용어인 영어를 학습하는 시작 연령을 낮추려는 세계적인 추세와 발맞추어 우리나라도 중학교 1학년부터 시작했던 영어 교육을 1997년부터 초등학교 3학년으로 낮추어 실시해 오고 있다.

그러나 현재 우리나라에서 조기 영어 교육 실시에 대한 의견은 찬성과 반대로 나뉘어져 아직 어떤 뚜렷한 합일점에 도달하지 못한 상태이다. 반대론자들은 조기 영어 교육 실시에 따른 문제점을 다음과 같이 요약한다(배두본, 1995). 첫째, 한국의 문화나 가치관이 채 형성되지 않은 아동에게 서양의 문화나 가치관이 부정적 영향을 끼치지 않을까 하는 우려이다. 극단적인 경우 문화 식민지화의 위험이 있다고 보기도 한다. 둘째, 영어 교육 환경과 관련하여 현재와 같이 능력 있는 교사의 수급, 교재나 보조 자료의 개발 및 보급, 설비 및 시설의 확보 등이 미비한 상태에서 교육을 실시했을 때의 그 효율성에 대한 의문을 제기한다. 셋째, 영어 교육을 실시한다 하더라도 지속적으로 영어를 사용할 기회가 없어 그 실효성에서 논란이 되기도 한다. 우리나라와 같은 EFL 환경에서 영어 교육의 가장 큰 난점은 교실 밖에서는 영어를 접할 기회가 거의 없다는 것인데 초등학교라는 제한된 공간에서 제한된 기간동안 배운 영어가 그 이후의 영어 공부나 영어의 실제 사용 능력으로 얼마나 연계

될 수 있을지 우려된다.

5장에서는 L2 습득에 있어 학습자의 연령이 미치는 영향을 살펴보았다. 먼저 어린이와 성인 학습자들을 대상으로 그들의 신경·생리학적 측면, 인지적 측면, 정의적 측면과 언어적 측면을 각각 비교하여 이런 측면들의 차이가 학습자의 성취도와 어떤 연관이 있는지 검토해 보았다. 또한, 언어 학습에 있어 중요한 역할을 담당하는 언어적 입력의 양상이 어떻게 다르고 어떤 유형의 언어입력이 각각의 학습자에게 유리한 것인지에 대해서도 생각해 보았다. 그리고 마지막으로 만약 어린이와 성인 학습자의 성취도에 차이가 나타난다고 가정한다면 언어 습득의 어떤 영역에서 그러한 차이가 나타나는지 발음, 통사, 사회 언어학적 능력의 범주로 나누어 알아보았다. 이상의 연구에서 얻어진 일반적인 견해는 특히 발음 분야에서만큼은 학습자의 나이가 어릴수록 외국어 습득에 유리하다는 것이다. 그러나 EFL 이라는 특수한 상황인 우리나라에서 거세게 불고 있는 조기 영어 교육의 열풍과 관련하여 앞에서 제시한 연구 결과들을 우리의 현실에 맞게 어떻게 재해석해야 할지 신중한 고민이 요구된다.

제6장

학습자의 내적교수요목

언어 습득에 있어 학습자들은 일정한 순서에 따라 L1이나 L2를 습득하게 되는데 이때 미리 정해진 체계적인 습득 순서를 가리켜 자연적 순서(natural order)라고 한다. 또한 Krashen(1977)은 이를 그의 언어 습득 이론 중 하나에 포함시켜 자연 순서 가설(The Natural Order Hypothesis)이라고 명명하였다. 대조분석은 학습자의 오류에만 관심을 기울인 나머지 학습자 발화의 총체를 소홀히 다루었고, 또한 학습자의 오류를 목표어 체계에 맞지 않는 비문법적인 발화로만 치부하였다. 그러나 학습자의 오류가 완벽한 언어 체계로 나가기 위한 중간 단계에 위치하고 있다는 사실이 밝혀지면서 학습자의 언어는 '중간언어(interlanguage)'로 그리고 학습자의 오류는 '발달적 오류(developmental error)'라는 이름으로 그 지위가 격상되었다. 그 결과 학습자의 발달 과정에서 나타나는 규칙 혹은 그 일정한 순서를 연구해야 할 필요성도 대두된 것이다. 이렇듯 언어 습득 과정에서 보여지는 일반적인 규칙성을 설명하기 위해 Ellis(1994)는 '발달적 패턴(developmental patterns)'이라는 용어를 사용하였다. Ellis의 발달적 패턴은 습득 순서(acquisition order)와 발달 단계(developmental sequence)의 두 가지 개념을 포괄적으로 지칭한다. 먼저 습득 순서란 복수형 '-s'나 3인칭 단수 어미 '-s' 중 어떤 것이 먼저 습득되는가와 같이 서로 다른 문법적 언어 자질이 습득되는 순서를 말한다. 또한 발달 단계란 특정한 문법 구소를 습득하면서 학습자가 거치는 습득의 단계 또는 습득 과정을 지칭한다. 본 장에서는 학습자가 문법 구조를 습득할 때 거쳐 가는 이러한 일정한 예측 가능한 순서를 학습자의 '내적교수요목(internal syllabus)'이라 이름 붙이고 내적교수요목의 존재를 입증할 수 있는 여러 연구를 개관해 보고자 한다.

6.1 형태소 습득 순서에 관한 연구

형태소 습득 순서에 관한 연구는 영어를 모국어로 배우는 어린이를 대상으로 한 연구로부터 시작되었다. Brown(1973)은 공시적(longitudinal) 연구 방법을 통해 그리고 Jill과 Peter de Villiers(1973)는 통시적(cross-sectional) 연구 방법을 통해 14개 형태소가 유사한 자연적인 순서에 따라 습득됨을 보여주었다. 이러한 연구는 영어를 제2언어로 배우는 상황에서의 형태소 습득 순서에 관한 연구를 촉발시켰다.

제2언어로서의 영어 형태소 습득에 관한 연구는 Dulay와 Burt(1973)로부터 시작되었다. 이들은 스페인어를 사용하는 어린이 151명을 영어 접촉의 양과 학습 환경에 따라 세 집단으로 나눈 뒤 BSM(Bilingual Syntax Measure)을 통해 8개 형태소의 습득 순서를 통시적 방법으로 조사하였다. BSM은 학습자의 구두 언어 자료를 이끌어내기 위해 일련의 그림과 질문을 이용하는 시험의 유형으로 '이중언어 통사측정'이라고 알려진 표준평가 방식이다. Dulay와 Burt가 형태소 습득 순서를 알아내기 위해 사용한 통시적 방법은 한 시점에서 여러 학습자의 자료를 뽑아내 각 형태소의 평균 정확도 순서(average accuracy order)를 정하고 이러한 정확도 순서를 형태소 습득 순서로 간주(accuracy order=acquisition order)하는 방법이었다. 예를 들어, 불규칙 과거가 규칙 과거보다 여러 학습자에 의해 더 정확하게 사용이 된다면 불규칙 과거를 규칙 과거보다 더 먼저 습득되는 형태소로 본 것이다. 연구 결과에 의하면, 세 집단 모두 형태소 습득 순서가 유사하여 스페인 영어 학습자의 형태소 습득 역시 자연적 순서를 따르고 있다는 것이 밝혀졌다.

Dulay와 Burt(1974a)는 자신들의 연구 결과를 뒷받침하기 위하여 스페인어를 사용하는 어린이 60명과 중국어를 사용하는 어린이 55명을 대상으로 유사한 연구를 1974년에 다시 실시하였다. 연구 대상 형태소는 1973년에 조사했던 8개의 형태소에 3개를 추가하여 모두 11개의 형태소였다. 연구 결과에 의하면, 두 집단의 정확도 순서는 유사했는데 이를 통해 형태소 습득 순서가 학습자의 모국어에 의해 달라지지 않는다는 결론을 도출하였다. 즉 모국어의 간섭은 형태소 습득 순서에 영향을 미치지 않는 요인이며, 동시에 형태소 습득 순서는 자연적이고 보편적인(universal) 것임을 발견하였다.

Bailey, Madden과 Krashen(1974)은 성인도 어린이와 형태소 습득 순서가 같은지를 알아 보기위해 성인 73명을 모국어가 스페인어인 집단과 스페인어가 아닌 두 집단으로 나누어 조사하였다. 연구 결과에 의하면, 스페인 어린이를 대상으로 한 연구와 유사한 순서를 나타내어 학습자의 나이는 형태소 습득 순서에 유의미한 영향을 미치지 않는 것으로 보았다. 또한 모국어가 다른 두 집단 간에 유사한 습득 순서를 찾아내어 모국어 역시 습득 순서에는 유의한 영향을 미치지 않는다는 Dulay와 Burt(1974a)의 연구 결과를 다시 한 번 입증하였다.

한편, Larsen-Freeman(1975)은 자료추출 방법이 습득 순서에 미치는 영향에 대한 관심을 가지고 아랍어, 일본어, 페르시아어, 스페인어가 모국어인 성인 ESL 학습자 24명을 대상으로 형태소 습득 순서를 연구하였다. 그녀는 Dulay와 Burt(1974a)가 사용한 BSM과는 달리 5가지 시험(독해, 작문, 청취, 모방, 말하기)을 통해 자료를 수집하였다. 연구 결과에 의하면, 말하기 시험을 제외하고는 Dulay와 Burt(1974a), Bailey 등(1974)의 연구 결과와 상호 연관성이 없었으며 어떤 일반적인 순서를 찾을 수 없었다. 이 결과에 대해 그녀는 불변의 형태소 습득 순서가 BSM의 가공물(artifact)일 뿐이라고 주장하였다. 왜냐하면, BSM을 사용한 말하기 과업을 통해 자료를 추출했을 경우에만 Dualy와 Burt(1974a)의 습득 순서와 비슷했기 때문이다. 이 점에 대해 Krashen(1981)은 Larsen-Freeman의 연구에서 자연적 순서를 얻지 못한 것은 시험 중 학습자들이 감시장치(monitor)를 사용할 수 있는 조건에 있었기 때문이며, 말하기 시험에서 얻은 순서가 Dulay와 Burt(1974a)의 순서 사이에 상관관계가 있는 것은 감시장치의 사용이 허용되지 않았기 때문이라고 반박하였다. 즉, 의미가 아닌 형식에 초점을 두는 과업의 경우 감시장치 사용에 의해 의식적 문법 지식이 작용하게 되고, 이것이 습득 순서에 영향을 준 것이라고 설명하였다.

그러나 의미 전달에 초점이 맞추어진 의사소통 상황이라 하더라도 여러 연구에서 밝혀진 형태소 습득 순서는 유사할 뿐 동일하지는 않으며, 또한 형태소의 순서를 결정하는데 있어서 양적인 차이를 고려하지 않았다는 점이 문제로 지적될 수 있다. 즉, 특정 형태소보다 정확도 순서에서 1 퍼센트 낮은 형태소와 30퍼센트 낮은 형태소라 할지라도 단지 한 단계 차이라는 동일한 간격으로 순위가 매겨지기도 한다는 것이다. 이러한 문제점을 보완하기 위해 Krashen(1982)은 3.1.2에서 제시되었던 9개 형태소의 습득 순서를 다음과 같이 재정리하였다.

Group 1 : present progressive -ing
plural -s
copula 'to be'

Group 2 : auxiliary 'to be'
articles the and a
Group 3 : irregular past forms
Group 4 : regular past -ed
third-person-singular -s
possessive -s

여기서는 각각의 형태소에 대한 습득 순서를 하나씩 보여주는 것이 아니라 비교적 같은 시기에 습득되는 형태소를 그룹별로 묶어 각 그룹이 특정한 발달 단계(developmental stage)를 구성하도록 하고 있다. 즉 Group 1의 형태소는 Group 2의 형태소보다, Group 3의 형태소는 Group 4의 형태소보다 먼저 습득된다는 것이다.

이상의 여러 연구를 통해 영어 형태소가 예측가능한 자연적 순서에 따라 습득된다는 사실이 명확해졌다. 또한 그 습득 순서는 학습자의 모국어나 나이에 상관없이 유사하다는 것도 여러 연구에서 보여 졌다. 하지만 의미 전달이 아닌 언어 형식에 초점을 두는 과업인 경우에는 습득 순서가 다르게 나타났다. 따라서 형태소의 자연적 습득 순서는 의미 전달에 초점을 두는 경우, 즉 학습자의 언어 지식이 아닌 기저 언어 능력이 작용하는 경우에만 유효하다는 사실도 밝혀졌다.

그러나 비교적 분명해 보이는 형태소의 자연적 습득 순서에도 몇 가지 해결되지 않은 논쟁점이 남아 있다.

첫째, 대부분의 연구에서 통시적 방법을 통해 정확도 순서를 매기고 그것을 그대로 습득 순서로 간주하였는데, 이렇듯 어느 한 시점에서 관찰된 정보를 가지고 전체 언어 발달 과정을 예측하는 것이 타당한 것인지에 대한 문제점이 제기된다. 즉, 공시적인 의미가 내포될 수밖에 없는 습득 순서를 조사하기 위해 사용된 통시적 방법의 타당성이 문제시된다는 것이다. Rosansky(1976)는 각각 공시적 방법과 통시적 방법에 따라 행해진 연구 결과 사이에 상관관계가 낮다고 지적하면서 습득 과정 중 한 단면만을 포착하여 연구하는 통시적 연구가 습득 과정 전체를 대변

할 수 없음을 지적했다.

둘째, 대부분의 연구에서 자료추출 도구로 쓰인 BSM 자체에 대한 신뢰성 여부도 문제시된다. Porter(1977)는 BSM을 통해 추출한 L1 형태소 습득 순서와 자연 발화에서 추출한 습득 순서 사이에 상당한 차이가 있다는 것을 지적하면서 BSM을 통해 도출된 형태소 습득 순서는 하나의 가공물일 가능성이 있다고 반박하였다.

셋째, 형태소의 습득 순서가 학습자의 모국어와 무관하다는 주장에도 반박의 여지가 있다. 일본인 어린이를 대상으로 한 Hakuta(1974a)의 연구 결과는 Dulay와 Burt(1974a)에서 밝혀진 형태소 습득 순서와는 다르게 나타났으며, Hakuta는 습득 순서가 다르게 나타난 원인을 일본어라는 모국어의 간섭 현상 때문이라고 설명하였다. Larsen-Freeman(1975) 또한 형태소 습득 순서가 모국어의 영향을 받을 수 있다고 설명한다. 따라서 형태소의 습득 순서가 전적으로 모국어와 무관하다고 보기보다는 간섭의 경우처럼 부분적으로는 모국어에 의해 영향을 받는다고 보는 것이 옳을 것이다.

그러나 위와 같은 여러 가지 문제점에도 불구하고 형태소 습득에 관한 연구는 자연적인 발달 순서가 언어 습득 과정에 실재함을 입증한 가장 획기적인 연구라고 할 수 있다. 단, 학습자의 모국어나 개인적 요인 등이 변수로 작용할 수 있다는 점과 학습자들이 의미가 아닌 형식에 초점을 맞추게 되면 그 순서가 달라진다는 점은 염두에 두어야 한다.

6.2 부정문의 발달 단계

여기서는 언어 습득이 자연적인 일정한 순서를 따르고 있다는 것을 보여주기 위한 또 다른 예로 부정문의 발달 단계를 Klima와 Bellgui(1966)의 연구결과를 중심으로 살펴보고자 한다. 그들은 세 명의 아동으로부터 영어 부정문 습득 과정을 조사하여 부정문 습득이 문두 부정("No the sun shining."), 문장 내 부정("The sun don't shining.")의 과정을 거쳐 부정문 습득("The sun isn't shining.")의 세 단계로 나타난다고 하였다. 따라서 영어 모국어 화자라 하더라도 부정문의 발달 과정에서 오류가 나타나는 것은 보편적 과정임을 알 수 있다.

제2언어로서 영어 부정문의 발달 단계를 다룬 연구는 각기 다른 모국어 배경을 가진 여러 연령대의 학습자를 대상으로 이루어졌다(Ravem, 1968, 1978; Wode, 1976; Adams, 1978; Cancino, Rosansky&Schumann, 1978). 이 중 Ravem, Wode, Adams는 모국어가 각각 노르웨이어, 독일어, 스페인어인 아동을 대상으로 연구하였다. 또한 Cancino 등은 모국어가 스페인어인 어린이, 청소년, 어른 각 두 명을 대상으로 하여 자료를 추출하였다. 여기서는 Cancino 등의 연구에 의거하여 부정문의 발달을 4단계로 나누어 살펴본다.

1) Stage 1

1단계에서는 부정문을 만들기 위해 주로 *no*나 *not*와 같은 부정어를 동사 앞에 위치시킨다.

I no can see him.

I not see him.

그런데 이 경우 스페인 학습자는 스페인어 부정문과 유사하게 주로 *no*를 부정어로 사용하는 반면, 노르웨이 학습자는 *not*를 사용하고 있음이 발견되었다. 이를 통해 부정문의 습득에 있어서도 모국어의 영향을 배제할 수 없음을 알 수 있다. 특히 모국어가 스페인어인 영어 학습자는 'no+동사'를 사용한 부정을 부정문 발달의 마지막 단계까지 사용하기도 했는데, 이를 통해 모국어의 전이가 오류를 화석화(fossilization)시키는 가장 중요한 원인임을 입증하기도 하였다. 독일인 학습자를 대상으로 부정문의 발달 단계를 연구한 Wode(1976)는 독일어 부정문을 만들 때처럼 동사 뒤에 부정어를 첨가하는 오류("I see not him.")를 발견하였다. 이를 통해 L2 습득에 미치는 모국어의 부정적인 영향이 다시 한 번 확인되었다.

2) Stage 2

2단계에서는 'don't+동사' 구조를 사용하여 부정문을 만든다. 그러나 인칭이나 시제를 고려한 'doesn't'나 'didn't'는 나타나지 않으며, 또한 조동사 앞에서도 'don't'가 그대로 사용된다. 이를 통해 'don't'가 'do+not'의 결합이 아닌 하나의 덩어리로 사용되고 있다는 것을 알 수 있다.

I don't can see him.

He don't see me.

3) Stage 3

3단계에서는 부정어가 'be동사'나 'can'과 같은 조동사 뒤에 위치하여 '조동사+부정어'의 구조가 사용된다. 그러나 3단계에서도 'don't'는 여전히 분석되지 않은 형태로 굴절 없이 사용된다.

I am not swimming.

I can't see him.

4) Stage 4

마지막 4단계에서는 'don't'가 인칭과 시제를 반영하여 굴절된 형태로 사용되고 또한 분리된 형태('do not', 'does not', 'did not')로도 사용된다.

He doesn't see me.

Did you swim yesterday?

그러나 이때에도 시제가 조동사와 본동사 양쪽에 표시되는 오류가 나타나기도 한다.

It didn't rained.

He doesn't knows it.

Cancino 등(1978)의 연구를 통해 스페인 화자들은 일정한 순서를 거쳐서 부정문을 습득하고 있음을 알 수 있었다. 또한 초기에 모국어 부정문의 영향을 강하게 받는 것으로 나타났으나 모국어로서의 영어 부정문 발달 단계와 유사한 보편성을 찾을 수 있었다. 이처럼 부정문 습득에 있어 학습자는 목표어의 정확한 형태에 도달하기까지 그의 발달 단계를 보여주는 여러 중간 형태(interim form)를 거쳐 간다. 그런데 이 중간 단계들은 계속적인 형태로 진행되는 전이적 구조(transitional structure)로 일어나기 때문에 발달 단계의 구분은 사실상 명확하지 않다. 또한 학습자는 한 시점에서 여러 형태의 부정문을 동시에 발화하기 때문에 발달 단계를 구분하는 것은 발달 단계를 단순화시키는 문제점을 가지고 있다. 그러나 단계를 명확히 구분하는 것이 어렵고 또 모국어와 같은 개인적인 변인에 의해 발달 순서에 차이가 생길 수 있다 하더라도 부정문은 대개 유사한 순서를 따라 발달하는 것으로 간주된다.

6.3 의문문의 발달 단계

부정문과 함께 중요한 통사 구조 변형의 하나인 의문문의 발달에서도 학습자들 간에 일정한 순서가 나타난다. 모국어로서 영어 의문문 발달에 대해서 먼저 Klima와 Bellgui(1966)의 연구를 중심으로 살펴보고자 한다. 의문문 습득의 1단계는 "Cookie?", "Mommy book?" 등과 같이 한 단어나 두 세 단어에 억양만을 올려 의문문을 만드는 단계이다. 이때에는 한 문장을 마치 하나의 단어처럼 덩어리로 습득하여 "What's that?"과 같은 문장을 정확히 발화하기도 한다. 2단계는 *yes/no* 의문문의 문장 끝을 올려 묻거나 문장 앞에 wh- 의문사를 덧붙이는 단계로 "You like this?"나 "Why you catch it?" 등이 그 예이다. 3단계는 의문문의 구조를 이해하기 시작하여 동사가 도치되어 문장의 앞쪽에 위치한다는 것을 인식하고 “Can I go?”, “Is the teddy tired?” 등의 문장을 발화한다. 4단계에서는 서술문 앞에 *do*를 덧붙여 의문문을 만들며 wh-의문문에서도 도치가 일어나기도 하여 “Where is the pig?”와 같은 문장을 습득한다. 하지만 *yes/no* 의문문보다는 wh-의문문의 도치가 늦게 일어난다. 5단계에서는 대부분의 의문문을 습득하나 부정의문문의 경우 “Why he can't go out?”와 같은 문장이 발화되기도 한다. 마지막 6단계에서는 내포문이 있는 의문문까지 완전하게 이해한다.

한편, Wells(1986)의 연구에 따르면 의문문의 발달 과정에서 처음으로 습득되는 의문문은 의문사 *what*과 *where*가 포함되는 wh-의문문과 문장 끝만을 올려 묻는 *yes/no* 의문문이다. 그 다음으로 여전히 문장 끝을 올려 묻기는 하나 좀 더 복잡한 요구를 표현하기 시작하며 의문문에 쓰이는 조동사는 ‘do, can, will’의 순서로 습득된다. 그 후 도치된 wh-의문문이 습득된다. 이와 같이 모국어로서의 영어 의문문 습득에 관한 연구를 통해 의문문 습득에서도 일정한 발달 과정이 있음을 알 수 있고, 또한 이 발달 과정은 예상 가능하다는 것을 짐작할 수 있다.

앞의 3.1.2에서 제2언어로서 영어 부정문의 발달 단계에 대한 연구에서 언급되었던 Ravem(1968, 1978), Wode(1976), Cancino(1978), Adams(1978) 등은 제2언어로서 영어 의문문 발달 단계에 대해서도 연구하였다. 각기 다른 모국어 배경을 가진 학습자들을 대상으로 한 연구들이었지만 그들의 발달 단계는 모국어와 상관없이 유사한 발달 양상을 나타냈다. 여기서는 Ellis(1985)에 소개된 wh-의문문과 *yes/no* 의문문에 공통으로 적용될 수 있는 의문문의 발달 단계를 살펴보고자 한다.

1) Stage 1

의문문 습득의 첫 번째 단계에서는 주어-동사의 도치 없이 평서문의 어순을 그대로 사용하되 끝을 올리는 억양만을 통해 의문문을 표현한다. 종종 wh-의문문이 나타나기는 하지만 이 단계에서의

wh- 의문문은 규칙 적용을 통해 형성되기보다는 모방에 의한 하나의 덩어리(chunk)로 인식되어 발화된다.

I am colouring?

Smith plays football today?

I writing on this book?

What's this?

2) Stage 2

학습자 자신이 규칙을 적용하여 만들어낸 wh-의문문이 사용되기 시작한다. 여전히 주어와 동사의 도치는 일어나지 않으며 'do'의 사용도 나타나지 않는다.

What you are doing?

What 'tub' mean?

What the time?

Where you work?

3) Stage 3

이 단계에서는 *yes/no* 의문문과 wh-의문문에서 공통적으로 도치가 일어난다. 이 때 'be'동사의 도치가 먼저 나타나고 'do'를 이용한 도치는 나중에 발견된다.

Are you a nurse?

Where is the girl?

Do you work in the television?

What is she's doing here?

4) Stage 4

마지막 단계로 내포된 형태의 의문문(embedded question)이 발화된다. 그러나 처음에는 일반적인 wh-의문문에서와 같이 주어와 동사를 도치시키는 오류를 범하기도 한다. 그러다가 점차로 일반적인 의문문의 어순과 삽입된 wh-의문문의 어순 차이를 알고 올바른 어순의 내포된 의문문을 사용하기 시작한다.

I tell you what did happen.

I don't know where do you live.

I don't know what he had.

이상에서 살펴본 바와 같이 학습자의 모국어와 개인적인 변인에 따라 변이는 존재하지만 의문문의 발달도 부정문의 발달과 마찬가지로 L1 학습자와 L2 학습자들 간에 유사한 습득 순서가 나타났다. 또한 의문문의 발달에서 처럼 발달 단계상 경계선이 명확하지 않고, 단계와 단계가 많은 부분은 오랜 기간 동안 중첩되기도 하며 또한 점차적으로 발달하게 된다.

6.4 관계절의 발달 단계

관계절의 습득에 관한 연구는 SLA(Second Language Acquisition) 연구에서 최근 관심을 끌고 있는 분야이다. Schumann(1980)은 5명의 스페인 어린이를 대상으로 공시적 연구 방법을 통해 관계절의 발달 순서를 연구하였다. Schumann은 상위문의 주어를 수식하는 관계절("We met the man who lives next door.")보다 상위문의 목적어를 수식하는 관계절("The man who lives next door is getting married.")이 먼저 습득된다고 주장하였다. 그러나 상위문의 목적어를 수식하는 관계절의 습득 초기에 명사구 복사(pronominal copy)를 사용한다. 그러다가 학습자가 명사구 복사를 생략하게 되면 목적어를 수식하는 관계절이 습득되었다고 볼 수 있으며 그 이후에 주어를 수식하는 관계절 습득이 가능하게 된다. 이 과정을 예문으로 정리하면 다음과 같다.

I know the man who he coming.

I know the man who is coming.

The man who is coming is my friend.

그런데, 명사구 복사를 허용하는 모국어를 가진 페르시아 학습자들은 명사구 복사를 허용하지 않는 모국어를 가진 스페인 학습자보다 명사구 복사를 더 오랫동안 사용한다(Hyltenstam, 1984). 이를 통해 관계절의 습득도 학습자 모국어의 영향을 받을 수 있다는 것을 알 수 있다. 또한 관계대명사의 사용과 관련하여 처음에는 관계대명사를 생략하고, 그러다가 관계대명사 대신 인칭대명사를 사용하다가 마지막으로 관계대명사를 올바르게 사용하게 된다.

I got a friend speaks Spanish.

I got a friend he speaks Spanish.

I got a friend who speaks Spanish.

관계대명사 내에서의 선행사의 문법적 기능에 따라 습득의 난이도가 달라지기도 한다. Comrie와 Keenan(1979)은 이를 통시적인 방법에 의해 연구를 하였는데, 그 결과를 '명사구 접근 위계(Noun Phrase Accessibility Hierarchy)'라고 이름 지었다. 이를 도식으로 나타내면 다음과 같다.

〈표 6-1〉 명사구 접근 위계 순서

명사구 접근 위계(Noun Phrase Accessibility Hierarchy)
SU 〉 DO 〉 IO 〉 OBL 〉 GEN 〉 O COMP

기호	관계대명사 기능	예문
SU	주어	The man that kicked the dog ...
DO	직접목적어	The tree that the man cut down ...

IO	간접목적어	The man that she cooked the cake for ...
OBL	전치사의 목적어	The house that she lives in ...
GEN	소유격	The dog whose owner has died
O COMP	비교급의 목적어	The man that I am richer than ...

즉 주격 기능을 가진 관계대명사가 가장 먼저 습득되고, 비교급의 목적어 기능을 하는 관계대명사가 가장 나중에 습득된다는 것이다. 그들은 이 가능성이 특정 언어에만 적용되는 것이 아니라 모든 언어가 가지고 있는 보편적인 특징이라고 하였다.

6.5 어린이의 문법 발달 단계

문법 발달에 일정하게 정해진 순서가 있다는 사실은 독일어 학습자를 대상으로 한 여러 연구에서 입증되었다. 그 중 독일어 어순 규칙의 발달을 연구한 ZISA(Zweitspracherwerb Italienischer und Spanischer Arbeiter) 프로젝트는 가장 많이 언급되는 연구로써 이순의 발달을 다음과 같이 5단계로 나누어 정리하였다.

〈표 6-2〉 독일어의 어순 발달 단계

단계	특징	예문
1. Canonical order	• SVO 어순 사용	die Kinder spielen mim ball (=the children play with the ball)
2. Adverb preposing	• 부사구를 문두에 위치시킬 수 있으나 주어와 동사를 도치시키지는 못함	da kinder spielen (=there children play)

3. Verb separation	• 비정형 동사적 요소를 문미에 위치시킴	alle kinder muss die pause machen (=all the children must the pause make)
4. Inversion	• 문두 부사나 의문문의 경우 주어와 동사를 도치시킴	dann hat sie wieder die knocht gebringt (=then has she again the bone bringed)
5. verb-end	• 종속절의 정형 동사를 문미에 위치시킴	er sagte dass er nach hause kommt (=he said that he to home comes)

연구 결과에 의하면, 학습자의 모국어나 개인적인 변인에 따라 발달의 속도나 최종 도달 단계에는 차이가 있지만 대부분의 학습자가 유사한 발달 순서를 거치고 있음을 알 수 있었다. ZISA 프로젝트가 중요한 의미를 갖는 또 다른 이유는 독일어를 바탕으로 제안된 이 어순이 독일어 이외의 다른 언어에서 나타날 수 있는 습득 순서를 예측 가능하게 해준다는 점이다.

대표적인 연구가 Johnston과 Pienemann(1986)의 연구로 이들은 호주에 온 이민자가 영어를 습득하는 순서를 통시적인 방법으로 연구하여 이러한 예측이 사실임을 입증하였다. 그러나 학습자가 특정 자질을 습득하는지의 여부와 그 습득 시기는 단정 지을 수 없다. 독일어 계사 'sein'의 습득에서 처럼 발달 순서에 있어 엄연히 개인차가 존재하기 때문이다.

〈표 6-3〉 L2 영어 습득의 일반적인 유형

단계	특징	예문
1	Single; formulas	My name is ...
2	SVO; plural marking	I eat rice.

3	Do'-fronting; adverb preposing; neg.+V	Do you understand me? Yesterday I go to school. She no coming today.
4	Pseudo-inversion; yes/no inversion; V+to+V	Where is my purse? Have you car? I want to go.
5	3rd pers.-s; do-2nd	He works in a factory. He did not understand.
6	Question-tag; adverb-VP	He's Polish, isn't he? I can always go.

6.6 상투적 문구와 조립식 문형

초기 학습자들은 종종 그들이 갖고 있는 현재의 언어 지식으로는 만들어 낼 수 없는 정확하면서도 복잡한 발화를 만들어내는 경우가 종종 있다. 부정문의 습득을 예로 들면, 'I no can swim'과 같이 '부정어+동사'를 사용하는 부정문 발달의 초기 단계에 있는 학습자가 종종 'I don't know'와 같이 갑자기 목표어에 맞는 형태를 발화하기도 한다는 것이다. 이러한 경우는 몇몇 학습자에게 국한되는 특이한 현상이 아니라 모국어를 습득하고 있는 어린이 및 L2 학습자 대부분의 언어 습득 초기 단계에서 매우 흔하게 관찰되어지는 현상이다. 이는 학습자들이 이전에 자주 들었던 상투적인 표현을 모방이나 암기를 통해 학습자 자신의 언어 목록에 포함시켜 사용하기 때문에 가능한 일이다.

이렇듯 상투적인 표현은 학습자의 언어 체계에 아직 구조화되어 있지 않은 언어 기능을 표현 가능하게 해 주므로 학습자의 학습 부담은 줄이면서 동시에 소통적 기능은 최대화시켜 주는 이점이 있다. 상투적 표현을 통해 학습자는 알맞은 장소에서 제때에 알맞은 말을 할 수 있게 되는 것이다. Dechert(1983)는 '확실성의 섬(islands of reliability)'이라는 용어를 통해 화자가 발화 계획을 세우고 실행하도록 도움을 주는 상투적 표현의 심리 언어학적 기능을 강조하였다. 이 절에서는 대부분의 학습자가 이러한 과정과 필요성에 의해 공통적으로 거쳐 가는 상투어 사용 및 조립식 문형과 관련된 연구를 살펴본다.

Ellis(1994)는 언어 습득의 초창기에 L1 습득과 L2 습득에서 나타나는 또 하나의 공통점으로 대부분의 학습자가 세 단계로 구분되는 유사한 발달적 패턴을 거쳐 간다는 점을 들었다. 발달적 패턴의 첫 번째 단계는 침묵의 시기(silent period)로 학습자들은 처음 발화를 만들어내기에 앞서 상당히 오랜 기간 동안 듣기만을 수행한다. 그러나 L2 학습자, 특히 L2 성인 학습자의 경우 침묵의 시기를 거치지 않는 경우도 많아 침묵의 시기는 임의적(optional)인 것으로 볼 수 있다. 이 단계에서의 침묵은 학습자가 발화를 준비할 수 있는 기회를 제공한다는 점에서 의미가 있다. 두 번째 단계는 상투어(formulaic speech) 사용 단계이다. 소수의 이견이 있기는 하나 상투어의 사용은 후에 학습자가 스스로 언어 규칙을 만들어내고 또 이를 통해 창의적인 발화(creative utterance)를 만들어 내는데 기여한다는 점에서 중요한 단계로 여겨지고 있다. 마지막 세 번째 단계는 구조적·의미적 간소화(structural and semantic simplification) 단계이다. 이때는 상투어에 비해 목표어의 규준에는 더 벗어날지라도 좀 더 창의적인 발화를 사용한다. 문법적 기능어(grammatical function word)나 내용어(content word) 등을 생략한 상태에서 한 두 단어로 이루어진 발화를 한다. 참고로 Ellis의 발달적 패턴의 개념은 자연적인 환경(natural setting)에서 계획되지 않은(unplanned) 언어 사용 상황에 근거하고 있다.

앞서 언급하였듯이 이 절에서 살펴보고자 하는 부분은 발달적 패턴(developmental pattern)의 단계 중 상투어 사용과 관련된 부분이다. 상투적 표현을 지칭하는 용어 및 그 개념은 학자에 따라 조금씩 다르다. Lyons(1968)는 상투어를 '분석할 수 없는 전체(unanalysable wholes)'로서 학습된 표현과 함께 특별한 경우에 사용되는 표현으로 이루어진다고 하였다. Nattinger와 DeCarrico(1992)는 원어민의 발화에서도 상투적 표현이 보여 진다고 하면서 상투적 표현을 '어휘구(lexical phrase)'에 견주어 설명하였다. 또한 어휘구를 전통적으로 양극단에 존재하는 것으로 여겨지고 있는 어휘와 통사의 중간쯤에 위치하는 '다단어 어휘 현상(multi-word lexical phenomena)'이라고 정의하였다. Krashen과 Scarcella(1978)는 '고정된 어구(routines)'와 '조립식 문형(patterns)'으로 용어를 구별하여 사용하였다. 또한 Littlewood(1987)는 '고정된 어구'와 '조립식 문형'에 상응하는 용어로 각각 '상투적 문구(routine formula)'와 '조립식 문형(prefabricated pattern)'이라는 용어를 사용하였다.

Littlewood가 말하는 '상투적 문구'란 학습자가 자신의 기저 규칙에서부터 발화를 창조하는 것이 아니라 특정 발화를 분석되지 않은 하나의 덩어리(chunk)로 암기하여 적절한 상황에 그대로 사용하는 표현이다. Huang과 Hatch(1978b)는 학습을 시작한지 몇 주 밖에 되지 않아 'wash hand', 'this kite'와 같은 두 단어 발화를 하는 중국인 아동 Paul의 발화에서 다음과 같은 '상투적 문구'의 증거를 찾아냈다.

Don't do that.
It's time to eat and drink.
Get out of here.

이런 발화는 학습자의 현재 수준과는 수준이 전혀 다른 복잡한 유형의 발화였다. 이는 아동이 상투적인 문구를 자주 들음으로써 그 발화의 전체적인 의미와 소통적인 기능만을 이해한 채 하나의 단위로 암기하여 사용하기 때문에 가능한 것이라 할 수 있다. 반면 아동은 'Don't eat'나 'It's time to wash'와 같은 발화는 하지 않았는데, 이는 상투적 문구가 분석되지 않고 하나의 단위로써 암기되어 사용되고 있다는 증거로 아동은 상투적 문구의 내부 구조나 개별 요소의 의미는 파악하지 못하고 있다는 것을 보여 준다.

'조립식 문형'은 발화의 대부분이 암기된 덩어리라는 점에서는 상투적 문구와 유사하지만 하나 혹은 그 이상의 개방된 틈(slot)을 포함하여 그 틈에 대체 항목을 메꾸는 어느 정도의 창의력(creativity)을 필요로 하는 표현이라는 점에서는 차이가 있다. Hakuta(1974b, 1976)의 연구에서 일본인 아동 Uguisu는 학습을 시작한지 3달 만에 문장의 마지막 위치에 여러 가지 어휘 항목을 허용하는 'I know how to' 구문을 사용하였다.

I know how to do it.
I know how to read it this.

그러나 'Tell me how to do it'이나 'I know when to do it'과 같은 표현은 발화하지 않는다는 점으로 미루어 'I know how to' 구문 자체가 완전하게 창의적으로 사용된 것은 아니라는 점을 입증하였다.

그렇다면 상투적 표현은 목표어 문법의 습득을 어느 정도로 촉진하고 혹은 방해하는 것일까? Krashen과 Scarcella(1978)는 학습자가 상투어 사용을 통해서는 목표어의 규칙을 찾아낼 수 없기 때문에 상투적 표현과 규칙에 의한 창의적 발화는 근본적으로 다른 것이라고 주장한다. 또한 Bohn(1986)도 상투적 표현은 단기 기억을 통한 발화 전략에 불과하므로 궁극적으로 습득에는 기여하지 못한다고 말한다.

반면 Hakuta(1974b, 1976)는 앞서 언급한 Uguisu 발화의 예를 들어 반대 입장을 제안한다. Uguisu는 점차 'I know how do you write this'와 같은 문장을 발화하게 되었는데, 이는 표면적으로는 목표어의 기준에서 더 벗어난 듯 보이지만 학습자의 관점에서 볼 때 창의적 발화에 더 가까워진 표현이다. 왜냐하면, 'I know how to'구문을 하나의 암기된 단위로써 사용한 것이 아니라 규칙을 적용하여 분석된 단위로써 창의적으로 구성했기 때문이다. 이를 통해 조립식 문형이 창의적 발화를 만들어 내는데 직접적으로 공헌한다고 본다.

또한 Fillmore(1976)도 학습의 초기 단계에서 상투적 표현은 학습자의 의사소통 욕구를 충족시키기 위해 반드시 필요하며 상투적 문구와 조립식 문형은 점차 창의적 표현으로 발달된다고 주장한다. Fillmore는 그 증거로 Nora라는 스페인 어린이의 발달 과정을 예로 들었다.

1) How do you do dese?
(처음에는 불변의 상투적 문구를 사용)
2) How do you do dese in English?
(상투적 문구에 다른 구성 요소 첨가)
3) How do you like to be a cookie cutter?
(상투적 문구가 쪼개져서 'How do you + 동사...?'처럼 조립식 문형으로 사용됨)
4) How did you...?
(시제를 나타낼 수 있도록 조립식 문형 'How do you...?'가 분석되어 사용됨)

위의 예에서 보이는 것처럼 발달 순서의 아래쪽으로 내려올수록 'How do you...?'라는 발화는 점차 모방에 의해서가 아니라 규칙 적용에 의해 창의적으로 발화되고 있음을 알 수 있다.

Pawley와 Syder(1983) 역시 원어민과 같은 L2 능력의 발달을 위해서는 무한한 문장을 생성해 내는 규칙 체계뿐만 아니라 '암기된 연속물(memorized sequence)'과 '어휘화된 어간(lexicalized sentence stems),' 즉 상투적 표현을 학습하는 것이 필요하다고 주장한다.

이렇듯 상투적 문구와 조립식 문형이 목표어의 문법 습득에 미치는 영향에 관해서는 이견이 존재한다. 하지만 상투적 표현은 초기 학습자의 부족한 언어적 능력을 보충하면서 동시에 의사소통 기능을 수행하는 방편을 제공한다는 점에서는 분명 이점을 가지고 있다. 즉, 상투적 표현이 대부분의 학습자들에 의해 학습전략(learning strategy)으로 사용되고 있다는 점에 대해서만큼은 연구자들의 견해가 일치한다. 더 나아가 상투적 표현이 다른 구성 요소와 함께 결합될 수 있는 분리된 구성 요소로 이루어진다는 것을 학습자가 깨닫게 되면 차후의 창의적인 발화를 위한 기초로서 도움이 된다는 견해가 지배적이다.

6.7 내적교수요목과 외적교수요목

앞서 학습자들은 보편적인 순서에 따라 형태소, 부정문 및 의문문, 그리고 관계절을 습득하고 있음을 살펴보았다. 이는 학습자들이 목표어의 정확한 형태에 도달하기까지 일정한 단계를 거치기 때문에 학습자 내면에 내적교수요목이 존재하고 있음을 보여준다. 그렇다면, 우리는 다음과 같은 질문을 해본다. "만일 학습자들이 자신만의 내적교수요목을 가지고 있다면 외국어 교사들은 외적교수요목에 대해서는 어떤 입장을 취할 수 있는가?"

이에 대해서 다양한 답변이 가능하겠지만, 일반적으로 3가지 정도의 답변을 생각해 볼 수 있다. 첫째, 학습자들은 자신 고유의 내적교수요목을 가지고 있기 때문에 외적교수요목은 무시할 수 있다. 둘째, 학습자의 내적교수요목을 무시하고 학교나 교사에 의해서 만들어진 외적교수요목에 따라서 학습자에게 외국어를 가르친다. 기존의 형태소 습득 연구는 자연적인 언어학습 환경에서 이루어졌기 때문에 교실이라는 학습 환경과는 맞지 않다. 따라서 이에 맞는 습득순서를 다시 마련할 필요가 있다는 것이다. 셋째, 지금까지 연구를 통해 내적교수요목에 대해서 알려진 사항을 가능한 많이 반영하여 외적교수요목을 만들어 시행하는 것이다. 형태소 습득순서에 관한 연구 결과를 통해서 알게 된 정보를 교재에서 제시되는 문법적 항목의 제시 순서에 반영하는 것이다.

일반적으로 많은 응용언어학자들은 세 번째 입장을 지지하고 받아들인다. 이에 대한 예를 구체적으로 설명하면 다음과 같다(Pienemann, 1985). 예를 들어, 언어습득 연구의 결과에 의해서 'A'라는 언어규칙이 가장 먼저 습득되고, 다음에 'B'라는 언어규칙이 습득되고, 그리고 마지막으로 'C'라는 언어규칙이 습득된다는 것을 발견하였다고 가정하자(A->B->C). 그런 후, 2개의 집단으로 나누어 첫 집단에게 언어규칙 'A' 만을 가르치고, 두 번째 집단에게는 언어규칙 'A'와 'B'를 가르친다. 그 후, 다시 첫째 집단과 둘째 집단 모두에게 언어규칙 'C'를 가르친다. 언어규칙 'C'에 대한 교수가 끝난 후, 이들 두 집단은 언어규칙 'C'를 사용하는데 있어서 어떤 차이를 보일 것인가? 연구 결과에 따르면, 이전에 언어규칙 'A'와 'B'를 배웠던 두 번째 집단이 단지 언어규칙 'A'만을 배웠던 첫째 집단에 비해서 언어규칙 'C'를 보다 더 정확하게 사용하고 있다는 것을 발견하였다. 이는 결국 학습자들이 언어규칙 'C'를 보다 잘 학습하기 위해서는 그 이전에 언어규칙 'A'와 'B'를 먼저 습득해야 한다는 것을 의미한다.

Pienemann은 내적교수요목 단계에서 특정 언어적 항목을 학습할 준비가 되어있는 학습자에게 그 언어적 항목을 가르친다면 학습자는 이를 실질적으로 학습할 수 있다고 주장하였다. 그는 이를 '교육가능성 가설(teachability hypothesis)'이라고 지칭하면서 이 가설의 특징을 다음과 같이 언급하였다.

> It predicts that instruction can only promote language acquisition if the interlanguage(evidence of learner's internal syllabus) is close to the point when the structure to be taught is acquired in the natural settings. (p. 36)

여기에서 중요한 문제는 내적교수요목에 따라 외적교수요목을 작성하는 것이 얼마나 용이한 것인지를 검토하는 것이다. 그러나 현재 상태에서 우리가 내적교수요목에 대해서 알고 있는 정보는 극히 제한적이다. 한 예를 들어, 형태소 습득순서에 관한 연구를 통해서 우리가 알게 된 정보는 언어의 극히 일부분만을 다루고 있어서 학습자의 내적교수요목에 대해서는 제한적인 면을 제공해 줄 뿐이다. 따라서 지속적인 연구를 통해서 학습자의 내적교수요목에 대한 정보를 수집하고 축적해 나가면서, 다른 한편으로는 이러한 내적교수요목에 관한 정보를 기초로 하여 외적교수요목을 작성해 나간다면 외국어 교수 및 학습에서 보다 높은 효과를 기대할 수 있을 것이다.

본 장에서 언급된 연구는 L2 학습자가 L1 학습자나 다른 L2 학습자와 유사한 일정한 발달 순서를 따르고 있음을 보여주었다. 형태소 습득이나 문법 발달의 경우 자연적인 순서에 따라 습득이 이루어졌고, 부정문 및 의문문, 관계절의 경우 목표어의 정확한 형태에 도달하기까지 일정한 단계를 거쳐 가고 있었다. 독일인의 부정문 습득에서 처럼 학습자의 모국어가 발달 패턴에 영향을 미치기도 하지만 대체적으로 발달 순서에서 학습자의 모국어가 미치는 영향은 적은 것으로 보여 진다. 학습자는 노출된 언어 자료를 근거로 나름대로 규칙을 형성하고 내재화된 규칙을 적용하는 위와 같은 창의적인 방법 이외에도 특정 발화를 모방하거나 암기함으로써 언어를 습득하기도 한다. 이러한 상투적 문구나 조립식 문형의 사용 역시 L2 학습자에게 보편적으로 나타나는 현상으로 이해된다. 상투적 표현의 사용은 이후 학습자의 창의적 발화에 기여한다는 점에서 모방이나 암기 같은 습관형성 및 행동주의가 언어 학습에 기여하는 역할도 무시할 수는 없다. 이처럼 L2습득에서도 L1습득 때와 같은 체계적이며 보편적인 순서가 나타난다는 주장은 앞서 살펴본 자연순서 가설과 그 맥을 같이 한다. 또한 모국어 습득에 작용하는 LAD가 SLA에도 작용한다는 Chomsky의 주장과 같은 맥락에서 L2=L1 가설(L2=L1 Hypothesis) 혹은 동일성 가설(Identity Hypothesis)이 대두되었다. 그러나 모국어가 미치는 영향 등으로 인해 L2=L1 가설을 부분적으로만 인정하는 수정이론이 등장하기도 하였다.

제7장

학습자의 오류분석

Chomsky의 변형생성 문법이 대두된 이후 모국어 습득과정에 대한 인식이 변화되었다. 성인 발화의 기준에 비추어 볼 때 오류 투성이로 여겨졌던 어린이의 발화에도 학습자 나름의 언어규칙 체계가 존재한다는 사실을 인정하게 된 것이다. 비록 성인 발화의 관점에서 볼 때 완벽한 규칙체계에서 벗어난 개인 특유의 언어 체계이기는 하지만 일정한 규칙을 바탕으로 하고 있어서 이를 통해 어린이들이 언어학습을 위해서 사용하는 전략이나 언어 학습의 메카니즘을 엿볼 수 있다. 이렇듯 모국어 습득에 대한 새로운 접근법은 외국어 학습과정에 대한 접근 태도도 변화시켰다. 1960년대까지만 해도 외국어 학습자의 언어체계는 그저 목표어 발화에서 벗어난 결점이 있는 발화로 여겨졌다. 그러나 학습 실패의 결과로 여겨져 용납되지 않았던 학습자의 오류가 새롭게 인식되기 시작하였다. 즉, 외국어 학습자도 그가 접하는 언어적 자료로부터 창의적인 규칙을 구성하고 이를 적용해 나가는데 그 규칙이 점차 목표어의 체계에 근접해 간다고 본 것이다. 따라서 오류를 학습 실패의 증거로 보기보다는 학습자가 언어 체계를 발전시키고 있다는 증거, 그들이 언어적 자료를 어떻게 처리하는지를 보여주는 자료로 간주하기 시작하였다. 만약 학습자가 외국어의 규칙을 창의적으로 구성한다면 모든 오류를 모국어 규칙 전이의 결과라고 보기는 어렵다. 학습자가 생성해 내는 상당수의 오류는 모국어의 규칙을 전이시킴으로써 발생하는 언어간 오류(interlingual error)보다는 오히려 외국어에 대한 학습자의 독자적인 규칙 체계를 반영하는 언어내 오류(intralingual error)로부터 기인된다고 생각되어 언어내 오류에 대한 관심이 높아지게 되었다.

7.1 중간언어(Interlanguage)

과거 구조주의 언어학자들은 외국어 학습은 계속적인 연습과 반복에 의한 습관형성을 통해 가능하다고 주장하였다. 반면에 생성문법학자들은 외국어 학습을 학습자가 새로운 규칙을 배우고 형성해가는 창의적인 과정으로 간주하였다. 따라서 생성문법학자의 견지에서 볼 때 오류는 모국어의 습관, 즉 모국어의 전이에 의해서가 아니라 학습내용을 잘못 이해하거나 규칙을 잘못 적용함으로써 생겨나는 것이다. 또한 학습자의 오류는 나름의 규칙성과 체계성을 가지며 완벽한 목표어 체계를 향해 수정과 재확립을 해나가는 발전적 과정을 보여준다는 것이다. 이런 관점에서 학습자의 발화를 '언어'의 일종으로 격상시켜 관심의 대상으로 삼고자 하였다.

학습자의 언어를 설명하기 위해 다양한 용어들이 여러 학자에 의해 소개되었다. 이 용어들은 학습자의 중간 단계의 언어가 독자적인 규칙 체계를 가지고 있고, 또한 목표어의 언어 체계를 확립해 가는 발전적 단계에 있다고 본 공통점이 있지만 각각이 강조하는 측면은 조금씩 다르다.

먼저, Corder(1967)는 외국어 학습자의 언어체계를 '과도기적 언어능력(transitional competence)'이라고 칭했다. 이는 학습자가 외국어의 지식을 발전시켜 나가는 과정 중에 있다는 사실을 강조한 것으로써 학습자의 불완전한 언어 능력은 일시적인 것임을 함축하고 있다.

Corder(1971)의 '개인적 특유방언(idiosyncratic dialect)' 역시 외국어 학습자가 독립적인 언어체계를 가지고 있음을 인정한 점에서는 동일하다. 단, 일반적인 발화 공동체가 사용하는 방언과 비교해 볼 때 개별 학습자의 언어체계는 독특한 특성을 가진다는 점을 강조하고 있다. 즉, 학습자의 언어 규칙은 그 학습자만의 특성이 반영되어 있어서 특유하다는 생각이 함축되어 있다.

Nemser(1971)는 '근사체계(approximative system)'라는 용어를 사용하여 외국어 학습자의 언어체계를 설명하였다. 이를 통해 학습자의 언어가 목표어의 완벽한 체계에 계속적으로 가까워지고 발전하고 있다는 점을 강조하였다. 학습자의 발화는 모국어나 목표어와는 다른 언어 체계, 즉 근사체계로 내재화된 구조를 가진 것으로 간주되었다.

Richards(1971)는 학습자 언어를 설명하기 위해 '학습자 언어 체계(learner language system)'라는 용어를 사용하였다. 특히, 그는 오류분석과 중간언어 체계를 구체적으로 연구하여 대조분석에 한계가 있음을 밝혔다.

Selinker(1972)에 의해 쓰이기 시작한 '중간언어(interlanguage)'는 학습자의 언어를 설명하는데 가장 많이 사용되는 용어이다. 중간언어는 불완전한 과도기적 성격을 띤 언어로 목표어 체계에 계속적으로 접근해 나가는 중간단계의 언어체계이다. 따라서 모국어에서 목표어에 이르는 중간에 걸쳐 있어 두 가지 언어의 속성을 모두 가진 언어 체계로 간주된다.

한편, Corder(1971, p. 17)는 아래의 그림을 통해 중간언어 개념을 설명하였다.

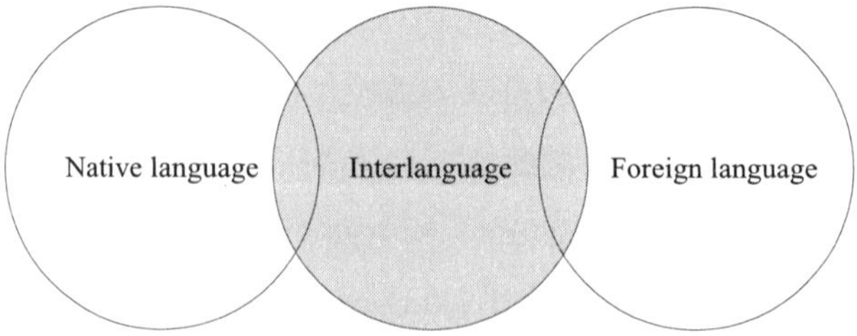

〈그림 7-1〉 중간언어

여러 학자들이 학습자의 언어에 대해 제시한 개념들을 정리하여 중간 언어의 특징을 간추려보면 다음과 같다(Selinker, 1972). 첫째, 중간언어는 체계성(systematicity)을 가지고 있다. 외국어 학습자는 내재화된 규칙 체계에 의해 언어 수행을 하며 이들의 목표어에 대한 지식은 하나의 전체적인 체계를 형성한다. 둘째, 중간언어도 다른 자연 언어와 마찬가지로 변이성(variability)을 가지고 있다. 변이성이란 사회 언어학적 맥락과 주목의 정도 등에 따라 언어적 항목이 다른 형태로 나타나는 것을 말한다. 셋째, 중간언어는 어느 한 단계에서 학습자의 지식이 고정되지 않고 계속적인 수정과 확장을 하며 정상적 어법을 향하여 변화하는 역동성(dynamicity)을 가지고 있다. 그러나 때로는 학습자의 언어가 진보하지 않고 그대로 굳어져 버리는 화석화(fossilization) 현상이 나타나거나 초기 중간언어 상태로 퇴행(backsliding)하기도 한다.

중간언어와 관련하여 그 발달 단계를 살펴본다면, Brown(2000)은 중간 언어가 다음과 같은 발전적 과정을 거쳐 완전한 목표어 체계에 이른다고 보았다.

1) 무작위적 오류(random error) 단계: 일관적인 문법 체계가 생기기 이전 단계로 부정확한 추측에 기초하여 언어를 사용하는 단계이다.
2) 중간언어 출현(emergent error) 단계: 학습자가 규칙을 내재화하기 시작하는 단계로 점차적으로 일관성을 찾아볼 수 있다. 그러나 때

로는 불안정하여 이전 구조로 돌아가는 퇴행(backsliding)이 일어나기도 하며 학습자가 자신의 오류를 스스로 수정하지 못하는 단계이다.

3) 체계적 오류(systematic error) 단계: 중간언어가 더욱 일관성을 가지게 되는 단계로 오류를 지적받으면 학습자 스스로 수정할 수 있는 능력이 생긴 단계이다.
4) 안정(stabilization) 단계 혹은 후기 체계적 오류(post-systematic error) 단계: 학습자가 주의를 기울이면 오류를 거의 범하지 않으며 유창성과 의미 전달에 아무런 문제가 없다. 학습자가 스스로 자신의 오류를 수정할 능력이 생기는 단계이다.

7.2 화석화(Fossilization)

학습자의 중간언어는 오류의 수가 점차 줄면서 목표어 체계를 향해 점점 더 가까워지는 발전적 과정을 겪는다. 그러나 어떤 오류는 영구적으로 사라지지 않고 부정확한 중간언어 형태가 학습자의 언어체계 속에 굳어져 버리는데 이를 '화석화(fossilization)' 현상이라고 한다. 화석화 현상은 학습자가 진보하면서 결국에는 사라지는 전이적 오류(transitional error)와는 달리 고칠 수 없는 상태로 고정되어 영원히 사라지지 않는 오류라는 점에서 문제가 된다.

화석화가 일어나는 이유에 대해서는 알려진 바가 적다. 그러나 화석화가 일어날 가능성이 높은 경우는 다음과 같다. 첫째, 전체 오류의 비율 중 모국어의 전이에서 비롯된 오류의 비율은 낮았지만 화석화되는 오류에 있어서만큼은 모국어의 영향이 크다. 앞서 6.2의 스페인 영어 학습자의 부정문 습득 과정에서 살펴보았듯이 끝까지 사라지지 않고 남는 오류, 즉 화석화될 가능성이 높은 오류는 학습자 모국어의 영향을 크게 받는다. 둘째, 학습자의 의사소통 필요를 만족시키는데 오류가 방해를 주지 않는다는 것을 학습자가 잠재의식 속에서 깨닫는 경우에도 오류가 화석화될 가능성이 높다. 셋째, 넓고 다양한 범위의 의사소통 필요가 아닌 단순한 기본적인 의사소통 필요만을 느끼는 경우 학습자는 초기 단계에서 진보를 멈추고 따라서 오류도 굳어지게 된다.

또한, Vigil과 Oller(1976)는 화석화 현상의 원인을 정의적(affective) 피드백 및 인지적(cognitive) 피드백과 관련지어 설명한다. 학습자가 잘못된 문장을 발화하였을 때 대화 상대자로부터 받는 지나친 긍정적 인지적 피드백 및 정의적 피드백의 결과로 인해 화석화가 이루어진다는 것이다. 예를 들어, 학습자의 발화에 오류가 있더라도 상대방이 "I understand it."과 같이 긍정적인 인지적 반응을 보인다거나 "I like it."과 같이 긍정적인 정의적 반응을 보인다면 학습자는 자신의 발화를 교정할 필요를 느끼지 못하고 잘못된 언어 습관을 굳히게 된다.

그리고 Burt(1975)는 오류 수정을 할 때 전반적인(global) 오류와 국부적인(local) 오류를 구별할 필요가 있다고 지적한다. 학습자의 오류에 대해 일일이 교사가 피드백을 주는 것은 학습자의 의사소통 의욕을 떨어뜨릴 수 있고, 반대로 오류에 대해 지나친 긍정적인 반응은 오류의 화석화를 불러일으킬 수 있다. 따라서 "She have three sisters."에서 처럼 의사소통에 지장을 주지 않는 국부적인 오류는 학습자의 의사소통 의욕을 높이기 위해 지적하지 않는 편이 바람직하지만, "My family is three."에서 처럼 의사소통에 장애가 되는 전반적인 오류에 대해서는 적절한 교정을 통해 화석화를 막아야 한다는 것이다.

화석화 현상의 대표적인 예는 발음과 관련된 오류이다. 성인 학습자의 경우 원어민 화자와는 다른 독특한 억양을 사용하는데 이와 관련된 오류는 학습자의 언어가 발달한다 하더라도 변하지 않고 그대로 굳어지는 경우가 많다. 또한 이민 사회 집단의 언어에 나타나는 독특한 양상도 화석화된 오류에서 비롯된다. 처음에는 개인 수준에서의 오류였던 것이 언어 집단 공동체 수준으로 확장되어 쓰이면 이민자 방언으로 굳어지는 것이다.

피진어(pidgin)라 불리는 언어도 화석화 현상과 관련이 있다. 피진어는 특정 집단의 사람들이 모국어와 외국어를 의도적으로 서로 혼합하여 사용함으로써 언어에 오류가 내포된 경우를 가리킨다. 이는 사용의 편리를 위해 주로 간소화되고 단순화된 언어 형태를 사용하고자 하는 의도를 담고 있다. 피진어는 한 언어의 어휘와 음운 형태는 그대로 유지하지만 문법적인 성의 구분, 복잡한 동사 시제와 대명사 체계 등과 같은 형태론적인 것과 통사론적인 것을 단순화시키는 경향이 있다. 만약 피진어를 사용하는 사람들이 어떤 이유로 다른 언어 사회와 고립되어지는 경우 피진어를 모국어로 습득하는 새로운 세대가 생길 수 있는데 이렇게 피진어가 모국어가 되는 경우를 가리켜 혼성어(creole)라고 부른다.

7.3 전이와 과잉일반화

이번 절에서는 학습자가 사용하는 학습전략 중 오류의 원인과 관련 있는 전이와 과잉일반화의 두 가지를 설명한다.

7.3.1 전이(Transfer)

먼저 전이(transfer)란 어떤 한 가지 내용을 학습한 결과, 즉 선행학습이 후속되는 다른 학습에 직접 또는 간접으로 영향을 주는 것을 의미한다. 이 경우 선행학습이 다음 학습에 도움을 주어 촉진(facilitation)적 효과를 낳는 경우를 긍정적 전이(positive transfer)라 하고, 선행학습이 다음 학습에 간섭(interference)을 주어 방해를 일으키는 경우를 부정적 전이(negative transfer)라고 한다. 전이의 역할은 외국어 학습에서도 크게 나타난다. 왜냐하면, 학습자는 자신이 이미 알고 있는 모국어에 대한 지식을 새로 학습하는 외국어에 적용하거나 연관지어 목표어 체계의 학습을 효과적으로 이루려고 하기 때문이다. 즉, 목표어를 학습하는데 자신의 모국어 지식을 수단으로 이용하게 된다.

Taylor(1975)는 중급 수준의 학습자에 비해 초급 수준의 학습자에게 전이 오류가 더 많이 발생한다고 하였다. 이는 초급 수준의 학습자일수록 목표어에 대한 지식이 부족하여 모국어에 더 많이 의존하여 언어규칙에 대한 가설을 만들기 때문이라고 분석하였다. 이 때 모국어의 간섭이 학습자의 오류를 일으키는 원인이 되므로 그 간섭 현상만 학습하면 외국어 습득이 용이하다는 입장에서 20세기 중반에 대조분석(contrastive analysis)이 등장하게 되었다.

대조분석 이론은 행동주의와 구조주의 접근 방법에 그 뿌리를 두고 있다. 언어학습은 반복과 연습에 의한 습관형성에 의해 이루어지는데, 모국어를 배우면서 이미 형성된 옛 습관이 외국어를 배우는 새로운 습관형성에 간섭을 한다고 간주한 것이다. 대조분석의 대표자인 Lado(1961)는 두 언어의 유사점은 학습자가 학습하기 쉽고 차이점은 학습하기 어렵다고 주장한다. Lado의 주장이 사실이라면 두 언어 간의 차이점(difference)과 학습 상의 난점(difficulty)은 동의어라는 것이다(Difference = Difficulty). 따라서 모국어와 외국어 두 언어를 체계적으로 대조하고 분석하여 그 차이점을 기술함으로써 두 언어 간의 차이로 인해 발생할 수 있는 학습상의 난점을 예측할 수 있다고 보았다. 이것이 소위 대조분석 가설(Contrastive Analysis Hypothesis)이며, 두 언어 간에 나타나는 차이점으로 인해서 학습이 어려울 것으로 예상되는 점들을 미리 학생들에게 강조하고 집중 연습시킴으로써 오류를 사전에 방지할 수 있다고 생각하였다. Whitman(1970)은 대조분석을 기술, 선택, 대조, 예측의 4단계로 나누었다.

1) 기술(description): 구조언어학의 형식문법을 이용하여 두 언어를 명백하게 기술하는 과정이다.
2) 선택(selection): 두 언어의 모든 언어적 항목을 비교하기란 불가능하다. 따라서 연구자의 의도에 따라 대조하고자 하는 특정 언어 항목(음운, 문법, 구문 등)을 선택한다.
3) 대조(contrast): 두 언어의 체계를 도식화하면서 유사점과 차이점의 영역을 설정하는 것이다.
4) 예측(prediction): 대조 결과를 바탕으로 어느 언어적 항목이 쉽고 어느 항목이 어려울 것인가에 대해 학습의 난이도 계층(hierarchy of difficulty)을 결정한다.

한편, Prator(1967)는 모국어와 목표어의 차이에 따라 습득의 난이도가 달라진다고 보고 다음과 같이 난이도의 위계성(hierarchy of difficulty)을 6단계로 구별하였다. 단계가 높아질수록 습득이 어렵다고 보았다.

Level 0 전이(transfer)
모국어와 목표이 사이에 차이점이나 대소섬이 전혀 없는 영역

Level 1 합체(coalescence)
모국어에서는 두 항목으로 존재하는 요소가 목표어에서는 하나의 요소로 변하는 영역

Level 2 구별부족(underdifferentiation)
모국어에는 존재하는 항목이지만 목표어에는 존재하지 않는 영역

Level 3 재해석(reinterpretation)
모국어와 목표어에 상응하는 구조가 있으나 그 사용범위 및 형태가 다른 영역

Level 4 과잉구별(overdifferentiation)
모국어에는 존재하지 않는 구조가 목표어에 존재하는 영역

Level 5 분리(split)
모국어에서는 하나인 것이 목표어에서는 둘 이상으로 구분되는 영역

한국어와 영어의 두 언어 체계의 차이로 인해 부정적 전이를 유발시킬 수 있는 항목에는 다음과 같은 것들이 있다.

① 한국어는 관사의 개념이 불분명하지만 영어에서는 관사의 사용에 대한 개념이 명확하다. 따라서 한국의 영어 학습자들은 관사 사용에 대해 어려움을 느낀다.

Sun is very hot.

He is tallest boy in the class.

He is good boy.

② 한국어의 표준적인 어순은 '주어+목적어+동사'이고 또한 많은 경우 그 어순이 비교적 자유롭다. 이에 비해 영어의 기본 어순은 '주어+동사+목적어'로서 한국어와 다르고, 어순이 한국어와는 달리 고정되어 있다. 또한 한국어에서는 주어 사용이 의무적이지 않아 주어를 생략하고 말을 해도 이해하는데 별 어려움이 없다. 그러나 영어에서는 꼭 주어를 사용하여 표현해야 한다.

I always English study hard.

③ 한국어에서는 문법 범주로서의 명사의 수(단수, 복수)를 별로 의식하지 않는데 비해 영어에서는 명사의 단수와 복수를 엄격히 구분한다. 따라서 한국인 영어 학습자는 복수어미 형태소인 '-s'의 사용에서 오류를 자주 범한다.

Three book are interesting.

그러나 대조분석에 대한 반론이 제기되기 시작하였다. 첫째, Richards(1971)는 일반적으로 오류는 언어 간의 전이에서보다는 목표어 내의 오류인 경우가 더 많다고 하여 대조분석을 공격하였다. 즉, 오류의 대부분은 과잉일반화나 단순화 같은 과정에서 발생된다는 것이다. 따라서 모국어와 목표어 사이의 관계를 찾아내는 것보다는 외국어 학습자가 새로운 규칙 체계를 만들어내는 과정에 더욱 주목하게 되었다. 둘째, 두 언어의 차이점이 아닌 유사점이 오히려 학습의 난점이 될 수도 있다는 사실을 통해 대조분석의 문제점을 보여주었다. Brown(1994)은 로마자를 모국어로 쓰고 있는 어린이들과 그렇지 않은 아이들을 대상으로 영어 철자 실험을 한 결과 후자가 전자보다 좋은 결과를 나타냈다고 하였다. 이처럼 학습의 난이도가 모국어의 간섭 현상과 일치하지 않는다는 것이 밝혀지면서 대조분석 이론은 점차 그 설득력을 상실하였다.

이런 이유들로 인해 대조분석이 공격받고 있지만 전이는 분명 학습자가 사용하는 학습 전략중의 하나이다. 또한 모국어의 전이는 초기 학습자에게 목표어에 대한 특정한 가설 설정의 근거를 제공한다는 점에서 의미가 있다. 이 경우 학습자는 백지상태에서 출발하지 않게 되므로 학습이 더욱 경제적이고 생산적일 수 있다. Corder(1978)는 모국어가 학습자에게 목표어 학습에 사용할 수 있는 풍부한 가설을 제공한다고 하여 전이가 언어 학습에서 차지하는 역할을 인정하였다.

7.3.2 과잉일반화(Overgeneralization)

구조주의 언어학자들은 외국어를 배우는데 있어서의 가장 큰 장애물을 모국어의 간섭으로 꼽고 따라서 전이를 오류의 가장 큰 원인으로 삼았다. 그러나 생성문법학자들은 언어학습이 반복과 연습 및 습관형성을 통한 기계적인 과정이 아니라 학습자가 새로운 규칙을 형성하는 창의적인 과정으로 보았다. 따라서 학습자가 만들어내는 오류의 대부분은 모국어 간섭에 의한 것이 아니라 학습자가 외국어 자체의 규칙을 잘못 이해하거나 적용하는데서 비롯되는 것으로 간주하였다. 이러한 관점에서 오류를 분석하고자 했던 노력이 오류분석(Error Analysis)이다.

본격적으로 오류분석의 연구를 시작한 Corder(1974)는 오류분석의 단계를 다음과 같이 5단계로 나누었다.

① 학습자 언어 자료 수집(collection of a sample of learner language): 분석의 대상이 되는 학습자 언어 자료와 자료 수집 방법 결정
② 오류의 확인(identification of errors): 오류의 구성 요소 결정
③ 오류의 기술(description of errors): 학습자의 개인 특유적 방언을 목표어로 재구성한 발화와 비교
④ 오류의 설명(explanation of errors): 오류가 발생한 원인에 대한 고찰
⑤ 오류의 평가(evaluation of errors): 오류가 청자에 미치는 영향 고찰

이와 같이 오류분석에서는 학습자가 범하는 오류를 관찰, 수집, 분석하여 체계적으로 분류하고 오류의 빈도에 따라 난이도를 측정하고자 했다.

오류분석에서는 많은 수의 오류가 목표어 내에서 목표어의 언어 자료를 과잉일반화(overgeneralization)하는데서 유래한다고 보았다. 과잉일반화를 설명하기에 앞서 일반화(generalization)가 무엇인지를 잠시 살펴본다면, 일반화란 학습자가 새로운 목표어 체계를 학습하는 과정에서 이미 학습한 목표어의 지식을 현재의 학습 상황에 널리 적용시켜 학습을 용이하게 하는 전략을 가리킨다.

이제 일반화 규칙을 언어 학습에 대입하여 설명하면 다음과 같다. 학습자가 학습하는 언어적 항목들은 하나의 문법 규칙에 의해 공통적으로 다루어지는 것끼리 하나의 범주를 이루고 있다. 학습자는 새로운 항목을 학습할 때 이미 학습된 항목의 범주들을 기초로 하여 그 새로운 항목에 적용되는 규칙을 찾으려 한다. 이 때 학습자가 목표어의 어떤 규칙을 새로운 학습 문제에 적용시킬 때, 만약 그 문제가 그 규칙이 적용되는 범주에 속하는 것이라면 올바른 학습이 이루어진다. 그러나 그

예측은 종종 틀릴 수 있다. 그 이유는 특정 항목을 적절한 범주에 할당했다 하더라도 특정 항목에 일반적인 규칙이 적용되지 않는 경우가 있기 때문이다. 또한 그 언어적 항목이 다른 규칙에 의해 적용되는 범주인 경우도 있는데, 이 경우는 새로운 범주와 규칙을 만들어야 한다. 이렇듯 새로운 항목이 그 범주에 속하는 것이 아니거나 예외인 경우 과잉일반화에 의한 오류가 나타나게 된다(Littlewood, 1987). 일반화의 한 양상인 과잉일반화는 학습자가 새로운 목표어를 보다 쉽게 학습하려는 목적에서 목표어의 특정한 문법 규칙을 그 규칙이 적용되는 경계를 넘어서까지 부적절하게 사용하는 전략인 것이다(Brown, 1980).

영어의 규칙을 과잉일반화하여 만들어진 오류에는 다음과 같은 것들이 있다.

① 동사의 과거형은 동사 뒤에 '-ed'를 붙여 만들어진다. 그러나 불규칙 동사의 경우는 이러한 규칙 적용에 있어 예외가 된다. 그럼에도 불구하고 이 규칙을 적용하여 'goed', 'comed' 등과 같은 오류를 범하는 경우이다.

② 명사의 복수형은 명사에 '-s'를 붙여 만든다. 그런데 'mouse'나 'child'에 이 규칙을 적용하여 'mouses'나 'childs'라고 한다면 이는 명사의 복수형 규칙을 과잉일반화시킨 것이다.

③ 진행형을 만드는 규칙을 과잉일반화하여 'know'나 'remember' 같은 진행형을 만들 수 없는 동사까지 진행형으로 사용하기도 한다('I am not knowing the rules.').

④ 3인칭 현재 단수 동사의 뒤에는 '-s'를 붙인다. 그러나 이 규칙을 과잉일반화시켜 'He can sings.'와 같은 오류를 범하기도 한다.

⑤ 의문문을 만들기 위해 'do'동사를 삽입한다. 그러나 'do'가 필요 없는 경우에도 'do'를 과잉일반화시켜 사용하는 오류를 만든다('Who did write the book?').

그러나 오류분석에도 몇 가지 한계가 드러난다. 첫째, 오류분석은 학습자의 오류에만 관심을 가진 나머지 학습자 언어의 실체적인 총체, 즉 학습자의 올바른 발화를 자세히 다루지 않았다. 둘째, 오류분석은 겉으로 드러난 발화상의 오류만 측정할 수 있다. Schachter(1974)는 학습자가 회피전략을 사용할 경우 오류분석이 실패할 수밖에 없다고 주장한다. Schachter의 연구에 의하면, 아랍계 학생들과 일본, 중국 학생들의 관계절 오류를 비교 분석해 본 결과 아랍계 학생들의 오류가 훨씬 많았다고 한다. 그러나 이는 일본, 중국 학습자의 능력이 아랍계 학생들의 능력보다 높은 수준이기 때문이 아니라 일본, 중국 학생들이 관계절 사용을 회피하고 단문을 사용하거나 단문을 'and'로 연결하는 수법을 많이 사용하였기 때문이었다. 반면, 아랍계 학생들은 영어와 비슷한 관계사가 모국어에 있어 영어의 관계절 사용을 피하지는 않았으나 잔류대명사(resumptive pronouns)를 사용하는 모국어 특징때문에 전이에 의한 오류를 많이 범하고 있었다.

그러나 앞서 살펴본 전이와 과잉일반화는 서로 별개의 무관한 개념이 아니다. 왜냐하면, 전이나 과잉일반화 모두 선행 학습 경험에 의존하여 새로운 학습을 이루려는 학습자의 심리적인 과정이 전제되어 있기 때문이다. 목표어의 학습을 위해 학습자가 의존하는 선행 학습 경험이 전이에서는 모국어의 지식이 되는 것이고 과잉일반화에서는 목표어의 지식이 되는 것이다. 이와 같이 전이와 과잉일반화는 학습자가 자신의 학습 부담을 덜기 위해 사용하는 학습전략이며 이를 통해 학습자는 일정한 체계를 갖춘 독특한 언어 체계를 발달시켜 나간다.

7.4 오류의 출처와 원인

학습자가 생성해 내는 오류가 전이에 의한 것인지 아니면 과잉일반화에 의한 것인지를 결정하는 것은 쉽지 않다. 예를 들어, 영어를 배우는 독일인 학습자가 소란을 피우고 있는 아이를 향해 "Are you stupid, there?" 라고 말하지 않고 대신 "Are you being stupid there?"라고 말한 경우를 살펴보자. 이 경우 오류의 원인은 be동사를 현재 진행형으로 쓰지 않는 영어의 규칙을 과잉일반화시킨 것에서 찾을 수도 있고, 동시에 진행형을 갖지 않는 독일어의 규칙을 영어에 전이시킨 것에서도 찾을 수 있다. 또 다른 예로 같은 화자가 "Did it strike you to be funny?"라고 했다면 이 경우는 어떠한가? 이 경우에도 역시 오류의 원인이 무엇인지를 결정하기는 쉽지 않다. 영어의 'seem' 동사가 취하는 구조("Did it seem to you to be funny?")를 과잉일반화시킨 것으로도 볼 수 있고, 동형의 독일어 구조("Schien es dir, komisch zu sein?")를 전이시킨 것으로도 볼 수 있기 때문이다. 또 다른 예로 동사 앞에 'no'를 첨가하여 부정문을 만드는 오류("No look my care.")는 모국어에 상관없이 보편적으로 발견되는 오류이지만 모국어가 스페인어인 학습자들은 이 오류를 더 많이 더 오래 사용한다. 이를 통해 전이와 과잉일반화의 오류가 복합적으로 일어날 수도 있음을 알 수 있다.

이런 경우 오류의 출처가 무엇인지를 애써 따져 밝히는 일은 무의미하다. 그보다는 전이와 과잉일반화 두 가지가 함께 작용하여 서로를 강화하는 것으로 보는 것이 옳을 것이다. 위 예의 경우 'be'동사가 진행형으로 쓰이는 일이 많지 않다는 사실, 즉 과잉일반화가 학습자로 하여금 독일어의 단순 시제 형태를 전이시키도록 유도했다고 볼 수 있다. 오류의 원인을 전이와 과잉일반화 중 어느 한 가지로 귀결시키기 어려운 이유는 아마도 앞서 설명한 전이와 과잉일반화가 갖는 공통적 속성 때문인 것으로 보인다.

따라서 여러 학자들의 연구에서 사용된 전이와 과잉일반화에 대한 구분 자체에 의문이 들게 된다. 연구자에 따라 동일한 오류를 달리 분류할 가능성이 있기 때문이다. 또한 전이와 과잉일반화가 전체 오류 중 얼마만큼의 비율을 차지하는가에 대한 결과도 그 신뢰성이 의문시된다. 실제로 언어 학습은 심리적인 과정을 다루기 때문에 이를 수치화하는 것이 무의미하다.

7.5 생략에 의한 단순화

앞서 전이와 과잉일반화는 외국어 학습을 용이하게 하기 위해 선행지식을 이용한다는 공통점을 지닌 학습전략임을 살펴보았다. 그러나 전이와 과잉일반화는 또한 학습을 단순화(simplification)시키는 과정이라는 공통점도 지닌다. 즉, 전이와 과잉일반화를 통해 학습자는 이미 알고 있는 범주와 규칙 속에 새로운 언어적 항목을 집어넣음으로써 혼란스럽게 느끼던 새로운 항목을 일목요연하게 만든다. 그러나 이를 통해 새로운 언어 항목의 처리가 단순히 간단해지는 것만은 아니다. 새로 정립된 범주와 규칙은 창의적인 발화를 생성하는데 이용이 되므로 경제적이고 생산적이다. 이처럼 단순화 과정은 학습자들이 언어에 대한 규칙을 발달시키고 내재화하는 것을 돕기 때문에 Meisel(1980)은 이를 '정교한 단순화(elaborative simplification)'라고 불렀다.

그러나 정교한 단순화와 구분되는 다른 종류의 단순화가 있다. 앞서 3.1.2에서 어린이의 언어 발달 단계의 하나로 살펴본 전보식 발화가 그 예이다. 이 단계의 특징은 굴절과 기능어의 생략이었다. 이는 분명 단순화이기는 하지만 새로운 규칙을 창조함으로써 나타나기 보다는 언어 능력의 부족에서 기인하는 것으로 보여 진다. 따라서 이 경우의 단순화는 생산적이거나 창의적이지 않기 때문에 정교한 단순화와는 구분되어야 한다. 이러한 종류의 단순화는 '잉여성 축약(redundancy reduction)'이라고 불린다. 왜냐하면, 의도된 메시지를 전달하는데 있어 잉여적인 항목을 없애기 때문이다. 예를 들어, 'daddy want chair'의 경우 동사의 굴절과 관사를 생략하여 단순화시켜도 전달하고자 하는 의미는 소통이 가능하다.

이상의 결과를 종합해볼 때 오류의 원인을 다음 세 가지로 정리해 볼 수 있다(Littlewood, 1987).

① 모국어로부터의 규칙 전이
② 목표어 규칙의 일반화 및 과잉일반화
③ 잉여성 축약

이 모든 과정은 단순화의 형태로 간주될 수 있다. 그 중 ①은 언어간(interlingual) 전이 과정이고 ②와 ③은 언어내(intralingual) 전이 과정이다. 그러나 외국어 학습의 바탕이 되는 창의적인 언어학습 과정은 주로 전이와 일반화와 관련이 깊다. 반면 생략을 통한 단순화, 즉 잉여성 축약은 창의적 언어규칙 형성에는 간접적인 역할을 담당한다.

앞서 전이와 과잉일반화 중 어떤 것이 오류의 원인인지를 구별하기 애매했던 것처럼 오류의 원인이 생략에 의한 단순화인지 전이나 과잉일반화에 의한 단순화인지를 구별하는 것 역시 어렵다. 예를 들어, "She leave for forest."라고 발화한 경우 이것은 3인칭 단수 어미를 생략한 잉여성 축약으로 간주될 수도 있고 1, 2인칭 동사의 형태를 과잉일반화한 것으로 간주될 수도 있다.

7.6 비체계적 오류

학습자의 발화는 목표어에 관해 학습자가 나름대로 내재화한 규칙, 즉 학습자 기저의 언어능력을 직접적으로 반영해 준다는 점을 앞서 살펴보았다. 따라서 학습자의 오류를 통해 학습자가 목표어를 어떻게 처리하는지 그 과정을 알 수 있었다. 그러나 이러한 가정이 항상 옳은 것은 아니다. 학습자는 종종 그들의 기저 언어 체계로부터 기인하지 않는 오류, 즉 피상적인 영향에 의한 오류를 범하기 때문이다. 이러한 종류의 오류를 비체계적인 오류(non-systematic error)라고 하는데 이는 다시 의사소통전략(communication strategy)과 수행오류(performance error)로 구분된다.

7.6.1 의사소통전략

학습자는 그가 가진 현재의 언어능력으로는 표현할 수 없는 언어적 항목과 규칙을 사용하여 의미를 전달해야 할 상황에 종종 부딪힌다. 이때 학습자는 요구된 의미를 전달하기 위해 임시방편적인 전략을 사용한다. 예를 들어, 사전 등을 사용하여 언어 항목을 찾아 사용한다거나 또는 제스쳐를 통해 의사소통 목적을 실현한다. 이러한 경우 발생되는 학습자의 오류는 학습자의 기저 문법 체계를 반영하는 오류라기보다는 일반적인 문제 해결의 전략으로 간주된다. 즉, 의사소통전략이란 학습자가 자신의 부족한 외국어 지식을 보충하면서 자신의 의사를 상대방에게 전달하기 위하여 언어적·비언어적 방법을 동원할 때 발생되는 오류인 것이다.

의사소통전략은 7.5에서 언급된 잉여성 축약의 경우에도 적용될 수 있다. 동사의 굴절형 생략은 학습자가 규칙을 습득한 증거가 아니라 그가 습득한 언어능력에서 벗어난 그 이상의 의미를 전달하기 위해 사용하는 소통전략인 것이다. 실제로 전이와 과잉일반화도 학습자의 기저 문법 체계를 보여준다기보다는 의사소통 문제를 해결하기 위한 즉각적인 의사소통전략의 결과인 경우가 많다.

따라서 오류가 의사소통전략의 결과인지 아니면 내재화된 규칙의 결과인지를 구분하는 것도 역시 쉽지 않다. 그러나 의사소통전략에 대한 여러 연구들을 검토해 볼 때 비교적 일관성 있게 언급되는 분류의 기준은 문제 지향성(problem-orientedness), 의식성(consciousness), 그리고 비규칙성(irregularity)이다. 먼저, 의사소통전략의 개념으로 문제 지향성이 지적되는 이유는 의사소통전략이 의사소통 의도와 학습자가 지닌 언어적 자원 간의 부조화라는 문제에서 기인했기 때문이다. 즉, 의사소통전략은 의사소통 문제를 극복하기 위해 사용되는 장치로 이해된다. 둘째, 의사소통전략은 소통적 목적 달성을 위해 사용되는 의식적인 기술이라는 점이다. 셋째, 오류가 규칙적으로 일관성 있게 나타나면 나타날수록 그것은 학습자의 기저 체계를 반영하는 오류일 것 같다. 반대로 오류가 덜 규칙적으로 나타날수록 그 오류는 의사소통전략과 관련이 있을 것이다. 그러나 이러한 분류 기준은 신뢰할 만한 것이 못된다. 왜냐하면, 학습자 발화는 9.1에서 살펴보게 될 발화의 본질 중 하나인 변이성(variability)을 반영하고 있기 때문이다. 의사소통전략에 관해서는 9.2에서 좀 더 자세히 다루겠다.

7.6.2 수행오류

오류분석에서는 오류분석의 대상을 결정하는 과정에서 오류(error)와 실수(mistake)를 구별하고자 했다. Brown(2000)에 따르면, 오류는 화자의 불완전한 언어 지식에서 비롯되는 언어 능력상의 잘못(competence error)인 반면, 실수는 이미 알고 있는 언어 항목을 언어수행 상에서 잘못 활용함으로써 생겨나는 순간적인 잘못이다. 특히, 실수는 원어민을 비롯하여 누구라도 범할 수 있으며 알고 있는 체계를 잘못 활용한 것에 불과하므로 전이나 과잉일반화 같은 체계적인 오류와 구별되어져야 한다. 따라서 Brown은 실수를 체계적인 오류와 구별하기 위해 '수행오류(performance error)' 혹은 '혀가 미끄러진 것(slips of tongue)'이라 칭하였다. 그리고 오류분석에서는 분석의 대상을 실수가 아닌 오류로 한정하고자 하였다.

그러나 오류와 실수, 즉 체계적인 오류와 비체계적인 오류를 실제로 구별하고 그 경계를 정하기란 쉽지 않다. 예를 들어, 한 학습자가 때로는 "John cans sing." 이라 하고, 또 때로는 "John can sing."이라고 한다면 'cans'를 오류로 보아야 할지 아니면 실수로 보아야 할지 판단하기가 어렵다. 그런데 만약 학습자의 다른 발화를 관찰해 본 결과, "John wills go."나 "John mays come."와 같이 다른 조동사에도 3인칭 단수 어미를 사용한다면 이는 조동사 사용과 관련된 오류로 간주되어야 한다.

따라서 단 하나의 발화로부터 오류와 실수를 구별하는 것보다는 여러 발화를 기준으로 하여 그것이 규칙적으로 나타나는지 아닌지를 보고 오류와 실수를 구별해야 한다. 즉, 잘못된 사용이 여러 환경에서 일관적으로 나타난다면 그것은 학습자의 기저 언어 체계를 반영한 오류가 될 것이고, 학습자가 스스로 잘못을 깨닫고 이후의 발화에서는 수정된 형태를 사용한다면 이는 실수가 될 것이다. 그러나 앞서 언급했듯이 학습자 발화의 본질적인 변이성 때문에 기저 언어 체계가 규칙적으로 작용을 하더라도 표면적으로는 불규칙성이 나타나는 경우도 많아 오류와 실수를 구별하는 것은 여간 어려운 일이 아니다.

7.7 교수의 영향에 의한 오류

학습자가 형식적인 교실 수업을 통해 언어를 배우는 상황에 있다면 교사나 교재 또한 오류의 원인이 될 수도 있다. 학습자가 사용하는 교재에 잘못된 내용이 수록되어 있을 때, 혹은 교사가 잘못된 내용을 학습자에게 가르칠 때 학습자는 오류를 답습하게 되는데 이런 외적인 요인들로 인해 오류가 발생할 수도 있다는 것이다.

Richards(1971)는 이런 오류가 학습 내용이 담고 있는 '허위개념(false concept)'에서 비롯된 것이라 칭했다. 또한, Stenson(1974)은 학습자 의도와는 무관하게 외적 환경 요인에 의해 오류가 발생하는 것이기 때문에 이를 '유인된 오류(induced error)'라고 불렀다. Dulay와 Burt(1974b)는 '특이한 오류(unique error)'라는 용어를 사용하여 발달상의 오류도 아니고 간섭에 의한 오류도 아닌 형태의 오류를 칭하였으며, Brown(2000)은 이를 '학습 환경(context of learning)과 관련된 오류'라 불렀다.

교수의 영향으로 오류가 발생되는 예로 Richards(1971)는 많은 교재나 교사에 의해 영어의 현재 진행형이 강조되고 있다는 사실을 들었다. 이는 모국어에 진행형이 없는 경우가 많기 때문에 특별히 강조를 두는 것인데, 이럴 경우 학습자는 다른 시제를 사용해야 할 곳에까지 진행형을 과도하게 사용하는 오류를 범한다. 실제로 과잉일반화의 경우 이와 같이 학습자에게 주어진 언어입력이 오류의 원인이 되는 경우가 많이 있다. 학습자에게 노출된 언어 자료를 기록해 보면 이런 언어입력의 빈도와 같은 외적인 요인때문에 많은 과잉일반화가 일어나고 있음을 알 수 있다. 이런 사실을 통해 교재와 교사의 역할이 얼마나 중요한지 엿볼 수 있다.

7.8 오류의 원인 분류

오류는 매우 다양하고 복합적인 요인에 의해 발생하므로 오류의 원인을 모두 열거하는 것은 거의 불가능하다. 그러나 몇몇 학자들이 말하는 주요 오류의 원인을 정리해 보면 다음과 같다.

Selinker(1972)는 오류의 주요 원인으로 모국어(native language), 학습 과정(training procedures), 교재에 대한 학습자의 학습 방법(the learner's approach to the materials), 모국어 화자와의 의사소통에 있어서 학습자의 태도(the learner's approach to communicating with native speakers), 과잉일반화(overgeneralization) 등을 꼽았다.

Dulay와 Burt(1974b)는 오류를 모국어 습득과 유사한 오류인 발달상의 오류(developmental error), 모국어 구조를 반영하는 오류인 간섭(interference), 발달상의 오류도 간섭도 아닌 특이한 오류(unique error)의 세 가지로 분류하였다.

Ellis(1994)는 심리 언어학적 측면에서의 오류의 원인을 크게 언어 능력상의 오류(error)와 수행상의 오류(mistake)로 나누었다. 그리고 이를 각각 세분하여 전이(transfer), 언어내 오류(intralingual error), 그리고 특이한 오류(unique error)를 언어 능력상의 오류로, 언어 처리상의 문제(processing problems)와 의사소통전략(communication strategies)을 수행상의 오류로 간주하였다.

한편, Brown(2000)은 오류의 원인으로 모국어 영향에 의한 언어간 전이(interlingual error), 외국어 자체의 영향에 의한 언어내 전이(intralingual error), 교사나 교재 같은 학습자를 둘러싼 외적 · 물리적 요인과 관련된 학습맥락(context of learning), 사회적 맥락에서 원어민과 의사소통 과정에서 발생하는 의사소통전략(communication strategy) 등의 네 가지를 꼽았다. 이와 같이 오류의 원인을 분류하는 기준이나 그 분류의 방법은 매우 다양하다.

따라서 오류의 본성을 규명하고 오류를 비오류와 구분하여 그 대상을 선정하고 추출하는 일은 어렵고도 복잡한 과정이라 할 수 있다. 7.3부터 7.7까지의 설명에 근거하여 오류의 원인을 표로 나타내면 아래와 같다.

〈표 7-1〉 학습자 오류의 원인 분류

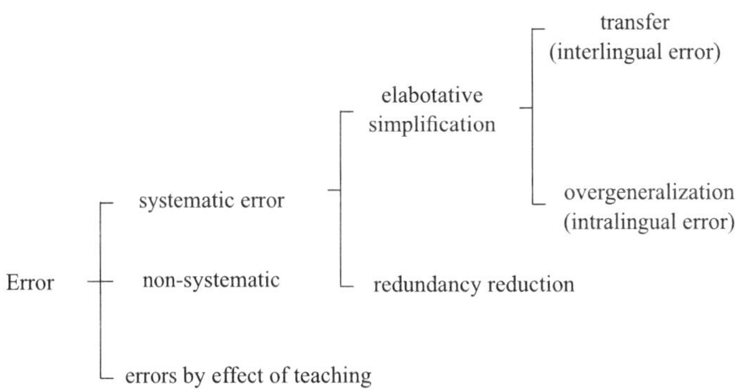

본 장에서 외국어 학습이 단순한 습관 형성 과정이 아닌 학습자의 창의적인 규칙 형성 과정임을 살펴보았다. 따라서 학습자들은 나름의 규칙 체계를 가진 중간언어를 사용하고 또한 중간언어를 만들어내기 위해 여러 가지 전략을 사용하고 있었다. 그 중 대표적인 전략이 모국어 지식을 바탕으로 한 전이, 목표어 내의 지식을 바탕으로 한 과잉일반화, 잉여성 축약과 같은 단순화 등이었다. 그러나 오류는 이와 같은 학습자가 가진 기저 언어 체계와 무관한 원인들, 예컨대 의사소통전략이나 수행오류 등에 의해 비체계적으로 나타나기도 했다. 그런데 학습자가 이런 공통된 유사한 전략을 사용하여 언어를 배울 경우 유사한 경로를 따라 발전해가리라는 추측이 가능하다. 앞서 6장에서 학습자가 문법 구조를 습득할 때 일정한 예측 가능한 순서를 따라가고 있음을 알 수 있었는데 이와 같은 학습자의 내적교수요목(internal syllabus)은 아마도 이런 공통된 전략 사용의 결과일 것이다.

제8장

학습자의 차이 규명

앞서 6장에서는 학습자가 유사한 경로를 거쳐 언어적으로 발달해 간다는 사실을 살펴보았는데, 이는 학습자들이 외국어를 학습하면서 공통적으로 보여주는 언어발달의 특징에 근거를 두고 있다. 앞 장의 토론에서 우리가 내릴 수 있는 결론은 학습자들은 외국어를 학습하면서 매우 유사한 방식으로 언어학습의 과정을 거친다는 것이다. 위의 결론에서 언급한 바와 같이, 유사한 방식과 경로를 따라 언어학습이 이루어진다고 하지만 학습자들은 언어 숙달도에서 훨씬 큰 개인차를 보여주고 있다는 것은 더 이상 특별한 사실이 아니다. 우리가 교실에서 외국어를 배우든지 아니면 교실 밖의 자연적인 언어학습 환경에서 외국어를 배우든지 간에 학습자들 사이에 언어 숙달도의 개인차가 존재하는 것은 사실로 받아들여진다. 즉, 학습자들이 유사한 언어발달 경로를 거친다고는 하여도 학습자 간에는 그들이 보여주는 언어 숙달도에서 많은 개인차가 존재한다. 어떤 학습자는 다른 학습자에 비해 더 높은 언어 숙달도에 도달하거나 또는 언어능력이 더 빨리 발달하기도 한다. 이러한 차이를 설명하기 위해 학습자와 관련된 여러 가지 요인이 제안되었고, 또한 그 요인과 외국어 발달 간의 관계를 밝히기 위해 많은 연구가 이루어지기도 하였다. 하지만 이러한 학습자 간의 개인차가 갖는 특징을 명확하게 설명해 주지는 못하고 있다. 특히, 다음과 같은 사항은 아직도 명확하지 않다.

1) 언어를 학습하면서 모든 학습자들이 밟는 단일 경로가 있다. 따라서 보편적인 경로를 따라 언어를 학습하면서 학습자들이 보여주는 개인차는 다른 학습자에 비해 단순히 얼마나 빨리 또는 얼마나 많이 학습하였는지를 보여줄 뿐이다.
2) 학습자들이 보여주는 개인차는 학습자들이 서로 다른 경로를 따라 언어를 학습하고 있다는 것을 보여 주는 것이다.

앞 장에서 기술된 여러 사항들은 위 1)번 항목을 뒷받침해 주는 듯 보여준다. 즉 언어발달의 과정에는 전형적이고 보편적인 단계가 있는데, 학습자들이 보여주는 언어발달의 변이성(variability)은 중요하게 여겨지지 않는다. 그러나 언어발달의 보편적 순서와 관련된 증거들은 소수의 연구 결과에 근거를 두고 있으며, 또한 이들 연구들은 극히 제한된 언어영역을 그 대상으로 이루어졌다는 사실을 기억할 필요가 있다. 물론, 학습자들이 특정 문법적 구조를 습득하는데 있어서 유사한 단계를 보여준다고 할지라도 이들 학습자들이 보여주는 언어발달의 과정을 보다 광범위하고 심층적으로 살펴본다면 여전히 학습자들 사이에 언어발달의 차이가 존재하고 있다는 것을 발견하게 될 것이다. 예를 들어, 어떤 학습자는 'X'와 'Y'라는 문법적 구조를 동시에 습득하였지만, 다른 학습자는 'X'라는 문법적 구조를 'Y'라는 문법적 구조의 습득 이전에 습득할 수 있다.

언어학습에서 나타나는 학습자 개개인 간의 차이를 설명하기 위한 연구들은 대부분 이러한 개인차의 본질적인 특징을 다루지 못했다. 대부분의 연구들은 단순히 외국어 학습에서 학습자들이 보여준 다양한 언어적 숙달도에 대해서 언급을 하거나, 또는 학습자들이 보여준 다양한 숙달도와 동기, 지능, 인성 등과 같은 비언어적 요소들 간의 관계를 규명하는데 관심을 기울였다. 예를 들어, 어떤 연구자는 일련의 학습자들을 대상으로 다음과 같은 순서로 연구를 진행한다.

(a) 지능 또는 동기 등과 같은 비언어적 요소를 측정하는 시험에서 학습자들이 얼마나 높은 점수를 획득하였는가를 조사한다.
(b) 외국어 학습에서 학습자 개개인들이 보여주는 언어적 숙달도를 조사한다.
(c) 위 (a)의 평가에서 높은 점수를 받은 학습자가 (b)의 평가에서도 역시 높은 점수를 획득하여 상호 상관관계가 있는지를 조사한다.

만약, 위 (c)에서 상호 긍정적인 상관관계가 있다는 것을 발견하였다면, 우리는 높은 수준의 동기 또는 지능은 외국어 학습의 성공을 예측하거나 또는 성공적인 외국어 학습과 매우 밀접한 상관관계가 있다고 주장하게 된다. 하지만 지능이 높은 학습자 또는 높은 수준의 동기를 가진 학습자가 외국어 학습에서 꼭 성공할 것이다라는 것을 의미하지는 않는다. 단지 그렇게 될 가능성이 많다는 것을 의미할 뿐이다.

8.1 학습자의 언어적 개인차를 규명하는데 따르는 어려움

어떤 요인이 보다 높은 수준의 언어적 숙달도에 영향을 미치는지에 대해서 어떤 확고한 결론을 내리기에는 많은 문제들이 내포되어 있다. 이를 보다 구체적으로 설명하면 다음과 같다.

1) 외국어 학습에서 우리는 숙달도(proficiency)를 어떻게 정의할 것이며 측정할 것인가?
언어적 숙달도에 대한 기준으로 영어과 관련 교과목의 학점, 선다형 시험에서의 수행 성적, 문법에 대한 지식, 듣기 및 읽기능력, 문장의 모방, cloze 평가, 구술능력 등이 사용될 수 있다. 하지만 우리가 언어학습의 목적을 의사소통능력의 향상에 둔다면 위에서 언급한 기준들 중의 몇 가지는 그 타당성에서 문제가 있다.

2) 외국어 학습에 영향을 미치는 것으로 보이는 비언어적 요소들을 어떻게 측정할 수 있는가?
이는 연구 방법상의 문제와 관련이 있다. 예를 들어, 자아존중(self-esteem)이나 감정이입(empathy)과 같은 학습자의 성격적 요인을 정확하고 신뢰성있게 측정할 수 있는 측정방식이 없다. 또한, 학습자의 언어적 발달이 그가 노출된 언어 자료에 의해 영향을 받는다고 한다면 그가 받은 모든 언어적 입력을 정확하게 기록하는 것 역시 불가능하다.

3) 다양한 측정 방법을 사용하여 학습자의 언어적 숙달도와 연관성을 갖는 비언어적 요인을 찾아냈다 하더라도 그 속에 직접적인 인과관계(causal-effect relationship)가 포함되어 있는지를 확인할 수 있는가?
예를 들어, 외향성(extroversion)과 숙달도 간에 상호 상관관계가 존재하고 있다는 것을 발견하였다면 학습자가 보여준 높은 언어적 숙달도의 원인은 그 학습자의 외향성이라고 단정 지을 수 있을까? 그렇지 않다. 외향적인 학습자는 더 많은 사회적 상호작용에 참여하여 더 많은 학습 기회를 가졌기 때문에 언어적으로 더 높은 숙달도를 보여 준 것으로 풀이될 수도 있다. 즉, '외향성→성공적인 외국어 학습'으로 공식화되는 인과관계가 아니라 '외향성→더 많은 사회적 상호작용→성공적인 외국어 학습'이라는 공식이 성립될 수도 있기 때문이다. 또한, 측정된 두 요인 간에 긍정적인 상관관계가 존재하더라도 이를 인과관계로 단정지울 수 없다. 예를 들어, 적극적인 수업 참여와 숙달도 간에 긍정적인 상관관계가 존재한다고 하자. 적극적인 수업 참여가 높은 숙달도의 원인이 될 수도 있지만, 역으로 높은 숙달도가 적극적인 수업 참여의 원인이 될 수도 있다. 또한, 동기와 같은 제3의 요인이 두 요인에 대해서 영향을 미칠 수 있다는 것을 기억할 필요가 있다.

4) 두 요인 간에 직접적인 인과관계가 존재하고 있다는 것을 확인하였다 하더라도 무엇이 원인이고 무엇이 결과인지를 확신할 수 있는가?
위 3)항에서 언급된 예와 관련이 있다. 높은 수준의 동기는 학습자들이 높은 숙달도에 도달하도록 도움을 줄 수 있으며, 또한 역으로 학습자들이 보여주는 높은 수준의 숙달도는 긍정적인 동기 형성에 도움을 줄 수 있다. 다른 예에서 불안감을 느끼는 학습자가 낮은 성취도를 보인다고 할 때 불안감이 낮은 성취도의 원인인지 아니면 낮은 성취도가 불안감의 원인인지 확인할 수 없다.

앞서 언급된 예를 포함하여 많은 경우에 있어서 여러 요인들 간에 존재하는 관계를 단지 단방향(one-way) 관계로 바라보는 것은 우리를 잘못된 방향으로 인도할 수 있다. 왜냐하면, 각각 요인들은 상호 영향을 미치고 영향을 받을 수 있기 때문이며, 또 다른 제3의 요인들이 영향을 미칠 수도 있기 때문이다. 이런 문제점을 염두에 두고 다음 절에서는 성공적인 외국어 학습에 영향을 미치는 것으로 알려져 있는 몇 가지 비언어적 요인들을 고찰해 보고자 한다. 본 교재에서는 이 요인들을 크게 세 개의 그룹 — 학습 동기(motivation for learning), 학습 기회(opportunities for learning), 학습 능력(ability for learning) — 으로 나누어 살펴본다.

8.2 학습 동기

동기(motivation)란 어떤 목표를 달성하기 위하여 특정한 행동을 하도록 하는 내적 충동이나 욕구로 정의될 수 있다. 이러한 동기는 다른 인간 학습 분야에서와 마찬가지로 외국어 학습에 있어서도 결정적인 힘을 발휘한다. Girard(1977)는 외국어 학습자의 성공과 실패의 정도는 적성 33%, 지능 20%, 동기 33%, 기타 요인 14%에 달려 있다고 하여 동기의 역할을 중시하였다. 또한, Brown(2000)도 외국어 학습에 있어서 학습자가 적절히 동기화 될 때 학습이 성공적일 수 있다고 주장하였다. 동기는 복잡한 심리적인 현상이기 때문에 많은 구성 요소로 이루어져 있다. 여기서는 외국어 학습과 관련하여 중요한 요인으로 여겨지는 의사소통적 필요(communicative need)와 목표어 공동체에 대한 태도라는 두 가지 요소에 초점을 맞추고 동기를 설명하고자 한다. 그리고 이 두 가지 요인을 각각 도구적 동기(instrumental motivation) 및 통합적 동기(integrative motivation)와 연관 지어 알아본다.

8.2.1 의사소통적 필요

언어 학습의 가장 주된 동기는 아마도 의사소통의 필요성을 충족시키기 위한 수단이라는 점일 것이다. 따라서 학습자는 목표어를 통해 의사소통해야 할 필요성을 인식하게 되면 목표어를 학습하고자 하는 동기가 생길 것이다. 언어 학습과 관련하여 의사소통적 필요는 학습자가 속해 있는 사회적 공동체의 본질과 관련이 깊다. 여기서는 학습자를 둘러싼 사회적 공동체의 양상을 세 가지 경우로 나누어 살펴보고자 한다.

첫째, 이중언어(bilingual) 혹은 다중언어(multilingual) 사회에서 학습자가 느끼는 의사소통적 필요의 양상을 살펴본다면, 벨기에나 인도와 같은 나라에서는 다양한 사회적 상황에서 한 가지 이상의 언어를 사용해야 할 필요성이 분명하게 나타난다. 그 결과 L2는 일상적인 생활을 영위하기 위한 필수적인 의사소통의 목록에 추가 된다.

둘째, 언어적 소수민의 경우에도 의사소통적 필요에 의해 L2 학습의 동기가 부여된다. 예를 들어, 유럽과 미국에 살고 있는 많은 언어적 소수민들은 더 넓은 사회, 즉 언어적 다수민과의 접촉을 위해 그들과 의사소통을 하기 위해서 L2를 학습해야 할 필요성에 직면하게 된다.

셋째, SLL(제2언어 학습, Second Language Learning) 상황이 아닌 FLL(외국어 학습, Foreign Language Learning) 상황에서는 외국어 학습에 대한 의사소통적 필요가 어느 정도 나타날까? 먼저 SLL과 FLL의 기준을 정의해 보면 다음과 같다. SLL 상황이란 앞서 제시한 두 가지 경우에서처럼 학습자가 살고 있는 공동체 안에서 언어가 의사소통적 기능을 갖고 있는 경우이다. 반면 FLL 상황이란 학습자가 살고 있는 공동체 안에서는 어떤 특정한 소통적 기능을 갖지 않고 대신 목표어가 외부인과의 의사소통을 위해 사용되는 경우이다. 예를 들어, 영국에서의 프랑스어 학습, 우리나라에서의 영어 학습 등과 같은 상황이다. FLL 상황의 경우, 즉 목표어가 내부적(internal) 의사소통이 아니라 외부적(external) 의사소통을 위해 사용되는 경우 학습자는 의사소통적 필요를 덜 느끼게 될 것 같다. 영국 학교에서 프랑스어를 배우는 학습자의 경우를 다시 예로 들면 이들은 프랑스어로 의사소통할 필요를 전혀 느끼지 못한다. 이는 프랑스 사람들과 접촉할 기회가 거의 없다고 믿기 때문이기도 하지만 영어를 세계 공용어로 인식하고 있기 때문이기도 하다. 그러나 반드시 FLL 상황이 SLL 상황에 비해 동기 유발에 불리한 것은 아니다. 예를 들어, 우리나라 영어 학습자의 경우 FLL 상황이기는 하지만 상황은 앞서 영국의 경우와 정반대가 된다. 영어가 공동체 밖에서 외부적 의사소통의 중요한 수단이 되기 때문에 외국어에 대한 의사소통적 필요를 더 느낄 것이고 따라서 높은 동기 부여가 될 것이다.

지금까지는 주로 사회 공동체라는 넓은 관점에서 의사소통적 필요의 정도를 살펴보았다면 이제 관심을 공동체 안으로 돌려보자. 같은 공동체 안에서도 개인들 간에 변이가 다양하게 나타남을 알 수 있을 것이다. 예를 들어, 언어적 소수민의 경우 앞서 살펴본 것처럼 더 넓은 공동체 구성원과의 접촉을 위해 의사소통적 필요를 느껴 높은 동기 부여가 되겠지만 일부 구성원들은 그렇지 않을 수도 있다. 즉, 더 넓은 사회와 접촉하고자 하는 욕망이 적어 생존적 필요만을 느끼는 학습자의 경우 동기는 강하지 않고 대신 생존적 필요만을 만족시킬 정도의 L2 숙달도를 갖게 되기도 한다. 또 다른 예로 서독에 이민 온 한국 근로자들 중에는 고국으로 돌아가고자 하는 강한 욕망을 지닌 사람들이 많았다. 따라서 이들에게는 의사소통적 필요보다는 생존적 필요에 의해 낮은 수준의 동기가 부여되었을 것이다. 같은 공동체 내에서도 학습자가 느끼는 의사소통적 필요가 다를 수 있다는 것은 Burstall 등(1974)의 연구에서도 입증이 되었다. 이 연구에 의하면, 노동자 계층 아동에 비해 중산층 가정의 어린이들이 외국어 학습에 더 성공적이었는데, 이는 중산층 어린이일수록 공동체 밖과의 의사소통적 필요를 더 많이 느끼기 때문이라고 하였다. 영국에서 어린이들로 하여금 외국어를 의사소통의 유용한 도구로 인식하도록 장려하는 과정을 개발하고자 했던 것도 이러한 취지를 반영한 것이다.

8.2.2 태도

언어 학습에 있어 태도(attitude)는 목표어, 목표어를 사용하는 사람, 국가, 문화 등에 대해 학습자가 갖고 있는 정신적 자세를 뜻한다. 태도와 외국어 학습의 관계에 대한 일반적인 주장은 학습자가 학습하고 있는 외국어와 외국 문화에 대해 긍정적인 태도를 갖고 있는 경우에는 학습을 위한 높은 동기를 갖고 학습하게 되어 성공적인 학습이 이루어진다고 본다. 그러나 목표어에 대해 부정적인 태도를 갖게 되면 학습의 동기를 감소시키고 따라서 외국어 학습이 성공적으로 이루어질 수 없다고 본다. 이에 대한 근거로 Littlewood(2001)는 다음의 두 가지 관점에서 설명한다.

첫째, 호의적인 태도를 지닌 학습자는 목표어 공동체와 더 많이 접촉하고자 하는 욕망을 갖게 될 것이고 따라서 그의 외국어 학습 동기는 높아질 것이다. 이는 앞서 동기의 한 요소로 설명한 의사소통적 필요와 관련이 있다. 즉, 호의적인 태도는 의사소통적 필요를 강화하는 역할을 하고 이것이 결국 높은 동기 부여 및 성공적인 언어 학습으로 연결된다는 것이다. 실제 상황에서 학습자가 원어민과 의사소통해야 할 강제성이 없는 많은 경우들에 있어서 학습자가 의사소통 필요를 느끼는지 혹은 전혀 느끼지 않는지를 결정하는 것은 학습자의 태도일 것이다.

둘째, 언어는 그 언어 사용자의 정체성 및 세계를 인지하는 방식과 밀접한 관련이 있다. 따라서 새로운 언어를 배운다는 것은 자신의 정체성 및 세계관을 일부 포기하고 다른 문화적 집단의 정체성 및 세계관을 수용한다는 것을 의미한다. 이런 과정을 어떻게 받아들이느냐에 영향을 미치는 요인 중의 하나가 외국 문화에 대한 태도이다. 만약 이 태도가 부정적이라면 학습자는 목표어 학습에 대한 강한 심리적 장벽을 갖게 될 것이기 때문에 학습의 효과는 떨어질 수밖에 없다(Littlewood, 1989).

그러나 목표어 공동체에 대한 태도가 학습자의 언어 숙달도에 그리

큰 영향을 미치지 않는 상황들도 존재한다. 다음의 세 가지 경우를 살펴보자. 첫째, 학습자들은 목표어 공동체에 대해 긍정적이거나 부정적인 태도를 가질 만큼 목표어 사회에 대한 충분한 경험이 없는 경우가 많다. 이런 경우 태도는 성공 경험 등의 자극을 통한 동기와 비교해 볼 때 외국어 학습의 개인차를 설명함에 있어서 약한 요인이 될 것이다. 영국에서 불어나 독일어를 배우는 학습자를 예로 들어보자. 이 경우 주로 외국어 학습은 교실 상황에서 경험되기 때문에 학습자가 가지게 되는 태도는 주로 학습 상황과 관련이 있을 가능성이 높다. 즉 학습자는 교사나 교재로부터 목표어 공동체에 대한 이미지를 얻게 되는데, 이 간접적인 경험이 목표어에 대한 태도에 영향을 미치게 된다.

둘째, 외국어 학습자의 태도와 관련하여 또 하나의 중요한 연구 결과가 앞서 언급했던 Burstall 등(1974)의 연구에서 보여진다. 이 연구에 의하면, 학습자의 초기 태도는 학습자의 최종적인 숙달도에 큰 영향을 미치지는 않는다고 한다. 대신에 성공적인 학습자는 학습이 진행됨에 따라 호의적인 태도를 발전시키고 또한 학습자의 입장에서 이런 태도는 더 많은 성공을 장려한다고 보았다. 반대로 실패는 그 이후의 실패를 야기할 부정적인 태도를 만들어낸다.

셋째, 목표어 공동체와의 의사소통을 위해서가 아니라 외국어를 배우는 다른 학습자들과의 의사소통을 위해 외국어를 학습하는 상황도 그러하다. 최근 국제어(international language) 혹은 세계 공용어(lingua franca)로 쓰이고 있는 영어가 목표어인 경우를 예로 들어보자. 영어는 다중언어 국가나 혹은 상대방의 모국어를 사용하지 않는 서로 다른 나라 사람들끼리의 의사소통에서 흔히 쓰이고 있다. 영어를 이런 국제적인 기능으로 학습할 경우 영어를 모국어로 사용하는 사회에 대한 학습자의 태도는 언어 숙달도에 그렇게 중요한 영향을 미치지 않으리라는 것을 짐작할 수 있다. 이상의 경우들에서 목표어 공동체에 대한 태도가 동기나 숙달도에 절대적인 것은 아니라는 것을 보여준다.

8.2.3 통합적 동기와 도구적 동기

동기나 태도가 목표어 숙달도에 미치는 영향은 많은 학자들에 의해 연구되었다. 그 중 많은 연구들이 Gardner와 Lambert(1972)의 연구로부터 영향을 받았다. 그들은 외국어 학습의 동기를 크게 통합적 동기(integrative motivation)와 도구적 동기(instrumental motivation)로 분류하였다.

먼저 통합적 동기란 원어민의 문화에 동화되고 싶은 욕구에서 비롯된 동기로서 원어민에 대한 관심과 긍정적 태도에서 출발한다. 여기에는 외국어에 대한 관심 및 호기심, 목표어를 사용하는 문화 집단에 대한 이해, 의사소통 욕구 등이 그 구성요소가 된다. 반면, 도구적 동기는 실용적이고 기능적인 면이 강조되어 시험에서 좋은 성적을 받는 것, 좋은 직업을 얻는 것과 같이 개인의 목표를 달성하기 위해 외국어를 배우고자 하는 경우이다.

또한, 동기 이론에 있어서 통합적 동기와 도구적 동기의 구별과 더불어 가장 일반적으로 알려진 것이 내적 동기(intrinsic motivation)와 외적 동기(extrinsic motivation)의 구분이다. 내적 동기란 행동 자체를 제외하고는 어떠한 보상도 기대하지 않는 것을 말하며 특별한 행동을 하는데서 오는 기쁨이나 자신의 호기심을 만족시키는 것과 같이 내적으로 보상받는 결과를 위한 것이다. 반면, 외적 동기는 자기 자신에게서보다는 외부로부터 오는 보상을 기대하거나 처벌을 피하기 위한 것이다.

그렇다면 외국어 학습에 효과적인 동기의 유형은 무엇일까? 영어 학습 동기에 관한 초기 연구는 통합적 동기와 도구적 동기 중 어떤 동기를 가지면 영어 학습에 더 효과적인지를 밝히고자 했는데 서로 상반된 결과들이 도출되었다. 먼저 Gardner와 Lambert(1972)는 북미 지역에 살면서 프랑스어를 공부하는 영어 화자를 대상으로 한 연구에서 통합적 동기를 가진 학습자가 도구적 동기를 가진 학습자보다 더욱 효과적으로 프랑스어를 습득한다고 주장하였다. 그러나 필리핀에 있는 영어 학습자를 대상으로 한 Gardner와 Lambert의 연구에서는 상반된 결과가 도출되었다. 즉, 도구적 동기가 높을수록 보다 성공적으로 영어를 습득하고 있다고 발표하였다. 또한, Lukmani(1972)도 인도의 영어 학습자를 대상으로 cloze 테스트를 실시한 결과 도구적 동기를 가진 경우 더 높은 점수를 얻었다고 보고하였다.

한편, 외국어 성취도가 두 가지 유형의 동기 모두와 관련이 있다고 보는 견해가 있는가 하면(Burstall,1975), 반대로 그 어떤 동기 유형도 외국어 성취도와 유의한 상관관계를 보이지 않는다는 견해도 있었다(Chiara & Oller, 1978). 이러한 결과의 차이를 두고 여러 가지 해석이 제기되었다. 동기의 구분이 모호하여 동기 설정에 일관성이 없다는 점, 도구적 동기와 통합적 동기 두 가지만으로는 동기의 개념을 포괄하지 못한다는 점, 또한 서로 다른 학습 환경의 영향을 고려하지 못했다는 점 등이 그것이다. 따라서 외국어를 배우는데 있어 중요한 것은 어떤 종류의 동기를 갖느냐가 아니라 동기가 있느냐 없느냐, 그리고 그 동기가 높으냐 낮으냐하는 것일 것이다.

8.3 학습 기회

외국어 학습 성공에 영향을 미치는 또 하나의 중요한 요인은 학습자를 둘러싼 환경이 제공하는 학습 기회의 질이다. 여기서는 학습 기회를 다음의 네 가지 측면으로 나누어 살펴보겠다.

1) 외국어 사용의 기회
2) 학습 상황의 정서적 영향
3) 학습자에게 노출된 언어적 입력(linguistic input)의 본질
4) 형식적 교수(formal instruction)의 영향

8.3.1 외국어 사용의 기회

자연적인 상황을 모방한 학습 기제나 의사소통적 활동이 언어 습득을 촉진시킨다는 점은 앞서 언급되었다. 따라서 외국어가 실제 의사소통의 수단으로 사용되는 환경에 학습자가 노출될 수 있다면 외국어 학습이 촉진되리라는 것은 분명하다.

그러나 대부분의 상황에서 외국어 사용의 기회는 8.2에서 살펴본 의사소통적 필요와 무관하지 않다. 예를 들어, 이중언어 사회에서 다른 언어를 사용하는 집단과의 접근 용이성은 외국어를 통한 의사소통적 필요를 만들어 낼 것이고, 또한 동시에 언어 사용을 통한 학습의 기회도 창출해 낼 것이다. 그러나 어떤 환경에서는 의사소통적 필요와 언어 사용의 기회가 서로 다른 별개의 요인이 될 수도 있다. 캐나다에서 프랑스어를 배우는 영어 화자는 프랑스어를 배울 강제적인 의사소통적 필요를 느끼지 못할 것이다. 그러나 이 때 프랑스어 화자의 접근 용이성, 즉 외국어(프랑스어) 사용의 기회는 언어 학습에 있어 큰 이점으로 작용할 것이다. 같은 취지에서 영국 남부에서 프랑스어를 배우는 학습자는 북부 학습자에 비해 언어 학습상 이점을 가진다고 볼 수 있다. 남부에서는 프랑스가 상대적으로 더 가까운 거리에 있기 때문이다.

그러나 학습자가 목표어를 사용하고 있는 나라를 방문한다거나 혹은 그 곳에 사는 것만으로는 외국어 사용의 기회 더 나아가 성공적인 언어 학습이 보장되지는 않는다. 개인적인 차원에서 원어민과 상호작용을 하는 것이 사실상 중요하며, 또한 원어민과의 접촉에 있어서 학습자의 태도가 호의적일 때, 그리고 학습자가 낯선 환경에서 자신감을 느낄 때 언어 학습이 보다 성공적일 수 있다.

8.3.2 학습 상황의 정의적 영향

학습자가 불안감을 느끼는 환경은 의사소통에 있어서 심리적인 장애로 작용할 것이다. 또한, 불안이 일정 수준 이상이 되면 학습의 장애물이 될 것이다. 그러나 안타깝게도 외국어 학습이 일어나는 가장 대표적인 상황인 교실과 목표어 공동체 내에서 학습자는 쉽게 불안감을 느끼게 된다.

먼저 전형적인 언어 교실 상황을 살펴보자. 학습자들은 목표어에 대한 그들의 지식이 부족한 상태에서 목표어에 관한 수행을 하도록 강요받는다. 만약 학습자의 수행이 올바르지 않은 경우 교정을 받게 된다. 또한, 대부분의 상호작용이 교사에 의해 지배되기 때문에 학습자는 상호작용을 주도할 기회가 거의 없다.

목표어 공동체 환경에서 학습자가 느끼는 불안감도 유사하다. 학습자는 자신의 부족한 의사소통능력 때문에 일상적인 대화에서조차 자신을 표현하는 일에 어려움을 느낄 것이다. 또한 자신의 발화가 오해를 불러일으키는 경우, 그리고 그로 인해 자신이 비웃음을 당하고 있다는 생각이 드는 경우 등 여러 상황에서 학습자는 소외 의식을 느끼고 위축감을 경험하게 된다.

MacIntyre와 Gardner(1991)는 외국어 학습과 관련하여 학습자가 느끼는 불안의 원인을 다음과 같이 세 가지로 정리하였다. 첫째는 학습자들의 언어능력 부족 때문에 다양하고 성숙된 생각을 표현하지 못함으로써 생기는 의사소통에서의 두려움이다. 둘째는 긍정적이고 사교적인 인상을 주고 싶어하는 학습자들의 바램에서 부정적인 사회적 평가로 인해서 발생하는 두려움이다. 마지막은 학습결과, 즉 평가에 대한 두려움이다.

그러나 학습자가 느끼는 불안은 상황 그 자체의 결과로 나타나기도 하지만 개인의 성격에 따라 불안의 수준이 달라지기도 한다. 예를 들어,

어떤 학습자는 다른 학습자보다 더 빨리 불안을 느끼게 만드는 교실 상황에서의 실패 경험을 가지고 있을 수 있다. MacIntyre와 Gardner는 상황 그 자체에 의해 생기는 불안을 상황적 불안(situational anxiety)이라 하고, 학습자의 성격적 요인에 따라 달라지는 불안을 전체적 불안 혹은 기질적 불안(global/trait anxiety)이라고 불렀다.

또한, Alpert와 Harber(1960)는 불안을 촉진적(facilitative) 불안과 방해적(debilitative) 불안으로 나누었다. 촉진적 불안은 외국어로 의사소통하거나 외국어 수업을 하기 전의 긴장감이 연습과 준비를 하도록 만듦으로써, 즉 불안감이 긍정적으로 작용하여 언어학습을 촉진시키는 불안감이다. 방해적 불안은 걱정이 너무 과도하여 문제해결을 위한 시도 자체를 포기하도록 만들어 언어를 학습하는데 부정적으로 작용하는 불안감이다.

따라서 언어 학습 상황에서 불안을 전적으로 제거할 필요는 없다. 도가 지나친 불안은 언어 학습에 좋지 않지만 적절한 양의 불안은 효과적인 학습에 긍정적인 영향을 미칠 것이기 때문이다. 또한, 학습자가 우호적인 접촉을 할 수 있는 외국어 학습 환경을 조성해 주는 일, 공감적이고 협동적인 교실 분위기를 조성해 주는 일은 학습자의 방해적 불안을 완화시켜 언어 학습에 도움을 줄 것이다.

8.3.3 언어 입력의 본질

언어 입력이 학습자의 개인차에 미치는 영향을 알아보기 전에 먼저 언어 입력의 역할에 대한 여러 학자들의 견해를 살펴볼 필요가 있다. 행동주의 언어학자들은 언어 입력이 언어 습득을 결정하는 가장 중요한 요인이라고 생각하였으며, 언어 입력(linguistic input)이 모방과 강화에 의해 점차 축적되어 출력 발화(output)로 나타나고 이것이 바로 언어 학습이라는 입장을 견지하였다.

한편, 생득론자들은 인간이 태어날 때부터 언어습득장치(LAD)를 가지고 태어난다고 보았다. 따라서 인간의 언어 습득은 생득적으로 이미 정해진 프로그램에 따라 진행되는데, 이때 언어 입력은 LAD를 활성화시키는 역할, 즉 언어 습득의 방아쇠 역할을 하는 것이라고 생각하였다. 따라서 Chomsky는 단지 언어에 노출되는 것만으로는 만족스러운 언어 습득을 할 수 없다고 보고 입력은 최소화하되 학습자 내부 메카니즘을 최대로 가동해야 한다고 주장했다(Ellis, 1994).

그러나 상호작용론자(interactionalist)들은 언어 습득을 입력과 LAD 둘 다의 결과로 보았다. 따라서 언어 입력은 언어 습득을 위한 필요조건이지만 충분조건은 아니며, 언어는 의사소통을 하는 과정에서 습득되는 것이기 때문에 상호작용이 없이는 성공적인 언어 습득이 어렵다고 하여 입력과 상호작용의 영향을 모두 강조하였다. 이처럼 언어 입력에 대한 견해는 시대에 따라 변해왔지만 언어 입력의 중요성은 어느 시대에도 결코 부인되지는 않았다.

따라서 외국어 학습에 있어서 학습자에게 제공되는 발화의 본질이 학습자의 성취도를 결정하는 중요한 요인이 될 수 있다. 이 때 외국어 학습을 위한 이상적인 입력의 형태에 대해 가장 영향력이 있는 주장은 Krashen(1982)의 이론이라고 할 수 있다. 그는 언어 입력 가설(Input Hypothesis)에서 이해 가능한 언어입력(comprehensible input)이 언어 학습에 가장 이상적인 입력의 형태라고 주장하였다. Krashen은 모국어 학습자에 대한 '보모의 말(caretaker speech)', 외국인에 대한 '외국인의 말(foreigner talk)', 외국어 학습자에 대한 원어민 교사의 말에 관한 연구를 토대로 최적의 언어 입력은 학습자의 언어학적 발달 수준을 약간 넘어 서는 언어라고 주장하였다. 따라서 학습자의 현재 언어학적 수준을 'i'라고 할 때 이해 가능한 언어 입력을 'i+1'의 형태로 제시하였으며, 학습자는 'i+1'의 입력을 이해함으로써 자연적 순서에 따라 언어를 습득한다고 주장하였다.

한편, Long(1985)은 이해 가능한 입력이 외국어 학습에 도움이 된다는 Krashen의 입력가설을 인정하면서 여기에 상호작용(interaction)의 중요성을 추가하였다. 즉, 단순화된 언어 입력(simplified input)이 중요한 역할을 담당하기는 하지만 상호작용을 통해 조절된 언어 입력(modified input)이 더 유용하다는 것이다. 이는 상호작용 과정에서 소통에 문제가 발생하면 이것을 해소하기 위해 상호 협의를 하게 되고 이 과정에서 학습자의 현재 언어 능력이 정확하게 파악되어 이해 가능한 입력이 제공될 수 있기 때문이라고 설명하였다. Long은 이 과정을 '의미 교섭(negotiation of meaning)'이라고 칭하였다.

의미 교섭에 대한 구체적인 정의는 Pica(1988)에 의해 내려졌다. 학습자가 상호작용 과정에서 자신의 외국어 이해 수준을 넘는 입력에 접하게 될 때 이해하기 힘들다는 신호를 보내게 되고 신호를 접한 원어민은 외국어 학습자의 이해를 돕기 위해 발화를 다양하게 조절한다. 이 과정이 의미 교섭이며 학습자는 이러한 의미 교섭 과정을 통해 이해 가능한 언어 입력에 접할 수 있는 것뿐만이 아니라 '이해 가능한 출력'의 표출 기회도 가질 수 있게 되는 것이다. Pica, Young, 그리고 Doughty(1987)의 연구도 이 가설을 뒷받침한다. 이들은 ESL로 영어를 배우는 초·중급의 학습자 16명에게 듣기 수업을 하면서 세 가지 형태의 입력을 접하게 하고 어느 경우에 이해도가 가장 높은지를 실험하였다. 원어민끼리의 의사소통에서 쓰이는 조절되지 않은 입력(unmodified input), 변형을 시키고 쉽게 풀어서 말하는 선행 조절된 입력(premodified input), 변형해서 말하지는 않으나 이해 확인을 위한 상호작용을 통해서 조절되는 입력(interactionally modified input)을 주어 실험을 했는데, 그 결과 의미 교섭을 위한 상호 작용의 기회를 가졌을 때 이해도가 가장 높은 것으로 나타났다. 이 때 의미 교섭을 위해서 사용된 대화 조절 방법에는 확인 점검(confirmation checks), 설명 요구(clarification request), 이해 점검(comprehension checks) 등이 포함되었다.

Swain(1985)은 언어 습득에서 이해 가능한 입력의 역할도 중요하지만 강요된 발화(pushed output) 혹은 이해 가능한 출력(comprehensible output)이 더 중요하다고 주장하였다. 학습자가 꼭 말해야만 하는 상황, 즉 상호작용 속에서 나타나는 학습자의 출력언어가 습득을 돕는다고 본 것이다. 이는 학습자가 원어민과 같은 영어 능력을 습득하기 위해서는 이해 가능한 입력만으로는 충분하지 않으며 학습자 자신의 언어 능력을 바탕으로 의미 있게 언어를 사용할 기회가 필요함을 강조하는 입장이라고 하겠다.

한편, Hatch(1978b)는 담화(discourse)를 들여다봄으로써 언어 학습이 발전해 가는 방법과 대화를 진행시키는 학습자의 전략을 연구할 필요가 있다고 하면서 담화 속의 입력과 출력을 함께 고려해야 한다는 시각을 견지한다. 즉, 담화 구성 시 원어민과 비원어민 사이의 협력적인 담화(collaborative discourse)가 습득에 기여한다고 보고 있다.

그러나 Krashen의 입력 가설, Long의 상호작용 가설, Swain의 출력 가설 등 위의 각 학자들의 주장에 대한 반박이 제기되고 있어 어떤 유형의 입력이 언어 습득에 가장 효과적인지에 대해 아직까지 명확한 결론은 내려지지 않았다. 그러나 교사가 학습자에게 제공하는 입력이 학습자의 수준에서 이해가 가능하고 흥미로우며 학습자에게 직접 관련된 것일수록 언어 습득에 이점을 가질 것이라는 점에는 논란의 여지가 없다.

8.3.4 형식적 교수의 영향

형식적 교수(formal instruction)는 오랫동안 문법 교육을 지칭하는 용어로 사용되어져 왔다. 그런데 만약 학습자가 적절한 자연적인 노출(natural exposure) 상황에 놓이게 된다면 SLL을 위해 형식적 교수가 반드시 필요하지 않다는 사실을 앞서 3장에서 살펴보았다. 또한, Krashen(1985)도 문법을 교수하는 것이 언어 능력 습득에 거의 효과를 미치지 못하는 대신 이해 가능한 언어입력에 노출될 때 언어 습득이 가능하다고 주장하였다. 그러나 White(1987)는 이해 가능한 입력을 통해 습득할 수 있는 문법적 형태소는 일부에 불과할 뿐 학습자가 습득해야 할 언어 요목을 제대로 습득하기 위해서는 형식적 교수가 필수적이라고 하였다. 여기서는 형식적 교수가 어느 정도 또한 어떤 방식으로 SLL을 조력하는지에 대해서 알아본다.

먼저 Ellis(1994)가 제시한 형식적 교수의 여러 가지 분류 유형 및 그 특징을 살펴보자.

1) 암시적 교수(implicit instruction) 대 명시적 교수(explicit instruction)
2) 연습(practice) 대 의식 상승(consciousness raising)
3) 문법초점(focus on formS) 대 형식초점(focus on form)

첫째, 형식적 교수는 문법을 직접적으로 가르치는지의 여부에 따라 암시적 교수와 명시적 교수로 나뉜다. 암시적 교수는 주어진 예를 통해 학습자가 직접 규칙을 도출해내도록 하는 교수 유형이고, 명시적 교수는 규칙을 먼저 제시하고 그 쓰임을 연습해 보도록 하는 교수 유형이다.

둘째, 특정 언어 형식에 대한 의식 여부에 따라 교수의 유형이 연습과 의식 상승(conscious-raising)으로 분류될 수 있다. 의식상승이란 형식적 교수의 역할에 관심을 가졌던 SLA 연구가들에 의해 널리 사용된 용어로 특정 언어적 항목에 학습자의 관심을 집중시키려는 시도를 지칭한다. 따라서 연습은 규칙에 대한 명시적 지식을 습득하는 것을 목표로 하는 반면, 의식상승은 규칙에 대한 암시적 지식을 습득하는 것을 목표로 한다. Smith(1991)는 의식 상승을 '입력 강화(input enhancement)'라고 칭하기도 했다.

셋째, 형식 중심의 교수가 기반을 이루고 있는가를 기준으로 문법초점과 형식초점으로 나뉠 수 있다. 문법초점은 과거의 전통적 문법 교수 방법에서처럼 의사소통 활동과 무관한 문법 설명이나 오류 수정에 초점을 맞추는 경우이다. 반면 의사소통 활동 중에 의사소통적 필요에 의해 학습자의 관심을 언어 의미에서 언어 형식으로 바꾸는 것, 특정한 언어 자질에 집중하도록 하는 것이 형식초점이다. 형식초점으로 구성된 수업은 형식초점 수업(form-focused instruction 혹은 focus-on-form instruction, FFI)으로 불린다.

Long(1998)은 형식적 교수의 유형을 토대로 형식적 교수 방법의 역사적 변천을 아래와 같이 개관하였다.

〈표 8-1〉 형식적 교수 방법의 역사적 변천과정

Option 1	Option 2	Option 3
Focus on formS	Focus on meaning	Focus on form
GTM, ALM	Natural Approach	Task based Language Teaching

먼저 문법초점 접근방법(Focus on formS: Option 1)은 외국어 교육에서 전통적으로 사용해 오던 방법으로 주어진 상황에서 사용되는 표현의 의미를 총체적으로 이해하기보다는 언어 형태에 대한 단편적인 지식을 학습하는데 대부분의 수업 시간을 할애하던 방법이다. 구조적 교수요목(structural syllabus)에 의해 교수가 이루어졌으며 문법 번역식 교수법(GTM)과 구두 청각식 교수법(ALM)이 이에 해당된다.

이에 비해 의미초점 교수방법(Focus on meaning: Option 2)은 의미를 상황에 어울리게 이해하거나 발화하는 능력이 단편적인 언어 항목에 대한 지식보다 중요한 것으로 간주했다. 상황적 교수요목(situational syllabus)을 기반으로 하여 자연적 접근방법(Natural Approach)이 이에 해당된다.

그러나 문법초점 접근방법이나 의미초점 접근방법 모두 너무 한쪽으로 치우친 나머지 언어 교육의 방향을 너무 극단화시키고 있다. 이러한 문제를 극복하기 위한 방법으로 학습자를 의미 중심으로 가르치면서 동시에 형태에도 관심을 갖도록 유도하는 소위 형태초점 교수법(Focus on form: Option 3)이 대두되었다. 아무리 이해 가능한 입력이 많이 주어진다 하더라도 학습자가 주어진 자료에 주목(noticing)하지 않거나 의식적으로 인지하지 않는 한 이를 내재화시키는 것은 어렵다는 점에 착안하여 의사소통 활동을 수행할 때 학습자로 하여금 언어 형태를 의식할 수 있도록 학습상황을 만들어 주고자 하였다. 과업중심 언어교수법(Task-based Language Teaching)이 그 예이다.

그렇다면 형식적 교수는 외국어 학습에 어떤 영향을 미칠까? Ellis(1994)는 형식적 교수가 외국어 학습에 미치는 영향을 다음의 네 가지 측면으로 나누어 고찰하였다.

1) 형식적 교수가 전반적인 언어 숙달도에 미치는 영향
2) 형식적 교수가 발화의 정확성(accuracy)에 미치는 영향
3) 형식적 교수와 습득의 순서
4) 형식적 교수 효과의 지속성

위 네 가지 측면에 대한 연구 결과들이 서로 상반되고는 있지만 일반적인 결론을 정리하면 다음과 같다. 첫째, 학습자의 숙달도는 형식적 교수와 자연적인 언어학습 상황에의 노출 두 가지 모두를 경험할 때 더욱 높아진다. 즉, 성공적인 언어 학습자는 외국어를 사용할 기회를 가지면서 동시에 형태에 초점을 두는 교육의 기회도 갖는 학습자이다. 둘째, 학습자의 발달 단계에 맞는 형식적 교수가 주어진 경우 발화의 정확성을 향상시킬 수 있다. 셋째, 습득의 순서는 대체로 형식적 교수와 관계없이 일정한 양상을 나타낸다. 마지막으로 형식적 교수가 갖는 효과의 지속성과 관련해서도 지속적인지 아니면 한시적인지에 관해 의견이 분

분하나 의사소통을 위해 지속적으로 사용하고 있는지의 여부와 학습자의 동기에 따라 교수의 지속 효과는 달라진다.

앞서 설명된 바와 같이 가장 이상적인 단 하나의 형식적 교수의 유형을 결론짓기란 불가능하다. 왜냐하면, 단 하나의 방법이 본질적으로 우수하여 모든 환경에서 다른 것들보다 우월성을 나타내지는 않기 때문이며, 형식적 교수의 효과는 교사의 능력, 학습자의 동기, 시간과 자원의 이용 가능성 등에 따라 달라지기 때문이다. 그러나 분명한 점은 형식적 교수가 다른 요인과 더불어 언어 학습을 설명할 수 있는 중요한 변수 중 하나라는 점이다. 또한 형식적 교수가 외국어 학습에 미치는 효과가 어느 정도인지를 단언할 수는 없지만, 형식적 교수가 학습자의 유일한 언어 경험의 원천일 때 결정적인 변수가 될 수 있다는 점도 역시 분명하다.

8.4 학습 능력

SLL에 영향을 미치는 요인으로써 언어 학습에 대한 동기와 학습 기회의 질이라는 두 가지 요인에 관해 살펴보았다. 이 절에서는 언어 학습에 영향을 미치는 세 번째 변인으로 학습자의 학습 능력에 대해 알아본다.

그런데 이 절에서 뜻하는 학습 능력은 일반적으로 생각하는 것보다 넓은 의미의 개념이다. 따라서 학습 능력을 지능이나 언어 적성과 같은 학습 능력의 인지적인 측면을 가리키는 개념으로 한정시키지 않고 유사한 동기와 학습 기회가 주어졌을 때 특정 학습자가 다른 학습자보다 더 잘 배우는 모든 요인을 포괄하는 개념으로 사용하고자 한다. 즉 학습자의 인성과 나이, 학습자가 채택하는 능동적인 학습전략(learning strategy)까지도 모두 학습 능력에 포함시켜 이들이 외국어 학습에 미치는 영향을 알아본다.

8.4.1 인지적 요인

학습 능력과 관련된 인지적 요인으로 지능, 언어 적성, 장독립형/장의존형, 좌뇌/우뇌 선호도 등을 들 수 있다. 먼저 지능에 대해 살펴보자. 지능이란 전통적으로 언어능력과 수리능력을 의미하였다. 지능지수(intelligence quotient: IQ)란 이러한 언어적 능력과 논리-수학적 능력을 검사한 것에 기초한다. Pimsleur(1968a)와 Asher(1969), Jakobovits(1970)는 IQ가 외국어 학습에서 차지하는 비중을 각각 16%, 20%, 20%라고 보고하였다.

그러나 Gardner(1983)는 전통적인 IQ 측정 방법으로는 인간의 지적 능력을 설명해 내는데 한계가 있음을 지적하고 다중지능(multiple intelligence)의 개념을 이론화하였다. Gardner의 다중지능은 언어적 지능(linguistic intelligence), 논리-수학적 지능(logical-mathematical intelligence), 공간적 지능(spatial intelligence), 신체-운동적 지능(bodily-kinesthetic intelligence), 음악적 지능(musical intelligence), 대인관계 지능(interpersonal intelligence), 인간내부 지능(intrapersonal intelligence) 등을 포괄하는 개념이다. 최근 들어 다중지능 이론에 기초한 학습의 효과가 검증되면서 다중지능 이론은 교실 학습에서 깊이 적용되고 있다.

SLL에서의 성공은 일반적인 인지적 능력뿐만 아니라 언어 적성(language aptitude)이라고 불리는 언어 특유의 학습 능력과도 관련이 깊다. 언어 적성은 학습을 시작하기 전에 학습자의 학습 잠재 가능성을 알아보기 위한 테스트를 고안하고자 했던 사람들에 의해 본격적으로 조사되기 시작하였다. 언어 적성과 관련해 1960-70년대 널리 쓰였던 측정 도구로는 Carroll과 Sapon(1959)이 창안한 현대 언어적성검사(Modern Language Aptitude Test: MLAT)와 Pimsleur(1968b)의 언어적성검사(Language Aptitude Battery)가 있다. Carroll과 Sapon은 다음 항목들이 언어 적성의 일부를 구성할 것이라는 믿음을 가지고 테스트를 만들었다.

1) 소리를 확인하고 기억하는 능력(phonetic coding ability)
2) 단어를 암기하는 능력(rote memorization)
3) 문장 속에서 단어의 문법적 기능을 인식하는 능력(grammatical sensitivity)
4) 언어적 자료로부터 문법적 규칙을 유추하는 능력(inductive reasoning)

앞 절에서 살펴본 동기와 태도가 주로 대인관계에서의 의사소통을 위해 언어를 사용하는 능력과 관련이 깊다면 여기서 살펴본 지능과 언어 적성은 독해나 문법처럼 교실 수업에서 강조되는 학문적 언어 능력과 상관관계가 높다. 따라서 여러 연구에서 언어 학습의 성공을 일관성있게 예측하고 있는 두 변수, 즉 동기와 언어 적성을 함께 고려한다면 언어 학습 성공의 예측을 위한 설명력은 높아질 것이다. 한 예로 Gardner는 프랑스어를 배우는 학습자를 대상으로 한 실험에서 태도-동기 지수(Attitude-Motivation Index)와 MLAT의 결과는 각각 언어 숙달도 변인의 14%와 17%만을 설명할 수 있지만 동기와 언어 적성의 점수가 결합되면 언어 숙달도의 27%에 대한 설명이 가능하다고 밝혔다.

SLL에 영향을 미치는 그 밖의 인지적 요인으로 경험을 범주화하는 학습자의 전략을 들 수 있다. 목표어를 학습한다는 것은 목표어 규칙에 대한 일반화 과정을 포함하므로 장독립형(field independence)이나 장의존형(field dependence)과 같이 경험을 범주화하는 학습자의 전략도 학습 성공을 설명할 수 있는 변수로 작용한다. 장독립형이란 전체에서 필요한 부분을 따로 떼어내어 분석할 수 있는 능력으로 전체보다는 세부사항에 집중하는 인지 유형이고, 반면에 장의존형은 전체를 직감적으로 이해할 수 있는 능력, 그리고 부분보다는 전체 사항에 집중하는 인지 유형을 일컫는다. 장독립형은 형태에 관심을 갖게 되므로 교실에서의 학습에 유리하며 학업 성적도 우수한 편인 반면에, 장의존형은 전체적인 의미파악이 가능하므로 자연적인 환경에서의 언어습득에 유리하고 전반적인 의사소통 활동이 뛰어난 편이다.

성장과 함께 다양한 기능이 좌측 뇌 혹은 우측 뇌로 편중하는 현상이 일어남을 앞서 살펴보았다. 이러한 현상에 따라 좌측 뇌 사용자는 논리적, 분석적 사고를 잘하며 언어적 자료에 더 의존하는 반면에, 우측 뇌 사용자는 총체적, 통합적 정보 처리에 능하며 시각·청각적인 면을 더 잘 감지한다. 따라서 좌측 뇌 사용자는 규칙이 먼저 제시되고 이에 근거한 예를 연습하는 연역적 수업(deductive learning)에 유리할 것이고, 우측 뇌 사용자는 여러 예에서 규칙을 발견해 내는 귀납적 수업(inductive learning)에 유리할 것이다.

지금까지 학습 능력을 결정하는 인지적 요인으로 지능, 언어 적성, 장 독립형/장의존형, 좌측 뇌/우측 뇌 선호도 등을 살펴보았다. 그러나 언어 학습을 학습자의 인지적 측면과 결부시킨 연구는 매우 한정되어 있어 향후 추가적인 연구가 필요하다.

8.4.2 인성(Personality)

인지적인 요인들과 함께 개인의 인성과 관련된 특징들도 외국어 학습에서 중요한 변수로 작용하는 것으로 보인다. 인성과 관련된 특징은 학습자가 자기 자신에 대해 느끼는 감정과 타인과 접촉할 때 느끼는 감정 등을 포함한다. 여기서는 인성과 관련된 특징으로 외향성(extroversion)과 내향성(introversion), 자아존중(self-esteem), 모호성에 대한 관용(tolerance of ambiguity) 및 감정이입(empathy) 등을 살펴본다.

성격과 관련하여 가장 먼저 언급할 것은 외향성과 내향성이다. 외향성은 객관적인 자료를 근거로 외적인 가치기준에 따라 판단하고 행동하려는 경향으로 새로운 상황에 잘 적응한다. 반면, 내향성은 자신의 내적 가치기준에 따라 모든 것을 주관적으로 판단하고 행동하는 경향으로 융통성과 적응력이 부족하다.

일반적으로 외향적인 사람들이 사교성이 좋고 활동적이어서 연습할 기회를 더 많이 갖기 때문에 외국어 학습에 더 유리하리라고 보는 경향이 있다. Tucker(1976)는 학습자의 자신감이나 모험심처럼 외향성과 관련된 특성들이 외국어 학습에서의 성공과 긍정적인 상관관계가 있다고 밝혔다. 그러나 실제로는 면대면(face-to-face) 상황에서의 말하기 능력을 제외한 나머지 듣기, 읽기, 쓰기에서는 그렇지 않다는 결과도 있다. 한편, 외향성을 지닌 학습자는 말이 많고 유창하기는 하지만 정확성을 중요시하지 않는 경향이 강한 것으로 지적되고 있기도 하다. 실제로 Naimnan 등(1978)은 성공적인 언어 학습자가 외향성 검사에서 높은 점수를 받는지를 조사하였는데 둘 사이에 긍정적인 상관관계를 찾아내지 못했다. 또한, Busch(1982)도 내향적인 학습자가 읽기나 문법뿐만 아니라 발음도 정확하고 구두면접 평가에서도 외향성 학습자와 비교하여 별다른 차이가 없다고 지적하였다.

그러나 실제적인 학습 능력과는 상관없이 외향적인 성격을 지닌 학습자가 학습에서 이점을 가지는 것만은 분명하다. 왜냐하면 그들은 더 많은 사회적인 상호작용에 참여할 것이고, 교사로부터 더 많은 주목을 끌 것이며, 그리고 의사소통 상황에서 더 자신감을 가지고 수행할 수 있을 것이기 때문이다.

자아존중이란 인간이 자신에 대하여 갖는 태도로 스스로 얼마나 가치 있는 사람인가에 대한 판단이다. 자신이 유능하고 중요하며, 성공적이고 가치 있는 존재라고 믿는 것이며 이것이 행동의 표현으로 타인에게 전달되는 주관적인 경험이다. Heyde(1979)는 외국어 학습과 자아존중과의 관계에 대한 연구로 불어를 외국어로 공부하는 미국 학생들을 대상으로 자아존중이 구두발표에 미치는 영향을 조사하였다. 그 결과, 긍정적으로 자신을 평가하는 자아존중이 강한 학생일수록 외국어인 불어를 더 잘 배울 수 있다는 결론을 얻었다. 이는 높은 자아존중을 가진 학습자는 낯선 환경에서 낯선 언어로 의사소통을 할 때 덜 위협받기 때문인 것으로 분석된다. 여기서 한 가지 짚고 넘어가야할 것은 높은 자아존중으로 인해 언어 학습이 성공적이었느냐, 아니면 성공적인 언어 학습이 높은 자아존중을 갖게 했느냐 하는 것이다. Heyde는 외국어 학습의 초기 학생들을 무작위로 선출하여 8주간 교육을 시킨 결과, 다른 학생들에 비해 높은 자아존중과 구두 발표의 향상을 발견하고 양자가 모두 상호작용하는 것임을 확인하였다.

언어 학습에 영향을 미치는 인성과 관련된 요인으로 모호성에 대한 관용이 있다. 모호성에 대한 관용이란 자기 자신의 신념과 지식 체계에 상반되는 개념이나 항목에 대한 참을성의 정도를 의미한다. 외국어를 학습하는 중에 학습자는 자신이 갖고 있는 지식에 비추어 모호한 많은 정보들을 접하는데, 이런 애매한 정보에 대해 어느 정도의 관용성과 비관용성을 발휘해야 하는지의 여부는 성공적인 외국어 학습에 있어서 중요한 요인이 된다.

관용성은 새롭고 불확실한 것이 갖는 부정적 영향에서 벗어나 새로운 견해를 긍정적으로 받아들이는 장점이 있으나 지나치면 규칙 형성에 무관심해져 규칙의 내재화가 어려울뿐더러 화석화 현상의 요인이 될 수도 있다. 반면, 비관용성은 불필요한 것을 처음부터 배제할 수 있는 이점이 있으나 지나치면 모호성이 발생하였을 때 곧바로 마음을 닫아버려 창의적으로 외국어를 학습하는데 방해가 된다. Naiman 등(1978)은 모호성에 대해 관용적인 학습자일수록 듣기 평가에서 더 높은 점수를 나타냈다고 하였다. 또한, Chapelle와 Roberts(1986)도 관용적인 학습자가 그렇지 않은 학습자에 비해 외국어 학습에서 약간 더 성공적임을 발견하였다.

마지막 요인으로 감정이입을 들 수 있다. 감정이입이란 다른 사람을 더 잘 이해하기 위해서 다른 사람의 입장에서 이해하고 느끼는 과정이다. 특히 외국어를 배우는 상황과 관련된 감정이입은 서로 다른 문화

배경을 가진 사람들 사이의 감정이입이 되어야 하므로 자국 문화와 목표어 문화의 차이점을 이해하지 못한다면 충분한 감정이입이 이루어질 수 없어 성공적인 학습이 어렵다. Guiora 등(1975)은 감정이입과 외국어를 정확하게 발음하는 능력 사이에 높은 관련성이 있다고 밝혔다. Schumann(1975, 1976)도 감정이입이 발음뿐만 아니라 일반적인 외국어 학습에서 필수 요인임을 지적하면서 문화충격을 극복하고 사회적 거리를 좁히지 못하면 오류가 화석화될 가능성이 높다고 지적하였다.

지금까지 인성과 관련된 특징으로 외향성과 내향성, 자아존중, 모호성에 대한 관용 및 감정이입 등을 살펴보았다. 이런 요인들은 외국어 학습 성공을 결정하는 중요한 요인이 될 것이다. 그러나 이들 요인은 개별적으로 작용하기 보다는 여러 요인들이 혼합되어 더 큰 영향력을 행사할 수 있을 것이며, 또한 인성 이외의 다른 요인과도 복잡한 방식으로 상호작용 할 것 같다. 예를 들어, 외향성이라는 그 하나의 자체적인 요인이 외국어 학습의 성공과 관련이 있는 것이 아니라 외향성이 장독립형이나 형식적 교수 등과 결합되어질 때 외국어 학습의 성공과 더욱 밀접한 관련을 맺게 되는 경우이다.

8.4.3 연령

나이가 언어 습득에 미치는 영향에 대한 연구는 모국어 습득에 관한 연구로부터 시작되었다. 그러다가 Scovel(1988)을 비롯한 제2언어 습득 연구자들이 모국어에서의 습득 연령에 대한 가설을 제2언어에 확대 적용함으로써 나이가 제2언어 습득에 미치는 영향을 알아내고자 하는 시도가 본격적으로 이루어졌다.

일반적으로는 어른에 비해 어린이가 외국어를 더 성공적으로 배운다고 알려져 있다. 특히 이민자 가정의 경우 이러한 사실이 더욱 확연히 드러난다. 이민자 가정의 어린이는 원어민이나 원어민 수준에 근접한 숙달도로 새로운 공동체의 언어를 배우는 반면, 성인의 발화에는 이질적인 요소가 남게 된다. 또한 새로운 국가로 이주한 학습자의 나이가 어리면 어릴수록 언어 습득이 좀 더 성공적이라는 많은 연구 결과도 보고되었다.

이러한 연구 결과를 설명하기 위해 가장 널리 인용되는 것이 결정적 시기 가설(Critical Period Hypothesis)이다. 결정적 시기란 언어를 좀 더 쉽게 습득할 수 있는 시기이며 생물학적으로 그 시기가 지나면 언어 습득이 점차 어려워진다는 것이다. 결정적 시기 가설을 주장한 가장 대표적인 학자는 Lenneberg(1967)이다. Lenneberg에 의하면, 반구편중현상(lateralization)이 완성되는 사춘기를 기점으로 하는 결정적 시기 이후의 학습자는 제2언어 혹은 외국어 습득에 있어 생물학적 제약을 받게 된다고 한다. 따라서 사춘기 이후의 청소년과 성인은 언어를 완전하게 배울 수 없을뿐더러 외국어 학습에 있어서도 모국어 습득과 같은 자동적인 습득이 어렵고, 특히 외국인 액센트(foreign accent)가 불가피하다고 보았다.

그러나 Lenneberg의 결정적 시기 가설은 다음의 여러 가지 관점에서 비판을 받고 있다. 먼저 Krashen(1973)은 반구편중현상이 사춘기 경에 종료되는 것이 아니라 그보다 훨씬 앞선 만 5세 경에 종료되는 것이며 5세 이후에도 언어 습득이 가능하다는 연구를 통해 반구편중 시기와 언어 습득 간에는 관련성이 없음을 주장하였다. 또한 결정적 시기가 종료되면 언어 습득 능력이 갑자기 떨어진다는 주장을 반박하는 의견들도 있는데, Johnson과 Newport(1989)는 언어를 습득하는 능력은 갑자기 떨어지는 것이 아니라 점진적으로 떨어지는 현상이라고 주장하였다. 그리고 언어를 습득해 나가는 경우 생물학적 일정표에 따라 일정한 발달 단계를 경험한다는 주장은 언어 습득에서 개인차를 무시한 것이라는 지적을 받고 있기도 하다. 또한 논리적으로 볼 때 결정적 시기가 종료된 후 언어를 습득하면 일정한 발달 과정이 나타나지 않아야 하지만, 그 시기가 종료된 후에도 일정한 언어 발달 순서가 나타나는 경우도 보고되고 있다(Krashen, 1981; Schumann, 1976).

그러나 우리가 흔히 어린이와 성인의 언어 학습 능력을 비교함에 있어 간과하기 쉬운 한 가지 문제점이 있다. 그것은 어린이가 성인에 비해 더 많은 시간과 주의, 의사소통적 필요와 언어 사용 기회 등 더 나은 학습조건을 가지고 있다는 점이다. 따라서 어린이와 성인의 언어 학습 효과를 공정하게 비교하기 위해서는 성인도 어린이와 유사한 학습 기회가 주어진 상황에서 연구가 이루어져야 할 것이다. Fathman(1975)은 청소년기의 영어 학습자와 어린이를 똑같이 자연적인 언어 환경에 노출시킨 결과 청소년기의 영어 학습자에게서 발음을 제외한 문법 분야에서 더 빠른 습득 현상을 볼 수 있었다고 보고하였다. 자연적인 상황이 아닌 학교 학습 상황을 대상으로 한 Burstall 등(1974)의 연구에서도 동등한 학습 기회가 주어진 경우 나이가 많을수록 외국어 학습의 효과가 높아짐을 알 수 있었다. 단, 어린이는 발음 기술을 습득하는 데만 우위를 점하였을 뿐이다.

위에서 살펴본 바와 같이, 나이가 들수록 언어 학습의 효율성이 증가한다면 이민자 가정의 아이가 그들의 부모보다 더 빨리 새로운 언어를 배우는 현상을 어떻게 설명할 수 있을까? 그 원인은 이 장에서 논의된 다른 요인들의 관점에서 설명될 수 있을 것이다. 첫째, 학습 동기 및 태도와 관련하여 볼 때 어린이는 성인에 비해 타 언어 공동체에 대해 덜 부정적인 태도를 견지할 것으로 보인다. 둘째, 학습 기회의 측면에서 어린이는 성인에 비해 더 긴 시간동안 언어에 노출되고, 원어민 화자로부터 더 집중적인 관심을 받으며, 처리와 이해가 더 쉬운 단순화된 언어에 노출되는 등 더 우호적인 학습 조건을 가질 것으로 보인다. 마지막으로 어린이는 의사소통을 위한 상호작용 과정을 통해 목표어에 대한 지식을 무의식적으로 사용하는 습득(acquisition)에 의존하는 반면, 성인은 의식적으로 진행되는 학습(learning)에 지나치게 의존하기 때문이기도 하다. 즉, 목표어에 대한 지식을 근거로 이를 의식적으로 사용하면서 언어를 분석하고자 하는 성인의 경향이 오히려 새로운 언어가 내재화되는 자연적인 언어학습 기제를 방해하는 것으로 보인다. 따라서 효과적인 외국어의 학습과 연령 간에는 여러 요인이 개입되어 있다는 사실을 주지하여 이러한 요인을 파악하도록 해야 할 것이다.

8.4.4 학습전략

학습에 있어서 개인 간의 차이는 학습전략의 사용 여부 및 사용하는 학습전략의 종류에 따라 달라지기도 한다. 여기서는 먼저 학습전략이 무엇인지를 살펴보고 여러 학자들이 제시한 전략의 종류에 대해 알아본다. 또한 여러 가지 학습전략 중 성공적인 언어 학습과 관련된 학습전략에는 어떤 것이 있는지를 살펴본 뒤, 마지막으로 학습전략을 훈련시키는 것이 가능한 것인지를 알아봄으로써 성공적인 언어 학습에 도움이 되는 방향을 모색해 보고자 한다.

첫째, 학습전략이란 언어의 입력과 출력 시 부딪히는 문제들에 대해 취하는 일련의 행동 양식을 가리킨다. 외국어 학습에서의 전략은 크게 학습전략(learning strategy)과 의사소통전략(communication strategy)으로 나뉠 수 있다. 학습전략이 언어입력(input)과 관련된 처리, 저장, 기억 등에 관한 것이라면, 의사소통전략은 언어의 출력(output)과 관련하여 발화 및 의미전달과 관련된 것이다. 의사소통전략은 언어의 실제적인 사용을 다루는 9.2에서 설명하기로 하고 여기서는 학습의 개인차를 설명해 주는 요인으로서 학습전략만을 살펴보기로 한다.

언어 학습전략에 대한 정의는 학자에 따라 다양하다. O'Malley와 Chamot(1990)는 학습전략을 개인이 새로운 정보를 이해하고, 배우고, 간직하는 것을 도와주기 위해 사용하는 특별한 생각 또는 행동으로 정의하였다. 또한 Oxford(1990)에 의하면, 학습전략이란 학습을 더 쉽고, 더 빠르고, 더 즐거우며, 더 자기 지식적이고, 그리고 새로운 상황에 더 몰입할 수 있도록 학습자가 취하는 특별한 행동이라고 밝혔다. 즉, 학습전략은 학습자가 자신의 언어 기능을 발달시키기 위해 취하는 조치나 행동으로 학습자 스스로 학습 목표를 세우고 학습을 계획, 평가하여 자율적인 학습자로 만드는 데 공헌을 하기 때문에 학습자 중심의 교육을 중요시하는 현대에서 더욱 관심이 집중되는 분야이다.

둘째, 학습전략에 대해 가장 포괄적이고 체계적인 연구로 O'Malley와 Chamot(1990) 그리고 Oxford(1990)를 들 수 있는데, 용어의 정의와 강조점에 차이가 있기는 하지만 내용 면에서는 유사한 학습전략을 제시하고 있다. 먼저 O'Malley와 Cahmot는 학습전략을 인지 전략(cognitive strategies), 초인지 전략(metacognitive strategies) 및 사회 · 정의적 전략(socio-affective strategies)의 3가지 범주로 구분했다. 먼저 11개의 하위 범주로 구성된 인지 전략은 들어오는 정보에 직접적으로 작용하여 학습 능률을 향상시킬 수 있도록 정보를 조작하는 기술이다. 초인지 전략은 학습을 계획, 감시, 평가하는 것을 포함하는 고차원적인 전략으로 7개로 세분된다. 마지막 4개로 구성된 사회적 · 정의적 전략은 사회적인 중재활동 및 타인과의 상호작용, 감정의 효과적인 통제를 행하는 전략이다.

이 분류는 인지적 전략에 중점을 두면서 사회 · 정의적 전략을 소홀히 다루고 있는 반면에, Oxford(1990)는 학습자가 인지적, 사회적, 정서적 그리고 신체적 수단을 모두 활용하는 하나의 전체적인 인간이라는 이론에 근거를 두어 구체적인 언어 기능과 관련된 전략들을 만들어 냈다. Oxford는 학습전략을 크게 목표어와 직접 관련이 있고 학습에도 직접적으로 영향을 미치는 직접적인 전략(direct strategies)과 목표어와 직접적인 관련은 없으나 효율적인 언어 학습에 있어서 필수적인 간접적인 전략(indirect strategies)으로 나누었다. 그리고 각각의 전략을 다음과 같이 하위 항목으로 세분하였다.

〈표 8-2〉 학습전략의 유형

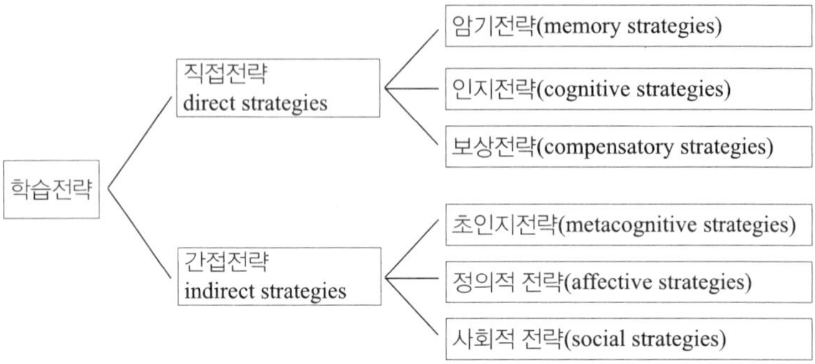

셋째, 성공적인 외국어 학습과 관련된 전략에는 무엇이 있는지를 알아보기 위해 Naiman 등(1978)은 '성공적인 외국어 학습자 연구(good language learner studies)'에서 교실 학습자에 대한 관찰과 인터뷰를 통해 어떤 전략이 외국어 학습에 효과적인지를 조사했다. 연구 결과에 의하면, 성공적인 언어 학습자는 많은 다양한 전략을 사용하고 있음이 입증되었다. 이들이 주로 사용한 학습전략으로는 언어 형태에 대한 주의집중(attention to form), 의미에 대한 주의집중(attention to meaning), 언어 학습에서의 적극적 참여(active involvement in language learning), 학습 과정에 대한 인식(awareness of learning process) 등을 들 수 있다. 그러나 교실 학습자뿐만 아니라 자연적 노출을 통한 외국어 학습자들에게도 성공적인 학습전략은 존재한다.

마지막으로 학습전략과 관련하여 주의를 끈 분야는 학습전략의 훈련이다. 학습전략 연구의 목적 중 하나가 성공적인 외국어 학습자가 사용하는 전략을 비성공적인 학습자에게도 가르쳐 그 능력을 향상시키는 것이라고 볼 때 이 분야의 연구는 매우 중요한 의의를 갖는다. 대부분의 연구에서 학습전략의 훈련이 유의미한 효과를 갖는다는 결론을 내렸지만 아무런 효과도 거두지 못한 연구 결과도 보고되고 있다. Oxford(1990)는 성공적이지 못했던 전략훈련 연구를 검토한 결과 그 원인으로 추정할만한 몇 가지 방법론적 문제점을 발견하였다. 즉 전략훈련 기간이 너무 짧다거나, 훈련 과제가 학습자의 수준에 비추어 너무 쉽거나 어려웠고, 전략훈련 선에 학습자의 현재 전략 사용 양상과 요구를 제대로 분석하지 못했기 때문이라고 설명하였다. 따라서 전략훈련과 관련해서 어떤 전략을 가르칠 것인지, 개인마다 선호하는 전략을 어떻게 고려할 것인지, 숙달도 수준에 따라 어떻게 전략 훈련을 달리할 것인지 등에 대한 추가적인 연구가 필요하다.

이 장에서는 학습자간의 개인차를 설명할 수 있는 변인들, 즉 어떤 학습자가 다른 학습자보다 외국어 학습에서 더 성공적인 이유를 설명하는데 도움을 주는 몇 가지 요인들을 살펴보았다. 요인들은 크게 세 범주로 구분되었는데, 그 첫 번째가 학습자의 의사소통 필요와 목표어 사회에 대한 태도로 구성되는 학습자의 언어 학습 동기였고, 두 번째는 학습의 기회로서 외국어 사용의 기회 및 학습 상황, 언어적 입력의 본질, 형식적 교수의 영향 등의 요소가 포함되었다. 마지막으로 인지적 요인, 인성과 나이, 학습전략 등과 같은 학습 능력 등이 한 범주에 포함되었다.

그러나 학습자 개인차의 원인을 규명하고자 할 때 학자에 따라 여러 가지 기준과 분류가 사용되고 있다. 그러나 다양한 서로 다른 분류에서 공통되는 것은 학습자의 내적 요인과 학습자를 둘러싼 외적 요인 모두를 고려하고 있다는 점, 즉 두 가지 요인 모두에 의해 외국어 학습이 영향을 받는다는 것을 인정한 점이다. 내적 요인과 외적 요인은 또한 서로 상호작용을 거쳐 학습자에게 영향을 미치기도 한다.

학습의 주체로서의 학습자의 중요성을 인정하고 또한 많은 관심을 가지고 있지만 현재까지 학습자의 개인차를 설명하는 요인들에 관한 연구는 확실한 결론을 얻고 있지는 못하다. 따라서 향후 학습자의 내 · 외적 요인들에 대한 추가적인 연구가 이루어져야 할 것이다.

제9장

언어의 실제적 사용: 의사소통전략

지금까지 외국어 학습과 관련하여 살펴본 내용은 주로 학습자의 언어능력(linguistic competence)을 설명하는데 초점을 맞추어졌다. 6장과 7장에서는 각각 학습자의 발달 단계와 학습자의 오류를 분석함으로써 학습자가 무엇을 배우는지를 알아보았고, 8장에서는 언어학습 과정에서 나타나는 학습자의 개인차를 설명하기 위해 여러 요인들을 살펴보았다. 본 장에서는 학습자의 언어능력이 아닌 언어수행(linguistic performance)으로 잠시 관심을 돌려 보고자 한다. 즉, 학습자가 의사소통을 하기 위해 그가 가진 언어능력을 어떻게 사용하고 있는지를 살펴보고자 하는 것이다. 언어의 의사소통적 사용은 언어 학습의 수단이 되기도 하지만 궁극적으로는 언어를 학습하는 목적이 된다. 따라서 언어가 실제 상황에서 사용되는 방식이라 할 수 있는 언어의 사용, 즉 언어수행에 대한 연구는 중요한 의미를 갖는다.

9.1 학습자 발화의 변이성

학습자의 실제 언어수행과 관련하여 가장 먼저 살펴볼 사항은 학습자의 언어 수행에서 나타나는 변이성(variability)이다. Chomsky를 비롯한 생성 언어학자들은 동질적인 언어 공동체 사회의 이상적인 언어 사용자의 언어능력을 연구 대상으로 삼았다. 따라서 이들이 관심을 둔 것은 실제적인 발화가 아니라 우리 머리 속에 저장된 추상적인 언어지식 체계였다. 즉, 언어능력은 자연적 상황에서 일어날 수 있는 방언에 따른 변이나 사회적 조건에 따른 변이, 그리고 언어 사용자의 심리적 작용에 따른 변이 등 모든 변이의 요소를 배제한 상태에서 표준적인 언어를 연구의 대상으로 삼았다. 이들은 변이의 문제를 언어능력보다는 언어수행상의 문제로 보았으며 언어능력에서는 모두 동일한 수준으로 간주하였다. 그러나 많은 학자들은 학습자 언어에 존재하는 언어능력상의 체계적인 측면과 함께 언어수행상의 변이적 특성을 찾아내고자 하였다. 여기서는 학습자 발화의 변이성은 무엇을 가리키는지, 실제 발화에서 어떤 종류의 변이형이 나타나는지, 또한 변이형에도 어떤 규칙, 즉 체계성이 존재하는지를 알아본다.

9.1.1 발화의 체계성과 변이성

앞서 6장에서 우리는 외국어 학습자 역시 모국어 학습자들이 그러하듯이 유사한 경로를 거쳐 목표어를 습득하고 있음을 살펴보았다. 이러한 사실은 문법적 형태소나 기본 문형의 습득 순서에서 보여 졌으며, 목표어의 정확한 형태에 도달하기 전까지 학습자가 거쳐 가는 의문문이나 부정문, 관계절의 발달 단계에서도 나타났다. 또한 학습자의 언어 사용에서 나타나는 오류는 창의적인 습득 과정에서 필연적으로 나타나는 산물임을 알 수 있었다. 이와 같이 모국어 배경이 다르고 또한 상이한 환경에서 언어를 학습하는 학습자들의 발화에서 공통적인 오류 유형이 발견되었다는 점은 내재적인 언어 습득 메카니즘에 의해 언어 학습이 진행되고 있음을 보여주는 증거라 할 수 있다. 학습자 언어를 대상으로 한 연구들은 학습자의 창의적인 언어 능력에서 비롯된 이런 체계성(systematicity)을 중요시하고 있다.

그러나 학습자는 그들의 수행에 있어 종종 일관성을 보이지 않는다. 특정한 규칙을 숙달한 것처럼 보이던 학습자가 비슷한 시기의 다른 수행에서는 규칙을 잘못 적용하기도 하고, 혹은 특정 규칙을 모르는 것처럼 여겨지던 학습자가 때로는 올바른 수행을 보이기도 하는 것이다. 예를 들어, 문법을 평가하는 시험에서 3인칭 단수 동사형을 정확히 구사했던 학습자가 일상적인 회화 시험에서는 그렇지 않은 행동을 보여주는 것과 같은 경우이다. 학습자 언어에는 이러한 특성이 반드시 나타나기 마련이다. Ellis(1994)는 이를 학습자 언어의 천부적인 변이성(variability)이라 부르며 점진적이고 안정적으로 목표어 체계를 향해 발날해 가는 학습자 언어의 체계성과 대조하였다.

9.1.2 변이의 유형

모든 인간의 언어는 상황적인 맥락에 따라 의미를 표현하는 방식과 그 형태가 달리 나타난다. 학습자 언어도 인간의 자연 언어의 하나로 간주할 때 이와 같은 사회적인 측면을 고려하여 관찰할 필요가 있음을 학자들은 주장하고 있다. 그 중 Labov(1970)는 화자의 언어가 사회적 상황(social context)에 따라 다양한 문체로 구분될 수 있다고 하였다. Labov는 학습자 언어에서 발견되는 변이 현상을 '맥락 변이(contextual variability)'와 '자유 변이(free variation)'로 구분하여 설명하였다. 그런데 실험적인 상황에서는 실제 상황에서 쓰이는 자연스런 발화를 얻을 수 없다는 문제점을 지적하면서 언어 연구의 한계와 모순을 지적하기도 하였다.

한편, Tarone(1983)은 상황 맥락에 따른 학습자 언어의 변이는 연속적인 문체의 이동(style shifting) 또는 변이라고 할 수 있다면서 다음과 같은 학습자 언어의 연속체 모형(interlanguage continuum)을 제시하였다.

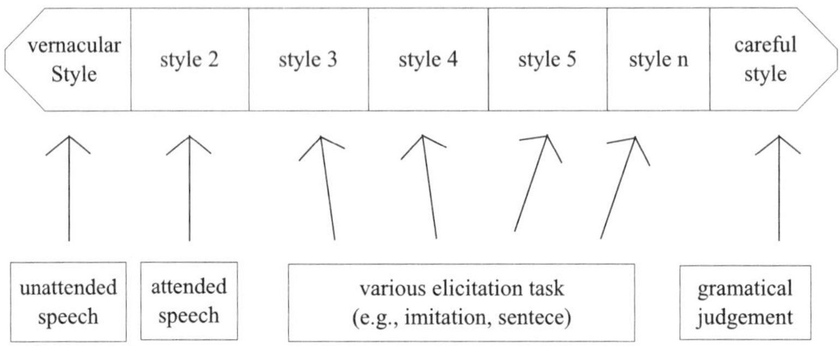

〈그림 9-1〉 학습자 언어의 연속체 모형

연속되는 문체의 한 끝에 위치한 '일상 회화체(vernacular style)'는 학습자가 언어에 주의를 기울이지 않는 상황에서 파생되는 발화로써 가장 자연스러운 학습자 언어에 해당된다. 반면에, 또 다른 끝에 위치한 '주의를 기울인 문체(careful style)'는 학습자가 문법적 형태에 가장 의식적인 노력을 기울이는 상황에서 생성되는 발화이다. Tarone의 견해를 요약하면, 언어 수행에 따라 서로 다른 주의 집중이 요구되고, 그리고 서로 다른 주의 집중의 정도에 따라 문체의 변화를 수반한다는 것이다. 그러나 주의를 기울인 문체 내에서도 언어 수행 상황이나 활동에 따라 주의를 기울이는 정도에서 차이가 있을 수 있다. 따라서 서로 다른 문체가 생겨날 수도 있다는 점은 짚고 넘어갈 필요가 있다.

Ellis(1994)는 사회학적인 견해를 학습자 언어에 적용하고자 하는 의도에서 자연적인 언어의 사용에서 발견되는 변이의 유형을 〈그림 9-2〉와 같이 구분하였다. Ellis는 학습자 언어의 변이 유형을 먼저 수평적,

공시적 변이(horizontal, synchronic variation)와 수직적, 통시적 변이(vertical, diachronic variation)로 구분하였다. 수평적 변이는 주어진 어느 한 시점에서 학습자 언어에 나타나는 변이 현상을 가리키는 것이고, 수직적 변이는 일정 기간에 걸친 변이를 가리키는 것이므로 앞서 살펴본 발달적 유형과도 유사한 개념이라 할 수 있다. 이 가운데 수직적, 공시적 변이는 다시 학습자내 변이(intra-learner variation)와 학습자간 변이(inter-learner variation)로 세분된다. 또한 학습자내 변이는 다시 체계적인 변이(systematic variation)와 비체계적인 변이(non-systematic, free variation)로 나뉘어 진다. 이 중 체계적 변이를 설명하기 위해 언어적 맥락(linguistic context), 상황적 맥락(situational context), 심리 언어적 맥락(psycholinguistic context)의 세 가지 맥락을 제시하였다. 앞서 Labov가 제시한 사회적 맥락에 의한 문체의 변이는 Ellis의 구분에서 상황적 맥락에 의한 변이와 일치하는 개념이다. 여기서는 Ellis의 구분을 중심으로 변이의 유형을 살펴본다.

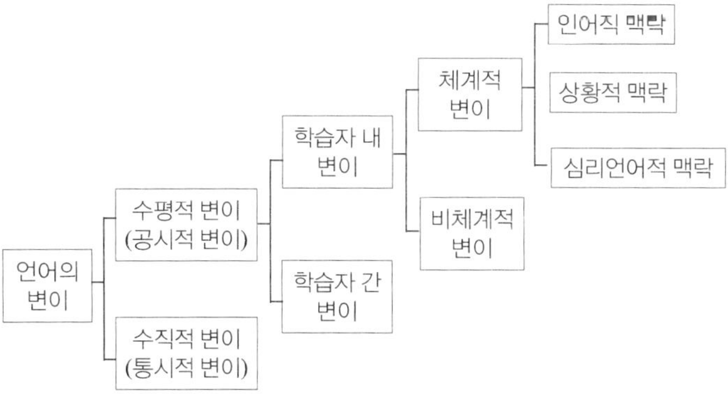

〈그림 9-2〉 학습자 언어에서 언어 변이의 유형

1) 자유 변이와 체계적인 변이

변이에는 비체계적인 변이인 자유 변이뿐만 아니라 체계적인 변이가 모두 존재한다. 그러나 일부 학자들은 자유 변이가 실제로는 존재하지 않으며 설사 존재한다 하더라도 매우 짧은 기간 동안에만 나타나기 때문에 주요 관심의 대상이 될 수 없다고 주장한다. 그러나 여기서는 자유 변이 역시 언어 발달의 중요한 기제를 구성하는 것으로 보고 논의의 대상으로 삼는다.

자유 변이란 두 개 이상의 언어적 형태가 불규칙하게 사용되는 것이다. 예를 들어, 부정문을 만들 때 'no+V' 형태와 'don't+V' 형태가 동시에 불규칙적으로 사용되는 것이다. 자유 변이는 발달의 초기 단계, 즉 '습득 단계(acquisition phase)'에서 나타났다가 '교체 단계(replacement phase)'로 넘어가 학습자가 좀 더 발달된 L2 체계를 가지게 되면 사라진다(Gatbonton, 1978). 즉, 새로운 자질이 처음 습득되면 자유 변이를 경험하다가 이러한 변이는 점차 체계적으로 변한다고 생각한 것이다.

2) 언어적 맥락, 상황적 맥락, 심리 언어적 맥락과 변이

이제 변이가 체계적임을 입증할 수 있는 세 가지 맥락 — 언어적 맥락, 상황적 맥락, 심리 언어적 맥락 — 에서의 변이형을 구체적으로 살펴보자.

첫째, 언어적 맥락이 변이를 만들기도 한다. 예를 들어, 단문에서는 동사의 3인칭 형태 '-s'를 정확하게 발화하는 학습자가 종속절 내에서는 부정확하게 사용하는 현상을 보여주는 것이다(Ellis, 1985).

Mr. Smith lives in Gloucester.

Mr. Smith who live in Gloucester married my sister.

또 다른 예로 Lonna와 Dickerson(1978)은 영어를 배우는 일본인 학습자를 대상으로 /z/의 발음을 조사하였다. 일본인 학습자는 /z/가 모음 뒤에 따라올 때는 원어민 발음에 가깝게 /z/를 발음한 반면, 나머지 경우 즉 자음 뒤에서는 정확하게 발음하지 못함을 발견할 수 있었다.

둘째, 학습자들이 어떤 언어의 형태를 사용하기로 선택할 때는 언어적 맥락뿐만 아니라 상황적 맥락에 의해서도 영향을 받는다. 앞서 제시한 Lonna와 Dickerson(1978)의 연구에서 학습자들은 단어 목록을 읽는 상황에서는 /z/를 목표어 규범에 근접하게 발음한 반면, 자유 대화(free speaking)시에는 규범에서 많이 벗어난 발음을 사용하였다. 이는 학습자들이 자유 대화에서 내용에 관심을 더 기울이게 되어 상대적으로 형태에는 관심을 덜 기울인 결과이다. Krashen(1982)은 발화를 전후하여 학습자가 언어 형태를 계획하고 수정하는 의식적인 과정을 '감시장치(monitor)'라는 용어를 통해 설명하였다. Krashen이 말한 감시장치 사용의 관점에서 볼 때 학습자는 형식을 갖춘 상황에서는 감시장치를 더 많이 사용하여 목표어에 맞는 발화(target-language variant)를 더 많이 사용하는 경향이 있고, 비격식적인 상황에서는 감시장치를 적게 사용하여 목표어의 규범에서 벗어난 발화(interlanguage variant)를 더 많이 사용하는 경향이 있는 것으로 풀이될 수 있다. 따라서 상황적 맥락에 따른 변이는 학습자가 사용하는 감시장치의 양에 의해서 설명될 수 있다. 앞서 살펴본 바와 같이, Tarone(1983)은 상황적 문맥에 따른 언어의 변이를 연속적인 문체의 변이로 표현하고 학습자가 기울이는 감시장치의 양을 주의(attention)의 정도로 표시했다. 한편, Ellis(1985)는 언어적 맥락과 상황적 맥락이 서로 상호작용하여 학습자 언어의 변이가 나타난다고 보고 다음과 같은 상호 관련 모델을 제시하였다.

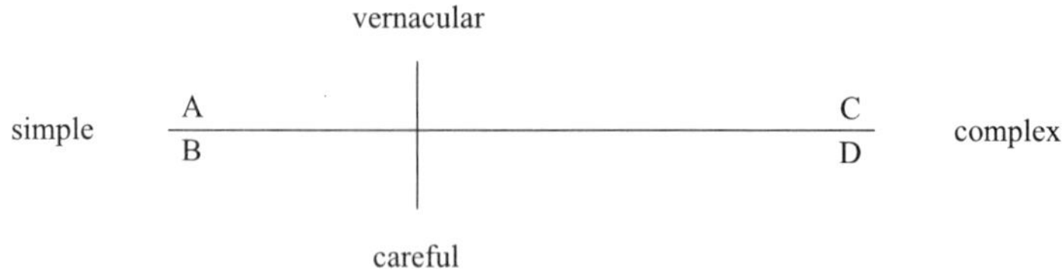

〈그림 9-3〉 중간언어의 변이 모형

B처럼 언어적 맥락이 단순하고 주의를 요하는 상황 맥락인 경우 가장 정확도가 높은 언어 형태가 만들어지고, 반대로 C처럼 언어적 맥락은 복잡하면서 일상적인 대화 상황이라면 언어 형태의 정확도가 가장 낮게 나타난다는 것이다.

셋째, 변이는 심리 언어적 맥락을 참고하여 설명될 수도 있다. 의식적인 주의 집중뿐만 아니라 외국어 학습자가 발화를 '계획하는 시간(planning time)'의 유무와 그 양에 따라서도 변이 현상이 초래된다. Beebe(1980)과 Tarone(1982)은 문법 테스트와 같이 학습자가 문법적인 형태에 온통 주의를 기울이는 경우와 작문이나 대화와 같이 상대적으로 언어 형태에 주의가 적은 경우에 따라서 변이가 나타난다고 하였다. 또한 Ochs(1979)는 학습자의 발화를 사전에 계획된 담화(planned discourse)와 그렇지 않은 담화(unplanned discourse)로 구분하였다. 물론 이 때 두 종류의 담화에서 발견되는 변이성도 앞서 Tarone의 경우처럼 양분되는 것이 아닌 연속적인 성질을 띤다. 공적인 장소에서의 연설과 같이 계획성을 가진 발화에는 목표어에 가까운 변이가 나타날 것이고, 개인적인 대화와 같이 계획하는 시간이 짧은 발화는 목표어에서 벗어난 변이가 나타난다.

9.1.3 변이의 체계성

앞서 우리는 학습자의 발화에서 보여지는 변이형이 예외적인 사항이 아니라 보편적인 현상임을 알 수 있었다. 또한 체계가 전혀 없을 것처럼 보이는 학습자 발화의 변이형에도 대부분의 경우 나름의 규칙이 있음을 알 수 있다. 즉 언어적 문맥, 상황적 문맥, 심리 언어적 문맥이라는 측면들을 고려하면 변이형 속에서도 체계성을 찾을 수 있었다. 이로 인해 학습자가 언제 A라는 형태를 사용하고 언제 B라는 또 다른 형태를 사용할지를 설명할 수도 있고 예측할 수도 있다. 변이형 속에 보여지는 체계성을 여러 학자들은 다음과 같이 설명한다.

Tarone(1982, 1985)은 외국어 학습자가 목표어로 의사를 전달할 때 그들의 언어 표현에 변이성이 존재한다고 하였다. 그러나 이들의 변이성은 체계적인 규칙 내에서 발생하는 변이성이므로 이를 '체계적인 변이성(systematic variability)'으로 부를 것을 제안하였다. Ellis(1994) 역시 변이형들이 체계적이라는 점을 들어 '변이형의 체계성(systematicity of variability)'이라고 불렀다. 따라서 언어 습득에 대한 정확한 정보를 얻기 위해서는 학습자 언어의 체계성뿐만 아니라 체계적인 변이성까지도 연구할 필요가 있다(이기명, 2002). 즉, 변이형에 대한 연구는 중간언어 발달의 모습 및 학습의 과정을 파악할 수 있는 자료를 제공한다는 점에서 의의가 있다.

9.2 의사소통전략

앞서 학습자의 언어 능력이 실제 언어 사용에서는 변이형을 띠고 나타남을 살펴보았다. 물론 그 변이형 속에도 언어 사용과 관련된 몇 가지 맥락을 고려하면 체계성이 관찰된다. 여기서는 학습자의 실제 언어 사용에서 자신의 부족한 지식과 성공적인 의사소통 사이의 간격을 좁히기 위해, 즉 학습자가 자신의 불완전한 언어 지식을 보충하면서 효과적으로 의사소통하기 위해 어떤 전략을 사용하는지를 살펴보고자 한다. 먼저 의사소통전략이 구체적으로 무엇을 말하는 것인지를 알아보고 의사소통전략에는 어떤 것들이 있는지에 관한 여러 학자들의 연구를 소개한다. 그리고 마지막으로 의사소통전략의 사용과 관련하여 아직 해결되지 않은 문제들, 예컨대 의사소통전략의 교수 및 훈련 가능성 여부, 의사소통전략의 사용과 언어 습득의 관계 등을 살펴본다.

9.2.1 의사소통전략의 정의

의사소통전략이라는 용어를 학술적 논문에서 처음으로 언급한 사람은 Selinker(1972)이다. 그는 중간언어(interlanguage)에 관한 논문에서 제2언어 의사소통전략을 제2언어 학습과 관련된 중심적인 절차 중의 한 가지로 언급했다. 1970년대 초의 학자들은 화자가 자신의 의사소통 의도를 충분히 전달할 수 있을 만한 언어적 자원을 가지고 있지 않기 때문에 발생하는 많은 언어 현상들에 대해 주목하였다. 이런 현상들 속에서 의사소통의 어려움을 해결하기 위한 수단들을 찾아내면서 의사소통전략의 개념에 대한 연구가 시작되었다.

Tarone(1977)은 의식적인 의사소통전략은 화자가 자신이 가지고 있는 언어 구조가 개인의 생각을 옮기기에 부적절할 때 일어나는 위기를 극복하기 위해 사용하는 것이라고 정의하였다. 의사소통전략에 대한 연구는 1980년대 초에 이르러 활발하게 전개되었다. Canale과 Swain(1980)은 의사소통능력(communicative competence)을 연구하면서 전략적 능력(strategic competence)을 한 요소로 부각시켰다. 또한 Færch와 Kasper(1983a)는 의사소통전략을 의사소통의 목표를 달성하는데 생기는 문제점을 해결하기 위한 의식적인 계획이라고 정의함으로써 외국어를 발화할 때 계획 단계에서 발생할 문제를 사전에 다루는 노력으로 정의하였다.

위 학자들의 여러 견해에서 보았듯이 의사소통전략은 의미교섭(negotiation of meaning)을 위한 목적보다는 소통상의 오류를 피하고 소통 중에 발생하는 문제점을 해결하는데 그 목적이 있다. 만약 학습자가 그런 문제를 미리 예상할 수 있다면 그는 의사소통을 피하거나 말하고자 하는 내용을 수정함으로써 문제를 미리 막을 수 있을 것이다. 혹은 학습자가 이미 대화에 참여하고 있는 동안에 문제가 일어난다면 학습자는 의사소통을 할 수 있는 대체적인 방법을 강구하게 된다. 이 두 가지 상황 모두에서 학습자는 자신이 알고 있는 언어적 지식과 의사소통적 지식을 활용하여 상황을 처리하게 되는데 이때의 방법을 의사소통전략(communication strategy)이라고 한다.

따라서 학습자의 기저 언어 체계에서 나온 즉각적인 출력 발화(output)와 의사소통전략을 사용하여 생성된 발화는 서로 구분이 된다. 의사소통전략 연구에서 일관되게 언급되는 둘 사이의 구분 기준은 문제 지향성(problem-orientedness)과 의식성(consciousness) 및 비규칙성(irregularity)이다. 의사소통 의도와 언어적 자원 간의 부조화라는 문제가 발생할 때 사용되는 것이 의사소통전략이기 때문에 의사소통전략은 본질적으로 문제지향적이다. 또한 의사소통전략은 특정한 목적을 달성하기 위해 의도적으로 사용되는 수단이기 때문에 학습자는 자신이 전략을 사용하고 있다는 것을 고도로 의식한다. 또한 의사소통전략은 현장의 문제를 임시방편으로 해결하기 위한 수단이므로 덜 규칙적으로 나타난다. 그러나 학습자의 기저 문법 체계에서 비롯된 즉각적인 출력 발화와 의사소통전략을 이용한 발화를 명확히 구분하기란 어렵다. 왜냐하면 두 가지 모두 의사소통 문제에 대한 반응으로 나타나며 학습자가 가지는 인식도 그 정도가 다양하기 때문이다. 이제 학습자가 사용하는 것으로 관찰되어지는 몇 가지 의사소통전략을 살펴볼 것이다.

9.2.2 의사소통전략의 분류

많은 학자들이 다양한 용어를 사용하여 의사소통전략을 분류하고자 했는데 용어상의 차이는 있어도 실제 내용상은 많은 유사점이 나타난다. 최초로 의사소통전략을 조직적으로 분류한 Tarone(1977)은 의사소통전략을 다음과 같이 크게 5가지 유형으로 나누었다.

〈표 9-1〉 의사소통전략의 유형

1) 회피(avoidance)	• 메시지 포기(message abandonment) • 화제 회피(topic avoidance)
2) 바꾸어 말하기(paraphrasing)	• 근접한 표현(approximation) • 신조어(word-coinage)
3) 의식적인 전이(conscious transfer)	• 직역 • 언어전환
4) 도움의 요청(appeal for assistance)	
5) 무언으로 말하기(mime)	

Bialystock(1990)은 전략 사용의 출처를 기본으로 모국어 중심 전략, 목표어 중심 전략, 부차언어 전략 등으로 분류하였다. 모국어 중심 전략은 외국어화, 음역하기 등으로, 목표어 중심 전략은 의미의 근접, 묘사, 신어 창조 등으로 하위 범주화하고 있다. 한편, Dörnyei와 Scott(1997)는 의사소통전략을 직접적 전략, 간접적 전략 및 상호작용적 전략의 3가지로 분류했다. 직접적 전략은 대부분의 의사소통전략을 가리키는 것으로 학습자가 자신의 언어적 또는 비언어적 수단으로 의미를 통하게 하는 전략을 의미하며, 간접적 전략은 상호이해를 위한 환경을 조성하여 간접적으로 의미를 전달할 수 있게 해 주는 전략을 의미한다. 상호작용적 전략은 문제해결을 위해 의사 교환을 수행하는 전략을 의미한다. Brown(2000)은 학습자가 자신의 부족한 목표어 지식을 보상하기 위해 사용하는 보상 전략(compensatory strategies)으로 다음 11가지를 제시하였다.

- 우회적 표현(circumlocution)
- 대체어 사용(approximation)
- 다목적어 사용(use for all-purpose words)
- 신조어(word coinage)
- 조립식 문형(prefabricated pattern)
- 비언어적 신호(nonlinguistic signals)
- 직역(literal translation)
- 외국어화(foreignizing)
- 언어 전환(code-switching)
- 도움 요청(appeal for help)
- 시간 끌기(stalling or time-gaining strategies)

이처럼 의사소통전략을 상대방과의 상호작용에 초점을 두어 그 유형을 분류하고자 하는 많은 학자들의 노력이 있었다. 그러나 의사소통전략을 설명할 수 있는 심리 언어학적 모형(psycholinguistic approach)을 제시하고자 하는 시도도 있었다. Færch와 Kasper(1983b, 1985)는 계획 단계(planning phase)와 실행 단계(execution phase)를 포함하는 언어 발화 모형을 제시했다. 학습자들은 그들의 초기 계획을 실행에 옮기는 것을 방해하는 어떤 문제에 봉착할 때 계획 단계의 일부인 의사소통전략을 사용한다. 이 때 학습자는 그 초기 계획을 포기하고 다른 주제로의 전환과 같은 '축소 전략(reduction strategy)'을 이용하여 완전히 다른 계획을 개발할 수도 있고 모국어 차용과 같은 '성취 전략(achievement strategy)'을 이용하여 초기의 의사소통 목적을 유지할 수도 있다.

여기서는 Littlewood(1987)에서 제시된 의사소통전략을 중심으로 실제 전략이 사용되는 예를 들어 각각의 의사소통전략이 가진 특성을 설명하고자 한다.

1) 회피(Avoidance)

학습자는 자신의 언어 능력이 부족하다는 사실을 인식할 때 자신의 어려움을 겉으로 드러내는 상황을 피하려고 노력한다. 예를 들어, 여러 화자가 교대로 경쟁적으로 말을 하는 상황에서 대부분의 학습자는 설득적인 방법으로 논쟁하는데 어려움을 느낀다. 따라서 학습자는 이런 종류의 토론에 적극적으로 참여하는 것을 꺼리게 되는데 이것이 바로 학습자가 사용하는 회피 전략이다.

Tarone(1983)은 회피 전략을 통사적, 어휘적 회피(syntactic or lexical avoidance)와 음운론적 회피(phonological avoidance), 화제 회피(topic avoidance) 등으로 나누었다.

L : I lost my road.
NS : You lost your road?
L : Uh... I lost. I lost. I got lost.

위 대화에서 학습자는 'way'라는 단어를 몰라서 'road'라는 어휘 항목으로 회피했다. 또한 일본인 학습자는 음성학적으로 'rally'라는 단어의 발음이 어려워 사용을 회피하고 대신 'hit the ball' 이라고 말하기도 한다. 더 직접적인 회피로는 화제 회피가 있는데, 예를 들어 과거 시제에 익숙하지 않으면 어제 무엇을 했는지에 관해 말하는 것을 회피해 버리는 것이다.

이러한 회피 전략의 사용은 앞서 지적한 바와 같이 오류분석을 어렵게 만드는 원인이 되기도 한다. Schachter(1974)는 아랍계 학생들과 일본, 중국 학생들의 관계절 오류를 비교 · 분석하였다. 그 결과 아랍계 학생들의 발화에서 관계절 오류가 훨씬 많이 나타났는데, 그렇다고 해서 아랍계 학생들의 언어능력이 낮기 때문이 아니라는 것이다. 아랍계 학생들은 비슷한 유형의 관계사가 자신들의 모국어에도 존재하기 때문에 관계절 사용을 회피하지 않아 오류가 나타난 반면, 일본과 중국 학생들은 단문을 사용하거나 단문을 'and'로 연결하는 방식 등을 통해 아예 관계절 사용 자체를 회피하는 전략을 사용했기 때문이었다. 따라서 어떤 이유에서든 특정한 소리, 단어, 구문, 또는 담화를 회피하는 학습자는 그러한 것에 아무 어려움이 없을 거라고 잘못 생각해서는 안 된다.

이러한 회피는 침묵의 시기(silent period)와도 깊은 관련이 있다. Ervin-Tripp(1972)은 영어를 사용하는 어린이들이 불어 학습 과정에서 상당 기간동안 목표어인 불어를 말하는 것을 회피하고 있음을 발견하였다. 또한 Hakuta(1974c)도 일본 학생 Uguisu를 대상으로 한 연구에서 Uguisu가 영어에 노출된 후 5개월까지 거의 한 마디도 하지 않았음을 발견하였다. 따라서 Krashen(1982)은 이러한 침묵의 시기 동안 이해 가능한 입력(comprehensible input)을 가능한 한 많이 제공해 주어야 한다고 주장하였다. 그래야만 침묵의 시기 초기에 학습자의 당황스러움을 줄여 외국어 학습에 대한 자신감을 갖고 침묵의 시기를 줄일 수 있다고 하였다.

그렇다면 학습자의 인성적 특성과 선호하는 의사소통전략 사이에는 어떤 관계가 있을까? 둘 사이의 관계에 대한 구체적인 연구 결과는 아직 없다. 그러나 회피 전략은 모험이나 불확실성을 싫어하는 학습자에게 더 빈번하게 나타날 것으로 보인다.

2) 메시지 조정(Message Adjustment)

실제로 의사소통이 일어나고 있는 동안 문제에 봉착하여 회피 전략을 사용하기에는 시간이 부족한 경우 학습자들은 그들의 발화를 중도에 포기하는 방법을 사용할 수밖에 없다. 그러나 이 때 표현하고자 의도했던 의미를 바꾸어 의사소통 목적을 달성할 수도 있다. 예를 들어, 학습자는 정보의 몇 항목을 생략할 수도 있고 생각을 더 단순화시켜 표현할 수도 있으며, 의도했던 의미와 약간 다르게 말할 수도 있는 것이다. 이러한 전략을 사용했을 때 학습자의 부족한 언어적 능력은 겉으로 드러나지 않는다. 즉 관찰 가능한 오류가 나타나지 않는 것이다. 따라서 시험 상황에 있는 학습자나 원어민의 정확한 규범을 따르는 데 높은 가치를 두고 있는 학습자라면 이런 전략을 많이 사용할 것으로 보인다.

3) 바꾸어 말하기(Paraphrasing)

말하고자 하는 단어를 떠올리지 못한 경우 학습자는 의미를 표현하기 위해 우회적 표현(circumlocution)이나 특정 행동을 기술(description)하는 방식을 통해 바꾸어 말하는 방법을 사용할 수도 있다. 예를 들어, 주전자(kettle)라는 단어를 회상하지 못한 학습자는 'the thing that you boil water in'과 같은 표현을 사용하여 의사소통을 시도하기도 하고, 자동차 안전벨트(car seat-belt)라는 단어를 생각해내지 못한 학습자는 'I'd better tie myself in.'처럼 말을 하여 전달하고자 하는 의미를 표현할 수도 있다. 이 전략도 역시 겉으로 오류가 드러나지는 않으므로 언어적인 정확성을 유지하면서 의사소통을 시도하고자 할 때 유용하다.

4) 대체어 사용(Approximation)

특정한 어휘 표현을 대신하기 위해 근접한 대안적 용어를 사용하는 경우이다. 즉 실제 지칭하고자 하는 어휘보다 상위 개념의 어휘, 덜 특수한 어휘를 써서 부분적인 의미 전달을 꾀하고자 하는 경우가 해당된다. 'sailboat' 대신 'ship'이라고 말하거나 'pineapple' 대신 'some fruit'라고 말하는 것이 그 예이다.

그러나 대체어 사용은 발화가 이루어진 문맥을 통해 화자가 의도한 의미로 적절하게 해석될 수 있다. 예를 들어, 'sailboat'라는 단어 대신

'ship'이라는 단어를 사용한 경우라도 대화의 주제가 요트 타는 방법이었다면 청자는 'ship'을 'sailboat'의 의미로 받아들일 수 있는 것이다. 그러나 이런 의사소통전략의 사용에는 오해를 불러일으킬 수 있는 위험적 요소가 내포되어 있다.

이러한 진략을 사용함으로써 생기는 발화는 7.3에서 살펴보았던 과잉일반화에 의한 오류와 외관상으로 유사하다. 그러나 그것이 학습자의 기저 체계에서부터 즉각적이고 무의식적으로 나온 과잉일반화 오류인지 아니면 의식적인 노력을 기울여 만들어낸 의사소통전략이 포함된 오류인지를 구분하기란 학습자의 입장에서조차 쉽지 않다.

5) 신조어(Word-coinage)

학습자는 의도한 의미를 나타낼 적당한 표현을 알지 못하는 경우 그럴듯한 규칙을 가지고 새로운 단어나 구를 만들어 내기도 한다. 이 때 학습자가 주로 사용하는 규칙은 표현하고자 하는 뜻을 가진 모국어 단어를 목표어로 그대로 번역하는 것이다. 예를 들어, 'bedside table'이란 단어를 모르는 독일인 영어 학습자가 이에 해당되는 독일어 단어인 'Nighttisch'를 영어로 그대로 번역하여 'night-table'이라는 신조어를 만들어 낸다. 그러나 학습자는 자신의 모국어로부터의 영향을 배제하고 목표어 자료만을 가지고 신조어를 만들어 내기도 한다. 예를 들어, 영어 학습자가 'bucket'을 표현하기 위해 'water-holder'라는 단어를 만들어내는 경우이다. 이러한 전략을 통해 만들어진 단어는 만약 목표어가 단어 형성과 관련해 생산적인 규칙(productive rule)을 갖고 있는 언어라면 목표어에 실재 존재하는 단어가 될 수도 있다. 그러나 그렇지 않은 경우 발생하는 오류는 전이나 과잉일반화에 의한 오류와 겉으로 보기에는 유사하다.

6) 언어 전환(Code-switching)

화자가 모국어의 단어를 목표어 발화 속에 포함시키는 경우이다. 즉 모르는 표현에 부딪혔을 때 외국어 자료로 새로운 단어를 만들려고 시도하지 않고 대신 모국어에서 단어를 빌려 쓰는 것이다. 이 때 학습자는 모국어의 단어를 외국어의 발음과 형태론적 체계에 맞게 수정을 가하여 단어를 외국어화(foreignizing)한다. 이 전략은 청자가 화자의 모국어에 대한 지식을 갖고 있는 상황에서는 성공할 것으로 보인다. 또한 모국어와 외국어가 공통된 어원을 가진 단어나 혹은 다수의 차용어를 공유하고 있을 때도 역시 학습자는 언어 전환 전략에 많이 의지할 것으로 보인다. 그런데 때때로 청자가 학습자의 모국어를 전혀 모르는 상태에서도 성공적인 의사소통이 이루어지는 경우가 있는데 이는 인간 경험의 보편성 때문일 것으로 보인다. 어쨌든 이러한 사실은 의사소통능력이 아주 낮은 학습자들에게도 의사소통에 대한 희망을 갖게 한다.

7) 비언어적 자원에의 의존(Use of Non-linguistic Resources)

모국어로의 의사소통 시에도 의미를 명확하게 하기 위해 무언으로 말하기(mime)나 제스쳐와 같은 비언어적 자원이 동원된다. 외국어의 경우에도 학습자는 해당 어휘를 모르는 경우 의사 전달을 위해 비언어적 행위를 수반한다. 예를 들어, 무엇인가를 가리키면서 “Put it there”라고 말한다든가 혹은 동작을 하면서 “It was this kind of shape” 등과 같이 말한다. 이러한 비언어적 수단은 실제로 의사소통에서 놀랄만한 도움을 준다. 이 전략은 언어능력이 부족한 학습자가 외국어 학습 환경에서 반드시 살아남아야 하는 경우라면 필수적으로 쓰이게 될 전략일 것 같다.

8) 도움 요청(Appeal for Help)

학습자는 외부로부터의 도움을 요청하기도 한다. 의사 표현에 문제가 있음을 직접적인 방법이나 혹은 간접적인 방법으로 청자에게 알림으로써 청자의 협동을 유발할 수도 있다. 예를 들어, "What do you call~?"이나 "How do you say~?"와 같이 직접적으로 질문을 하기도 하고 상승조 억양, 휴지(pause), 눈맞춤, 난처해하는 표정 등과 같은 다른 전략을 동시에 사용하여 간접적으로 도움을 요청하기도 한다. 학습자는 청자뿐만 아니라 이중언어 사전(예: 한영, 영한)을 찾아봄으로써 도움을 받을 수도 있다. 이 밖에도 'well', 'now', 'let's see', 'uh' 등과 같이 시간 끌기 표현을 통해 의사소통 중에 휴지(pause)를 이용하는 방법도 의사소통전략이 될 수 있다. 또한 내부 형태는 모른 체 덩어리(chunk)로 암기한 상투적인 문구(routine formula)나 조립식 문형(prefabricated pattern)을 사용하는 것도 학습자의 부족한 언어적 능력을 보완하면서 성공적으로 의사소통 목적을 달성하는데 도움을 준다.

9.2.3 의사소통전략과 관련된 문제들

특정한 문제를 해결하기 위해 학습자가 어떤 전략을 선택하는가와 관련된 요인에 대해서는 알려진 바가 거의 없다. 다만 학습자의 인성과 언어적 정확성에 대한 염려의 정도가 전략 선택에 영향을 미친다는 점은 앞서 살펴볼 수 있었다. 어쨌든 학습자에 의해 의사소통전략이 적절히 선택되어 적절한 환경에서 사용되면, 이는 외국어라는 언어적 요소에서만 숙달된 학습자보다 더 효과적으로 의사소통을 이룰 수 있을 것이다. 그렇다면 학습자의 효율적인 의사소통을 돕기 위해 의사소통전략은 과연 교수와 훈련이 가능한 것일까?

의사소통전략을 교수할 수 있느냐에 대한 연구는 현재까지도 찬 · 반론이 대립하고 있다. 많은 연구자들은 모국어를 습득할 때 자연스럽게 길러진 의사소통전략이 외국어 사용 시에도 전이된다고 보고 있다(Paribakht, 1985; Kellerman, Ammerlaan, Bongaerts & Poulisse, 1990). Canale과 Swain(1980)은 전략적 능력은 실생활에서 습득되므로 이를 교실에서 교수할 필요는 없다고 하였으며, Bialystok(1990)도 의사소통전략은 심리적 과정의 반영이기 때문에 교수가 어렵고 대신 언어를 습득하는 과정에서 자연스럽게 습득되는 것이라고 주장했다. 의사소통전략을 분류하는 것조차 불필요함을 주장했던 Kellerman(1991)은 의사소통전략을 훈련시키는 것이 정당화될 수는 없으며 따라서 교실에서 언어는 가르치되 의사소통전략은 스스로 습득하도록 하는 것이 좋다고 주장하였다.

그러나 또 다른 많은 학자들은 전략의 훈련이 가능하며 교수와 전략 훈련이 동시에 가능하다고 주장한다(Færch & Kasper, 1983b; Haastrup & Phillipson, 1983; Savignon, 1972; Tarone & Youle, 1989). 이처럼 의사소통전략 훈련의 효과에 대해 의견이 대립하는 이유에 대해 Dörnyei(1995)는 다음의 세 가지를 제시하였다. 첫째, 두 의견 모두 주장을 뒷받침하는 연구가 대부분 간접적인 증거에 기초하고 있다는 것이다. 둘째, 의사소통전략에 관한 대부분의 연구는 전략 훈련의 교수 가능성에 찬성하든지 혹은 반대하든지 간에 의견이 양분되어 있는데 이는 질문 자체가 너무 단순화되어 있기 때문이며 이 때문에 답변에 논란이 발생하는 것으로 보았다. Dörnyei(1995)는 메시지 포기 전략을 비롯한 몇몇 전략은 훈련하는 것이 바람직하지 않지만 우회적 표현이나 도움 요청 등의 몇몇 전략은 핵심단어나 구조와도 관련이 있고 유용하여 교실에서 교수 및 훈련이 도움이 된다고 하였다. 셋째, 교수 개념에 대한 다양한 해석이 가능하기 때문이다. 예를 들어, 교수를 새로운 정보 전달과 같이 좁은 의미로 해석할 경우와 모국어로 학습자에게 외국어 읽기 기술을 가르치는 것처럼 보다 넓은 의미로 해석할 경우 교수 가능성에 대한 견해는 달라질 수밖에 없다는 것이다.

의사소통전략과 관련하여 이슈가 되고 있는 또 하나의 분야는 의사소통전략과 외국어 학습 간의 관계이다. 의사소통전략의 성공적 사용이 학습자들로 하여금 정확한 목표 언어 형태를 배워야 할 필요성을 느끼지 못하게 할 것인가? 아니면 의사소통전략의 사용으로 인해 더 쉽게 자신의 발화와 목표어의 정확한 형태 사이의 차이를 주목할 수 있게 되는 것일까? 그러나 이에 관해서도 역시 확실한 결론은 내려지지 않은 상태이다.

먼저 Corder(1978)는 모험시도 회피(risk-avoiding)와 같은 축소 전략(reduction strategy)보다 모험 시도(risk-taking)와 같은 성취 전략(achievement strategy)이 언어 습득에 더 기여한다고 보았다. 또한 Tarone(1980)은 어떤 종류의 의사소통전략도 학습자가 적절한 목표어 형태에 이르는데 도움을 준다고 하여 의사소통전략과 습득과의 관계를 긍정적으로 보았다. 일반적으로 의사소통전략이 학습을 위한 입력이 일어날 수 있는 채널을 열어두는 역할을 하기 때문에 언어 습득에도 도움이 된다는 것이다. 그러나 Schmidt(1983)는 의사소통전략이 언어적 능력의 희생을 담보로 하여 발달한다고 하여 의사소통전략이 습득을 방해한다고 생각했다. 한편, Littlewood(1987)는 일반적으로 볼 때 무언으로 말하기나 모국어로의 언어 전환과 같은 전략은 학습으로 연결되지 않을 것 같다고 말한다. 그러나 바꾸어 말하기나 메시지 조정과 같은 전략은 학습자가 자신의 언어적 항목을 확장시키는데는 도움이 되지 않지만 유창성 증가에는 도움이 될 것으로 보고 있다. 또한 도움 요청이나 신조어를 만들어 내는 전략은 학습자가 외국어에 적절하거나 혹은 허용하는 것에 대해 학습자가 새로운 정보를 얻는데 도움을 줄 것이라고 하여 각각의 의사소통전략별로 언어 습득에 미치는 영향을 따로 따로 설명하였다.

앞서 지적한대로 의사소통전략과 관련하여 명확한 결론이 내려지지 않은 문제가 많이 있었다. 그러나 한 가지 분명한 것은 의사소통전략은 언어 능력이 부족한 학습자가 성공적으로 의사소통을 할 수 있게 도움을 주므로 중요한 의미를 갖는다는 것이다. 또한 언어 습득과 의사소통과의 관련 관점에서 의사소통에 대한 연구는 미래에 중요한 이론적·실제적 통찰을 제공할 것이다.

9.3 외국어 학습자 발화의 의사소통적 효과

지금까지 우리는 학습자의 실제 언어 수행과 관련하여 두 가지 측면 즉 그들의 발화에서 보여지는 변이성 및 언어능력의 약점을 보안하기 위해 사용되는 의사소통전략을 살펴보았다. 그러나 이번 절에서는 이러한 학습자의 실제 언어 수행 시도를 받아들이는 원어민 청자 입장으로 관심을 잠시 옮겨 보고자 한다. 청자가 화자의 발화를 얼마나 이해하는가와 관련된 '이해가능 정도(intelligibility)' 및 그로 인한 의사소통적 효과, 학습자의 발화에 대한 청자의 감정적인 반응 등을 중심으로 살펴보고자 한다. 학습자 발화의 의사소통적 효과에 대한 연구는 학습자가 언어 학습의 적합한 목표를 상정하는데 도움을 줄 수도 있고, 또한 그들의 수행을 평가하는 적절한 기준을 설정하는데 도움을 주기 때문에 관심을 끄는 연구라 할 수 있다.

학습자 발화의 의사소통과 관련된 효과를 살펴보기 위해 연구자들은 원어민 화자에게 여러 종류의 학습자 발화 유형을 보여주고 그것이 얼마나 수용 가능한(acceptable) 것인지를 결정하도록 하는 방법을 택했다. 이런 연구들에서 사전에 고려되어야 할 조건들이 있다. 첫째, 청자가 누구이냐에 관한 것이다. 원어민인지 아니면 비원어민인지, 언어와 관련된 전문가인지 전문가가 아닌지 등에 관한 것이다. 이는 뒤에서 살펴보겠지만 청자가 누구냐에 따라서 발화의 소통적 효과가 달리 나타나기 때문이다. 둘째, 학습자 발화의 어떤 측면을 중점적으로 살펴볼 것인가에 관한 것이다. 만약 학습자의 발화에 문제가 있다면 그것이 발음에 관련된 것인지, 아니면 문법에 관련된 것인지, 혹은 어휘에 관련된 것인지를 확실히 해 두어야 한다. 어떤 종류의 오류인지에 따라 역시 의사소통적 효과가 다르기 때문이다. 셋째, 학습자의 발화는 발화 그 자체만으로 의사소통적 효과가 결정되는 것이 아니라는 점을 확실히 해 두어야 한다. 왜냐하면, 발화의 의사소통적 효과는 더 넓은 언어적 맥락과 비언어적 문맥이 청자가 의미를 해석하는데 얼마나 많은 도움을 주는가에 따라서도 달라지기 때문이다. 따라서 이런 세 가지 사항을 염두에 두고 발화의 의사소통적 효과를 논해야 할 것이다.

청자의 입장에서 볼 때 어떤 발화가 이해하기에 더 어려울까? 청자의 이해가능 정도, 즉 발화의 소통적 효과에 영향을 미치는 요인을 다음의 세 가지 기준으로 나누어 살펴보고자 한다(Ellis, 1994).

첫째, 청자의 발화 중에 발견되는 오류는 무엇과 관련된 것인가? 즉, 오류가 가진 성격 그 자체의 본질에 따라 이해가능 정도가 달라진다. Burt(1975)는 학습자의 오류를 전반적 오류(global error)와 국부적 오류(local error)로 나눈 바 있다. 전반적 오류는 의사소통에 장애가 되는 중요한 오류로 접속사의 잘못된 사용이나 주요 단어의 부적절한 순서 배열 등에 의해 생겨난다. 반면에, 국부적 오류는 의사소통에는 지장을 가져오지 않는 오류로 굴절 어미의 생략이나 정관사의 잘못된 사용처럼 문장의 부분적인 요소와 관련된 오류이다. 일반적으로 국부적 오류보다는 전반적 오류의 경우 청자의 이해가능 정도가 더 낮아진다고 볼 수 있다. 또한 발화의 소통적 효과 및 화자의 이해가능 정도는 그 언어의 유표성과도 관련이 있다. 특히 유표적인(marked) 항목이 무표적인(unmarked) 항목을 대신한 경우 무표적인 항목이 유표적인 항목을 대신한 경우보다 화자의 입장에서 이해가 더 어렵다. 예를 들어, 정관사의 유표성과 관련지어 볼 때 'a apple'이라는 표현보다 'an book'이라는 표현이 청자의 입장에서는 더 받아들이기 힘든 표현이 되는 것이다. 한편, 문법적 어휘보다는 어휘 오류가 의사소통에 더 많은 영향을 미치는 것으로 보인다. 또한 발음과 관련된 오류는 그것들이 특별히 심각하지 않는 한 가장 적은 영향을 미치는 것으로 알려져 있다. 그러나 이러한 세 가지 범주의 오류에서도 더 혹은 덜 심각한 오류의 유형은 존재한다.

둘째, 청자가 누구인지에 대한 사항에 따라서도 발화의 소통적 효과가 달라질 수 있다. 일반적으로 볼 때 원어민 화자는 비원어민 화자보다 오류에 있어 더 관용적이고 따라서 발화의 소통적 효과가 더 높을 것 같다. 실제로 몇몇 오류는 언어학자나 교사가 아닌, 즉 비전문가인 원어민 평가자에 의해서는 절대로 인식되지 못하는 경우도 있다. 그러나 고등교육을 받은 원어민 청자는 다른 원어민 화자보다 오류를 더 비판적으로 본다는 결과가 있다. 반면에, 비원어민 교사는 특히 형태적(morphological) 혹은 기능적(functional) 오류를 더 가혹하게 판단하는 경향이 있다(Sheorey, 1986). 그리고 청자가 화자의 인성이나 지위를 어떻게 인식하는지 혹은 화자가 속한 공동체를 얼마나 호의적으로 간주하는지에 의해서도 발화의 소통적 효과는 달라질 것으로 보인다. 언어에 대한 강한 규범적인(prescriptive) 태도를 가진 공동체 출신의 청자는 그들의 언어를 발화하는 외국인의 시도에 대해 좀 더 비판적일 것 같다. 원어민 청자의 특성을 한 가지 더 언급하자면 원어민 청자는 학습자의 언어적 능력이나 의사소통능력의 단점을 기초로 외국어 학습자의 지능과 인성에 대해서 부정적으로 판단하지 않는다(Albrechtsen, Henriksen & Hærch, 1980).

셋째, 발화의 소통적 효과는 화자의 발화에 대한 청자의 감정적 반응과도 관련이 있다. Khalil(1985)는 오류의 심각성을 판단하는 기준으로 이해가능 정도(intelligibility), 오류의 심각성과 관련된 수용가능 정도(acceptability), 그리고 화자의 감정적 반응과 관련이 있는 과민성(irritation) 수준을 들고 있다. 청자의 짜증은 주로 오류의 유형보다는 화자의 발화 속에 포함된 오류의 수에 의해 영향을 받는다(Albrechtsen et al., 1980). 오류의 수가 증가하면 할수록, 학습자가 사용하는 의사소통전략의 수가 많으면 많을수록 청자의 이해 가능성은 낮아질 것이고, 또한 이것은 청자의 감정적 반응에도 영향을 미칠 것으로 생각된다. 이 경우 의사소통전략이 직접적으로 청자의 반응에 부정적인 영향을 미친다고는 볼 수 없다. 청자의 반응에 부정적인 영향을 미치는 것은 의사소통전략을 사용해야만 하는 화자의 경우 그 화자의 능력이 불완전하다는 사실이다.

그러나 위에서 살펴본 세 가지 요인 및 기준이 불명확하여 발화의 소통적 효과에 미치는 영향에 대해서 정확한 결론이 아직까지 없는 상태이다. 뿐만 아니라 발화가 이루어질 당시의 여러 가지 상황적 요인(contextual factor)도 발화의 소통적 효과에 영향을 미칠 수 있을 것으로 보인다. 따라서 상황적 요인을 포함한 기타 소통적 효과에 영향을 미치는 변수들에 대한 추후 연구가 필요하다.

본 장에서 우리는 학습자가 외국어를 어떻게 사용하는가와 관련된 여러 가지 측면들을 살펴보았다. 언어수행은 학습의 목표가 되면서 동시에 학습이 일어나는 방법이 되기 때문에 중요한 의미가 있다. 가장 먼저 살펴본 언어 사용상의 변이성은 예외적인 현상이 아니라 어느 학습자에게도 나타날 수 있는 보편적인 현상이다. 또한 변이성 속에 여러 가지 맥락을 고려한 학습자 나름의 체계가 숨겨져 있다는 사실도 알게 되었다. 또한 불충분한 언어능력을 가진 학습자는 성공적인 의사소통을 꾀하기 위해 여러 가지 의사소통전략을 사용하고 있었다. 의사소통전략이 언어 습득으로 이어질 수 있는가의 문제와 의사소통전략의 교수 및 훈련이 가능한 것인가에 대해서는 아직까지 이견이 존재했지만 의사소통전략이 성공적인 의사소통에 기여한다는 점만은 분명하다. 그리고 마지막으로 학습자의 언어 사용이 청자의 입장에서 어떻게 받아들여지고 있는지도 살펴보았는데 이 때 오류의 항목이나 청자와 관련된 특성 등에 따라 청자의 이해가능 정도와 정의적 반응이 서로 달라진다는 사실도 확인할 수 있었다.

제10장

영어학습의 기본모델

지금까지 학습자들이 외국어인 영어를 어떤 과정을 통해서 학습을 하고, 영어학습을 하면서 어떤 학습단계를 거치며, 또한 어떤 요인들이 학습자들이 보여주는 숙달도의 차이에 영향을 미치고 있는지를 살펴보았다. 본 장에서는 '모델(model)' 또는 '개념적 체제들(conceptual frameworks)'에 대해서 살펴보고자 한다. 이들은 영어학습에 영향을 미치는 다양한 요인들 간의 관계성을 찾아보고, 영어학습의 특성을 파악하며, 그리고 영어학습의 과정에 대해서 구체적이면서 전체적인 그림을 그려보는데 도움을 제공해 준다. 본 장에서는 창의적 언어구성(creative construction) 과정의 다양한 측면에 대해서 보다 심층적으로 살펴볼 것이며, 그 후에는 대부분의 교수 상황에서 많이 적용되어 사용되었던 기능습득 위주의 언어학습 모델(skill-learning model)에 대해서 살펴보고자 한다. 본 장의 궁극적 목적은 이들 두 모델을 소개하고 살펴봄으로써, 비록 두 모델이 상호 상충되는 면이 있지만, 영어학습의 과정을 보다 설득력있게 설명하기 위해서 두 모델이 어떻게 조화되고 통합될 수 있는지를 살펴보는데 있다.

10.1 창의적 언어구성(Creative Construction) 모델

이전 장에서도 언급이 되었지만, 외국어로서 영어학습의 과정에 대해서 보다 설득력이 있고 영향력이 있는 설명은 창의적 언어구성 모델을 통해서 영어가 습득되고 학습된다는 것이다. 창의적 언어구성 모델에 의하면, 학습자는 학습하고자 하는 목표어의 언어체계가 가지고 있는 일련의 언어규칙들을 발견하고 내면적으로 구성해 나간다. 이는 학습자들이 자연적인 의사소통 상황에 노출되고, 의사소통을 위해서 자연스럽게 언어 입력을 처리하는 전략들을 사용함으로써 가능해 진다. 학습자들이 자연적인 언어사용 환경에 제대로 노출만 된다면, 학습자의 내면에 내재화되는 목표어의 언어규칙 체계는 점증적으로 그리고 예측 가능한 단계를 거치면서 원어민 수준의 언어능력 체계에 도달하게 된다. 우리는 이전 장에서 이러한 과정을 형태소 습득순서 또는 문장의 문법적 변형순서 등을 통해서 살펴보았다.

창의적 언어구성 모델은 모국어 습득을 설명하는 이론과 유사한 점이 많다는 것을 발견하게 된다. 창의적 언어구성 모델을 도식적으로 나타내면 다음과 같다.

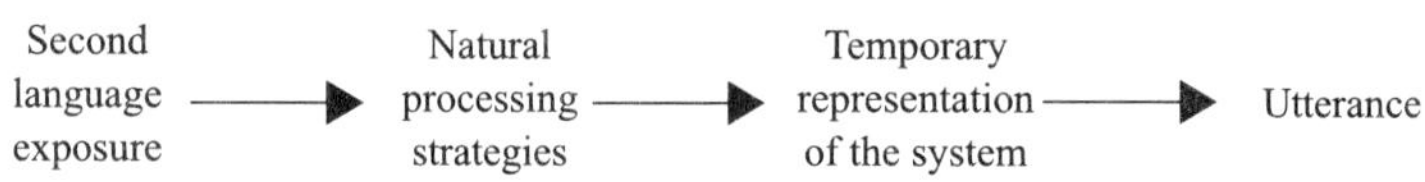

〈그림 10-1〉 창의적 언어구성 모델

위 모델의 작동 여부에 대한 구체적인 증거의 대부분은 마지막 단계인 학습자의 발화(utterances)를 살펴봄으로써 가능하다. 이전 장에서 우리는 학습자의 특정 오류의 유형에 초점을 맞추어서, 또는 특정 언어적 항목을 포함하고 있는 학습자의 모든 발화에 초점을 맞추어 행해진 몇 몇의 연구에 대해서 살펴보았다. 학습자들의 발화를 살펴봄으로써 우리는 학습자들이 내재화하였던 목표어의 언어규칙 체계를 유추해 볼 수 있다(예: 부정문이나 의문문을 형성하는 규칙). 또한 학습자들의 발화에서 한걸음 뒤로 물러나서, 학습자들이 자연스러운 의사소통 상황에 노출이 되면서 목표어의 언어규칙 체계를 형성하도록 유도해 주는 언어처리 전략을 어떻게 사용하는지에 대해서 가설을 설정해 볼 수도 있다. 이전 장에서 살펴본 바와 같이, 일반화(generalization), 과잉일반화(overgeneralization), 전이(transfer), 모방(imitation), 잉여성 축약(redundancy reduction) 등은 학습자들이 언어규칙을 내재화하기 위해 사용하는 전략들이라 할 수 있다. 어떤 유형의 언어입력에 대해서 이러한 전략들이 보다 효과적으로 적용되어 사용되는지는 성인들이 어린이들에게 말을 할 때 사용하는 발화들(예: caretaker speech)이 갖고 있는 언어적 특성에서 찾아볼 수 있다. 이때 성인의 발화는 분명하면서도 의사소통의 목적을 달성하는데 초점을 맞추고 있다.

창의적 언어구성 모델의 가장 중요한 특징은 학습자 내면에 존재하고 있는 언어처리 메카니즘이라 할 수 있다. 이 언어처리 메카니즘은 자연적인 언어사용 환경에서 학습자들이 접하는 언어입력에 의해서 작동이 되는 것이지 학습자 스스로 발화를 생성해 내고자하는 시도와는 별개이다. 즉 학습자들의 발화는 학습자들이 내재화시켰던 언어규칙의 자연스러운 결과물이지만, 학습자들이 언어규칙을 내재화하는데 기여하는 요인은 아니다. 이에 대한 증거는 침묵의 시기(silent period)에서 찾아볼 수 있다. 침묵의 시기는 모국어 습득 또는 자연적인 영어학습의 초기 단계에서 쉽게 발견할 수 있는데, 이는 최근 들어 많은 영어 교수 및 학습 프로그램에 성공적으로 도입되어 사용되고 있다. 그러나 학습자의 발화 역시 영어학습에서 중요한 역할을 한다. 학습자의 발화는 학습자들이 의사소통 상황에 참여할 수 있도록 해주며, 또한 더 많은 언어입력을 얻을 수 있도록 해주는 자극이 된다. 많은 언어적 항목들이 즉각적인 이해의 필요성을 충족시키는데 잉여성을 내포하고 있지만, 학습자들이 이들 언어적 항목들을 자신의 발화 속에 나타내 보이고자 하는 필요성 때문에 이들 잉여적 언어적 항목들에 대해서 초점을 맞추면서 집중적으로 다룰 필요가 있는지에 대해서는 논란의 여지가 있기도 하다.

우리는 뒷부분에서 창의적 언어구성 모델과 생성중심 언어학습 모델 간의 주요 차이점에 대해서 살펴볼 것이며, 이들 차이들이 언어를 생성해 내고자 하는 학습자 자신들의 노력과 관련하여 어떤 역할을 하는지에 대해서 살펴볼 것이다.

10.1.1 문화이식과 영어학습

언어의 가장 중요한 기능은 의사소통을 위한 수단이다. 이전 장에서 살펴보았지만 학습자들이 보여주는 영어학습의 다양한 숙달도를 결정짓는데 가장 중요한 요인은 어느 정도로 학습자들이 의사소통의 필요성에 의해서 영어학습에 대한 동기가 부여되었는가라고 할 수 있다. 의사소통의 필요성은 다음 두 가지 유형으로 분류해 볼 수 있다.

(1) 기능적 필요성(functional need): 오해(misunderstanding)없이 메시지를 전달하고자 함, 업무를 보다 효과적으로 수행함 등
(2) 사회적 필요성(social need): 사회적으로 용인 가능한 언어를 사용하고자 함, 원어민 공동체 사회에 만족스럽게 동화하고자 함 등

이들 두 필요성은 상호 많은 부분들이 중복되어 있어서 이들 필요성 간에 명확한 구분은 불필요해 보인다. 그러나 우리는 영어학습에서 기능적 필요성(예를 들어, 생존)에 관심을 기울이고 있는 학습자와 다른 언어사용 공동체 사회에 동화하는데 관심을 가지고 있는 학습자 간에는 어느 정도 구별을 하는 것이 필요하다. 바로 이러한 차이를 강조하

기 위해서 도구적(instrumental) 동기와 통합적(integrative) 동기 간의 구별이 필요하다고 볼 수 있다.

한편, 목표어 공동체 사회에 동화하고자 하는 학습자의 목표는 그 정도에서 차이가 있을 수 있는데, 이는 영어학습에서 문화이식(acculturation) 가설을 설정하는 기초가 된다. 문화이식 가설은 창의적 언어구성 모델을 대체할 수 있는 이론이라기 보다는 창의적 언어구성 모델과 상보적으로 적용해 볼 수 있는 이론이다. 문화이식 가설은 학습자들이 접하는 영어입력을 실제로 처리하는 과정에 대해서 초점을 맞추기보다는, 이러한 언어입력 처리과정이 성공적으로 일어날 수 있도록 영향을 미치는 사회적 또는 심리적인 여건들을 파악하는데 초점을 맞춘다. 문화이식 가설에 의하면, 만약 어떤 학습자가 목표어 공동체 사회에 동화하고자 하는 열망이 강하면 강할수록 그 학습자는 목표어 언어체계를 보다 효과적으로 발달시키게 될 것이다.

문화이식 가설에 대한 구체적인 증거는 Schumann(1976a, 1978a, 1978b)의 연구를 통해서 쉽게 접할 수 있다. Schumann은 Alberto라는 성인 영어 학습자가 영어학습을 위한 많은 기회가 주어졌음에도 불구하고 초기 언어체계의 단계를 뛰어 넘지 못하고 언어체계를 더 이상 발전시키지 못한 것을 발견하였다. 그 원인을 파악하기 위해 면담과 설문지 조사를 실시하였는데, 그 결과 Alberto는 영어권 공동체 사회와는 사회적 거리감(social distance)을 두고 있었으며, 영어권 공동체 사회에 동화하고자 하는 열망이 적다는 것을 발견하였다. 또 다른 연구에서도 목표어 공동체와 사회적 접촉을 하고자 하는 학습자의 열망과 그들이 보여주는 언어적 발달 간에 매우 밀접한 관련이 있다는 것을 발견하였다.

또한 문화이식 가설은 이해 가능한 언어입력(comprehensible input)과 정의적 여과기(affective filter) 기능을 기초로 하고 있다. 목표어 국가에 장기적으로 체류할 목적을 가지고 있는 학습자들은 정의적 여과기를 낮추어야 보다 많은 언어입력을 받아들일 것이며, 심리적으로는 사회적 거리감을 좁혀야 목표어 원어민들과의 접촉이 보다 용이하게 될 것이다. 이는 궁극적으로 목표어 학습에 대한 긍정적 태도와 함께 목표어 학습에 대한 동기를 고취시킨다. 이렇게 목표어 문화에 동화를 하게 되면 목표어 문화권과 더 많은 상호작용이 일어날 것이고 이는 목표어 습득을 촉진시키게 된다.

결론적으로, 문화이식 가설은 무엇보다도 창의적 언어구성이 일어나도록 영향을 미칠 수 있는 동기 요인에 대해 설명이 가능하다는 점에서 의의가 있다. 특별히, 이 가설은 학습자의 심리적인 깊은 곳뿐만 아니라 피상적인 거래를 할 때에도 의사소통적 필요성이 존재하고 있다는 점을 강조하면서, 영어학습 과정의 역동성 측면에서 의사소통적 필요성이 갖는 특성을 조명해 준다.

10.1.2 단순 코드의 정교화를 통한 영어학습

영어를 학습하는 초기단계에서 학습자들이 생성해 내는 발화는 성인이 어린이에게 말을 할 때 사용하는 발화 그리고 피진어(pidgin)가 갖는 특성과 상당히 많은 부분에서 유사점이 많다는 것을 발견할 수 있다. 이러한 언어체계를 '축약된 체계(reduced system)' 또는 '단순 코드(simple code)'라고 부르는데, 이러한 언어체계가 갖고 있는 특성은 다음과 같다.

(1) 언어적 특성의 많은 부분들이 서로 동일하다. 예를 들어, 잉여적 굴절 요소들과 기능어들(예를 들어, 전치사) 등이 생략되며, 의미는 무엇보다도 어순에 의해서 나타내어지며, 복잡한 문법적 구성요인들은 회피되며, 어려운 어휘들은 쉬운 어휘들로 대체된다.
(2) 각각의 경우에서 축약된 언어체계는 이와 상응하여 제한된 의사소통의 필요성을 충족시킨다. 이를 단순 기능적 필요성(simple

functional need)이라 하는데, 이때 사용되는 언어 체계는 섬세한 의미와 사회적 의미를 전달하기 위해 필요한 정교한 체계 간의 차이를 구별해 내는데 한계가 있다.

(3) 화자의 소통적 필요성이 복잡해지고 섬세해짐에 따라, 이와 상응하여 학습자의 언어체계도 보나 정교해 진다. 따라서 학습자들은 이전 장에서 언급한 대로 언어발달 단계를 밟아 나간다. 만약 피진어가 특정 언어 공동체 사회의 주요 소통언어로 자리 잡게 될 경우 이때는 혼성어(creole)로 발달해 나간다.

만약, 어떤 학습자가 제한된 언어적 자원(sources)을 가지고서 이용 가능한 가장 단순한 방법으로 다른 사람과 의사소통을 해야만 한다면, 학습자들은 위에서 언급된 단순화된 언어체계를 사용하여 의사소통을 할 것 같다. 이와 관련하여 우리가 설정해 볼 수 있는 하나의 가설은 학습자들이 사용하는 단순화된 언어체계는 일종의 '보편적인 언어적 기초(universal linguistic base)'를 가지고 있다는 것이다. 그런데 보편적인 언어적 기초는 언어학습이 시작하기 전이라도 모든 사람들의 내면에 존재하고 있으며, 나중에 언어학습을 위해서 그리고 초보적인 의사소통을 위해서 사용이 가능하다는 특징이 있다. 보편적인 언어적 기초에 대한 증거는 모국어를 배우는 학습자들이 서로 다른 언어적 공동체에 속할 지라도 초기 언어발달 단계에서는 서루 유사한 유형의 발화를 생성해 내는데서 찾을 수 있다. 어린이들은 이 보편적인 언어적 기초를 그들이 속한 공동체 내에서 의사소통이 가능하도록 정교화시켜 나간다. 만약 피진어를 말하는 화자가 상대방 언어에 대해서 아무런 지식이 없이 의사소통을 해야만 한다면 그 역시 보편적인 언어적 기초에 의존할 것이다. 외국에서 영어를 학습하는 학습자 역시 그들이 접하는 새로운 언어의 규칙체계를 구성해 나가는 기초단계로서 보편적인 언어적 기초에 의존할 것이다. 이 보편적인 언어적 기초는 외국어에 대한 첫 접촉이 이루어지면서 학습자들로 하여금 외국어 내에서 첫 번째 단순 코드가 구성될 수 있도록 해준다. 그런 후, 앞서 언급한 창의적 언어구성 과정을 거치면서 언어체계를 정교화시켜 나가는 과정을 밟는다.

문화이식 가설의 경우와 같이, 보편적 기초의 개념은 창의적 언어구성 모델을 대체할 수 있는 것이 아니라 창의적 언어구성 모델과 서로 상보적인 입장을 취한다. 언어학습에서 가장 핵심이 되는 부분은 아직도 일반화 또는 전이 등의 과정을 통한 창의적 언어구성이다. 문화이식 가설은 창의적 언어구성 과정이 보다 효과적으로 일어날 수 있는 여러 외적인 여건과 관련이 있으며, 보편적인 언어적 기초 개념은 창의적 언어구성 과정이 일어나기 위한 출발점을 설정해 줄 수 있는 가설이라 할 수 있다. 만약 우리가 목표어 공동체 사회에 동화하고자 하는 열망을 의사소통적 필요성에 포함시킨다면, 다음 Corder(1981, p. 102)의 인용문은 지금까지 우리가 진행해 온 논의가 도달하고자 하는 결론을 보여준다고 할 수 있다.

> The model of the learning process that emerges is one in which the learners starts his learning programme from a basic, possibly univcrsal grammar which he proceeds to elaborate in response to his exposure to the date of the target language and his communicative needs. The elaboration follows a more or less constant sequence for all learners of particular language but any particular learner's progress along the developmental continuum is significantly affected by the degree to which his existing knowledge of language may facilitate his advance.

위 인용문의 마지막 부분은 학습자의 모국어는 목표어 학습에 영향을 미칠 수 있다는 점을 부각시켜 준다. 또한 학습자의 모국어가 목표어 학습에 영향을 미치는 정도는 두 언어가 얼마나 서로 유사점이 많이 있는가에 달려있다는 것을 말해주고 있다.

10.2 언어 기능 학습(Skill-learning) 모델

창의적 언어구성 모델은 학습자들이 목표어의 언어규칙 체계를 내재화하기 위해서 학습과제를 수행하면서 학습자들이 사용하는 인지적 언어처리 전략을 강조한다. 창의적 언어구성 모델의 가장 큰 목적은 학습자들이 보여주는 실제적 언어수행 기술과는 별개로 언어에 내재된 규칙 체계를 어떻게 습득해 나가는가를 설명하는데 있다. 이 모델이 내포하고 있는 용어에 의하면, 어떤 사람이라도 언어를 사용하여 외적으로 생성해내지 않더라도 언어를 배울 수 있다는 점을 함축하고 있다. 창의적 언어구성 모델에서 생성 기술(productive skills)이 의미하는 바는 학습자들이 특정 언어발달 단계에서 내재화한 언어규칙 체계를 단순히 외부적으로 나타낸 것에 불과하다는 점이다.

하지만 창의적 언어구성 모델은 대부분의 외국어 교수현장에서 적용되고 있는 영어학습 모델과는 큰 대조를 보인다. 대부분의 외국어 교수현장에서 사용되는 접근방식은 학습자들이 연습 또는 질문-대답 연습을 통해서 미리 결정된 언어의 각 부분들을 생성하여 발화할 필요가 있으며, 바로 이러한 언어 생성활동은 목표어의 언어규칙 체계를 내재화하도록 유도한다는 가정에 기초하고 있다. 이들 두 모델 간에 나타나는 차이점을 도식적으로 제시하면 다음과 같다.

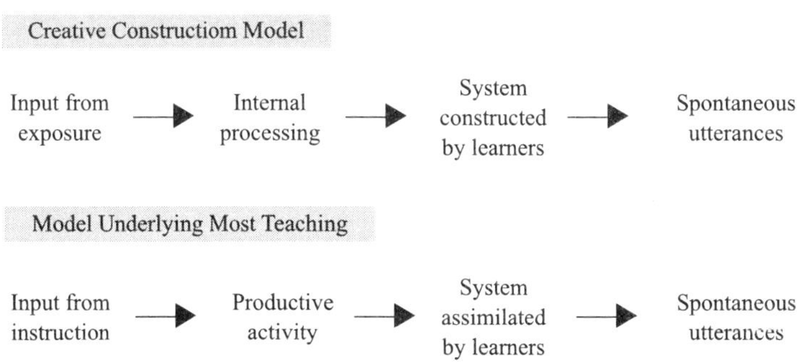

〈그림 10-2〉 창의적 언어구성 모델과 언어 기능 학습 모델 간의 비교

위 두 모델들을 비교해 보면, 무엇보다도 학습자들이 접하는 언어입력의 성격과 출처에서, 그리고 이들 언어체계를 내재화시키는 방법에서 서로 다르다는 것을 알 수 있다. 기능 중심의 영어학습 모델에서 학습자들이 접하는 언어입력의 특징은 구조화되어 있고 통제되어 있다는 점이다. 이들 구조화되고 통제된 언어입력 역시 학습자들로 하여금 목표어의 내재된 언어체계에 도달하도록 안내해 준다. 하지만 이 모델에서 학습자들은 내적 언어처리 메카니즘을 통해서 언어체계를 스스로 구성하고 내재화시키는 것이 아니라, 등급화된 순서에 따라 그리고 교사나 교재를 통해서 선별적으로 외부에서 제공되는 원어민의 언어체계를 내재화시킨다. 그러나 이미 이전 장에서 살펴본 바와 같이, 학습자들은 외적교수요목(external syllabus)에 의해서 영어를 학습하기 보다는 내적교수요목(internal syllabus)에 의해서 정해진 순서에 따라 창의적 언어구성 과정을 통해서 영어를 배우고 있다는 것이 더 지배적인 의견이라 할 수 있다.

창의적 언어구성 모델과는 달리, 기능습득 위주의 언어학습 모델은 언어수행 기술을 발전시키기 위해서 학습자는 영어를 직접 사용하는 것이 매우 중요하다는 것을 강조한다. 여기서 언어수행 기술은 인지적 측면과 행위적 측면에서 고려할 필요가 있다. 인지적 측면은 적절한 행위를 창조하기 위한 계획을 내재화시키는 것을 포함한다. 언어를 사용하기 위한 구체적인 계획들은 문법규칙, 어휘선별 과정, 그리고 발화를 통제하는 사회적인 관습 등과 같은 언어체계에서 비롯된다. 한편, 행위적인 측면은 이러한 계획들이 자동화됨으로써 각각의 언어항목에 대한 사용 계획들이 실제 상황 속에서 유창한 언어수행으로 전환되는 것을 의미한다. 이러한 자동화는 발화의 생성연습을 통해서 언어사용 계획을 실제 언어수행으로 전환시키는 무수한 연습을 통해서 가능해 진다.

하나의 언어 기능이 학습될 때, 영어의 각 구성요소들은 분리되어 각각 개별적으로 연습되어 진다. 예를 들어, 영어를 학습하는 학습자는 부정문이나 의문문 등과 같은 문법구조들을 어떻게 사용할 것인지를 연습하게 되며, 상대방의 허락을 구하는 등과 같은 의사소통적 기능들을 어떻게 표현할 것인지를 연습하게 된다. 또한 *ship*과 *sheep* 간에 나타나는 음성적 차이를 어떻게 발음할 것인가에 대해서 연습을 하게 된다. 이러한 것들은 '부분-기능 연습(part-skill practice)'이라고 불린다. 언어수행을 하면서 각 부분들이 하나로 통합되어서 나타날 필요가 있는 어떤 상황에서 언어 기능들은 전체적으로 연습되어 진다. 물론 부분적인 언어기능 연습과 언어기능의 전체적인 연습을 하는데 광범위한 난이도가 존재한다.

언어를 각 부분의 기능으로 나뉠 수 있는 것은 언어사용에서 위계적인 순서가 있다는 점에 근거를 두고 있다. 즉 언어를 사용한다는 것은 일종의 학습과제를 수행한다고 볼 수 있는데, 이들 학습과제들은 하위과제들로 구성되어 있고, 또한 하위 과제들은 또 다른 하위 과제들로 구성되어 있음을 의미한다. 언어사용의 위계성에 대해서 다음과 같이 정리해 볼 수 있다.

(1) 위계성에서 가장 높은 상위에 위치하는 것은 의사소통의 전반적인 목적이라 할 수 있다. 예를 들어, 친구를 설득하여 오늘 저녁 영화를 보기 위해 영화관에 가는 것이 의사소통 상의 최종 목적이다.

(2) 이 목적을 달성하기 위해, 우리는 다양한 요인들로 구성된 전략을 개발하게 된다. 예를 들어, 영화가 어떤 내용이고, 무엇에 관한 영화이고, 같이 가고자 하는 친구가 이 영화에 대해서 어떻게 호감을 갖도록 할 것인지, 그리고 왜 오늘 저녁이 영화를 보는데 가장 좋은지에 대해서 어떻게 말을 할 것인지 등이 포함된다. 이러한 전략들의 일부는 대화 이전에 이미 효과가 나타날 것이고, 어떤 것은 대화가 진행되면서 효과가 나타날 것이다.

(3) 이미 언급한 이러한 하위 과제들을 수행하기 위해서 우리는 어떤

논의가 진행되어야 하는지 등의 특정 주제를 정해야 하고, 그리고 친구를 설득하기 위해 사용할 문장의 형태를 선택해야 한다.

(4) 각각의 문장 형태는 절(clause) 수준에서, 구(phrase) 수준에서, 그리고 단어(word) 선택 순으로 작동하여 결정된다. 다르게 표현하자면, 문법을 사용한다는 것은 그 자체가 과제의 위계성을 포함하고 있다.

(5) 단어들을 발화하기 위해서는 복잡한 발성기관의 작동을 요구한다.

각각의 이러한 과제들(하위 과제들)이 수행되기 위해서는 일종의 계획이 필요하다. 위계성에 있어서 가장 높은 상위수준에서(예를 들어, 전략 또는 의미를 결정함) 설정될 수 있는 계획에는 화자가 지금 당장 당면하고 있는 의사소통의 필요성과 이를 성취하고자 하는 의식적인 의도가 포함될 수 있다. 그러나 능력있는 화자들은 하위 수준에서(예를 들어, 의사소통을 위해서 문법구조나 단어를 선택하고 생성함) 효율적인 장기 기억(long-term memory)을 위해 이용 가능한 계획들을 가지고 있다. 따라서 언어수행을 하는 동안에 학습자들은 상위 수준의 결정사항에 대하여 하위 수준의 언어적 항목에 대한 작동은 자동적으로 이루어질 수 있도록 하면서 제한된 기억용량에 저장된 언어 자원들을 가시고서 상위 수준의 학습과제에 집중하게 된다.

영어를 습득하고 있는 학습자들은 원어민 수준의 이용가능하고 광범위한 언어 자원과 자동화할 수 있는 계획들을 갖고 있지는 않다. 그렇기 때문에 학습자들은 언어 수행을 하면서 의식적으로 하위 수준의 언어 작동에 주의력을 집중시킨다. 만약 학습자가 이러한 하위수준의 언어적 항목에 대한 작동을 정확하게 수행한다면, 그 결과는 아마도 학습자가 보여줄 유창성을 희생시킬 수도 있다. 그러나 만약 학습자가 하위 언어적 항목을 작동시키기 위한 적절한 계획에 대해 필요한 정보가 부족하거나 주의력이 결핍되어 있다면, 그 결과는 오류로 나타날 것이다.

학습자들이 보여줄 수 있는 오류는 다음과 같다.

(1) 전이(transfer)에 의한 오류: 학습자가 가지고 있는 모국어 항목으로 인해서 언어사용의 계획을 잘못 시행시킨 경우를 지칭한다.
(2) 과잉일반화(overgeneralization)에 의한 오류: 목표이 언어규칙 내에서 언어사용의 계획을 잘못 시행시킨 경우를 지칭한다.

학습자가 목표에 대한 정보를 더 많이 습득해 나가고 하위 수준의 언어적 항목에 대한 작동을 자동적으로 시행할 수 있는 능력이 증대해 감에 따라, 학습자들이 언어수행 중에 보여줄 수 있는 정확성과 유창성은 더욱 증대될 것이다. Levelt(1978, pp. 57-58)는 이러한 과정을 다음과 같이 언급하였다.

> The acquisition of skill consists essentially of automation of low-level plans or units of activity. Initially the execution of such a unit of activity requires the allocation of a large amount of mental efforts, since it has to be designed anew. Repeated performance of the activity, however, leads to the availability of ready-made plans in long-term memory for such activities...... The result of automation is that less and less effort is to be spent on low-level patterns of action, so that more and more capacity is left for the high-level decisions.

앞서 제시하였던 창의적 언어구성 과정에 대한 Corder의 인용문(240쪽 참조)과 생성 중심의 언어학습에 대해서 Levelt가 이곳에서 제시한 인용문을 서로 비교해 보는 것은 매우 흥미로울 것이다. 두 인용문을 비교해 볼 때 나타나는 차이점은 분명하다. 그러나 이들 두 모델은 영어학습의 과정에 대해서 기술하고 있으며, 직감(intuition)과 경험(experience)에 근거하여 이들 두 모델들은 모두 영어교사와 연구자들에게 많은 의미를 부여해 주고 있다. 우리가 만약 이들 두 모델 중의 어느 하나는 언어학습 과정을 설명하는데 쓸모가 없다고 해서 그중 하나를 버릴 의도가 아니라면, 우리는 이들 두 모델들을 서로 조화시켜서 영어 학습 과정을 보다 정확하게 설명할 수 있는 방안을 찾아야 한다.

10.3 의식적인 영어학습과 무의식적인 영어학습

창의적 언어구성 모델과 기능 중심의 영어학습 모델은 외국어 학습의 목적에 대해서는 서로 유사한 가정에 기초하고 있다. 이들 두 모델들이 서로 유사하게 공유하고 있는 영어학습의 목적은 바로 학습자들이 의사소통의 필요성을 충족시키기 위해서 언어를 의사소통의 목적에 맞게 사용할 수 있는 인지적 구조(앞에서 언어규칙 또는 계획이라는 용어를 사용하였음)를 갖추게 하는 것이다. 그러나 이들 두 모델은 이러한 목적을 달성하는데 서로 다른 경로를 제시한다. 창의적 언어구성 모델에서 학습이란 내적 언어체계의 전체적인 정교화를 의미한다. 이때 각각의 부분들은 처음 시작단계부터 하나로 통합되어 학습된다. 이러한 언어적 발달은 자연 발생적으로 그리고 무의식적으로 이루어지며, 학습자는 언어 형태보다는 수행하는 학습과제 그 자체에 주의력을 집중한다. 한편, 기능 중심의 영어학습 모델에서는 언어체계의 각 부분들이 단계적으로 학습되는 언어 형태 중심의 학습이 이루어진다. 궁극적으로 이러한 각 부분들은 후에 하나로 통합되며, 이때 이루어지는 언어학습은 주로 의식적으로 이루어지는 교사의 안내, 지도, 그리고 훈련 등에 의해서 이루어진다.

이들 두 모델들은 상당히 많은 부분에서 서로 다른 유형의 학습을 지향한다. 창의적 언어구성 모델에서는 무의식적으로 학습이 일어나는 반면에, 기능 중심의 영어학습 모델에서는 의식적인 노력을 통해서 학습이 일어난다. 이들 서로 다른 학습유형에 대한 구분은 인간 학습과 관련된 심리학에서 이루어지는 학습유형과 매우 유사하다. 예를 들어, 공식적인(formal) 학습과 비공식적인(informal) 학습 간에 나타나는 차이, 자연 발생적인(spontaneous) 학습과 통제된(controlled) 학습 간에 나타나는 차이, 자연적인(natural) 학습 환경과 교수적인(didactic) 학습 환경 간에 나타나는 차이 등이 이에 속한다. 언어를 가르치는데 있어서도 이들 서로 다른 학습의 유형은 매우 유사하게 나타난다. 20세기 초, 외국어 학습을 보다 효율적으로 하기 위해서는 자연 발생적인 언어학습과 교사에 의한 통제된 언어학습이 동시에 이루어져야 한다는 주장이 제기되었다. 최근에 와서는 주로 Krashen(1981, 1982a, 1982b)에 의해서 이들 두 학습유형에 대한 명확한 구별과 함께 이들이 갖는 함축적인 면에 대해서 논의가 진행되었다. 그 결과, 많은 언어교사들과 연구자들은 무의식적으로 언어학습이 이루어지는 측면에 대해서 많은 관심을 갖게 되었다. 최근 Krashen의 논의를 통해서, '습득(acquisition)'은 무의식적인 언어학습을 지칭하는 반면에, '학습(learning)'은 의식적인 언어학습을 지칭하게 되었다.

현재 우리가 가지고 있는 지식의 수준에서는 습득과 학습 간의 관계에 대해서, 그리고 이들 각각의 학습 유형이 영어를 학습하는 학습자의 언어능력 발달에 어떻게 기여하는지에 대해서 명확하면서도 신뢰성있는 진술은 불가능해 보인다. 하지만 몇 가지 진술이 가능한데, 이를 정리해 보면 다음과 같다.

(1) Krashen(1982a, 1982b)에 의해서 제안된 이론에 의하면, 학습과 습득은 서로 다른 언어체계 형성에 작용을 하기 때문에 학습과 습득이 담당하는 기능 또한 서로 다르다고 보고 있다. 의사소통을 목적으로 언어를 사용하는 동안에(이는 앞서 언급한 의식적으로 행해지는 언어 연습과는 반대되는 개념이다) 학습자들은 습득을 통해 내재화된 언어체계를 이용하여 창의적이고 자연 발생적인 발화를

하게 된다. 이와 반대로, 의식적으로 학습된 언어체계는 단지 학습자들이 언어의 올바른 형태를 사용하고 개선시키기 위한 감시장치(monitor) 역할을 담당한다. Krashen은 이러한 감시장치가 효과적으로 작동하기 위해서는 다음 3가지 조건이 충족되어야 한다고 주장하였다. 첫째, 시간이 충분해야 한다. 둘째, 언어 규칙을 알고 있어야 한다. 셋째, 언어 형태에 초점을 맞추어야 한다. 이는 바로 학습자들이 의사소통을 하면서 시간의 압박이 없을 경우에는 올바른 형태의 발화를 생성해 내지만, 즉각적으로 반응을 보여야 하는 실제 의사소통 상황에서는 다소 많은 오류가 발생되는 이유를 설명해 준다. Krashen은 학습과 습득은 상호 배타적이어서 학습된 지식은 습득으로 전이되지 않는다고 하였지만, 이들 학습과 습득이라는 두 체계 간의 구별을 보여줄 수 있는 명확한 증거는 없다. 단지 많은 학자들은 우리 인간들이 행하는 일반적인 인지처리 과정에 대한 지식에 비추어 볼 때 학습과 습득의 명확한 구별은 그리 쉽지 않다는 생각이 지배적이다.

(2) Stevick(1980)에 의해서 제안된 이론에 의하면, 학습과 습득은 학습자들이 언어규칙을 내재화시키는데 서로 다른 방식으로 작용을 한다. 그러나 학습된 언어체계와 습득된 언어체계가 서로 분리되어 있는 것이 아니기 때문에, 학습과 습득은 서로 간에 전이가 가능하다는 점에 대해서는 논란을 일으킨다. 하지만 창의적 언어구성 모델을 언어학습의 기본 체제로 받아들일 경우, 이 이론이 함축하는 바는 의식적인 학습을 통해서 학습된 언어적 항목이나 구조들이라 할지라도 무한한 연습을 통해서 습득된 언어체계로 전이가 가능하다는 점이다. 비록 학습된 지식이라 할지라도 무한한 연습을 통해서 습득으로 전이된 언어체계들은 창의적 언어구성 과정을 통해서 이미 습득된 언어체계들과 같이 자연 발생적인 언어학습 활동을 위해서 이용이 가능하다.

(3) 생성 위주의 영어학습 모델에서 우리는 언어체계를 자동화시키는 방법에는 2가지가 있다는 것을 제안하였다. 첫째 방법은 의식적인 학습과 연습을 통해서 가능하고, 다른 방법은 습득이라는 내적 언어처리 과정을 통해서 자연 발생적으로 언어체계를 발달시켜(자동화시켜) 나가는 것이다. 따라서 Sajavaara(1981)에 의하면, 언어체계가 학습자 내부에서 내재화되기 시작할 때 이들 습득된 언어체계는 이미 자동화된 상태이며, 또한 의식적인 주의를 기울이지 않더라도 예측 가능한 순서대로 발달해 나가는 특성이 있다. 따라서 의사소통을 목적으로 언어가 사용될 때, 학습자들은 습득과 학습을 통해서 서로 혼합된 언어체계들을 발전시켜 나간다. 그러나 학습자들이 학습된 언어체계를 효과적으로 사용하기 위해서 특별한 주의를 기울이지 않는다면 이들 언어체계는 의사소통 상황에서 충분히 사용될 정도로 자동화되지 못한다.

위에서 제시된 (2)의 이론은 창의적 언어구성 과정을 기본 체제로 사용하면서 그 체제 안에 언어 기능의 의식적인 학습을 수용하고자 하였다. 반면에, (3)의 이론은 기능 위주의 언어학습 과정을 기본 체제로 사용하였으며 그 체제 안에 창의적 언어구성 과정을 수용하고자 하였다. 이들 각 이론들의 설명은 영어학습에 대한 우리들이 갖고 있는 경험과 직감을 나타내는데 잠재적인 이점을 내포하고 있다. 일반적으로 자연적인 언어학습 환경에서는 창의적 언어구성 모델이 보다 주도적인 역할을 할 것으로 생각되며, 교실에서 이루어지는 교수적 언어학습 상황에서는 의식적인 학습과 연습이 주도적인 역할을 할 것으로 기대된다. 따라서 우리가 취할 수 있는 선택은 이들 서로 다른 언어학습의 유형에 대해서 어느 하나를 취하고 버리기 보다는 이들 두 학습 환경의 내면적 특성상 영어학습에 미칠 수 있는 이점과 단점을 정확하게 파악하고 이해하는 것이 좋다.

10.4 사회적 측면의 영어학습

앞에서 제시한 두 영어학습 모델을 하나의 체제 내로 통합시킬 수 있는 가장 효율적인 방법은 인간의 언어 발달과정을 상호 상보적으로 포용할 수 있는 보다 큰 학습모델 속으로 이들 두 모델을 통합시키는 것이다. 이를 위해서 본 장에서는 창의적 언어구성 모델과 생성 위주의 언어학습 모델을 사회학습의 측면에서 살펴보고자 한다. 최근 행해진 사회적인 학습에 대한 연구 결과에 의하면 다음과 같은 조건들이 충족될 때 학습은 보다 효과적으로 이루어질 수 있다.

1) 학습하고자 하는 동기가 있어야 한다.
2) 학습하고자 하는 행위의 주요 특징들을 내면화시킨다.
3) 이러한 내면화된 주요 특징들을 실제 수행 상에서 나타날 수 있도록 연습한다.
4) 행위가 제대로 수행되었는지 그 성공 여부에 대해서 피드백을 받는다.

우리는 위에서 제시한 조건들이 창의적 언어구성 모델과 기능습득 위주의 언어학습 모델에서 어떻게 서로 다르게 실현되는지를 살펴보고자 한다.

1) 학습동기

(1) 창의적 언어구성 모델에서 동기는 아마도 학습중인 영어를 사용하여 의사소통을 하고자하는 필요성과 관련이 있다. 소통의 필요성은 단기적인 필요성에서 대두될 수 있고 또는 장기적인 필요성에서 대두될 수 있다.

(2) 기능습득 위주의 언어학습 모델에서 동기는 아마도 영어 수업이 이루어지는 맥락과 직접적으로 관련이 있는 요인들에 의해서 영

향을 받는다. 예를 들어, 의사소통과는 다소 거리가 먼 학습자의 행동을 단기적으로 변화시키고자 하는 학습 목표 등이 이에 속한다.

2) 주요 언어적 특성의 내면화

(1) 창의적 언어구성 모델에서 학습자 내면에 내재화되는 주요 언어 체계는 자연적인 의사소통이 이루어지는 언어학습 환경에서 학습자 스스로 생성해 내는 발화를 통해서 발견된다. 이러한 내재화 과정은 자연적으로 이루어지는 습득의 한 부분이 된다.

(2) 생성 위주의 언어학습 모델에서 학습자들은 자신들의 내면에 내재화시켜야 하는 목표어의 주요 특징에 주의를 기울이도록 가르침을 받는다. 이때 내재화 과정은 훈련 절차 등을 통해서 통제되는 경우가 많다.

3) 내면화된 언어 체계를 수행으로 전이시킴

(1) 창의적인 언어구성은 인위적인 제약이 부과되는 연습 상황이 아닌 자연적인 의사소통 상황에서 성공적으로 일어난다. 또한 창의적 언어구성은 학습자가 의사소통하고자 하는 의미 또는 의사소통을 위해서 학습자가 사용할 수 있는 언어적 자원에 따라 통제를 받는다.

(2) 생성 위주의 언어학습 모델에서 행해지는 연습은 주로 특정 언어적 목표(예를 들어, 어떤 문법적 구조(문형)를 학습할 것인가?) 등과 같은 외적인 요인에 의해서 통제를 받는다. 의사소통을 목적으로 언어를 사용하기 위한 연습이 행해질 수도 있고(whole-task practice), 또한 언어체계의 각 부분에 대한 연습(part-skill practice)이 행해질 수도 있다.

4) 성공에 대한 피드백

여기서 중요한 요인은 학습자들이 어떤 유형의 피드백을 받아들이고, 또한 학습자들은 이들 피드백을 자신의 언어수행 목표와 어떻게 관련이 있는지를 인식하는데 있다.

(1) 창의적 언어구성 모델에서 가장 중요한 피드백은 얼마나 성공적으로 의사소통이 일어났는지에 대해서 주어지는 피드백과 관련이 있다. 학습자는 보다 효과적이고 적절하게 의사소통을 수행하기 위해서 자신의 언어능력을 한층 세련시킬 필요가 있다.

(2) 생성 위주의 언어학습 모델에서 피드백은 의미를 상호 교환하는 것과 관련이 있다. 그러나 이 모델에서의 보편적인 피드백은 특히 정확성의 정도와 관련하여 학습자가 생성한 언어의 형식적인 면과 관련이 깊다.

따라서 사회적 학습이론은 서로 다른 유형의 학습이 학습자의 언어능력 발달에 어떻게 영향을 미치는지를 살펴볼 수 있도록 해주는 안목을 제공해 준다. 하지만 이 이론도 앞에서 논의하였던 다음과 같은 질문에 대해 완벽한 답변을 해 주지는 않는다. 의식적인 학습과 무의식적인 학습, 즉 학습과 습득, 이들 서로 다른 두 유형의 학습은 상호간에 어떻게 관련이 있는가? 이들 두 유형의 학습은 학습자의 의사소통능력을 발전시키는데 어떤 기능을 수행하는가?

본 장에서 우리는 영어학습의 과정을 설명할 수 있는 몇 가지 모델에 대해서 살펴보았다. 그리고 이들 모델에 내재된 주요 요인들을 어떻게 개념화시킬 것인지에 대한 방법에 대해서도 살펴보았다. 첫째, 본 장에서 우리는 창의적 언어구성 모델과 기능습득 위주의 언어학습 모델은 영어학습의 과정을 설명하기 위해서 대표적으로 선택해볼 수 있는 모델이라는 점을 살펴보았다. 둘째, 한 모델을 기준으로 하여 다른 모델을 바라봄으로써, 또는 사회적 학습이론에 기초한 보다 광범위한 체제 내에 이들 두 모델을 위치시킴으로써, 이들 두 모델이 어떻게 서로 하나로 통합될 수 있는지에 대해서도 논의해 보았다. 본 장의 결론으로서 강조하고 싶은 점은 학습과 습득을 본질적으로 서로 대조되는 유형의 학습이라는 관점에서 문제점을 바라본다는 것은 너무 영어학습 과정을 단순하게 여기는 것이다. 그리고 이러한 과정은 그 결과가 아무리 유용하더라도 영어학습 과정에 대해서 잘못 이해하도록 인도할 수 있는 위험을 내포하고 있다. 무의식적인 과정에 의한 습득과 의식적인 과정에 의한 학습 간에 우리가 취할 수 있는 가장 현실적인 방안은 이들 두 모델을 연속선상의 양끝에 위치하고 있는 것으로 생각해 보는 것이다. 따라서 무의식적인 학습과 의식적인 학습은 의식이 개입되는 정도에 따라서 서로 혼합되어 나타난다고 할 수 있다. 즉, 무의식적인 학습 아니면 의식적인 학습 이렇듯 상호 배타적으로 영어학습 과정을 설명하는 것은 무의미하다. 연구가 진행됨에 따라 이들 두 모델이 학습자의 영어사용능력을 개발시키는데 어떻게 서로 상호작용을 하고 또한 다른 요인들과 어떻게 상호작용할 수 있는지에 대한 우리들의 이해와 지식을 넓히는데 기여를 할 수 있을 것으로 기대한다. 현재로서는 영어학습 과정의 심리적인 차원에서 무엇이 일어나고 있는지에 대한 우리들의 지식은 매우 제한적이다.

제11장

최근 영어학습 이론

영어학습의 과정을 일관되게 설명하고자 하는 노력은 계속되고 있지만 아직도 해답을 찾지 못한 문제점들이 많이 있다. 사실, 영어학습은 언어학습 과정 그 자체의 복잡성, 학습자 개개인의 복합성, 언어학습 상황의 복잡성 때문에 일관되고 신뢰성있는 설명이 불가능하다. 이러한 복잡한 현상 때문에 이를 설명하기 위한 많은 이론들이 생성되었고, 또한 이러한 이론들은 서로 경쟁을 하고 있다. 이는 영어학습 과정에 대해서 많은 관심을 가지고 있는 우리들에게 이해력, 통찰력, 관심, 그리고 흥미를 유발시킨다. 본 장에서는 영어학습의 과정을 설명하기 위한 최근 여러 학자들이 기울인 노력의 결과물이라 할 수 있는 몇 가지 이론들을 소개하고자 한다. 영어학습에는 많은 변수들과 요인들이 거미줄같이 얽혀 있어서 어느 한 이론으로 영어학습의 전 과정을 완벽하게 설명할 수 있을 것이라고 기대해서는 안 된다. 하지만 다양한 이론과 견해는 보다 체계적이고 일관된 어떤 체제(framework)를 통해서 영어학습에 내재된 여러 변수들을 설명하는데 도움을 줄 것이다.

11.1 Krashen 이론

Krashen(1982a, 1982b)의 언어학습 모형에서 가장 특이한 점은 '학습(learning)'과 '습득(acquisition)'의 차이를 구별하고 있다는 점이다. Krashen은 '학습'을 의식적인 과정에 의해 이루어지는 것으로 그리고 '습득'을 무의식적인 과정에 의해 이루어지는 것으로 구별하였다. 또한 외국어 학습에서 학습을 통해 얻어진 지식은 습득으로의 자동적인 전이가 일어나지 않기 때문에 외국어를 성공적으로 배우기 위해서는 학습이 아닌 습득이 일어나야 한다고 주장하였다.

11.1.1 학습과 습득의 비교

Krashen(1978, 1981)은 외국어 학습자의 언어능력을 발달시키기 위해 '습득' 또는 '학습'이라는 두 가지 방법을 사용한다고 주장하면서 외국어를 배우는데 있어서 습득과 학습의 차이를 구별하였다. 습득이란 어린이가 모국어나 외국어를 습득해 나가는 과정과 같이 자연스러운 언어 환경에서 의사소통을 위해 원어인과 상호작용을 하면서 목표어에 대한 지식을 알게 되는 무의식적이고 잠재적인 과정이다. 해당 언어 속에서 자유스런 의사소통을 통해 말의 형태보다는 전달되는 의미에 관심을 갖기 때문에 언어를 사용하여 의사소통을 하고 있다는 사실만을 인식할 뿐이며 언어습득이 진행되고 있다는 사실을 항상 감지하고 깨닫는 것은 아니다. 따라서 습득은 잠재적인(unconscious) 학습, 묵시적인(implicit) 학습, 비공식적인(informal), 그리고 자연적인(natural) 학습으로 불리기도 한다. 반면, 학습이란 학교나 교실에서 정규 교육을 통해 의식적으로 목표어에 대한 지식을 알게 되고 이를 근거로 말할 수 있는 과정이다. 의식적으로 언어규칙을 사용하고 발생되는 오류에 대해 오류수정을 할 수 있으며 언어의 올바른 형태에 대해 연역적으로 학습해 낼 수 있다. 따라서 학습은 명시적인(explicit) 학습, 공식적인(formal) 학습, 그리고 의식적인(conscious) 학습으로 일컫어 진다. Ellis(1985)는 학습과 습득의 차이를 다음과 같이 구별하였다.

> The term 'acquisition' is used to refer to picking up a second language through exposure, whereas the term 'learning' is used to refer to the conscious study of a second language. (p. 6)

한편, Krashen(1981)은 외국어를 습득한 사람은 언어규칙보다는 언어의 의미전달이라는 기능적인 측면을 더 중시하며 외국어를 학습한 사람은 자신이 알고 있는 언어규칙이 문법적으로 제대로 반영되어 발화되었는지를 알기 위해 감시장치(monitor)를 사용하게 된다고 하였다. 학습과 습득의 차이는 다음에 언급되는 감시장치 가설 모형을 통해 구체화된다. Krashen은 의식적으로 이루어진 학습을 통해 얻은 언어지식은 감시장치 역할로서만 유용하고 정상적이고 유창한 발화를 위한 시동장치는 바로 무의식적으로 습득된 언어지식이라고 하면서 형식적인 규칙 또는 의식적인 학습은 외국어를 정확하게 발화하는데 제한적인 역할만을 담당한다고 하였다.

습득된 언어지식은 언어의 형태가 아닌 의사소통을 통해 전달하고자 하는 의미에 집중하기 때문에 유창성 및 의사소통의 목적을 달성할 수 있다. 그러나 학습된 언어지식은 언어가 실제로 사용되는 환경과는 유리되어 있어서 문법적 정확성은 있을 수 있으나 유창성 및 의사소통의 목적을 달성하는데는 한계가 있다. Krashen은 성공적인 외국어 학습을 위해서 학습보다는 습득이 이루어져야 한다고 하였지만, 학습된 지식이 자동적으로 습득으로 전이되지는 않는다고 하였다. 따라서 성공적인 외국어 학습은 습득위주로 이루어져야 한다는 것이다.

11.1.2 언어입력 가설(The Input Hypothesis)

Chomsky의 LAD와 UG 이론은 언어습득을 위한 생득적인 면을 강조하기 때문에 LAD와 UG의 작동을 위한 언어입력의 최소한의 역할만을 인정한다. Krashen(1981)의 입력가설 이론은 Chomsky의 LAD와 UG 이론(언어학습의 선천성)에 근거를 두고 있다. 하지만 Krashen은 영어학습에 있어서 언어입력의 중요성을 강조하면서 외국어 습득과정을 보다 구체적으로 규명하려고 하였다. Krashen에 의하면, 외국어를 보다 효율적으로 습득하기 위해서는 학습자가 현재 가지고 있는 언어적 수준(i)보다 한 단계(1) 높은 수준의 언어입력(i+1) 즉, 이해 가능한 언어입력(comprehensible input)이 학습자에게 제공되어야 한다. 학습자의 현재 수준보다 너무 높은 단계의 언어입력은 학습자에게 좌절감을 안겨줄 수 있다. 따라서 한 단계 높은 수준의 언어입력이 제공될 때 학습자는 이를 이해할 수 있을 뿐만 아니라 발화를 생성하기 위한 도전의식을 유발시킨다. 또한 이러한 한 단계 위의 언어입력은 학습자에게 인위적으로 제공되기보다는 일상적인 대화 상황을 통해서 자연스럽게 제공되어야 한다는 것이 Krashen의 주장이다. 입력가설의 주요 내용을 정리하면 다음과 같다.

1) 언어입력 가설은 학습이 아닌 습득과 관련이 있다.
2) 학습자가 가지고 있는 현재의 수준보다 한 단계 위(i + 1)의 언어를 이해함으로써 언어를 습득하게 된다. 학습자의 현 수준과 한 단계 위의 언어적 정보 간의 차이는 당시 의사소통이 이루어지는 상황 및 외적인 정보에 의존하여 이해할 수 있다.
3) 의사소통을 하는 가운데 충분한 언어입력이 주어져야 하며 학습자가 그 입력을 이해할 때 자동적으로 'i + 1' 이 된다.
4) 언어사용의 유창성은 자연적으로 나타나는 것이지 직접 가르쳐서 나타나는 것은 아니다.

또한 외국어 학습자는 외국어에 노출된 후 일정시간이 지나야 발화를 하게 되는 침묵의 시기(silent period)를 갖는다. 이 기간 동안 외국어 학습자는 주어진 언어입력을 이해하고 규칙을 발견하며 발화를 위한 준비를 하게 된다. Krashen은 이 침묵의 시기가 없이는 언어습득이 불가능하다고 하였는데 이러한 맥락에서 이해 가능한 언어입력(i+1, comprehensible input)은 외국어를 습득하는데 매우 중요하다.

그러나 Van Patten과 Cardierno(1993)는 언어입력 그 자체만으로 성공적인 외국어 습득을 보장할 수 없다고 주장한다. 그들에 따르면, 성공적인 외국어 습득은 주어진 언어입력 가운데 학습자가 얼마나 자신의 것으로 흡입(intake)하였는가에 달려있는데 그들이 제시한 언어흡입 모형은 다음과 같다.

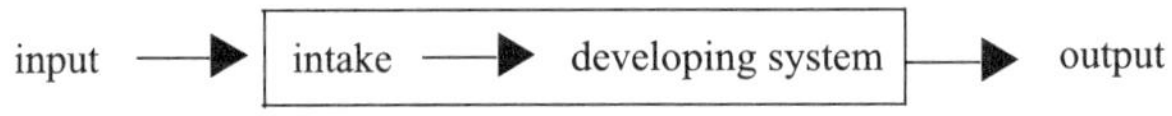

〈그림 11-1〉 언어흡입 모형

일반적으로 학습자에게 제공되어 이용 가능한 모든 언어적 자료를 '언어입력(input)'이라고 하며, 학습자가 보여주는 문어적, 구어적 표현 모두를 '언어출력(output)'이라고 한다. 그러나 현실적으로 언어입력 모두가 그대로 언어출력으로 나타나는 것은 아니다. 위 모델에 의하면, 언어출력까지 3가지 과정이 일어나는데, 첫째는 언어입력이 학습자 내면에 흡입되는 과정, 둘째는 흡입된 언어입력이 보다 발전된 언어체계로 전환되는 과정, 그리고 마지막으로 완전한 발화가 외적으로 발화되는 과정이다. 따라서 언어입력과 언어출력이 서로 다르다면 학습자 내면에서 일어나는 흡입과정에 보다 많은 관심을 기울일 필요가 있다.

Chaudron(1985)은 'intake'란 학습자 내면에 실제로 흡입된 언어입력이라 할 수 있다. 이 흡입과정은 주어진 언어입력 가운데 규칙을 발견하고, 부호화하고, 특정한 언어적 특징에 주의를 기울이며, 이를 보다 더 발전시키기 위한 전략을 구사하는 매개과정이면서 올바른 언어습득을 위한 가설검증 과정이다. 따라서 학습자에 따라 주어진 언어입력이 'intake'되는 정도는 다르다고 볼 수 있으며 모든 언어입력이 자동적으로 'intake'되는 것은 아니다. 하지만, 중요한 점은 학습자 내면에서 'intake'가 잘 일어나기 위해서는 Krashen이 주장했듯이 학습자가 이해 가능한 범위 내에서 언어입력(i +1, comprehensible input)이 제공되어야 한다.

11.1.3 자연순서 가설(The Natural Order Hypothesis)

어린이들이 모국어를 배우는데 있어서 예측 가능한 일정한 순서가 있다고 주장한다. Brown(1973)에 의하면, 어린이들은 먼저 기능어(function word)를 배운다고 하였는데 예를 들어, 진행형의 'ing'(예: He is playing baseball)와 복수를 나타내는 어미인 '-s'(예: two dogs) 등과 같은 특정 문법적 형태소 및 기능어를 먼저 배우고 삼인칭 단수 어미인 '-s'(예: He lives in New York)와 소유격 의미의 '-'s'(예: John's hat) 등은 나중에 배운다는 것이다. 이렇듯 Krashen은 어린이들이 모국어를 습득하는데 있어서 어떤 항목은 좀 더 일찍 배우고 어떤 항목은 나중에 학습하는 것과 같이 언어습득의 일정한 순서가 있다고 하면서 외국어를 습득하는데 있어서도 일정한 순서가 있다고 주장하였다. Dulay와 Burt(1974a), Ervin-Tripp(1974), 그리고 McLaughlin(1985) 등은 학습자의 모국어가 무엇이든지 간에 영어를 제2언어로 학습하는 습득 순서와 영어를 모국어로 습득하는 습득순서 간에 똑같지는 않지만 유사한 점이 많다는 것을 발견하였다. Krashen(1977)은 아래와 같이 영어를 제2외국어로서 학습하고 있는 성인 및 어린이들의 평균적인 습득 순서를 조사하여 모국어 습득 순서와 어떤 차이가 있는지를 보여주고 있다.

〈표 11-1〉 영어의 문법적 형태소의 평균 습득 순서 비교

모국어로서의 영어 형태소 습득순서	외국어로서의 영어 형태소 습득순서
1. -ing (진행형)	1. -ing (진행형)
2. -s(복수형 어미)	2. -s (복수형 어미)
3. 불규칙 동사 과거형	3. 연계사 (be동사)
4. 소유격 어미 -s	4. 보조동사
5. 연계사(be동사) (예: She is a teacher)	5. 관사
6. 관사	6. 불규칙 동사 과거형
7. 규칙동사 과거형	7. 규칙동사의 과거형
8. 3인칭 단수 -s	8. 3인칭 단수 어미 -s
9. 보조동사(예: She is going)	9. 소유격 어미 -s

또한 자연순서 가설을 뒷받침해주는 한 예로 목표어의 완벽한 언어체계에 이르기 전에 학습자들은 중간단계를 거치는데 모국어 습득자와 외국어 습득자 모두 유사한 오류를 보여준다는 것이다. 이 중간단계에서 모국어와 외국어 습득자들이 보여주는 언어체계를 '중간언어(interlanguage)'라고 하는데, 이 언어체계는 완벽한 목표어 체계를 향해 계속적으로 발전해 나간다는 의미에서 학습자들이 만들어내는 오류를 '발달적 오류(developmental error)'라고 한다. 예를 들어, 모국어이든 아니면 외국어이든 영어의 부정문을 학습하는 학습자들은 다음과 같은 단계를 거치는데 약간의 차이는 있지만 많은 유사점이 있다는 것을 발견하게 된다.

〈표 11-2〉 영어 부정문의 습득 순서 비교

발달단계	모국어로서의 영어 부정문	외국어로서의 영어 부정문
1 단계	No singing song. No the sun shining.	They no have water. I no sing it.
2 단계	I no want envelop. He no bite you.	He don't like it. I don't can explain.
3 단계	He don't want it.	Somebody is not coming in.
4 단계	He doesn't want it. Paul didn't laugh.	It doesn't spin. He didn't found it. She doesn't wants it.

일반적으로 부정문을 만들기 위해서 크게 3단계를 거치는데, 첫 단계에서 학습자는 부정을 나타내는 단어를 문두에 또는 문중에 위치시킨다. 이때 모국어 습득에서는 부정을 의미하는 단어를 문장의 구성요소로 보지 않기 때문에 문두에 위치시키지만, 외국어의 경우에는 문장의 구성요소로 인식하여 문장 중에 위치시킨다는 점에서 서로 차이가 있다. 두 번째 단계는 부정어를 주어와 동사 사이에 위치시키게 되는데, 이때는 학습자들이 부정을 나타내는 단어를 문장의 구성요소로 인식하지만 인칭과 시제에 따른 굴절은 사용하지 못한다. 그런 후 마지막 단계에서 이제 학습자들은 do 동사, be 동사 그리고 수와 시제에 따라 적절하게 부정어에 굴절변화를 일으킨다.

영어 학습에 있어서도 이러한 자연적인 순서와 교사에 의한 의식적인 문법 체계의 학습순서 간에 충돌이 일어날 수 있다. 따라서 가능하다면 외국어 학습에서 모국어 습득에서와 마찬가지로 자연적인 순서에 따라 습득이 이루어질 수 있도록 지도한다면 학습자의 영어학습이 보다 효과적으로 일어날 수 있도록 도움을 줄 수 있을 것이다.

11.1.4 감시장치 가설(The Monitor Hypothesis)

감시장치 가설은 Krashen이 언급한 학습과 습득의 차이를 잘 보여 준다. 학습자들은 이미 습득한 언어체계(acquired language system)를 기반으로 일상적이고 즉각적인 발화를 수행한다. 또한 동시에 학습을 통해서 획득된 지식(learned knowledge)을 활용하여 자신의 발화에서 오류를 발견하고 이를 개선하거나 수정을 하게 된다. 이때 자신의 언어 출력이 문법적으로 올바른지를 감시하고자 할 때 감시장치를 사용한다. 즉, 의식적인 학습으로 얻은 언어지식을 활용하여 언어수행 시 사용된 발화가 문법적으로 옳은 문장인지를 판단하는 감시장치 역할을 한다는 것이다. 감시장치 가설의 모형을 그림으로 나타내면 다음과 같다(Krashen, 1981, p. 2).

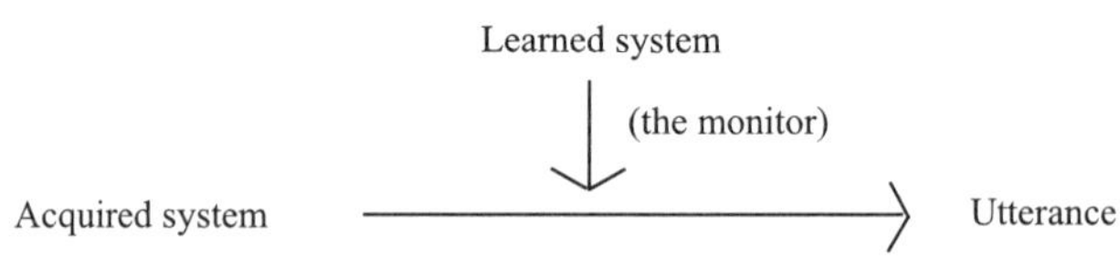

〈그림 11-2〉 감시장치 모형

한편, Krashen은 학습이 이루어지기 위해서 다음 3가지 조건이 충족되어야 한다고 하였다.

1) 충분한 시간이 주어져야 한다. 언어규칙을 실제상황에 적용하여 적절한 발화를 나타내기 위해서는 충분한 시간이 주어져야 하는데 언어가 사용되는 실제 환경은 학습자에게 충분한 시간을 주지 못한다.
2) 언어의 형태에 초점이 맞추어질 때 학습이 이루어진다. 의미전달 위

주의 의사소통적 기능보다는 언어의 문법적 형식에 더 많은 관심을 갖게 되는 것이 학습의 역할이라고 할 수 있다.

3) 학습자가 언어의 규칙을 알고 있어야 한다. 언어의 규칙을 알고 있어야 문법적 오류를 지적하고 수정할 수 있다.

그러나 앞에서 살펴본 바와 같이, 학습이란 의식적인 과정으로 언어의 문법적 정확성에는 어느 정도 도움이 될 수 있지만 유창성을 보장해 주지는 않는다. 실제로 의사소통이 이루어지는 환경을 볼 때 학습이 이루어지기 위한 위 3가지 요건은 충족되지 않는다. 따라서 학습은 습득을 돕지 못하며 또한 학습된 지식은 자동적으로 습득으로 전이되지 않는다. Krashen에 의하면, 목표어의 언어적 체계를 불완전하게 습득할 경우 학습자는 오류를 나타낼 수밖에 없는데, 이러한 오류를 교정하는 방법은 의식적인 학습을 통해 가능하다. 외국어 학습에서 학습의 역할은 완전하게 습득하지 못한 언어적 항목에 대해 의식적으로 감시장치 역할을 통해 극복하도록 해준다. 즉 습득을 중심으로 외국어 학습이 이루어지되, 학습은 습득의 미비한 부분을 감시하고 이를 의식적인 과정을 통해 보완하는 주변적 개념으로 이해된다.

그런데 이런 감시장치의 사용도 학습자 개개인에 따라 달라진다. 감시장치를 너무 많이 사용하는 학습자가 있는 반면, 감시장치를 너무 사용하지 않는 학습자가 있기 마련이다. 감시장치를 너무 많이 사용하는 학습자는 그들의 발화(output)가 문법적으로 옳은지 그 여부를 항상 점검하는 과정 중에서도 계속적으로 수정을 하는데 집중하기 때문에 유창하게 말을 하지 못한다. 또한 자신의 발화에 대해 너무 의식하기 때문에 자신이 표현하고자 하는 말을 제대로 하지 못하게 된다. 그러나 감시장치를 너무 사용하지 않는 학습자는 자신이 가지고 있는 언어적 지식을 의식적으로 사용하지 않으며 그들이 유발하는 오류에 대해서도 그다지 신경을 쓰지 않는다. 거리낌 없이 말을 하게 되어 유창성 개발에는 도움이 될 수 있으나 너무 지나치면 잘못된 언어체계가 고정되는 화석화 현상을 유발할 수 있다. 따라서 우리의 교육적 목표는 학습자들이 감시장치를 적절하게 사용할 수 있도록 하는데 있다.

11.1.5 정의적 여과기 가설(The Affective Filter Hypothesis)

정의적 요인은 학습자가 학습하고자 하는 목표어에 대한 태도를 포함하여 동기, 자신감, 불안 등의 요소와 매우 밀접한 관계를 맺고 있다. Krashen은 학습자가 학습에 대한 높은 정도의 동기와 자신감을 가지고 있을 때, 그리고 학습에 대한 불안 정도가 낮을 때 학습자가 받아들이는 언어입력의 양은 증대하는 반면에, 학습에 대한 불안 정도가 높을 경우 학습자가 받아들이는 언어입력의 양은 감소하는 상관관계가 있다는 것을 보여 주었다. 정의적 여과기 가설 모형을 그림으로 나타내면 다음과 같다.

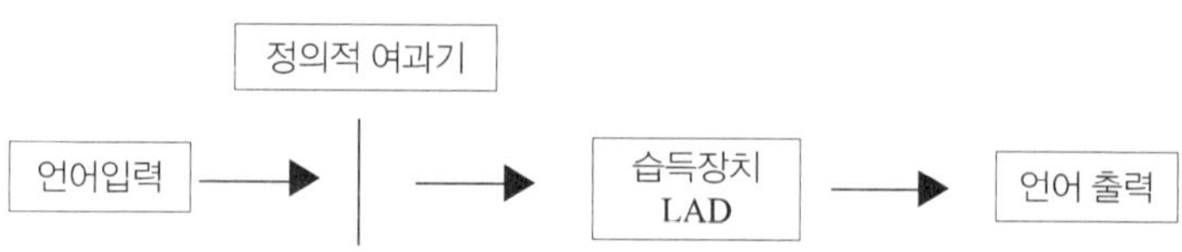

〈그림 11-3〉 정의적 여과기 작동원리

위 모형에서 본 바와 같이, 언어습득을 위해서 최적의 태도를 갖는 학습자는 정의적 여과기가 낮을 것이라고 가정한다. 정의적 여과기가 낮게 설정된 언어학습 환경은 학생들을 불안감이 낮은 상태로 유지시켜 주며, 이런 경우 학생들의 방어적 심리는 이완된다. 따라서 정의적 여과기의 수준이 낮으면 언어습득장치에 도달하는 언어입력의 양은 증가하고, 반면에 정의적 여과기의 수준이 높으면 언어습득장치에 도달하는 언어입력의 양은 감소된다. 그런데 정의적 여과기의 작동을 결정짓는 요인은 학습자 내부에 존재하는 것이 아니라 학습자 외부에 존재한다는 것이다. 외국어 습득을 위한 일차적인 변수는 언어입력이지만 정의적 여과기는 이러한 언어입력이 언어습득장치에 도달하는 것을 촉진시키거나 방해하는 역할을 한다. 따라서 언어학습 환경에서 학습자들이 낮은 수준의 정의적 여과기를 작동할 수 있도록 학습자의 자아를 위협하지 않는 학습환경을 창출하는 것이 매우 중요하다.

앞서 언급한 Krashen의 5가지 가설은 아직도 많은 학자들 가운데 논란이 많다. McLaughlin(1990)은 무엇보다도 의식적인 것과 무의식적인 것 간의 용어에 있어서 명확한 구별이 어렵다고 지적하였다. 또한 Long(1988)과 Ellis(1990)와 같은 학자들은 학습과 습득 간의 구별이 어려우며 실제로 학습이 습득으로 전이되는 경우도 많다고 지적하였다. Krashen은 외국어 습득을 위한 일차적인 요인으로 언어입력을 꼽았다. 그러나 Brown(2000)은 언어입력 그 자체보다는 언어입력이 학습자의 내부에 흡입(intake)된 정도가 더 중요하다고 주장하면서 Krashen의 모형은 이러한 'intake' 과정을 설명하지 못한다고 지적하였다. 하지만 Krashen의 5가지 언어습득 모형으로 인해 언어습득 문제에 대해 많은 학자들의 지대한 관심을 불러일으킨 것은 큰 의의라 할 수 있다.

11.2 McLaughlin 이론

McLaughlin과 그의 동료들(1983) 그리고 McLaughlin(1987)은 Krashen이 구별하였던 학습과 습득의 개념을 통제(controlled)와 자동(automatic)의 개념으로 설명하고자 하였다. 일반적으로 통제적인 학습은 학습 양에 있어서 한계가 있고 일시적이지만 자동화된 학습은 학습양도 많고 영구적이다. 자동과 통제의 개념은 다시 선언적 지식

(declarative knowledge)과 절차적 지식(procedural knowledge)으로 연관시켜 볼 수 있다. 예를 들어, 처음 테니스를 배우는 경우에 비유하여 설명할 수 있는데, 초기단계에서는 라켓 잡는 법, 라켓으로 공을 치는 법, 공을 네트 너머로 넘기는 법, 서브를 넣는 법, 공을 받는 법 등등 모든 동작은 개별적인 항목으로 통제적인 학습에 속하며, 이들 테니스에 대한 개별적인 지식들은 선언적 지식이라 할 수 있다. 그러나 테니스 게임을 진행하기 위해서는 이런 통제학습의 개별적인 항목들이 잘 조화되어 동시에 그리고 자동적으로 일어나야 한다. 일반적으로 통제적인 학습으로 배운 선언적 지식들은 적절한 연습과정을 거치지 않는다면 상호 조화되지 않고 통합되지 않는다. 따라서 개별적인 선언적 지식들이 잘 조화되어 자동적으로 모든 데이터들이 처리될 수 있도록 절차적 지식으로 전이될 필요가 있는데 이때 자동화(automization) 과정이 필요하게 된다.

통제와 자동, 이때 중요한 개념이 '채널 역량(channel capacity)'이다. 채널 역량은 학습자들이 특정 과제를 수행하면서 얼마나 많은 양의 의식적인 주의집중을 할 수 있는지 그 역량 상태를 의미한다. 예를 들어, 처음 운전을 한다고 할 경우 기어 하나를 바꾸는데도 온 주의집중이 이루어져 앞을 본다든지, 앞 차와 적절한 거리를 유지한다든지, 또는 교차로의 보행자를 주시한다든지 등의 안전과 직결된 다른 사항에 대해서는 주의를 기울일 여유가 생기지 않는다. 또한 영어학습에서 처음으로 시제(tense)라는 문법적 항목에 대해서 배운다고 가정할 때 학습자는 올바른 시제를 사용하는 규칙을 학습하기 위해 모든 주의력을 집중시킨다. 그러나 시간이 지나고 학습자들이 어느 정도 시제라는 문법적 항목에 대해서 익숙해진다면 초기 학습자들이 기울였던 만큼의 주의집중은 기울이지 않아도 된다. 이제 학습자들의 채널 역량은 다른 문법적 항목에 주의를 기울일 수 있는 주의력의 여유가 생긴 것이라 할 수 있다.

또한 채널 역량과 관련하여 학습과제에는 하위수준의 기술과 상위수준의 기술로 구분될 수 있다는 것이다. 앞서 언급한 시제와 같은 문법적 항목은 하위수준의 기술에 속한다면, 상호 의사소통을 하면서 메시지를 이해하는 것은 상위수준의 기술에 속한다. 초기 학습상황에서는 하위수준의 기술에 채널 역량이 집중되기 때문에 의사소통 상에서 주고받는 메시지를 이해하는데 주의를 기울일만한 여유가 생기지 않는다. 그러나 학습이 진행되면서 하위수준의 언어적 항목에 대해서 어느 정도 자동화가 이루어진 후에는 주의력의 여유가 생겨서 이제는 상위수준의 기술, 즉 상대방과 주고받는 메시지를 이해하는데 주의력을 집중시키게 된다.

하지만, McLaughlin(1987)은 자동화 그 자체만으로는 복잡한 인지기술을 습득하는데 한계가 있다고 주장하였다. 보다 복잡한 인지기술을 습득하기 위해서 학습자들은 통제된 학습을 통해 얻은 선언적 지식들을 절차적 지식으로 전이시키는 자동화 과정 중에서 '재구조화(restructuring)'라는 과정이 일어나서 기존의 자동화 경로와는 다른 경로의 자동화가 일어나야 한다고 주장하였다. 예를 들어, 숫자 2를 다섯 번 합산하여 그 합은 얼마인지를 계산하는 경우(예: 2+2+2+2+2=10), 이 과정은 연습이 동반된 자동화를 통해서 합산에 걸리는 시간을 단축시킬 수 있다. 그러나 학습자들은 숫자를 더해가는 과정이 유일한 학습의 해결방법이 아니라는 것을 곧 깨닫게 된다. 즉, 곱하기 공식을 이용하여 '2 X 5=10'이라는 사실을 발견하게 되고 이 방법이 이전 방법보다 훨씬 빠르고 효과적이라는 것을 알게 된다. 이렇게 학습과제(문제)를 해결하기 위해 접근하는 방식을 기존 방식과는 근본적으로 다르게 바라보는 것을 재구조화라고 한다. 이러한 재구조화 과정을 거치면서 학습자들은 보다 복잡한 인지기술을 습득하게 되고 학습의 효율성을 높이게 된다.

McLaughlin은 다시 학습자의 주의집중을 어디에 두느냐에 따라 집중적인 것(focus)과 주변적인 것(peripheral)으로 구분하였다. 그렇다고 해서 집중적인 것은 의식적이며 주변적인 것은 무의식적인 집중을 하는 것은 아니며, 이들 두 개념 모두 어떤 과제에 대해서 의식적인 것이라 할 수 있다. 한 예를 들어, 우리가 운전을 하면서 안전을 위해 무의식적으로 브레이크를 살짝 밟는 것은 자동화된 행위이며 동시에 주변적 주의집중이라고 할 수 있다. 따라서 통제적 학습에서는 학습자의 의식적인 주의집중이 주요 학습형태가 되고 주변적 의식은 부수적인 학습이 된다. 반면에 자동학습에서는 학습자의 주변의식이 주요 학습형태가 되고 집중적 의식은 부수적 학습이 된다. 즉, 성인 학습자가 교실에서 외국어의 언어적 규칙에 대한 설명을 듣고 이를 학습하는 것은 통제된 과정에서 집중적이라 할 수 있지만, 어린이들이 모국어를 습득하는 것은 자동적인 과정이면서 주변적이라고 할 수 있다. 이를 표로 나타내면 다음과 같다.

〈표 11-3〉 McLaughlin의 언어습득 모형

언어의 형식적 특성에 대한 주의집중	정보처리 과정	
	통제	자동
중심적인 (Focus)	(A형) 형식적인 규칙학습에 근거하여 언어수행	(B형) 테스트 상황에서의 수행
주변적인 (Peripheral)	(C형) 암시적 학습 또는 유추적 학습에 근거한 언어수행	(D형) 의사소통 상황에서의 수행

중요한 점은 무엇이 학습자들로 하여금 주의를 집중하게 하고 또는 집중을 덜 하게 만드는지를 아는 것이다. Brown(2007)에 의하면, 부모의 얼굴 표정, 자신의 감정, 심리적 고뇌, 외로움, 불쾌한 사건, 대화가 이루어지는 환경적 배경 등의 비언어적이고 비인지적인 다양한 요인들이 학습자의 주의집중 정도에 영향을 미칠 수 있다. 만약 한 어린이가 부모에게 "Nobody don't like me" 라고 말을 했다면, 어린이는 분명히 자신의 감정 및 심리적인 요인을 나타내는데 더 집중적인 관심을 보이기 때문에 이 문장에서의 문법적인 요소에는 주변적인 관심을 기울이고 있는 것이다.

한편, Brown은 McLaughlin의 모형을 언어습득 과정에 구체적으로 접목하여 다음 표와 같은 모형을 제시하고 있다.

〈표 11-4〉 McLaughlin의 주의 집중처리 모델의 실제적 적용

	통제된: 새 기술, 용량이 제한되어 있음	**자동화된:** 잘 훈련되고, 연습된 기능, 용량이 상대적으로 제한되어 있지 않음
중심적 의도적인 정신집중	A • 특정항목에 대한 문법적 설명 • 어휘정의 • 쓰여진 양식을 그대로 모방 • 대화를 기억하는 제 1단계 • 이미 만들어진 유형 • 다양한 분리. 항목 연습	B • 어떤 것에 대해 "눈을 두지 않음" • 상급반 L2 학습자는 법, 절의 형태 등에 초점을 둠 • 말하거나 쓰는 동안에 자신의 활동을 관찰함 • 찾아 읽기 • 편집. 동료에 의한 수정
주변저	C • 단순한 인사 • 대화를 기억하는 나중 단계 • 전신반응 교수법. 자연적 접근법 • 새로운 L2 학습자가 간단한 대화를 성공적으로 완성함	D • 주제의 제한이 없는 집단 학습 • 속독, 대충 훑어 읽기 • 일정한 길이의 정상적인 대화의 교환

어린이의 언어습득 과정은 주로 C와 D 칸에 해당되고, 성인의 외국어 학습은 A에서 시작하여 B와 C의 배합을 거쳐 D 칸으로 이동해 간다.

11.3 Bialystok 이론

McLaughlin의 언어습득 모형이 Krashen이 제시한 학습과 습득 간의 구별 대신에 통제와 자동화라는 용어를 사용하였다면, Bialystok(1978)은 '명시적인(explicit)' 그리고 '암시적인(implicit)' 용어를 사용하여 언어 습득 모형을 설명하고자 하였다. Biolystok에 의하면, 언어지식은 명시적인 지식과 암시적인 지식으로 구별된다. 명시적인 지식은 개인이 언어에 관해 분명히 알고 있는 사실 그리고 알고 있는 사실을 명확하게 설명할 수 있는 능력을 의미하며, 암시적인 지식은 자동적으로 얻어진 지식으로 언어수행 시 자유롭게 사용할 수 있는 지식을 의미한다. 모국어를 습득하고 있는 어린이의 경우, 그들은 암시적으로 모국어의 음운, 통사, 어휘 등에 대해 알고는 있지만 명시적으로 이런 지식들을 설명하지는 못한다. 즉, 암시적인 과정은 학습자들로 하여금 언어를 의사소통 목적으로 자유스럽게 사용하도록 해주지만 그들이 사용하는 언어적 규칙들을 명확하게 말로 설명할 수 없다는 것을 의미한다. 후에 Bialystok(1982)은 '암시적' 그리고 '명시적' 이 두 용어를 '분석되지 않은(unanalyzed) 지식' 그리고 '분석된(analyzed) 지식'으로 바꾸어 소개하였다. 분석되지 않은 지식은 우리가 그 지식의 구조를 의식하지 않으면서 알고 있는 것을 의미하며, 반면에 분석된 지식은 학습자들이 그 지식의 구조에 대해 명확히 알고 있어서 이를 말로 설명할 수 있다는 것을 의미한다.

다음 아래의 모형은 Biloystok이 제시한 언어습득 모형이다. 그의 모형에서 사선은 보편적 현상(processes)을 뜻하고 점선은 개인에 따라 다를 수 있는 전략(strategies)을 뜻한다. 'R'은 학습자가 보이는 반응으로 'Type 1'은 자발적인 반응을 'Type II'는 지연되는 반응을 의미한다.

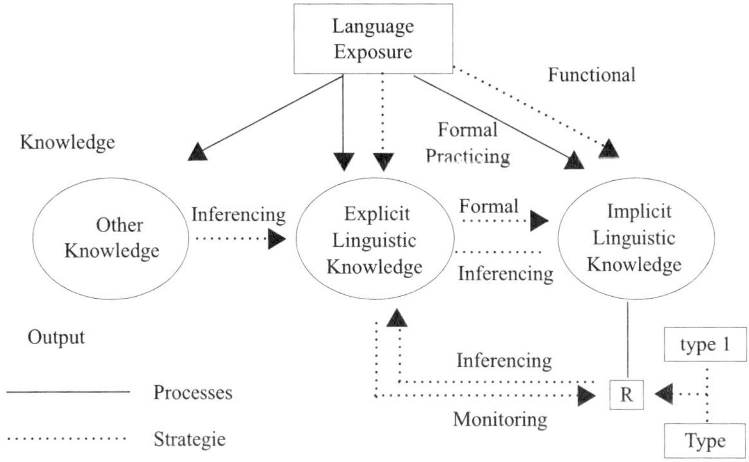

〈그림 11-4〉 Bialystok의 언어습득 모형

11.4 Van Patten 이론

Van Patten(1996)의 언어입력 처리모형은 Chomsky의 LAD 모형에 근거를 두고 있지만 Chomsky 모형과 비교해서 몇 가지 차이점이 있다. Chomsky 모형에서 언어입력은 모두 LAD를 거쳐서 언어출력으로 전환되어 나타나는 것으로 이해된다. 하지만 Van Patten의 모형에서는 모든 언어입력이 자동적으로 언어출력으로 전환되지 않는다는 것을 함축하고 있다.

Van Patten의 모형에서 기본 전제로 하고 있는 점을 나열해 보면 다음과 같다.

첫째, 정보처리 모형에 근거하고 있다. 외부로부터 주어지는 언어입력(정보)은 학습자 내부에서 처리된다. 이때 정보를 처리하는 인간의 정보처리 용량은 한정되어 있다. 한정된 정보처리 용량은 결국 학습자는 모든 언어입력에 주의를 기울일 수 없다는 것을 의미하며, 학습자는 언어

입력의 형태와 자신의 필요에 따라 선택적으로 주의를 기울이게 된다.

둘째, 외부에서 주어지는 언어입력은 내부 처리를 거쳐서 언어출력으로 나타나게 되는데, 항상 'Input = Output'는 아니라는 점이다. 그렇다면 정보를 처리하는 과정 중에서 어떤 메카니즘이 있다는 것인데, Van Patten은 이 과정을 '언어흡입(intake)'이라는 용어를 사용하였다. 언어흡입은 주어지는 언어입력을 어느 정도로 자신의 것으로 내면화 시켰는가를 나타낸다.

셋째, 학습자의 주의력을 매우 중시한다. 여기서 언어입력과 언어출력이 항상 같지 않다는 점과 인간의 정보처리 용량은 제한되어 있다는 점에 유의할 필요가 있다. 따라서 인간은 특정 정보를 받아들이는데 있어서 주의력을 발휘하게 된다. 학습자의 관심을 끌 수 있는 특정 정보 또는 학습자가 정말로 필요로 하는 정보에 주의력을 발휘하게 된다.

Van Patten은 자신의 모형을 다음과 같이 제시하면서 언어입력은 다음 3단계를 거친다고 하였다(Van Patten, 1996, p. 154).

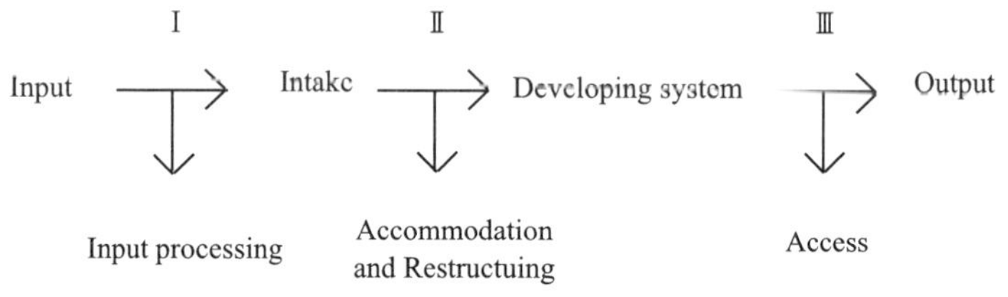

〈그림 11-5〉 Van Patten의 언어입력처리 모형

1) 첫 번째 단계: 외부에서 주어지는 언어입력에 대해서 주의력과 관심을 기울이는 단계이다. 이때 중요한 용어는 주의(attention)와 탐색(detection)이다. 언어를 잘 배울 수 있는 한 가지 조건은 언어입력에 대해서 학습자들이 주의력을 발휘해야 한다는 점이다.

2) 두 번째 단계: 언어흡입 단계 후 정보들이 내재화되는 단계인데, 수용(accommodation)과 재구조화(restructuring) 단계를 거친다. 이는 기존의 인지주의에서 정보를 저장하는 측면과 매우 유사하다. 학습자의 기존 정보에 체계성, 위계성, 관련성에 따라서 새로운 정보들이 저장된다. 또한 더 많은 정보와 중요한 정보를 저장하기 위해서 필요하다면 인지적인 가지치기(cognitive pruning)가 일어나면서 새로운 정보를 저장하기 위한 공간을 만들어낸다.
3) 세 번째 단계: 언어흡입과 수용, 재구조화 과정을 통해서 내재화된 언어입력 체계는 학습자들이 실제 언어사용을 위한 자료의 저장고가 된다. 언어출력의 이전 단계로서 학습자들은 언어출력의 자료를 저장고에 접근(access)하여 원하는 언어 자료를 선택하여 사용하게 된다.

그렇다면, 실제 외국어 학습에서 Van Patten의 언어입력 처리모형은 어떻게 응용될 수 있는가? Van Patten은 무엇보다도 외부에서 주어지는 언어입력을 언어흡입으로 전환시키는 효과적인 방법에 대해서 많은 관심을 갖고 있었다. 그가 제시한 모형을 외국어 학습에 응용한 모형은 다음과 같다.

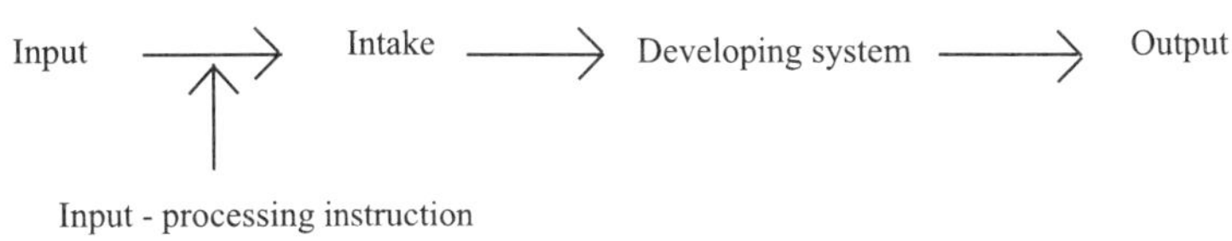

〈그림 11-6〉 외국어 학습에서의 언어입력 처리 모형 응용

위 모형의 핵심은 학습자 스스로 자신의 현재 언어능력(중간언어)과 목표어 간의 차이점을 인식하여 목표어 처리과정의 조정을 유도하는데

있다. 학습활동의 모든 단계에서 학습자들에게 어려움을 야기시키는 특정 언어형식이 있다면, 교사는 직접 이에 대한 설명을 하거나 충분한 예들을 입력 쇄도(input flooding) 또는 입력 강화(input enhancement)를 통해서 학습자들이 특정 언어적 항목에 주의력을 발휘하여 학습이 일어날 수 있도록 한다. 이를 통해서 학습자들은 목표어 언어형식에 대한 명시적인 설명과 규칙 제시를 통해 자신들에게 제공되는 언어입력을 체계적으로 받아들이게 되고, 자신의 중간언어 처리과정을 수정할 필요가 있음을 깨닫게 된다. 이는 언어 형식에 대한 일방적 규칙 설명이 이루어지는 기존의 문법 번역식 수업과는 다른 성격을 띠며, 학습자들의 의사소통 활동 중에 나타나는 발화에 대해 교사가 적극적으로 반응하는 유형이라 할 수 있다. 이 과정에서 교사들이 사용하는 몇 가지 원칙은 다음과 같다.

첫째, 언어흡입으로 전환시킬 수 있도록 언어입력을 조작한다. 앞서 언급한 바와 같이, 입력쇄도, 입력강화 방식을 사용하여 학습자들의 주의력을 특정 언어항목에 기울이도록 유도한다.

둘째, 문장(sentence) 중심의 연습보다는 담화(discourse) 중심의 연습이 이루어지도록 하며, 언어의 형식적인 면보다는 언어의 의미 중심으로, 그리고 표현(expression) 중심으로 연습이 이루어지도록 한다.

셋째, 학습자들이 준비되어 있지 않다면 강제적으로 말을 하도록 유도하지 않는다. 필요하다면 학습자들이 침묵의 시기(silent period)를 갖도록 하며, 학습자들이 스스로 언어의 규칙을 찾을 수 있는 기회를 제공한다.

넷째, 참조 지향 활동(referentially oriented activities)과 정서 지향 활동(affectively oriented activities)을 병행하여 실시한다. 참조 지향 활동은 단순히 학습자가 Yes/No 답변을 하도록 하는 것이 아니라 wh-질문을 사용하여 학습자의 의견을 제시할 수 있도록 활동을 하는 것이다. 그리고 정서 지향 활동은 학습자들이 특정 사항에 대해서 동의한다면 왜 그러한지, 동의하지 않는다면 왜 그러한지에 대해서 설명하도록 요구하는 활동이다.

11.5 Gass의 언어입력 처리 이론

Gass(1998)는 앞서 언급한 Van Patten의 모형보다는 다소 복잡한 모형을 다음과 같이 제시하였다.

Input → Apperceived Input → Comprehended Input → Intake → Integration → Output

〈그림 11-7〉 Gass의 언어입력 처리모형

이 모형을 이해하기 위해서는 다음 용어들을 이해할 필요가 있다.

1) 인식된 언어입력(apperceived input): 학습자에게 주어지는 모든 언어입력이 학습자의 언어발달에 기여하는 것은 아니다. 어떤 언어입력은 언어발달에 도움이 되지만, 어떤 언어입력은 그렇지 못하다. 왜 이런 결과가 나오는 것인가? 이때 고려되는 첫 개념이 인식된 언어입력이다. 학습자에게 새롭게 제공되는 언어입력의 여러 특징들은 학습자가 가지고 있는 기존 선험 지식들과 연관되면서 이해의 과정을 거치게 된다. 이렇듯 인식된 언어입력은 학습자에게 제공되는 언어입력이 갖는 몇 가지 특징을 학습자가 기존 선험지식과의 연계 등의 일정한 방식을 통해서 인식되는 언어라 할 수 있다. 학습자가 특정 언어적 자질을 인식하는데 영향을 미치는 요인으로 빈도(frequency), 정의적 여과기(affective filter), 주의력(attention), 선험경험 등이 있다.

· 빈도: 매우 빈번하게 반복되는 언어적 항목은 학습자들이 인식하기 쉽다. 또한 학습자에게 익숙한 특정 맥락에서, 새로운 단어나 구절은 학습자들이 보다 쉽게 인식할 수 있어서 학습자의 언어 체계에 영향을 미친다.

· 정의적 여과기: 사회적 거리감, 지위, 동기, 태도 등의 요인들이 포함된다. 학습자가 심리적으로 또는 사회적으로 목표어 집단과 어떤 거리감을 느낀다면 학습자는 목표어 원어민으로부터 멀어지기 때문에 언어입력을 활용할 수 없다.

· 주의력: 주의력은 학습자가 목표어에 대해서 아는 것과 실제로 목표어를 사용했을 때 나타나는 불일치를 인식하게 해 주는 역할을 한다. 우선 학습자는 이런 불일치를 인식하고 조정을 하고자 원한다면 그는 어떤 언어적 항목에서 변화가 있어야 하는지를 결정하기 위해서 선택적 주의력(selective attention)을 발휘하게 된다.

· 선험경험: 학습은 결국 새로운 지식과 기존의 선험지식 간의 연결 또는 통합의 결과라 할 수 있다. 따라서 학습자에게 제공되는 언어입력이 유의미한지의 판단여부는 학습자의 선험지식이 그 역할을 하게 된다. 선험지식은 크게 모국어에 대한 지식, 세계에 대한 지식, 언어에 대한 일반적 지식 등이 포함된다. 일반적으로 학습자들이 새로운 언어자료를 성공적으로 해석하거나 실패하는데 가장 중요한 역할을 담당하는 것은 선험지식이라 할 수 있다.

2) 이해된 언어입력(comprehended input): 우선 이해된 언어입력과 이해 가능한 언어입력(comprehensible input) 간의 차이를 이해할 필요가 있다. 이해 가능한 언어입력은 언어입력을 제공하는 외부 사람에 의해서 통제될 수 있는 반면에, 이해된 언어입력은 학습자 자신이 이해하기 위해서 어떤 노력을 하기 때문에 학습자에 의해서

통제된다는 점에서 차이가 있다 또 다른 차이점은 의미론적 차원에서 이해 가능한 언어입력은 이해가 가능하거나 이해가 안되는 이분법적 차원에서 이해된다. 하지만 이해된 언어입력은 잠재적으로 다른 차원의 다양한 이해가 일어날 수 있다는 점을 전제로 한다. 그렇다면 지각된 언어입력과 이해된 언어입력은 어떤 차이가 있는가? 지각된 언어입력은 일종의 초벌 장치로서 후속 분석을 위해서 학습자를 준비시키는 역할을 한다. 하지만 이해된 언어입력은 학습자가 언어입력에 대해서 이해하고자 노력하는 과정이며 궁극적으로 언어흡입(intake)으로 귀결될 지 그 여부를 결정짓는 역할을 한다. 왜냐하면, 이해된 모든 언어입력이 언어흡입으로 전환되지는 않기 때문이다.

3) 언어흡입(intake): 언어흡입은 언어재료를 동화시키고 학습자 자신의 것으로 내재화시키는 과정이다. 언어적 항목이 선험 지식에 일치하는지, 기존의 내면화된 문법규칙에 부합하는지 그 여부를 결정짓는 단계이다. 일반화(generalization)와 과잉일반화(overgeneralization)가 일어나고, 또한 최종적으로 화석화(fossilization)가 일어나는 단계라 할 수 있다. 언어흡입을 위해서 일어나는 몇 가지 현상은 가설 형성(hypothesis formation), 가설 검증(hypothesis testing), 가설 기각(hypothesis rejection), 가설 조정(hypothesis modification), 가설 확증(hypothesis confirmation) 등이 있다.

4) 통합(integration): 통합은 언어 관련 정보를 안정적으로 저장하는 것을 의미한다. 정보의 저장은 단 한번만 일어나는 것이 아니라 오히려 다른 단계의 분석과 재분석, 그리고 통합의 일부로서의 분석이 이루어진다. 중요한 점은 저장된 정보만이 학습자의 언어지식

> 체계로 불리는 것이 아니라, 처리과정을 거치고, 언어발달을 위해 적절하다고 생각되지만 아직 저장 상태에 있지 않은 언어정보 역시 학습자의 지식체계, 문법의 일부가 될 수 있다는 점이다.

Gass의 모형에서는 대화(conversation)를 통해서 이루어지는 상호작용을 중시한다. Gass에 의하면, 학습자가 받아들이는 언어입력은 대화를 통한 상호작용을 통해서 이해된 언어입력으로 전환된다. 하지만 이해된 언어입력 모두가 언어흡입으로 전이되지는 않는다. 즉 대화를 통해서 이루어지는 상호작용이 매우 중요한 역할을 하는 것은 분명하지만, 단지 대화만을 위해 사용되는 언어입력은 언어흡입 단계까지는 도달하지 못한다는 것이 Gass의 생각이다. 대화 중에 이루어지는 의미교섭(negotiation of meaning), 외국인 말(foreigner talk) 등은 언어입력을 이해된 언어업력으로 전환하는데 매우 효과적이다.

하지만 외국어 학습에서 Gass가 취하는 대화의 위치에 대해서는 많은 비평이 따른다. Gass는 이전에 이해된 언어입력이 언어흡입으로 전이되기 위해서는 주의력의 활용이 중요하다고 언급하였지만, 대화 중에 이루어지는 주의력의 활용에 대해서는 그다지 높은 가치를 두지 않았다. 그래서 그는 대화만을 위한 대화는 외국어 학습에 도움이 되지 않는다고 했지만, 실제로 대화만을 위한 대화가 외국어 학습에 유익하지 않는지는 명확하지 않다. 대부분의 외국어 학습이 자연적인 맥락(natural context)에서 이루어지지 않고, 인위적인 맥락에서 인위적인 유형의 상호작용을 통해서 외국어 학습을 성공적으로 수행하고 있는 점을 인정한다면, Gass가 주장한 대화만을 위한 대화가 외국어 학습에 도움이 되지 않는다는 점은 전적으로 받아들이기 어려워진다. 결국 어떤 유형의 대화가 외국어 학습에 도움이 되는가의 문제인데, 대화 중에 일어나는 상호작용이라고 해서 모든 상호작용이 외국어 학습을 위한 필요-충분 조건이 아니라는 점은 분명해 보인다.

한편 Gass에 의하면, 언어흡입은 언어정보를 동화시키고 학습자 자신의 것으로 내재화시키는 과정이며, 통합은 언어출력 이전에 언어 관련 정보를 안정적으로 저장하는 것이다. 이에 대해서 Johnson(2004)은 언어흡입 단계와 통합 단계의 구분이 불명확하여 굳이 통합단계가 필요한지에 대해서 의문을 제기하였다. 또한 Gass는 통합 단계에 대해서 저장된 정보만이 학습자의 언어지식 체계로 불리는 것이 아니라, 처리과정을 거치고, 언어발달을 위해 적절하다고 생각되지만 아직 저장 상태에 있지 않은 언어정보 역시 학습자의 지식체계, 문법의 일부가 될 수 있다고 주장하였다. 이에 대해서도 Johnson은 Gass의 모형 상에서 오류가 나타난다고 주장하였다. 즉, 모형 상에서 오직 이해된 언어 정보만이 저장될 수 있으며, 이해되지 않은 정보는 언어출력 이전의 단계인 통합 단계에서는 저장되기가 어렵다는 것이 그의 주장이다. 특히, 언어흡입 단계에서 가설의 설정, 기각, 수정 등의 단계를 거치는 것이 사실이라면, 이해되지 않은 언어정보들은 잠정적으로 통합 단계가 아닌 언어흡입 단계에 저장되는 것이 더 적절하다고 주장하였다.

지금까지 살펴본 언어입력처리 모형을 정리해 보면 다음과 같다.

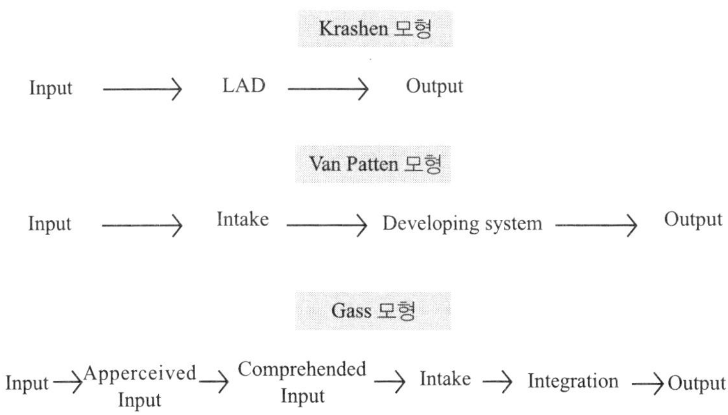

〈그림 11-8〉 언어입력 처리모형 비교

11.6 이해 가능한 출력 가설

Krashen(1985)의 입력가설 모형, 그리고 Van Patten과 Cardierno(1993)의 언어흡입(intake) 모형은 학습자 내면에서 일어나는 과정에 대해 너무 집중하기 때문에 외국어 학습에서 언어출력이 담당하고 있는 역할에 대해서는 그다지 중요성을 두지 않고 있다. 그러나 Swain(1985) 그리고 Swain과 Lapkin(1996)은 그들의 이해 가능한 출력 가설에서 학습자들이 만들어내는 이해 가능한 언어출력 역시 영어학습에 일익을 담당하고 있다고 주장하였다. 그렇다면, 실제로 말을 많이 하는 학습자는 영어학습에서 어떤 이점이 있는가? 이해 가능한 출력 가설에서는 학습자들이 가능한 말할 수 있는 기회를 많이 갖도록 강조한다. 왜냐하면 학습자들이 받아들이고 이해하는 언어입력 만으로는 외국어를 완전하게 학습할 수 없다고 생각하기 때문이다. 즉 언어적 항목의 완전한 습득이 되지 않은 상태에서도 상대방의 말을 이해하는 것은 가능하지만, 언어적 표현을 사용하여 자신이 전달하고자 하는 의미를 표현하기 위해서는 언어적 항목에 대한 완전한 습득이 요구된다. 따라서 이해 가능한 언어출력 가설이 갖는 가장 직접적인 이점은 학습자가 말을 많이 함으로써 궁극적으로는 자신에게 돌아오는 언어입력의 양을 증대시킬 수 있다는데 있다. 이를 좀 더 구체적으로 표현하면 다음과 같다.

① 언어습득이 진행되고 발전하는데 이해 가능한 언어입력이 큰 비중을 차지한다.
② 습득된 언어능력의 결과로서 언어출력이 가능하다.
③ 언어 수행자가 말을 할 때 사람들은 언어 수행자에게 다시 말을 하여 언어입력을 장려한다. 이것이 바로 '대화'이다

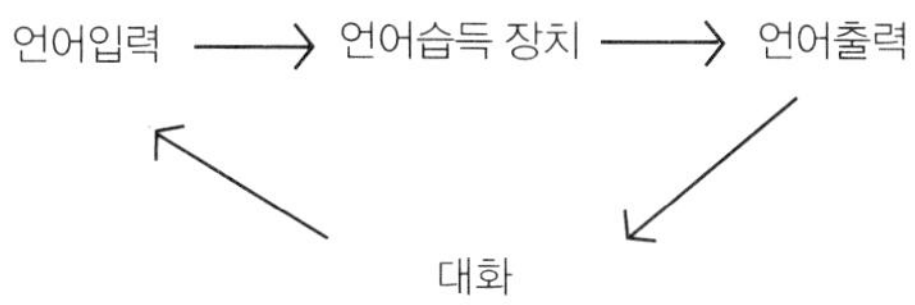

〈그림 11-9〉 언어출력이 언어습득에 기여하는 방법

언어출력의 또 다른 이점은 학습자들이 다양한 방식으로 생성된 자신의 발화를 살펴보고 수정함으로써 스스로 자신의 발화에 대해서 오류를 수정할 수 있는 기회를 제공하는데 있다. 언어출력은 학습자들이 자신의 내면에 잠정적으로 설정한 언어규칙에 대한 가설이 올바른지를 시험할 수 있도록 해준다. 언어규칙을 활용하여 발화된 언어출력은 상대방으로부터 긍정적인 피드백 또는 부정적인 피드백을 받음으로써 가설검증의 옳고 그름을 확인할 수 있다. 그러나 이 가설에서 중요한 점은 언어입력없이 언어출력만을 중요시하지 않는다는 점이다. Swain(1985, p. 128)은 이해 가능한 언어출력이 갖는 언어적 이점에 대해서 다음과 같이 주장하였다.

> Output may stimulate learners to move from the semantic, open-ended, non-deterministic, strategic processing prevalent in comprehension to the complete grammatical processing needed for accurate production. Output, thus, would seem to have a potentially significant role in the development of syntax and morphology.

한편, Gass와 Selinker(2001)는 이해 가능한 언어출력이 외국어 학습과정에서 수행하는 역할에 대해 다음 4가지를 제시하였다.

① 가설검증 과정(hypothesis testing)
② 피드백 수용(receiving feedback)
③ 자동화 발달(developing automaticity)

④ 의미 중심에서 통사적 구조 중심으로 전이 (sifting from semantic to syntactic processing)

언어출력은 학습자들이 이미 배웠던 내용을 보다 생산적이고 구체적인 방법으로 나타내는 역할을 한다. 또한 언어출력은 목표언어에 대한 가설검증의 구체적인 결과물로서 나타나며, 가설검증의 타당성에 대해 피드백을 받을 수 있는 근거를 제시한다. 특히, 학습자 자신의 수준에 맞추어 특정 문장 구조나 발음, 어휘 등을 계속적으로 연습하고 이에 대한 피드백을 받아 자신이 설정한 가설을 검증해 나가면서 궁극적으로는 자동화에 이르게 된다. 이러한 과정을 거치면서 학습자들은 현재 자신의 목표어 수준을 인식하고 자신의 목표어 언어체계를 지속적으로 수정하고 보완해 간다면 궁극적으로 완전한 목표어 언어체계에 도달하게 된다. 이러한 맥락에서 본다면, 언어입력은 단순히 언어출력을 위한 전제 조건이기 보다는 언어출력이 나타내기 전에 학습자 내면의 언어적 체계를 변화시키기 위한 방편으로 인식될 필요가 있다.

11.7 피진화와 문화이식 이론

1970년대 후반 Schumann(1978a, 1978b)은 외국어를 학습하고 있었던 Alberto라는 성인을 대상으로 사례 연구를 한 후 언어입력 가설과 정의적 여과기 가설에 기초하여 사회-언어학적인 관점에서 피진화(pidginization)와 문화이식(acculturation)이라는 외국어 습득 이론을 발전시켰다. 일반적으로 상인, 군인, 선교사 등이 세계 다른 지역을 방문하여 의사소통을 하게 되는 경우 접촉이 너무 전문화되고 제한적이며 또한 서로간의 문화가 너무 달라 의사소통을 하는데 어려움을 겪게 된다. 따라서 이들 두 집단은 의사소통을 보다 원활하게 하기 위해 서로

의 모국어에서 어휘와 복잡한 문법규칙을 보다 단순화시켜서 새로운 언어를 만들어 이를 초보언어의 기초로 사용하게 된다. 이런 과정을 통해 생성된 언어가 '피진어(pidgin language)'이다. Sebba(1997)는 피진어의 특징을 다음과 같이 나열하였다.

① 광범위한 수의 원어민이 개입되지 않는다.
② 두 개의 언어 또는 그 이상의 언어가 서로 접촉을 함으로써 생성된다.
③ 보다 단순화된 음운체계를 갖는다.
④ 보다 단순화되고 축소된 문법체계를 갖는다.
⑤ 일반적으로 한 언어로부터 그들이 사용하는 대부분의 어휘를 차용한다.
⑥ 어휘와 그 어휘가 갖는 의미를 쉽게 유추할 수 있다.
⑦ 의미전달을 위해 소수의 어휘를 사용한다.
⑧ 고립어 또는 교착어(낱말의 기본형에 여러 가지 언어적인 요소를 결합하여 여러 문법관계를 나타냄)적인 형태를 띈다.

Schumann은 코스타리카 출신으로 스페인어를 모국어로사용하고, 연구 당시 미국에 4개월 정도 체류하고 있었던 33세의 성인 영어 학습자였던 Alberto를 대상으로 사례 연구를 수행하였다. 그 결과, 피진어가 가지고 있는 언어적 체계와 Alberto가 보여 주었던 중간언어 체계 간에 매우 유사한 점이 많다는 것을 발견하였다. Schumann은 이를 근거로 모든 성인 외국어 학습자가 초기에 피진어와 비슷한 중간언어 단계를 거치는 것은 매우 보편적인 현상이라고 주장하게 되었다. 그러나 Schumann의 연구결과가 보여 주듯이 Alberto의 언어적 체계는 가장 기본적인 피진어 단계에서 더 이상 발전하지 못하고 불완전한 상태에서 화석화(fossilization)되었다. Schumann은 왜 Alberto의 언어체계가 더 이상 발전하지 못하였는가에 대한 원인을 파악하기 위해 사회 심리학적으로 접근하게 되었다. 연구 결과에 의하면, Alberto는 주로 밤에 일을 하였기 때문에 영어 원어민과 접촉할 수 있는 기회가 제한되어 있었고, 심리적으로도 미국이라는 공동체 사회에 그다지 호의적이지 못했다. 또한 ESL 교육도 받은 적이 없어서 그의 영어능력 또한 초기 단계와 비교하여 크게 다른 점이 없었다. Alberto가 보여준 발화의 일부를 소개하면 다음과 같다.

> One boy is ..... playing to plate. [=cymbals]
> This is a chicken [statement] and This is apple? [question]
> I talk to you Spanish and Yesterday I talk with one friend.
> I no drink, smoke.

결국, Alberto가 느끼고 있었던 미국 공동체 사회에 대한 심리적 거리감은 자신의 정의적 여과기의 작동을 높여서 보다 많은 양의 언어입력을 받아들이지 못하게 하였다. 따라서 Alberto가 목표어에 대해 가지고 있었던 사회적 및 심리적 거리가 화석화 현상의 가장 큰 원인이 되고 있음을 알 수 있다.

이러한 연구 결과에 근거하여, Schumann은 성인 학습자가 외국어를 보다 성공적으로 습득하기 위한 조건으로 '문화이식(acculturation)'이라는 개념을 소개하였다. 즉, 성인 외국어 학습자가 초기의 피진어 단계를 뛰어 넘어 외국어를 성공적으로 습득할 수 있는 여부는 학습자가 목표어 집단과 어느 정도 동화될 수 있는지 그 정도에 달려있다. Schumann은 문화이식의 2가지 유형을 소개하였다. 첫째 유형은 학습자가 목표어 집단과 사회적으로 또는 심리적으로 잘 융합되어 목표어 집단의 구성원들과 충분한 접촉을 갖는 것이며, 이러한 접촉을 통해서 학습자에게 주어진 언어입력을 잘 받아들이는 유형이다(사회적 거리감과 낮은 정의적 여과기). 그리고 두 번째 유형은 앞의 첫 유형을 포함하여 목표어 집단의 문화, 가치관, 생활방식 등을 받아들여서 이에 동화되는 경우이다. 물론, 목표어 집단의 가치관과 문화를 받아들여서 동화되는 것이 궁극적인 외국어 학습의 목표는 아니지만 목표어와의 빈번한 상호작용은 더 많은 언어입력을 접할 수 있도록 해주며 이는 다시 언어습득을 촉진시켜 준다고 할 수 있다.

학습자가 목표어에 대해 갖는 사회적 심리적 접촉 정도에 따라 외국어 학습이 촉진될 수도 있고 장애가 될 수도 있다. 만약 학습자가 목표어에 대해 느끼는 사회적 거리가 멀다면 이는 심리적 요인이 병행되어 외국어를 학습하는데 장애요인이 된다. 신성철 등(1999)은 Schumann이 제시한 학습자와 목표어 집단 간의 사회적, 심리적 거리에 따라 외국어 학습에 촉진 및 장애가 될 수 있는 요인을 다음과 같이 정리하였다.

1) 사회적 우위성(social dominance): 외국어 학습자 집단이 목표어 집단에 비해 정치적, 사회적, 경제적으로 우위의 위치에 있을 때 외국어를 학습하는데 장애가 될 수 있다. 반대로 목표어 집단이 더 우위에 있을 때도 외국어 학습에 장애 요인이 될 수 있다. 따라서 서로 동등한 위치에 있을 때 외국어 학습이 보다 효율적으로 이루어질 수 있다.
2) 융합전략(integration strategies): 동화(assimilation) 또는 보존(preservation)을 지칭하는 것으로 목표어 집단에 동화되고자 한다면 외국어 학습이 보다 용이할 수 있다. 그러나 학습자 집단이든 목표어 집단이든 자국의 문화를 보존하고자 하는 생각이 강하면 사회적 거리가 멀어져 외국어 학습에 장애가 될 수 있다.
3) 폐쇄성(enclosure): 학습자 집단과 목표어 집단이 학교, 교회 등의 사회적 시설물을 서로 공유하면 외국어 학습이 촉진될 수 있다.
4) 응집성(cohesiveness)과 규모(size): 각 집단내의 결속이 강하고 어느 한 집단이 다른 집단에 비해 상대적으로 커지면 타 집단과의 관계

가 멀어져 외국어 학습에 장애가 될 수 있다.

5) 일치(congruence): 양 집단 간의 문화가 서로 유사하면 상호 접촉이 용이하여 외국어 학습에 도움이 된다.
6) 거주기간(length): 목표어 집단에 거주하는 기간이 길수록 외국어를 배우는데 유리해 진다.

문화이식은 제2언어 학습자가 목표언어의 문화권에 적응해 가는 과정을 의미한다. 언어에는 그 언어가 속한 문화적인 요소들이 내재되어 있기 때문에 언어를 배운다는 것은 곧 문화를 배우는 것과 같다. 이런 맥락에서 외국어 학습은 곧 문화학습이라고도 한다. 즉, 언어와 문화는 불가분의 관계이기 때문에 목표언어의 문화를 제대로 이해하지 않고는 목표어를 제대로 학습할 수 없다. Lambert(1967)에 의하면, 일반적으로 새로운 문화 속에 들어가서 새로운 문화와 언어를 배우는데 전형적인 4가지 단계를 거치게 되는데, 외국어 문화와 언어를 학습하는데 가장 중요한 단계는 제 2, 3단계라 할 수 있다.

· 1단계: 행복단계(euphoria)
· 2단계: 문화충격(culture shock)
· 3단계: 점진적 회복단계(gradual recovery)
· 4단계: 완전 회복단계(full recovery)

한편, Lambert(1967)는 문화충격의 현상을 '아노미 현상(anomie)'이라는 개념을 이용하여 설명하고자 하였다. Lambert에 의하면, 아노미 단계는 3단계인 점진적 회복단계의 첫 단계로서 두 번째 단계의 문화충격 단계와 연결시키고자 하였다. 이 단계는 학습자가 자신의 모국어 문화에 얽매여 있지도 않고 그렇다고 목표어 문화를 완벽하게 학습하여 적응한 단계도 아니다. 이러한 중간단계가 바로 학습자들이 인지적, 정의적 긴장감과 압박감을 같이 느낄 수 있는 두 문화 간의 적절한 거리(optimal distance)가 되어 외국어 학습이 가장 잘 일어나는 시기가 된다.

11.8 경쟁 모형 (Competition Model)

MacWhinney(2001)는 언어의 기능적 접근방식(functional approach)에 의해서 경쟁 모형(competition model)을 제시하였다. 경쟁모델에 의하면, 모든 언어적 수행은 언어의 외적인 형식(form)과 이들 외적인 언어 형식이 수행하는 내적인 기능(function)을 상호 일치(matching)시키는데 있다. 외적인 언어형식은 주로 음성적 속성에 의해서 표시되며, 언어의 기능은 주로 의미에 의해서 표시된다. 예를 들어, 'Horses eat hay.'라는 문장에서 어순(word order), 즉 동사 뒤에 위치한 'hay' 등과 같은 정보는 언어형식에 해당되며, 기능적인 면에서 본다면 'horses'는 주어가 되고 'hay'는 목적어가 된다는 점을 알려준다. 또한 'horses'의 복수형은 언어형식에 속하고, 기능적인 면은 2마리 이상의 말을 의미한다는 것을 알려 준다. 이렇듯 경쟁모형은 언어형식과 이들 언어형식이 수행하는 언어기능을 서로 일치시키면서 언어를 배울 수 있다고 생각한다.

그런데 언어형식과 언어기능과 일치시키는데 몇 가지 실마리(clue)를 사용한다. 사용 가능한 여러 가지 실마리 중에서 어느 실마리에 더 무게(clue strength)를 둘 것인지가 언어학습 과정에서 중요하다. 위 예문에서 'horses'가 주어라는 것을 어떤 실마리로 알 수 있는가? 가장 중요한 실마리는 바로 어순인데, 이는 동사 앞에 위치하고 있다는 점 때문이다. 한국어의 경우에서도 어순이라는 실마리를 통해서 특정 어휘가 주어라는 점을 알 수 있는가? 그렇지는 않다. 한국어의 경우에는 '격 표시(case marker)'가 어순보다 더 중요한 실마리가 된다. 예를 들어, '나는 밥을 먹었다.'라는 문장에서 주격 조사 '-는' 때문에 '나'가 주어가 된다는 사실을 알 수 있다. 주어진 언어입력을 통해서 언어형식과 그 기능을 일치시키는 데는 여러 실마리를 사용할 수 있다. 그런데, 언어학습 과정은 이들 다양한 실마리들 간에 경쟁이 이루어진다는 점이다. 가장 대표적인 실마리로는 다음 4가지를 들 수 있다.

① 어순(word order)
② 격 표시(case marker)
③ 일치(agreement)
④ 생물성(animacy (volitional action))

다음 문장을 살펴보면서 각 실마리들에 대해서 중요도가 어떻게 다르게 부과될 수 있는지 살펴보고자 한다(Saville-Troike, 2006, p. 79).

① The cow kicks the horse.
② The cow kick the horse.
③ Him kicks the horse.
④ The fence kicks the horse.

②번 문장의 경우, 'The cow'와 'the horse' 중 어느 것이 주어가 될 수 있는가? 어순에 의해서 'The cow'가 동사 앞에 위치하기 때문에 주어가 된다는 점을 알 수 있다. 하지만 주어와 동사 간의 일치(agreement)라는 실마리를 사용한다면 이 문장은 비문법적인 문장이 된다는 점을 알 수 있다. ③번 문장은 격 표시(case marker)에 의해서 비문법적인 문장을 된다는 점을 알 수 있다. 'Him'은 목적격으로서 동사 앞의 주어 위치에 올 수 없다. 그렇다면 ④번 문장은 어떻게 해결할 수 있는가? 'The fence'는 왜 주어가 될 수 없는가? 바로 주체적인 행위를 할 수 있는가를 의미하는 '생물성(animacy)'이라는 실마리를 사용해야 한다. 'The fence'는 생명

력이 없는 사물이기 때문에 주어 위치에 올 수 없다. 이렇듯 서로 다른 문장에 서로 다른 실마리에 무게를 두면서 언어형식과 그 기능을 일치시킬 필요가 있다.

외국어로서 또는 제2언어로서 영어의 학습과정을 어떻게 보다 더 효과적으로 설명할 수 있는가? 이 질문에 대한 답을 찾기 위한 교사 및 언어학자들의 노력은 현재에도 계속되고 있지만 만병통치약과 같은 만족스런 답은 찾지 못하고 있다. 왜냐하면 Brown(2000)이 언급했듯이, 외국어 학습이란 인간이라고 하는 가장 복잡한 유기체내에서 많은 변수들이 작용하는 복잡한 수수께끼 풀기와 같은 과정이기 때문이다. 때로는 영어학습의 과정을 너무 완벽하게 설명하고자 하는 우리들의 너무 지나친 분석적 접근 때문에 우리가 궁극적으로 원하는 이론을 찾는데 방해가 될 수도 있다. 따라서 영어학습의 이론이 우리들의 현재 생각과 다소 모순이 생길 수 있지만 관용하고 포용하면서 기꺼이 모험을 시도해 볼 수 있는 태도가 요구되기도 한다. 본 장에서 제시된 영어학습의 다양한 이론들을 이해하는 가운데 영어학습과 관련된 수수께끼의 여러 조각들을 잘 찾아서 나중에 맞춰 나간다면 영어학습을 이해하는데 필요한 통찰력을 얻을 수 있을 것으로 생각된다.

제12장

Vygotsky의 사회 · 문화 이론과 영어학습

기존의 과학이론이 어떤 현상을 분리하여 각각의 요소들에 대한 분석적 접근방법을 취했다면, Vygotsky(1896-1934)의 이론은 각각의 요소들과 이들 요소들이 인접하고 있는 다른 하위 요인들 간의 상호작용적 역할을 규명하는데 초점을 맞추고 있다. Vygotsky의 이론은 사회 · 문화 이론이라 하는데, 이 이론의 하위 요소에는 잠재적 발달영역(ZPD, 4장 참조), 사적 발화(private speech), 내적 발화(inner speech), 행위 이론(activity theory) 등이 있다. Vygotsky의 이론을 살펴봄으로써 영어교육의 새로운 대안을 찾아보는데 많은 도움이 될 것으로 사료된다.

12.1 사회·문화 이론의 원리

Vygotsky에 의하면, 아동의 지적발달은 두 단계를 거쳐서 이루어진다. 첫 번째 단계는 사회적 단계(social plane) 또는 인간간 단계(interpersonal plane)로서 아동(학습자)과 성인(교사) 간의 정신적 매개 작용을 통해 학습이 이루어지기 때문에 인간 간의 정신적 상호작용이 중시되는 단계이다. 그 다음 단계는 심리적 단계(psychological plane) 또는 인간내 단계(intrapersonal plane)로서 학습자 내부의 정신이 상호작용하는 단계이다. 이 단계는 학습자 내부에서 이미 정립된 지식과 새롭게 받아들이는 지식이 상호작용하여 새로운 지식체계를 구축하는 단계이다. 학습자는 기존 지식과는 질적으로 다르게 구축된 지식체계를 통해서 다시 사회적 단계로 넘어간다. 사회적 단계를 통해서 새롭게 받아들이는 지식들은 학습자 내부의 심리적 단계를 통해서 다시 내재화 과정을 거친다. Vygotsky의 입장에서 학습은 벽돌쌓기처럼 새로운 지식이 차곡차곡 쌓이는 것이 아니라, 기존 지식과 새로운 지식이 상호 매개과정을 통해서 기존 지식과는 질적으로 다른 새로운 지식체계로 재편성되는 과정으로 보고 있다.

그런데 Vygotsky의 이론에서 언어가 주목받는 이유는 인간의 고등정신 기능과 인간의 학습을 유도하는 매개물로 언어가 작용한다고 믿기 때문이다. Vygotsky는 인간의 고등정신능력을 개발하는데 있어서 언어의 역할을 매우 중요시하였다. 즉, 인간은 언어를 통해서 개인의 고등정신능력을 개발하게 된다. 언어는 의사소통의 도구이며, 문제해결을 위한 도구이며, 상호작용 및 인지발달의 도구로 사용되며, 무엇보다도 사회적 단계에서 심리적 단계로 전이되면서 새로운 지식을 내재화시키는 매개 역할을 수행한다. 이를 그림으로 나타내면 다음 〈그림 12-1〉과 같다. 아래 그림에서 보듯이, 사회적 단계에서 심리적 단계로 전이하면서 새로운 지식이 내재화되는데, 중요한 매개 역할을 담당하는 것은 바로 '언어'이다.

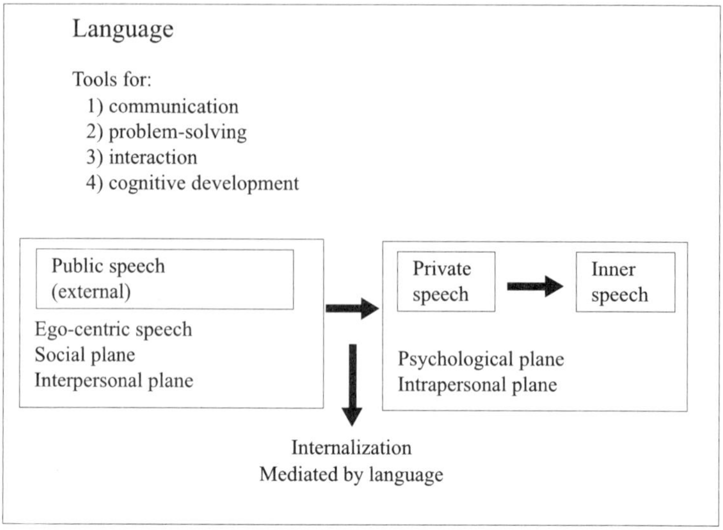

〈그림 12-1〉 Vygotsky가 바라보는 언어의 역할

Vygotsky에 의하면, 인간이 수행하는 정신능력에는 기억(memory), 주의(attention), 이성적 사고(rational thought), 의지(volition), 개념의 정립(formation of concepts) 등이 있다. 이들 정신능력은 본질적으로 생리적 단계(biological plane)에서 자연스럽게 나타나는 부산물이 아니라 사회적 활동을 통해서 나타나는 것으로 보았다. 즉, 인간의 고등정신능력 발달과정에서 사회적 요인은 생리적 요인보다 더 우선된다. 따라서 이러한 정신능력들이 발휘되기 위해서 학습자들은 사회적 활동에 참여해야 한다. 학습자를 둘러싼 외부 환경(교사, 동료, 사회적 관습 등)과 상호작용하면서 새로운 지식을 받아들이는 사회적 단계는 인간간 단계가 되며, 이때 학습자의 정신능력은 외부에 의해서 지배를 받는다. 그렇지만 이 단계는 학습자가 자기통제(self-regulation)와 인지적 독립(cognitive independence)을 성립해 나가는 첫 단계가 되기도 한다. 사회적 단계에서 심리적 단계로 전이되는 내재화 과정을 도식으로 나타내면 다음 〈그림 12-2〉와 같다.

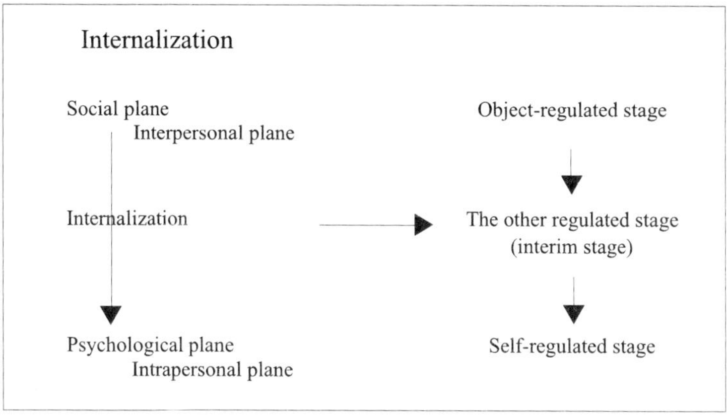

〈그림 12-2〉 Vygotsky의 내재화 원리

Vygotsky는 인간의 고등정신능력은 외부 환경에 의해서 지배받기 보다는 자신에 의해서 지배를 받는 심리적 단계에서 구현된다고 하였다. 사회적 단계에서 심리적 단계로 전이되는 내재화 과정은 학습자의 고등정신능력이 구현되기 위한 전제조건이면서 기초과정이 된다. 심리적 단계에서는 이전 사회적 단계에서 학습자들이 사회적 활동을 통해서 받아들인 사회적 관습 및 새로운 지식을 내재화하면서 기존 지식과는 질적으로 다른 새로운 지식체계로 전환된다. 이렇게 질적으로 다르게 재편성된 지식체계는 새로운 지식을 받아들이기 위한 외부세계와의 상호작용을 위해서 다시 사용된다. 즉, 사회적 단계 (또는 인간간 단계)에서 심리적 단계(또는 인간내 단계)로 내재화되고, 질적으로 다르게 재편성된 지식체계는 다시 외부세계와 상호작용하기 위해 사용되는 일종의 순화과정을 거친다. 이러한 순환과정을 통해서 인간의 고등정신능력은 지속적으로 발전해 나간다는 것을 알 수 있다. 이 과정을 좀 더 자세하게 언급하면 다음과 같다.

첫째, 사회적 단계에서 학습자는 사회적 활동에 참여하게 된다. 따라서 학습자는 사회적 관습 및 법규, 행위, 새로운 지식을 받아들이게 된다. 이때 학습자를 둘러싼 외부환경은 학습자에게 영향을 미치게 되고, 학습자는 외부 환경적 요인에 의해서 지배를 받는다.

둘째, 학습자는 사회적 활동을 통해서 관찰한 사회적 관습 및 행위, 그리고 새로운 지식을 내재화시킨다. 새로운 지식은 기존의 지식체계와 만나서 질적으로 다른 새로운 지식체계로 바뀌게 된다.

셋째, 학습자는 질적으로 새롭게 바뀐 지식체계를 가지고서 학습자를 둘러싼 외부환경과 다른 방식으로 사회적 활동에 참여하게 된다.

넷째, 학습자는 사회적 활동을 통해서 새롭게 관찰한 사회적 관습 및 행위, 그리고 새로운 지식을 내재화시킨다. 새로운 지식은 기존의 지식체계와 만나서 다시 질적으로 다른 새로운 지식체계로 바뀌게 된다.

다섯째, 학습자는 질적으로 새롭게 바뀐 지식체계를 가지고서 학습자를 둘러싼 외부환경과 다른 방식으로 사회적 활동에 참여하게 된다. (이러한 순환과정을 거치면서 고등정신능력을 발전시키게 된다.)

학습자가 고등정신능력을 발전시켜 나가는 이러한 순화과정을 도식으로 나타내면 다음 〈그림 12-3〉과 같다.

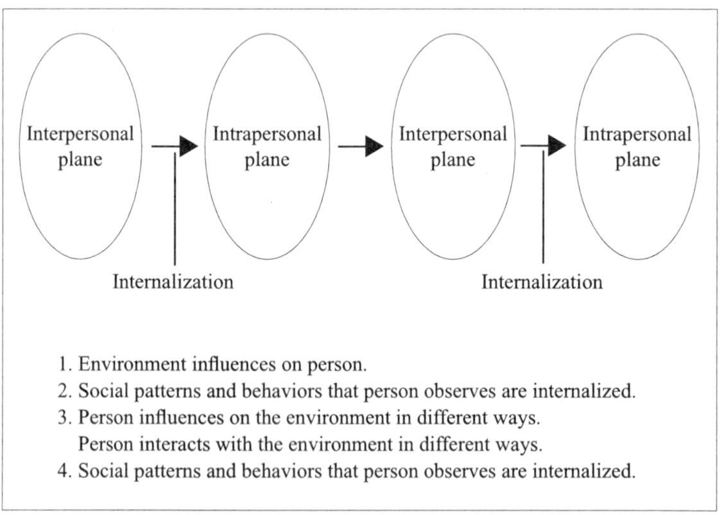

〈그림 12-3〉 Vygotsky의 고등정신능력 발달 과정

12.2 자기중심적 발화, 사적 발화, 내적 발화, 활동 이론

Vygotsky는 아동이 자신의 고유 정신세계를 형성하면서 언어가 질적으로 다른 역할을 담당한다고 주장하였는데, 언어는 아동의 정신세계를 구축하는데 매우 중요한 역할을 담당한다. 앞서 제시한 〈그림 12-1〉에서 보았듯이, 사회적 단계에서는 자기중심적 발화(ego-centric speech)와 공공 발화(public speech)가 사용되며, 심리적 단계에서는 사적 발화(private speech)와 내적 발화(inner speech)가 사용된다.

1) 자기중심적 발화(Ego-centric Speech)와 공공 발화(Public Speech)

이 단계에서 아동은 자신을 타인처럼 간주하여 스스로에게 발화를 하게 된다. 예를 들어, 어떤 John이라는 이름을 가진 아동이 'John likes apples.'라는 발화를 했다면, 이는 타인의 존재를 인식하고 발화를 하는 것이 아니라 타인의 존재 유무와는 관계없이 자신에게 발화를 하는 것이다. Piaget은 이런 발화는 인시능력이 낮은 아동이 단지 미숙한 자아를 표출하는 '자기중심적 발화'라고 주장하였다. 하지만 Vygotsky는 이러한 발화는 아동의 주위 환경의 영향을 받아서 형성된 아동의 자아가 언어라는 매개체를 통해서 규제되는 증거로 보았다. 그런데 Vygotsky는 아동의 인지발달 과정 중에서 아동을 둘러싼 외부환경에 존재하고 있는 타인의 존재를 인식하고, 이들 타인과 상호작용하기 위한 수단으로서 언어가 사용되는 점을 중시하는 측면에서 Piaget이 제시한 '자기중심적 발화'보다는 '공공 발화(public speech)'라는 용어로 대체하여 사용하였다. 따라서 공공 발화는 아동의 외부세계에 존재하는 타인의 존재를 인지하고 이들과 상호작용하기 위한 수단이 되며, 상호작용을 통해서 사회적 관습 및 행위, 사고체계, 가치체계, 사회적 태도, 그리고 새로운 지식 등을 받아들여서 이들을 학습자 내부에 내재화시키기 위한 매개체 역할을 한다. 이를 위해서 공공 발화는 사적 발화 및 내적 발화로 전환되어 고등정신능력 발달의 기반이 된다. 자기중심적 발화에 대한 Piaget과 Vygotsky 간에 차이점을 비교해 보면 다음 〈표 12-1〉과 같다 .

〈표 12-1〉 Egocentric speech에 대한 Piaget과 Vygotsky 비교

Piaget	Vygotsky
1. 인지능력이 낮은 아동의 자기중심적 사고 반영	1. 자기중심적이지만 타인과의 상호 작용을 위한 도구로 사용함
2. 타인을 고려하지 않음	2. 현재 자신의 발달단계를 넘어선 과업에 직면하여 이를 해결하기 위한 도구로 사용됨
3. 성숙하면서 감소	3. 다른 사람으로부터 도움을 청할 때 나타남. 이를 통해서 ZPD를 만들어 냄
	4. 내재화 시작을 의미함. 인간간 세계에서 인간내 세계로의 전환을 의미하며, 내재화 과정이 끝날 때, 인간의 고등정신의 기능을 기대할 수 있음

2) 사적 발화(Private Speech)와 내적 발화(Inner Speech)

Vygotsky에 의하면, 사적 발화와 내적 발화는 심리적 단계 또는 인간내 단계에서 나타난다. 이들 발화의 공통적 특징은 아동을 제외한 다른 사람들은 이를 듣지 못한다. 우리 성인들도 사적 발화와 내적 발화를 많이 생성하지만, 아동은 인지적 노력이 요구되는 과업에 직면하여 이를 해결하고자 할 때 이들 발화들을 더 많이 생성하게 되는 특징을 갖고 있다. 이는 언어가 인간의 고등정신능력을 제어하고, 또한 인간의 정

신이 주변 환경과 역동적으로 상호작용하고 있다는 점을 함축하고 있다. 사적 발화에 대한 Piaget과 Vygotsky 간의 견해 차이를 정리해 보면 다음 <표 12-2>와 같다.

<표 12-2> Private speech에 대한 Piaget과 Vygotsky 비교

	Piaget	Vygotsky
1. 정의	• 인지능력이 낮을 때 나타남	• 자신과의 의사소통 도구로 사용됨
2. 발달과정	• 성숙하면서 감소함	• 나중에 inner speech로 전환됨
3. Public speech와의 관계	• 어린이들이 사용함	• 능력있는 동료, 교사와 상호작용하면서 더 발달됨
4. 사회적 맥락과의 관계	• 사회적 맥락은 무의미함	• 학습자들은 사회적 유형, 행위, 관습, 사고 등을 내재화함. 그런 후, 고등정신의 기능을 가져올 수 있는 inner speech를 발달시킴

아동의 고등정신능력의 발달을 위해서 사적 발화는 다시 내적 발화로 전환된다. 사적 발화는 침묵에 가까워서 다른 이들은 이를 들을 수 없지만, 아동의 내면과 대화하는 특징이 있다. 아동은 자신의 내면세계와 대화를 하면서 사회적 단계에서 받아들인 사회적 관습 및 행위, 그리고 새로운 지식들을 내면화시키거나, 또는 주어진 과업의 문제를 해결하기 위한 방법을 내면에서 찾기 위한 매개체로 내적 발화를 사용한다. 따라서 내적 발화는 아동의 고등정신능력 발달에 있어서 매우 중요한 역할을 담당하게 된다. 예를 들어, 자신의 능력보다 위에 있는 과업에 직면하였을 때 이를 해결하기 위한 방법으로 다음과 같은 발화를 내면의 자신에게 할 수 있다. “What is the best way?”, “Where to go?”, “What do I need to do?”, “What do I want to find?”. 내면의 자신과 대화를 하

면서 이전 단계의 인간간 단계에서 받아들인 새로운 지식체계를 내재화 시킴으로써 자신의 사고과정과 행위를 스스로 규제하게(self-regulated) 된다. 따라서 일단 문제해결이 되면 내적 발화는 사라지게 된다.

3) 행위 이론(Activity Theory)

Vygotsky 이론의 핵심은 개인을 둘러싼 외부환경(사회·문화적 요인)과 개인 간의 상호작용을 통해서 개인의 질적인 변화에 초점을 맞추고 있다는데 있다. Leont'ev(1979)에 의하면, 행위 이론은 세 가지 단계로 구성 된다: 행위체계(activity system) 단계, 구체적 행동(action) 단계, 조작(operation) 단계. 행위체계에서 조작단계로 갈수록 인간의 행위는 더 구체적이고 세부적으로 분석된다. 예를 들어, 영어학습이 이루어지는 교실에서 교수자의 기본 교수 방향이 학습자의 의사소통능력 향상에 최우선 순위를 둔다면, 이는 행위체계 단계에서 분석이 가능하다. 학습자의 의사소통능력을 향상시키기 위해서 과제중심 언어학습법(task-based language learning)이 사용된다면, 이는 구체적 행동 단계에서 분석이 가능하다. 그리고 영어학습이 이루어지는 환경적 요인들(시설 등)을 포함하여 학습자의 의사소통능력의 정확한 정의 및 평가방법 등의 시행 등은 조작단계에서 분석이 가능하다. 하지만 이들 세 단계는 학습자 주위의 다른 요소들이 어떻게 구성되어 있고, 이들 요인들 간에 상호작용이 어떻게 이루어지고 있는가에 대한 설명이 미흡하다는 지적이 있어 왔다. 이에 대한 약점을 보완하기 위해서 Engestrom(1999)은 행위 이론을 다음 〈그림 12-4〉와 같이 시각적으로 제시하였다(김태영, 2004, 재인용).

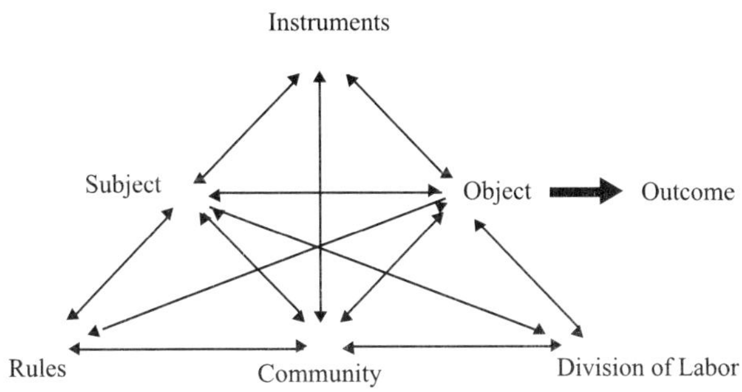

〈그림 12-4〉 Engestrom의 행위 이론 모델

위 모형에서 주체(subject), 도구(instrument), 대상(object)은 Leont'ev 이론 중 개인과 사회 간의 상호작용을 설명하기 위해서 이미 사용된 개념이고, 규칙(rule), 공동체(community), 노력 분담(division of labor)은 Engestrom의 이론에서 새롭게 추가된 개념이다. 영어학습이 이루어지는 교실환경의 경우를 살펴본다면, 주체는 학습자가 될 것이며, 도구는 학습자료, 교과내용, 동료 및 교사의 도움 등이 될 것이며, 대상은 교과내용의 이해가 될 수 있다. 규칙은 수업현장에서 적용되고 있는 여러 규칙들, 예를 들어 교재를 모두 지참해야 한다든지, 수업시간에는 오른손을 들어 발표신청을 해야 한다든지, 다른 학생이 발표할 때는 조용히 경청해야 한다든지 등이 예가 될 수 있다. 공동체는 작게는 수업이 이루어지는 교실 내에서 다른 학생들과의 교우관계, 특정 학급 및 학년, 학교 등이 될 수 있고, 넓게는 학교를 둘러싸고 있는 공동체를 지칭할 수 있다. 그리고 노력 분담은 성공적인 영어학습을 위해서 학습자 개개인이 수행해야 할 역할과 책임을 지칭한다. 예를 들어, 영어발표를 한다든지, 역할극을 할 경우 학습자 개개인들이 실제 언어를 사용하여 수행하는 역할과 책임을 지칭한다.

앞서 언급한 바와 같이, Vygotsky 이론의 핵심은 개인을 둘러싼 외부

환경(사회 · 문화적 요인)과 개인 간의 상호작용을 통해서 개인의 질적인 변화에 초점을 맞추고 있는데 있다. 따라서 Vygotsky는 학습이 이루어지는 과정 중 개인이 갖는 학습에 대한 동기(motive)를 매우 중요시하였으며, 동기가 궁극적으로는 학습이 이루어지는 과정에 결정적인 영향을 미친다고 하였다. 학습자가 갖는 학습에 대한 동기는 개인의 과거 배경, 그리고 학습자를 둘러싼 사회적 배경과 결부되어 다양한 형태로 나타나며 이는 학습자 개개인이 수행하는 학습에 대한 태도를 결정하게 된다. 이러한 점에서 Vygotsky는 효과적인 학습자(effective learners)와 비효과적인 학습자(ineffective learners)를 구분하는 기준으로 동기를 사용하였다. Vygotsky에 의하면, 동기는 외국어 학습에 대해서 어떤 가치를 부여하는가에 따라서 결정되는 것이지, 언어학습이 이루어지는 교실에서 학습자가 경험하는 긍정적 / 부정적 경험에 의해서는 영향을 받지 않는다고 하였다. 무엇보다도 외국어 학습에 대한 동기가 강한 학습자는 교실에서 경험하는 부정적 경험에 의해서 결코 낙담하지 않는다고 하였다. 활동에 참여하는 학습자가 어떤 동기를 갖고 있는가는 매우 중요하며, 동기가 부여된 학습자는 그렇지 못한 학습자와는 다르게 활동에 참여하게 되는데, 이는 분명 다른 학습의 결과를 도출해 낸다. 따라서 학습자는 무엇보다도 학습에 대한 높은 동기를 갖게 될 때 긍정적인 학습의 결과를 기대할 수 있게 된다.

12.3 Vygotsky의 사회 · 문화 이론과 영어학습

12.3.1 외국어(영어) 학습의 기본 원리

인지주의에서 바라보는 외국어 학습은 외부에서 주어지는 언어입력을 대상으로 언어규칙을 발견하고 형성해 나가는 개인적인 가설검증

과정에 초점을 맞추고 있어서 매우 개인적인 과정으로 이해된다. 하지만 Vygotsky의 이론은 학습자를 둘러싼 사회적 환경과의 상호작용을 통해서 인간이 갖추어야 할 고등정신능력의 개발을 매우 중요하게 다루며, 이때 기능적인 매개체 역할을 하는 언어의 기능에 초점을 맞춘다. 따라서 의사소통중심 교수법에서 주장하는 바와 같이 Vygotsky 이론은 외국어 학습의 성공 여부를 결정짓는데 있어서 학습자를 둘러싼 사회적 맥락을 매우 중요하게 생각하며, 또한 사회적 맥락에 따라 다양한 표현들이 적절하게 사용되는 사회 언어학적인 능력의 배양을 중요하게 생각한다. 학습자를 둘러싼 사회 · 문화적 요인들이 강조되는 Schumann의 문화이식(acculturation)과 비슷한 점이 있지만, Vygotsky 이론은 단순히 목표문화와 학습자의 자국 문화 간의 차이를 인식하는데서 그치지 않는다. 오히려 사회적 맥락에서의 적극적인 참여(participation)를 통해서 사회적 공동체의 완전한 구성원이 될 수 있는 정도의 새로운 자아 정체성을 재구성하는데 목표를 두고 있다는 점에서 기존의 문화이식 이론과는 차이가 있다.

Vygotsky이론에서 바라보는 외국어 학습은 학습자들이 목표언어 공동체 사회의 완전한 구성원으로서 완벽하게 의사소통할 수 있는 정도의 언어능력을 배양하는 것을 목표로 한다. 목표언어 공동체 사회의 구성원이 되기 위한 과정 중에서 학습자들은 사회적 맥락에서 동료 및 자신보다 언어능력이 위에 있는 동료 및 성인(선생님)과 상호작용을 하면서 스캐폴딩(scaffolding)을 받게 되고, 그런 가운데 근접발달영역(ZPD: Zone of Proximal Development)을 만들게 되면서 학습자의 현재 언어발달 단계를 초월하여 잠재발달영역까지 도달할 수 있는 언어능력을 발달시킬 수 있다. Vygotsky 이론과 문화이식 이론 간의 공통점과 차이점을 정리하여 표로 제시해 보면 다음과 같다.

〈표 12-3〉 Vygotsky 이론과 문화이식 간의 언어습득과정의 차이 비교

	Vygotsky 이론	문화이식(Acculturation)
공통점	1. 목표 문화에 완전 흡입될 수 있는 능력 2. 구 자아를 상실하고 새로운 자아를 재구성함 3. 언어능력은 특정 언어 공동체 사회의 완전한 구성원이 될 수 있는 정도의 언어능력 습득	1. 목표 문화를 이해할 수 있는 능력을 중시함 2. 목표언어의 문화를 이해하는 것은 목표언어를 성공적으로 배우기 위한 조건이 됨 3. 사회적 맥락에 적절한 언어를 사용하는 것이 중시됨 4. 자국 문화와 목표 문화 간의 차이를 인식하는 것이 중요함
차이점	1. 특정 언어공동체 사회 내의 규범에 따라 구성원으로서 행동하고 의사소통을 할 수 있는 능력 2. 목표문화 내에서 적극적 의미의 참여자가 됨 3. 의사소통 상에서 화자-청가 간에 존재하는 힘의 불평등, 권위 등을 인식함 4. 자국문화 경계를 넘어서 목표문화의 완전한 구성원이 됨	1. 목표문화를 어느 정도로 이식할 수 있는가에 따라 성공적인 외국어 학습을 결정하게 됨 2. 자국 문화와 목표 문화 간에 존재하는 차이점은 왜 학습자가 성공적으로 외국어를 학습하지 못하는가를 설명하게 됨

그리고 인지주의에서 바라보는 '습득'과 Vygotsky이론에서 바라보는 '참여'라는 메타포(metaphor) 간의 차이를 정리하여 표로 제시해 보면 다음 〈표 12-4〉와 같다. 앞서 언급한 바와 같이, 습득의 과정은 지극히 개인적인 과정인 반면에, 참여 과정은 사회적 맥락에서의 상호작용적인 과정을 중시하고 있다는 점을 알 수 있다.

〈표 12-4〉 습득과 참여의 Metaphor 비교

Acquisition Metaphor	Participation Metaphor
1. 제2의 자아 확립 2. 언어습득은 언어의 규칙과 어휘를 습득해 나가는 과정임 3. 언어습득과정은 결국 학습자의 인지발달로 귀결됨 4. 정보처리모형으로 설명 가능	1. 원 자아의 정체성을 버리고 새로운 정체성 확립 2. 언어습득은 목표언어 공동체 사회의 완전한 구성원이 되는 것임

12.3.2 상호협력적 상호작용

Vygotsky의 이론은 Swain(2000)의 상호 협력적 상호작용으로 더 구체화되었다. 상호 협력적 상호작용은 사회적 맥락에서 이루어지는 상호작용을 의미하며 다음과 같은 이점이 있다. 첫째, 학습자의 언어사용 기회가 많아지기 때문에 목표언어의 출력이 증대된다. 둘째, 실제 언어사용을 통해서 학습자는 자신이 설정한 언어규칙에 대한 가설이 맞는지를 확인하고 수정할 수 있다. 셋째, 자신의 발화를 통해서 자신의 언어발달 단계를 파악할 수 있다. 넷째, 발화(언어)를 통해서 자신의 사고과정을 보다 더 명확하게 할 수 있다. 즉, 상호작용적 언어학습은 학습자-학습자, 학습자-교사 간 상호작용을 통해서 자신의 현재 언어발달 정도를 점검하고 확인할 뿐만 아니라 궁극적으로는 상대방으로부터 도움을 받아 자신의 잠재적 영역까지 언어능력을 발달시킬 수 있는 이점을 제공한다. 인간의 사고과정을 명확히 하는데 언어가 중요한 역할을 담당하고, 또한 인간의 사고가 언어를 통해서 구현된다는 점에서 Vygotsky는 언어가 인간의 고등정신능력을 배양하는데 중요한 매개체 기능을 수행한다고 생각하였다.

따라서 Vygotsky는 상호 협력적 상호작용을 통해서 학습자들은 자신이 언어를 사용하여 생성해 낼 수 있는 것(언어적 표현)과 생성해 낼 수 없는 것 간의 차이점을 인식하게 된다고 하였다. 이러한 차이점의 인식은 학습자로 하여금 도움을 받기 위한 근접발달영역을 생성하게 되는데, 무엇보다도 학습자 자신이 생성할 수 없는 언어적 항목에 대한 도움을 받는데 더 많은 주의력을 집중하게 된다. 결국 상호 협력적 상호작용은 학습자들이 지식을 습득하기 위한 도구가 된다. Swain(2000, p. 145)은 이 과정을 "collaborative dialogue is an important tool for language learning because it performs two functions: social(context) and cognitive(problem-solving)." 로 표현하였다.

12.3.3 사적 발화(Private Speech)

Vygotsky가 바라본 사적 발화는 단지 인지능력이 부족한 어린이들이 내면적으로 발화하는 것이 아니라, 학습자 자신의 기억, 주의집중, 내면화, 그리고 학습에 대한 통제력을 증진시키는 역할을 한다. 사적 발화의 한 가지 특징은 외부인이 들을 수 없다는 것인데, 그렇다고 해서 학습자의 사고과정이 중단되어 있는 상태는 아니다. 외면적으로는 침묵하는 것으로 보일 수 있으나, 내면적으로는 부단히 발화에 대해서 연습을 수행하는 매우 역동적인 상태로 이해될 필요가 있다. Lantolf(2000)는 사적 발화는 초인지적 기능, 리허설(rehearsal) 기능, 그리고 외국어의 내재화 과정과 같은 3가지 기능을 수행한다고 하였다. 특히 언어규칙을 내재화 시키는 것과 관련하여 Ohta(2000)와 Saville-Troike(1988)는 학습자들이 비록 외적으로 발화를 하지 않는 침묵의 시기임에도 불구하고, 올바른 영어문장을 발화하기 위해서 광범위한 사적 발화의 빈도가 증가한다는 것을 발견하였다. Vygotsky에 의하면, 사적 발화는 다시 내적 발화(inner speech)로 전환되는데, 이 과정을 통해서 학습자의 사고과정은 더욱 명확해 진다. 따라서 학습자의 사적 발화는 비록 외부자가 들을 수 없다고 해서 학습자의 내적 인지활동이 중단된 상태로 보기 보다는 학습자가 지속적으로 인지활동을 활발히 진행하는 것으로 인식해야 한다.

12.3.4 Vygotsky가 바라본 화석화

학습자가 목표언어를 더 이상 발전시키지 못하고 중간언어로 굳어진 상태를 화석화라 한다. 따라서 당장 언어적 오류가 보이지 않더라도 어느 때든지 학습자들은 오류를 생성할 가능성은 항상 존재한다. 그렇다면, Vygotsky는 화석화에 대해서 어떤 견해를 취하고 있는가? Vygotsky에 의하면, 화석화는 학습자가 오랫동안 외국어를 학습해 왔음에도 불구하고 원어민과 같은 정도의 언어적 형태를 사용할 수 없는 상태를 화석화로 정의하였다. 앞서 언급한 바와 같이, Vygotsky가 바라본 외국어 학습은 목표언어 공동체의 한 구성원으로서 어려움 없이 의사소통할 수 있는 정도의 언어능력을 습득하는 것을 목표로 한다. 이를 위해서 목표언어 공동체 사회내에서 그 구성원들과 상호작용하는 것을 매우 중요시한다. 따라서 특정 학습자의 언어발달 정도가 화석화인지, 아닌지를 구분하기 위해서는 목표언어 공동체 사회에 얼마나 오랫동안 거주하였으며, 어떻게 목표언어를 학습해 왔는가를 고려할 필요가 있다.

Vygotsky는 학습자들이 고등정신능력을 배양하기 위해서는 사회적 단계(other-regulated stage)에서 심리적 단계(self-regulated stage)로 전이가 이루어져야 한다고 하였는데, 이러한 전이 단계가 지체될 때 화석화 현상이 나타난다고 하였다. 상호작용 단계에서 충분한 정도의 상호작용이 이루어지지 않았다면 결국 화석화가 일어난다는 것이 Vygotsky의 견해이다. 이를 좀 더 구체적으로 표현하면 학습자가 상호작용 중에 주어지는 언어입력 또는 상호작용적 실마리(clues)에 무관심하게 될 때 화석화 현상이 나타난다. 상호작용 중에 상대방은 도움이 필요한지, 도움이 필요하지 않는지, 또는 어느 정도의 도움이 필요한지를 나타내게 되는데, 상호작용 중에 이러한 표시에 무관심하게 되면 언어능력을 발전시키기 위한 스캐폴딩을 받지 못해 결국 화석화에 이르게 된다는 것이다. 이러한 화석화 현상을 극복하기 위해서 Vygotsky는 학습자들이 상호작용 과정 중에서 정확하게 발화할 수 있는 기회를 더 많이 갖을 필요가 있으며, 무엇보다도 자신의 현재 언어발달 단계에서 언어로 표현할 수 있는 것과 표현할 수 없는 것 간의 차이점을 보완할 수 있는 외부 도움을 받을 필요가 있다고 하였다. 즉 정확한 언어적 표현을 생성하기 위해서 외부의 어떤 도움(스캐폴딩)을 받아야 하는데, 이러한 점이 용이하지 않을 때 화석화 현상이 나타나게 된다.

Vygotsky는 단지 학습자 내부에서 인지발달이 일어나는 정적인 존재의 학습자에 초점을 맞추기 보다는 학습자와 학습자를 둘러싼 외부 환경 간의 역동적인 상호작용에 초점을 맞추고 있다. 학습자는 외부환경과의 상호작용을 통해 상호 영향을 주고받는 복합적인 과정을 거치면서 고등정신능력을 갖추게 된다. 학습자가 획득하는 자율성 및 자기통제 등과 같은 능력들은 생물학적으로 파생되고 결정되기 보다는 환경과의 상호작용을 통해서 언제든지 변화될 수 있다. 특히 Vygotsky가 바라보는 학습자는 학습자 자신이 수동적인 존재이기 보다는 학습자를 둘러싼 외부환경, 특히 사회·문화적 맥락 안에서 자신의 언어학습을 주도함과 동시에 자신의 변화뿐만 아니라 외부환경까지 변화시킬 수 있는 주체적인 학습자로 이해한다. 따라서 영어학습의 성공 여부는 단순히 교사 요인, 학습자 요인, 교육과정에 국한하여 생각하기 보다는 교실현장에서 이루어지는 보다 역동적인 상호작용에 초점을 맞출 필요가 있다. 학습자-학습자 간의 상호작용, 학습자-교사 간의 상호작용, 상호협력을 통해서 수행되는 과업, 과업을 통해 이루어지는 발화 기회의 극대화, 학습자의 현재 발달 정도를 초월하여 잠재발달영역까지 이루어지는 발달, 사적 발화의 증대 등은 학습자의 자율성 증대와 함께 학습의 책임은 학습자에게 있으며, 학습자가 학습의 주체가 되고 있다는 점을 함축해 주고 있다. 이런 점에서 Vygotsky의 이론은 학습자의 자율성을 증진하는 영어학습의 이론적 틀을 제공해 준다는 점에서 최근 많은 학자들의 관심을 끌고 있다.

제13장

교실에서의 영어수업

형식적 교수(formal instruction)는 오랫동안 문법 교육을 지칭하는 용어로 사용되어져 왔다. 그런데 만약 학습자가 적절한 자연적인 노출(natural exposure) 상황에 놓이게 된다면 제2언어 학습을 위해 형식적 교수가 반드시 필요하지 않다는 사실을 앞서 살펴보았다. 또한 Krashen(1985)도 문법을 교수하는 것이 언어능력 습득에 거의 효과를 미치지 못하지만 대신 이해 가능한 언어입력에 노출될 때 언어 습득이 가능하다고 주장하였다. 그러나 White(1987)는 이해 가능한 입력을 통해 습득할 수 있는 문법적 형태소는 일부에 불과할 뿐 학습자가 습득해야 할 언어 요목을 제대로 습득하기 위해서는 형식적 교수가 필수적이라고 하였다. 여기서는 형식적 교수가 어느 정도 또한 어떤 방식으로 영어학습을 조력하는지에 대해서 알아본다.

13.1 형식적 교수(Formal Instruction)와 외국어 학습

먼저 Ellis(1994)가 제시한 형식적 교수의 여러 가지 분류 유형 및 그 특징을 살펴보자.

① 암시적 교수(implicit instruction) 대 명시적 교수(explicit instruction)
② 연습(practice) 대 의식 상승(consciousness raising)
③ 문법초점(focus on formS) 대 형식초점(focus on form)

첫째, 형식적 교수는 문법을 직접적으로 가르치는지의 여부에 따라 암시적 교수와 명시적 교수로 나뉜다. 암시적 교수는 주어진 예를 통해 학습자가 직접 규칙을 도출해 내도록 하는 귀납적 교수 유형이고, 명시적 교수는 규칙을 먼저 제시하고 그 쓰임을 연습해 보도록 하는 연역적 교수 유형이다.

둘째, 특정 언어 형식에 대한 의식 여부에 따라 교수의 유형은 연습과 의식 상승(conscious-raising)으로 분류될 수 있다. 의식 상승이란 형식적 교수의 역할에 관심을 가졌던 SLA 연구가들에 의해 널리 사용된 용어로 특정 목표어 구조에 학습자의 관심을 집중시키려는 시도를 지칭한다. 따라서 연습은 규칙에 대한 명시적 지식을 습득하는 것을 목표로 하는 반면, 의식 상승은 규칙에 대한 암시적 지식을 습득하는 것을 목표로 한다. Smith(1991)는 의식 상승을 '입력 강화(input enhancement)'라고 칭하기도 했다.

셋째, 형식 중심의 교수가 어떤 기반을 이루고 있는가를 기준으로 문법초점과 형식초점으로 나뉠 수 있다. 문법초점은 과거의 전통적 문법 교수 방법에서 처럼 의사소통 활동과 무관한 문법 설명이나 오류 수정에 초점을 맞추는 경우이다. 반면에 의사소통 활동 중에 의사소통적 필요에 의해 학습자의 관심을 언어 의미에서 언어 형식으로 바꾸는 것, 특정한 언어 자질에 집중하도록 하는 것이 형식초점이다. 형식초점으로 구성된 수업은 형식초점 수업(form-focused instruction 혹은 focus-on-form instruction, FFI)으로 불린다.

그렇다면 형식적 교수는 외국어 학습에 어떤 영향을 미칠까? Ellis(1994)는 형식적 교수가 외국어 학습에 미치는 영향을 다음의 네 가지 측면으로 나누어 고찰하였다.

① 형식적 교수가 전반적인 언어 숙달도에 미치는 영향
② 형식적 교수가 발화의 정확성(accuracy)에 미치는 영향
③ 형식적 교수와 습득의 순서
④ 형식적 교수 효과의 지속성

위 네 가지 측면에 대한 연구 결과들이 서로 상반되고는 있지만 일반적인 결론을 정리하면 다음과 같다. 첫째, 학습자의 숙달도는 형식적 교수와 자연적인 언어학습 상황에의 노출 두 가지 모두를 경험할 때 더욱 높아진다. 즉, 성공적인 언어 학습자는 외국어를 사용할 기회를 가지면서 동시에 형태에 초점을 두는 교육의 기회도 갖는 학습자이다. 둘째, 학습자의 발달 단계에 맞는 형식적 교수가 주어진 경우 발화의 정확성을 향상시킬 수 있다. 셋째, 습득의 순서는 대체로 형식적 교수와 관계없이 일정한 양상을 나타낸다. 마지막으로 형식적 교수가 갖는 효과의 지속성과 관련해서도 지속적인지 아니면 한시적인지에 관해 의견이 분분하다. 그러나 의사소통을 위해 지속적으로 사용하고 있는지의 여부와 학습자의 동기에 따라 교수의 지속 효과는 달라진다.

앞서 설명된 바와 같이 가장 이상적인 단 하나의 형식적 교수의 유형을 결론짓기란 불가능하다. 왜냐하면, 단 하나의 방법이 본질적으로 우수하여 모든 환경에서 다른 것들보다 우월성을 나타내지는 않기 때문이며, 형식적 교수의 효과는 교사의 능력, 학습자의 동기, 시간과 자원의 이용가능성 등에 따라 달라지기 때문이다. 그러나 분명한 점은 형식

적 교수가 다른 요인과 더불어 언어 학습을 설명할 수 있는 중요한 변수 중 하나라는 점이다. 또한 형식적 교수가 외국어 학습에 미치는 효과가 어느 정도인지를 단언할 수는 없었지만 형식적 교수가 학습자의 유일한 언어 경험의 원천일 때 결정적인 변수가 될 수 있다는 점도 역시 분명하다.

한편, Ellis(1985)는 교실에서 이루어지는 상호작용에 근거하여 외국어 학습에 관한 이론을 수용(reception-based)이론과 발화(production-based) 이론으로 나누었다. 이를 모형으로 정리해 보면 다음과 같다.

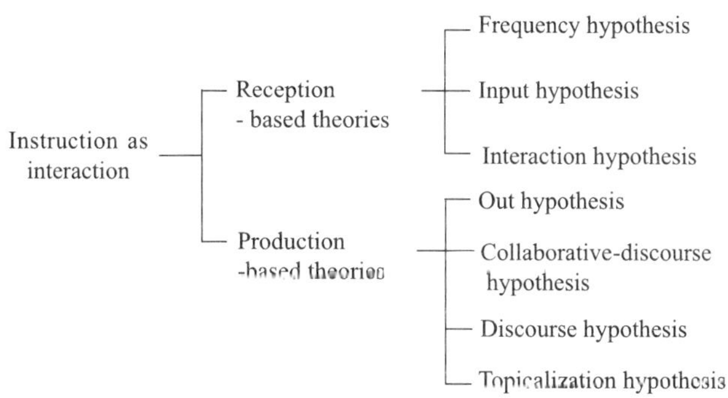

〈그림 13-1〉 형식적 교수에 의한 외국어 학습 이론

1) 수용이론(Reception-based Theories)

(1) 빈도가설(frequency hypothesis): 학습자가 학습하는 문법적 항목의 습득순서는 이러한 문법적 항목들이 언어입력 속에 나타나는 빈도에 의해서 결정된다. 즉, 빈도가 높은 문법적 항목들은 그렇지 않은 항목들에 비해서 좀 더 일찍 습득된다.

(2) 입력가설(input hypothesis): 학습자들이 이해 가능한 언어입력을 많이 받아들일 때 외국어를 보다 성공적으로 습득할 수 있다.

(3) 상호작용가설(interaction hypothesis): 언어적 항목의 습득을 촉진

시킬 수 있는 상호작용의 형태에 초점을 맞춘다. 주어진 언어입력은 다음과 같은 상호작용 방법을 통해서 이해 가능한 언어입력으로 변형시킨다.

① 언어입력을 학습자 수준에 맞도록 단순화시킨다.

② 언어적 또는 비언어적 의사소통 상황을 만든다.

③ 교실에서 이루어지는 대화의 구조를 학습자에 맞도록 조정한다.

2) 발화이론(Production-based Theories)

(1) 출력가설(output hypothesis): 입력가설과 상호작용가설에 대한 보완적인 성격을 띈다. 즉, 성공적인 외국어 학습을 위해서 이해 가능한 언어입력만으로는 충분하지 않다는 것이다. 원어민 수준의 문법적 정확성에 도달하기 위해서는 언어적 자료를 의미 있게 사용할 수 있는 기회를 충분히 활용할 수 있어야 한다.

(2) 담화가설(discourse hypothesis): 비형식적이고 계획되지 않은 담화와 형식적이고 계획된 담화가 있다. 발화 상황에 따라 그리고 수행하는 과제의 성격에 따라 두 가지 부류의 담화를 사용하게 된다. 학습자는 자신들이 통상적으로 참여하는 담화 속에서 자신들이 사용한 언어사용의 형태와 관련된 문법구조를 습득한다.

(3) 협력담화가설(collaborative-discourse hypothesis): 학습자는 양방향 상호작용을 통하여 담화를 만들어가는 과정에서 새로운 문법구조를 습득해 나간다. 협력담화가설은 학습자의 언어구조적인 측면보다는 화용론적인 지식을 발달시키는데 유익하다.

(4) 화제가설(topicalization hypothesis): 학습자가 주도적으로 대화의 주제(topic)을 결정하고 변경할 수 있을 때 언어습득이 더 촉진된다. 또한 학습자가 화제를 결정하고 변경함으로써 생성해 내는 발화의 출력을 매우 중요하게 여긴다.

그렇다면 형식적 교수는 외국어 학습에 어떤 영향을 미칠까? 교실 상황에서 이루어지는 형식적인 교수(formal instruction)에 관심이 많았던 Ellis(1985, p. 170)는 형식적 교수가 외국어 학습에 미치는 효과에 대해서 다음과 같이 주장하였다.

> To sum up, there are grounds for believing that form-focused instruction does help the acquisition of linguistic competence. Instruction can work directly; that is, it can have an immediate effect on the learner's ability to perform the target structures in natural communication. However, not all structures are teachable. Also teachable structures have to be taught at the right time. It is likely, therefore, that instruction works directly in the main; that is, it has a delayed effect. According to this interpretation, instruction contributes to declarative rather than procedural knowledge. Declarative knowledge serves as a facilitator of ultimate procedural knowledge by helping to make forms salient that would otherwise be ignored by the learner. Conscious knowledge of marked forms may help to accelerate learning and may also be necessary to prevent fossilization.

13.2 형식초점 교수법(Form-Focused Instruction: FFI) 등장 배경

1980년대 후반에 들어서면서 의사소통교수법(CLT)에 대한 해석이 언어의 기능과 내용적인 면에 관심을 기울이는 것으로 치우치게 되자 상대적으로 언어의 형태에 대한 관심이 캐나다의 프랑스어 몰입 프로그램(Immersion program)과 영어 집중 프로그램(Intensive ESL)에서 강조되기 시작하였다. 또한 언어형식이 외국어 학습에 미치는 긍정적 효과를 검증하는 연구 결과들을 통해서 의사소통교수법의 새로운 방향을 제시하게 되었다.

프랑스어 몰입프로그램과 프랑스어가 모국어인 캐나다 어린이들을 대상으로 하는 영어 집중 프로그램은 충분한 양의 의미 있는 언어 입력이 주어지면 외국어 습득이 가능하다는 Krashen(1985)의 언어입력 가설에 근거를 두고 있다. 그러나 언어 형태는 무시하고 언어의 내용에만 관심을 두는 언어학습은 학습자의 유창성 개발에는 유리하나 정확성을 기르는데는 충분하지 않다는 우려가 이 프로그램의 연구 결과를 통해서 나타났다. 프랑스어 몰입프로그램에서는 모든 교과의 교수와 일상적인 의사소통을 위해서 단지 제2언어(프랑스어)로 진행하였고, 이러한 점은 어린이들이 의미 있는 상황에서 제2언어를 자연스럽게 쓸 수 있는 기회를 제공하였다. 그러나 이들 학생들의 발화에 대한 체계적인 오류수정은 거의 없었다(Swain & Lapkion, 1982). 영어 집중 프로그램에 대한 연구에서도 학생들에게 언어형식보다는 내용을, 정확한 발화보다는 이해와 유창성을 강조하였고, 학생들의 발화에 대한 오류수정은 없었다(Lightbown & Spada, 1994, 1997; Spada, 1990a, 1990b). 이러한 점은 학습자들이 언어형식을 정확하게 획득하고 사용하는데 어려움으로 작용하였다.

몰입 프로그램에 참여한 어린이들은 다른 교과목과 모국어에서, 그리고 다른 영어 학습 프로그램에 참여한 어린이들만큼의 학업 성취도를 보여 주였으며, 특히 제2언어에서도 높은 수준의 성취도를 보여주었다(Swain & Lapkin, 1982; Day & Shapson, 1991). 그러나 외국어 학습과 관련하여, Day & Shapson(1991), Harley(1989), Harley & Swain(1984), Swain(1985)의 연구에서 어린이들이 높은 수준의 유창성, 문장구조의 복합성, 그리고 자신감을 보였지만, 성(gender assignment), 조동사 선택 등 기본적인 부분에서 구문과 형태적인 정확성의 성취가 매우 낮게 나타났음을 발견하였다.

이에 따라 캐나다에서는 구어의 문법적 정확성을 향상시키는 것이 몰입프로그램의 우선 과제가 됨을 인식하고 문법적 정확성을 높일 목적으로 많은 연구들을 실행하였다. 이들 연구들의 공통적 특징은 의사소통과 의미에 중점을 두고 외국어를 가르치되, 언어형식에도 주의를 기울일 수 있는 과제의 제공, 학생이 빈번히 범하는 오류에 대한 수정 및 피드백 제공 등을 꼽을 수 있다(Day & Shapson, 1991; Harley & Swain, 1984; Lyster, 1994). 영어 집중학습 프로그램에서도 의사소통 교수법이라는 큰 틀 안에서 외국어 수업을 진행하되, 언어 형식에 중점을 두는 교수법을 진행하면서 학습자들이 정확성을 획득하도록 하였다(Lightbown, 1991; Lightbown & Spada, 1990, 1997). 이는 제2언어 습득에서 언어에 대한 노출만으로는 언어적 정확성을 기르는데 한계가 있다는 점을 전제로 하고 있다. 이러한 맥락에서 의사소통 교수법의 테두리에서 언어 형식에 초점을 맞추어서 유창성과 정확성을 함께 개발하도록 하는 활동, 즉 형태초점 교수법(FFI)이 등장하게 되었다.

13.3 Focus on FormS와 Focus on Form

13.3.1 형태초점 교수법의 역사적 변천 과정

Long(1998)은 형식적 교수의 유형을 토대로 교수 방법의 역사적 변천을 아래와 같이 개관하였다.

〈표 13-1〉 형식적 교수 방법의 역사적 변천과정

Option 1	Option 2	Option 3
Focus on FormS	Focus on Meaning	Focus on Form
GTM, ALM	Natural approach	Task-based language learning

1) Focus on FormS

문법초점 접근방법(Focus on FormS: Option 1)은 외국어 교육에서 전통적으로 사용해 오던 방법으로 주어진 상황에서 사용되는 표현의 의미를 총체적으로 이해하기보다는 언어 형태에 대한 단편적인 지식을 학습하는데 대부분의 수업 시간을 할애하던 방법이다. 구조적 교수요목(structural syllabus)에 의해 교수가 이루어졌으며 문법 번역식 교수법(GTM)과 구두 청각식 교수법(ALM)이 이에 해당된다. *Focus on FormS*는 명시적인 문법교수를 중시하며, 언어의 각 요소를 분리시켜서 개별 요소를 먼저 학습한 후 의사소통 목적을 위해서 각 구성 요소를 통합해 나가는 접근방식을 택한다. 개별적인 언어적 요소에 대한 충분한 연습을 하게 되면 언어체계에 대한 습관을 형성하게 되어 자연스럽게 언어능력이 배양되는 상향식(bottom-up) 방법을 택하고 있다. 하지만 이러한 방법은 개별 문법항목의 분석과 기계적인 반복학습을 강조하고, 문법적인 능력을 너무 강조하며, 또한 탈맥락적(de-contextual)이기 때문에 의사소통 목적을 달성하기 위한 유의적인 언어학습이 결여되어 있다는 결점이 있다.

2) Focus on Meaning

Focus on Meaning(Option 2)은 단편적인 언어 항목에 대한 지식보다 언어가 사용되는 상황에 맞게 의미를 이해하거나 발화하는 능력의 습득을 언어 학습에서 중요한 것으로 간주했으며, 자연적 접근방법(Natural Approach)이 대표적인 예이다. 학습자들은 언어 각각의 요소보다는 언어표현의 습득을 목표로 하며, 또한 문화와 같은 언어 외적인 요소를 습득하고 학습한다는 점에서 하향식(top-down) 방식을 택하고 있다. *Focus on Meaning*의 또 다른 특징은 학습자들은 문맥에서 사

용되는 언어적 표현 그 자체를 습득하는데 초점을 두지만, 학습자들은 언어표현 전체를 받아 들여서 결국 어휘, 구조, 소리 등의 각각의 언어 구성요소를 분석하여 그 지식들을 축적하는 것이라 할 수 있기 때문에 언어를 습득해 나가는 과정이 분석적(analytic)이라 할 수 있다. 하지만 Doughty와 Williams(1998)의 연구에 의하면, 외국어 학습이 전적으로 경험적이고 의미중심으로 이루어지는 몰입 수업에서 발음과 듣기 분야는 짧은 시간에도 많은 발전을 이루었지만, 특정 언어적 항목들의 정확성은 모국어 수준까지 발전하지 못하고 있다는 것을 발견하였다. 즉, *Focus on FormS*는 너무 언어적 항목의 정확성에만 초점을 맞추고 있고, *Focus on Meaning*은 언어사용의 유창성에 초점을 맞추고 있어서 이들 모두 어느 한쪽으로 치우친 나머지 언어 교육의 방향을 너무 극단화시키고 있다는 비판을 받았다.

3) Focus on Form

*Foucs on FormS*와 *Focus on Meaning*이 갖는 문제점을 극복하기 위한 방법으로 학습자를 의미 중심으로 가르치면서 동시에 형태에도 관심을 갖도록 유도하는 소위 *Focus on Form*(Option 3)이 대두되었다. *Focus on Form*은 *Focus on Meaning*에 기반을 두고 있지만, *Focus on Meaning*이 문제가 있다고 해서 다시 *Focus on FormS*로 돌아갈 수 없고, 따라서 이들 문제점을 개선하는 방향으로 제시되었다. 즉, 의사소통 위주의 수업을 진행하면서 학습자가 어려워하는 특정 언어적 항목에 학습자의 주의력이 의식적으로 집중될 수 있도록 하는 방법이 *Focus on Form*이라 할 수 있다. 아무리 이해 가능한 언어입력이 많이 주어진다 하더라도 학습자가 주어진 자료에 주목(noticing)하지 않거나 의식적으로 인지하지 않는 한 이를 내재화시키는 것은 어렵다는 점을 기본 전제로 하고 있다. 따라서 의사소통 활동을 수행할 때 학습자로 하여금 언어 형태를 의식

할 수 있도록 학습상황을 만들어 주고자 하였는데, 과업중심 언어교수법(Task-based Language Teaching)이 그 대표적인 예가 된다.

13.3.2 Focus on Form

Long(1991), Long과 Robinson(1998)은 *Focus on Form*에 대해서 다음과 같이 정의를 내렸다.

> Focus on form... overly draws students' attention to linguistic elements as they arise incidentally in lessons whose overriding focus in on meaning or communication. (pp. 45-46)

> Focus on Form refers to how focal attention resources are allocated. .... during an otherwise meaning-focused classroom lesson, focus on form often consists of an occasional shift of attention to linguistic code feature - by the teacher and/or one or more students - triggered by perceived problems with comprehension or production. (p. 23)

Long과 Robinson(1998)은 의사소통 활동을 진행하는 가운데 의사소통적 필요에 의해서 학습자의 관심이 언어의 의미에서 언어 형식으로 전환되는 것을 *Focus on Form*이라 하였으며, 구문적 요소에만 초점을 맞추는 과거의 전통적 문법 교수 방법을 *Focus on FormS*라 하여 *Focus on Form*과 *Focus on FormS*를 구분하였다. 그리고 의사소통 활동 중에서 이루어지지 않는 문법 설명이나 오류 수정은 *Focus on Form*에 포함하지 않았다. 중요한 점은 *Focus on FormS*는 목표언어의 형태를 익히기 위해서 언어 형태를 고립된 항목으로 취급하여 언어가 사용되는 맥락을 고려하지 않지만, *Focus on Form*은 의사소통 활동이라는 기본적인 틀 안에서 학습자들로 하여금 언어 형태에 주의를 기울이게 하는 점에서 차이가 있다.

따라서 *Focus on Form* 수업의 궁극적인 초점은 의미나 의사소통에 두는 가운데 학습자들이 문법규칙, 어휘, 음운, 형태 등 언어적 요소들에도 주목하게(noticing) 하는 것이다. 의미와 의사소통 위주의 수업을 하는 중에 의미를 이해하거나 표현을 하는데 있어서 어려움이 있는 언어 형태들을 인식하고 주목하게 함으로써 언어입력 자료의 이해를 돕고 발화의 정확성을 얻도록 하는 것이다. 만약 학생들이 제대로 이해하지 못하는 언어적 요소나 그 부분이 전체 맥락에서 중요한 부분일 때 교사는 수업을 계획하면서 이러한 언어 형태들을 미리 조작하여 언어입력 형태로 학습자들에게 제공한다. 그리고 Loewen(2011)은 *Focus on Form*을 *Extensive Focus on Form*과 *Intensive Focus on Form*으로 분리하였다. *Extensive FonF*는 한 가지 언어형식을 목표로 하기 보다는 다양한 언어적 구조에 대해서 제한된 주목이 가해지는 것을 의미하며, *Intensive FonF*는 의사소통 활동 중에 오직 하나 또는 두 가지의 언어형식에 초점을 맞추는 것이라고 하였다.

13.3.3 Focus on Form의 종류

Ellis(2001)는 다음과 같이 *Focus on Form*을 분류하였다.

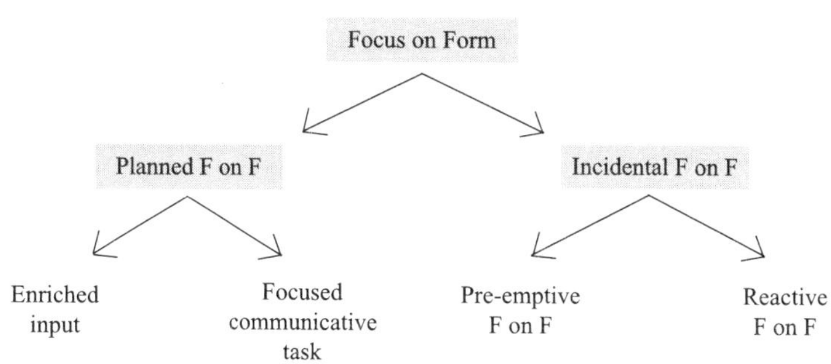

〈그림 13-2〉 Focus on Form의 유형

1) Planned Focus on Form

수업 시작 전에 어떤 언어적 항목을 학습자들에게 가르칠 것인가를 미리 결정한 후, 교사가 미리 만든 수업자료를 가지고 수업을 진행하는 형태이다. *Enriched input*와 *Focused communicative task* 방식 2가지가 있으며, *Enriched input*는 학습자에게 강조하거나 가르칠 특정 언어적 항목, 어휘, 문법 등을 변형시켜서 보통의 경우보다 더 풍부하게 언어입력을 제공하는 형태이다. 예를 들어, 가르치고자 하는 특정 언어적 항목이 포함된 표현을 여러 번 반복하여 질문하거나 답변하도록 유도하는 방식을 택하게 된다. 또한 시각적으로 특정 언어적 항목에 대해서 학습자의 시각적 주의를 이끌어내기 위해서 입력쇄도(input flooding) 기법을 많이 사용하기도 한다. 한편, *Focused communicative task* 방식은 과업중심 교수법에서 많이 사용하는 방식으로서 특정 문법구조를 사용하여 달성할 수 있는 의사소통 과제를 학습자에게 제공하는 것이다. 교사는 학습자들에게 과업을 달성하기 위해서 사용해야 하는 특정 언어적 항목을 학습자들에게 설명을 하고, 학습자들은 과업을 수행하면서 설명을 들은 특정 언어적 항목을 사용하고 연습하는 기회를 통해서 이들을 습득하게 된다.

2) Incidental Focus on Form

수업 시작 전에 어떤 언어적 항목을 가르칠 것인지에 대한 계획이 없다. 단지 수업이 진행되면서 학습자들이 어려움을 겪는 특정 언어적 항목 또는 교사가 필요하다고 생각되는 언어적 항목에 대해서 학습자의 주의를 유도하는 형태이다. *Pre-emptive Focus on Form*과 *Reactive Focus on Form* 2가지 방식이 있다. *Pre-emptive Focus on Form*은 교실에서 의사소통 중심의 수업 중에 학습자가 어려움을 겪을 것으로 예상되는 특정 언어적 항목에 대해 미리 학습자의 주의를 유도하는 활동이라 할 수 있다. 다음 예(Ellis, 2001)에서 본 바와 같이, 교사는 학생들이 *alibi*라는 단어의 의미를 정확하게 이해하고 사용할 필요가 있는데, 학습자들이 잘 모르고 있을 것이라는 생각에서 그 어려움을 없애주기 위해서 *alibi*의 의미를 설명하고 있는 경우이다.

T: What's an alibi?
----------- (no answers)
T: John has an alibi.

T: Another name for girlfriend?
(laughing)
T: An alibi is a reason you have for not being at the bank robbery.
Okay.
Not being at the bank robbery.

반면에 *Reactive Focus on Form*은 수업이 진행되는 중간에 학습자들이 실제로 어떤 오류를 발생하거나 특정 언어적 항목 때문에 어려움을 겪을 때 문제점을 해결하기 위해서 사용하는 방식이다. 따라서 *Reactive Focus on Form*은 학습자의 발화에 대해서 어떤 문제점이 있다는 것을 알려 주는 일종의 부정적인 피드백이라 할 수 있다. 피드백의 명시성 정도에 따라 암시적인 피드백과 명시적인 피드백으로 나누어질 수 있는데, 암시적인 피드백 중에서 가장 많이 사용하는 피드백의 유형은 *Recast*이다. *Recast*의 경우, 학습자 스스로 자신의 발화에 문제가 있다는 것을 인식하도록 함과 동시에 학습자 스스로 잘못된 부분을 고칠 기회를 제공하기 위해서 학습자가 생성한 오류 부분을 교사 또는 동료 학습자가 전부 또는 일부분을 반복하는 기법이다. 한편 명시적인 피드백은 학습자가 어디서 왜 틀렸는지를, 그리고 어떻게 수정해야 하는지를 분명하게 알려주는 방식이다. 명시적인 피드백은 오류를 직접 수정하거나 설명하기 때문에 앞서 살펴본 *Focus on FormS*와 비슷해 보이나, 근본적인 차이점은 수업의 기조가 의사소통 중심이냐 아니냐에 달려 있다.

13.3.4 Focus on Form 기법들

*Focus on Form*에서 중요한 개념 중의 하나는 학습자들이 언어형태에 주목(noticing)하게 하기 위해서 어느 정도의 명시성(explicitness)을 사용하는가이다. 의사소통 활동의 흐름을 방해하지 않기 위해서 암시적(implicit) 유형의 FonF가 필요하다고 생각되지만, 다른 한편으로는 학습자의 주목을 이끌어내기 위해서는 명시적인 조정(explicit intervention)이 더 효과적이라는 주장이 있다. 암시적 기법에는 입력 쇄도(input flooding), 입력 강조(input enhancement), 개작하기(recasting) 등이 있으며, 명시적 기법에는 메타-언어적 피드백(meta-linguistic feedback), 의식고양 과제(conscious-raising task), 조직적 입력(structured input) 등이 있다.

1) 입력쇄도(Input Flooding)

입력쇄도는 특정 목표 언어 구문에 대하여 여러 가지 방법으로 정상적인 경우보다 많은 입력을 제공하는 방법이며, 학습자들은 언어적 설명이나 수정 없이 순수한 입력만을 충분히 받게 하는데 그 목적이 있다. 예를 들어, 학습자에게 부사형을 가르친다고 가정할 때 교사는 형용사의 부사형을 정상적인 텍스트에서 나타나는 빈도보다 의도적으로 더 많이 넣어서 만든 텍스트를 사용하여 수업자료로 사용한다면 학습자들이 부사형을 더 효과적으로 학습할 수 있다. Trahey와 White(1993)는 입력쇄도로 주어지는 긍정적인 입력만으로 성공적인 언어습득이 가능한지를 알아보기 위해서 제2언어로 영어를 학습하는 11세 프랑스인 학습자에게 2주 이상 부사를 포함한 문장들을 입력쇄도 방식으로 제공하여 가르쳤다. 부사가 있는 문장에 대한 상세한 정보나 어떤 부정적인 피드백, 즉 오류 수정을 학습자들에게는 제공하지 않았다. 연구 결과에 의하면, 학습자들은 S+A+V+O로 구성된 문장들을 많이 사용하였다는 것을 발견하였다. 그러나 학습자들은 동사와 직접목적어 사이에 부사를 삽입시킴으로써 S+V+A+O의 어순을 사용하는 실수를 반복하는 것으로 나타났다. 이러한 실험 결과는 입력쇄도 만으로는 언어습득이 충분하지 못하다는 것을 보여준다. 물론 모국어 상황과 같이 아주 많은 긍정적 입력이 제공되는 경우에는 습득이 가능할지도 모른다. 그러나 피드백이 병행되지 않은 상태에서 긍정적인 언어입력은 S+V+A+O와 같은 형태가 비문법적이라는 사실을 학습자들에게 설명해주지 않는다는 단점이 있다. 즉 입력쇄도(Input flood)의 긍정적 입력은 학습자들이 어려운 형태를 사용하기 시작할 때는 도움을 줄 수 있지만, 중간언어를 불안정하게 하거나 지체시키는 화석화의 우려를 낳을 수 있다는 단점이 있다.

2) 언어 필수 과제(Task-essential Language)

언어 필수 과제란 과제를 수행할 때 목표어 형식을 정확하게 사용해야만 과제를 제대로 수행할 수 있는 기법을 뜻한다. 이 기법 또한 암시적 성격을 띠고 있어서 수업 중간에 교사의 목표 언어 형식에 대한 설명은 이루어지지 않는다. 하지만 학습자들은 주어진 의사소통적 과제를 해결하기 위해서 목표어 형식에 대한 빈번한 사용이 요구된다. 이러한 과제수행을 통해 교사는 학습자들이 목표어의 정확한 언어형식에 주의를 기울이도록 유도한다. 언어 필수 과제의 예로 그림 짝 맞추기(match-the-picture) 과제가 있다.

3) 입력강조(Input Enhancement)

입력강조는 입력쇄도를 통해서는 학습자들이 목표 언어입력을 흡입할 수 없다는 점을 보완하기 위하여 학습자들에게 제공되는 다양한 언어입력 가운데 특정 언어형식에 대해서 집중을 유도하기 위하여 언어

입력의 특정 부분을 조작하여 제시하는 기법이다. 입력강조 방식은 언어 자료에 따라 시각적 입력강조(visual input enhancement)와 청각적 입력강조(aural input enhancement)로 분류되는데 시각적 입력강조 기법은 목표어 언어형식에 대해서 화살표를 이용하여 문장구성 요소들의 관계를 보여주거나, 굵은 글씨체, 밑줄, 컬러 글씨 등을 통해서 시각 · 문자적 강조를 포함한다. 다음은 White(1998)가 문맥 중에 사용된 인칭대명사에 대해서 학습자의 주의를 끌기 위해서 굵은 글씨체, 이탤릭체를 사용하여 언어입력 방식을 사용한 한 예이다.

> Once upon a time there was a king. ***He*** had a beautiful young daughter. For ***her*** birthday, the king gave her a golden ball that ***she*** played with everyday.
>
> The king and ***his*** daughter lived near a dark forest. There was a deep well near the castle. Sometimes, the princess would sit by the well and play with ***her*** ball. One day, the princess threw ***her*** golden ball in the air but it did not fall into ***her*** hands. It fell into the well. Splash! The well was deep and the princess was sure ***she*** would not see ***her*** ball again. So ***she*** cried and could not stop.
>
> "What's the matter?" said a voice behind ***her***. The girl looked around, and she saw a frog. ***He*** was in the well, ***his*** head sticking out of the water.
>
> "Oh, it's ***you.***" said the girl. "***My*** ball fell into the well."
>
> "***I*** can help," said the frog. "***I*** can get your ball. What will ***you*** give me if ***I*** do?"
>
> "Whatever ***you*** want," said the princess. "***I***'ll give you my beautiful gold ring. ***I***'ll give ***you*** my flowers from ***my*** garden."
>
> "***I*** do not want ***your*** beautiful....."

White(1998)는 영어 집중 프로그램에서 학습자들에게 제공하는 언어 입력 자료 중 특정한 부분의 글씨체를 **진하게** 한다거나 크게 또는 밑줄 치는 방법이 인칭대명사 습득에 효과가 있는지를 알아보기 위해서 문자적 입력강조 방법을 사용하였다. White는 문자적 입력강조가 학습자로 하여금 언어입력 자료에서 특정 구문에 주목하게 하여 습득을 이끈다고 생각하였다. 하지만 연구결과에 의하면, 초기의 유의미한 효과는 검증되었으나 지속적인 효과는 없는 것으로 나타났다.

4) 개작하기(Recast)

개작하기(recast)는 학습자들이 범한 언어적 오류에 대하여 교사가 그 문장 전체나 문장의 일부를 다시 말해주는 것으로 의사소통의 흐름을 방해하지 않으면서 학습자들이 정확한 목표 언어를 구사할 수 있도록 유도하는 것이다. 이 기법은 암시적인 정도가 매우 높은 방법으로 의사소통식 교실수업 상황에서 가장 바람직한 오류수정 방식으로 여겨진다. 하지만 교사는 활동 중에 일어나는 학습자들의 오류에 대해서 세심하고 민첩한 반응이 필요한 유형이다. 학습자 스스로 교사의 개작 의도를 파악하지 못하면 화석화 현상을 일으킬 수도 있다는 단점이 있다. 개작하기의 예를 들면 다음과 같다.

Jose: I think that the worm *will* go under the soil.
Teacher: I think that the worm *will* go under the soil?
Jose: (no response)
Teacher: I thought that the worm *would* go under the soil.
Jose: I thought that the worm *would* go under the soil.

5) 문법의식 고양 과제(Consciousness-raising Tasks)

문법의식 고양 과제는 의사소통 활동 중에 학습자의 초점이 언어형태에 의식적으로 맞추어지게 되는 과제라고 볼 수 있으며, 학습자들이 직접적으로 문법적 요소를 다루게 된다는 점에서 다른 유형의 방식과는 차이가 있다. Fotos와 Ellis(1991)는 성인 ESL 학습자를 대상으로 언어 내용과 형식에 학습자가 동시에 초점을 맞출 수 있는 과제를 고안하여 문법의식 고양 과제의 효과를 검증하고자 하였다. 수업 시간 중에 학습자들에게 문법 문제를 주고 학습자 간에 목표어로 상호작용을 통하여 주어진 문법문제를 해결하도록 하였다. 연구결과에 의하면, 학습자들은 언어 형태에 초점 두고 있지만 실제적인 의사소통을 하고 있는 양상을 보여주었으며, 학습자 간에 상호작용을 통해서 문법적 지식도 습득하게 되었다는 것을 발견하였다.

*Focus on FormS*와 *Focus on Form*은 학습자들이 의식적으로 언어적 항목에 주의를 기울이도록 하면서, 동시에 명시적인 설명도 주어진다는 점에서 공통적이라 할 수 있다. 하지만 이들 두 방법의 근본적인 차이는 명시적인 설명을 하느냐 아니면 하지 않느냐에 있는 것이 아니라 전반적인 수업의 기조가 의사소통 위주냐 아니냐에 달려 있다. *Focus on Form*에서는 언어적 항목에 대한 명시적인 설명이 주어질 수 있지만, 전체적인 수업기조는 의사소통 중심이면서 잠시 학습자의 주의력을 언어적 항목에 돌리고, 후에 계속적인 의사소통 수업을 계속하도록 하는 특징이 있다. 황종배(2004, p. 170)는 *Focus on Form*에서 다루어지는 여러 기법을 명시성의 정도에 따라 다음과 같이 제시하였다.

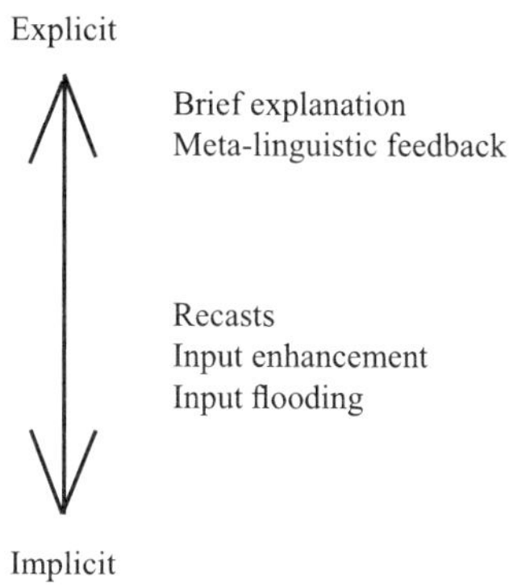

〈그림 13-3〉 Focus on Form 기법에서 나타난 명시성 정도

제14장

영어학습과 교수의 주요 특징

영어학습에 대한 지속적인 연구는 영어학습이 일어나는 과정과 성공적인 영어학습에 영향을 미치고 있는 여러 요인들에 대한 이해들을 넓혀 준다. 그러나 많은 연구 결과에도 불구하고 영어학습의 전 과정을 이해하려는 우리들의 지식은 이 교재의 전반에 걸쳐서 언급되었지만 매우 제한적이라 할 수 있다. 왜 우리들의 지식이 제한적인지 몇 가지 예를 들면 다음과 같다. 첫째, 영어학습은 어떤 보편적인 순서에 따라 일어난다고 하지만 이에 대한 증거는 언어의 한 단편적인 부분만을 설명하고 있다. 둘째, 학습자들이 사용하는 전이(transfer), 일반화(generalization), 또는 과잉일반화(overgeneralization)와 같은 학습전략은 어떤 언어규칙에는 적용이 되지만 다른 언어규칙에는 적용이 되지 않는 경우가 많다. 셋째, 영어학습의 과정 중에 많은 영향을 미치고 있는 비언어적인(non-linguistic) 요인들에 대해서 우리들이 갖고 있는 지식은 극히 막연하고 불완전하다. 넷째, 무의식적인 습득 또는 의식적인 학습과 같은 개념 뒤에 내재되어 있는 심리적인 실체들, 그리고 이들 실체들 간의 관계들에 대해서 우리들은 어떤 명확한 이해를 갖고 있지 못하다. 위에서 언급한 이러한 요인들은 우리가 학습자들에게 영어를 교수할 때 교사들이 신중하게 고려해야 할 매우 중요한 부분이 될 것이다.

영어학습 과정에 대해서 우리들이 갖고 있는 이러한 제한적인 지식들은 한편으로는 우리들에게 영어학습 과정에 대한 보다 체계적이고 심층적인 연구를 하도록 동기부여를 해주며, 또 다른 한편으로는 우리들에게 영어학습이 보다 효과적으로 이루어질 수 있도록 영어학습에 영향을 미치는 여러 요인들에 대한 정확한 이해를 요구한다. 영어학습에 대한 연구는 현재 영어학습 과정에 대해서 우리가 갖고 있는 이해와 경험에 추가할 수 있는 새로운 통찰력과 아이디어들을 얻을 수 있는 원천이 된다. 이는 궁극적으로 학생들을 효과적으로 교수할 수 있는 보다 나은 방법을 지속적으로 찾을 수 있는 동기를 제공해 준다. 어떤 상황에서는 이러한 새로운 통찰력과 아이디어들은 새로운 지향점(orientation)과 교수법을 제안하기도 한다. 그리고 다른 상황에서 이들 통찰력과 아이디어들은 영어학습 과정에서 이미 일어나고 있는 여러 발전적인 면들을 촉진시키기도 한다. 어떤 교육학적인 아디이어를 받아들일 것인지를 결정짓는 가장 중요한 기준은 이론적인 관점이 아니라 이들 아이디어가 실제로 수업현장에서 보다 나은 교수와 학습의 효율성을 생성해 내는 가이다.

본 장에서는 이미 앞에서 언급되었던 여러 아이디어들을 선택해서 학습자들에게 영어를 가르칠 때 교사들이 주의 깊게 고려해야 할 여러 함축적인 면에 대해서 논의하고자 한다.

14.1 의식적 또는 무의식적인 영어학습이 일어남

영어학습에 대한 연구에서 가장 중요한 점은 아마도 학습자가 무엇인가를 의식적으로 배우고자 할 때에 꼭 학습이 일어나는 것은 아니라는 점일 것이다. 즉, 학습자들이 보여주는 영어학습의 진척은 학습자들이 자연적인 의사소통 상황에 접할 때 활발하게 작동된다고 믿어지는 내적 언어습득 메카니즘의 결과로서 일어날 수 있다. 이러한 개념은 전혀 새로운 것은 아니지만 영어학습 과정에 미치고 있는 그 중요성에 대해서는 다시 인식할 필요가 있다.

전통적인 영어교수 상황에서 의식적인 요인들은 매우 강력했다. 예를 들어, 교사는 학습자들이 학습할 대화를 구체적으로 제시하고, 학습자들은 문장 구조를 연습하며, 그리고 대화 중에 제시된 어휘들은 기계적으로 암기하는 방식으로 수업이 진행되었다. 이러한 점에서 무의식적인 요인들은 종전의 의식적으로 행해진 학습활동과는 다른 수업활동을 필요로 하는데, 학습자들은 언어의 형태에 초점을 맞추기 보다는 소통상에 전달하고자 하는 의미에 초점을 맞추게 된다. 무의식적으로 영어학습이 이루어지는 조건에서 학습자의 언어능력(linguistic competence)은 내적 언어처리 메카니즘(internal processing mechanism)에 의해서 발달하게 된다.

따라서 효과적인 영어학습이 이루어지기 위해서 학습자들은 의사소통적 상호작용에 노출될 필요가 있는데, 최근의 영어학습과 관련된 연구들은 영어수업 현장에서의 이러한 경향을 뒷받침해 주고 있다. 과거 구두-청각식(audio-lingual) 교수법에 익숙하였던 교사들도 습관형성을 위한 언어교수법으로는 자유롭게 의사소통할 수 있는 언어사용 능력을 개발하는데 한계가 있다는 것을 인식하고 있다. 학습자들은 의사소통의 목적으로 언어를 사용할 수 있는 기회를 갖는 것이 필요한데, 소통상에 필요한 의미를 적절하게 전달하기 위해서 학습자들은 언어의 개별적인 각 요소들을 창의적이고 전체적인 언어체계 내로 통합할 수 있어야 한다.

최근 연구 경향에 의하면, 의사소통적 상호작용은 학습자들에게 제공되는 언어입력(input)에 대해서 창의적 구성이 일어날 수 있는 기회를 제공해 준다. 의사소통적 상호작용은 학습 과제의 구성 요인에 대한 부분적인 연습보다는 주어진 학습과제에 대해서 전체적인 연습을 추구한다고 할 수 있다. 따라서 의사소통적 상호작용은 학습자의 내적 언어처리 메카니즘의 작동을 촉진시켜 주는데, 이는 교사의 통제와 학습자의 의식적인 면을 초월해서 지식을 창출하고 통합할 수 있는 상황을 만들어 준다.

일부 교사와 연구자들은 이제 자유롭게 의사소통할 수 있는 언어능력의 발달은 전적으로 학습의 무의식적인 면을 통해서 가능하다는 입장을 취하고 있다(앞 장에서 Krashen은 이를 습득(acquisition)이라고 하였다.). 이러한 믿음은 영어학습의 대부분이 비록 인위적인 상황이라 할 수 있는 교실에서 이루어진다 할지라도 교사의 교수 활동은 듣기, 읽기, 토론, 의사통적 과제, 그리고 역할극 등과 같은 의사소통 중심의 활동을 통해서 학습자들이 언어를 사용할 수 있는 상황을 만들어 내는데 초점을 맞출 필요가 있다는 것을 암시해 준다. 이러한 의사소통 중심의 학습 맥락은 학습자들이 자연적인 영어학습 환경에서 언어의 규칙체계를 내재화시킬 수 있도록 해준다. 이를 통해서 학습자들은 영어를 학습할 때 보편적이고 유사한 언어발달 단계를 나타낸다. 의사소통적 상황에서 학습자들은 거의 전적으로 전달하고자 하는 의미를 이해하고 나타내는데 주의를 기울이기 때문에 영어학습 현장에서는 가능한 의식적인 연습과 수정 같은 언어 형식에 초점을 기울이는 학습활동은 지양하는 것이 좋다. 이러한 원리를 수업 현장에 시행하려고 하였던 노력이 바로 Terrell(1977, 1982)의 '사연 교수법(natural approach)'이다. 이와 유사한 원리들은 '몰입 프로그램(immersion program)'에서와 같이 다른 교과목을 영어로 가르침으로써 학습자의 영어능력을 발전시키고자 했던 여러 시도를 뒷받침해 주고 있다.

교사와 연구자들은 여전히 습득위주의 교수법이 다양한 영어학습 환경에서 어느 정도 효과가 있고 실제로 실행 가능한지를 탐색하고 있다. 이러한 맥락에서 무의식적인 영어학습의 기회를 증대시킬 필요가 있다는 주장에 대한 보편적인 반응은 다양한 종류의 의사소통적 활동들을 보다 광범위한 방법론적인 체제 내에서 주요 구성요소로 포함시키자는 것이다. 이를 위해서 소통 전(pre-communicative) 활동과 소통(communicative) 활동으로 구분하고 있다. 중요한 점은 소통 전 활동을 통해서 학습자들이 실제로 언어를 사용하는데 필요한 하위 기술들을 갖추는데 초점을 맞추고 있다는 점이다. 하지만, 소통 전 활동에서는 학습자들이 실제로 의사통적 상호작용에 참여하지는 않는다. 이를 좀 더 자세하게 나타내면 다음과 같다.

1) 소통 전 활동(pre-communicative activities): 영어를 사용하는데 필요한 부분적인 기능들을 훈련하는 형태를 띄게 된다. 소통 전 활동에서 학습자들은 설명 또는 문법 연습과 같은 인지적 기법을 통해서 그리고 반복, 모방, 암기 등과 같은 습관형성에 관련된 기법을 통해서 발음이나 문형 등을 연습하게 된다. 학습자들은 의식적으로 학습할 언어적 항목에 주의력을 맞추게 된다.
2) 소통 활동(communicative activities): 학습과제를 전체적으로 연습하는 형태를 띄게 된다. 소통 활동에서 학습자들은 이전에 개별적으로 학습한 언어 항목들을 의미 전달에 필요한 전체적인 체계 내로 통합시킨다. 창의적 언어구성이라는 관점에서 소통적 활동의 목적은 자연적인 언어학습 과정을 통해서 언어를 습득할 수 있는 학습자의 능력을 개발시키는데 있다. 따라서 학습자의 주의력은 언어 형태보다는 의사소통에 필요한 의미에 초점을 맞추게 된다.

이들 두 활동은 일종의 연장선에서 양 끝에 위치한다고 할 수 있다. 예를 들어, 소통 전 활동은 동사의 변화를 암기하는 것과 같이 언어의 형태에 초점을 맞춘 활동이라 할 수 있고, 소통 활동은 흥미로운 토론에 참여하는 것과 같이 언어의 의미에 초점을 맞춘 활동이라 할 수 있다. 하지만 어떤 활동이 소통 전 활동 또는 소통 활동에 속하는지에 대해서는 명확한 구분이 어렵다.

14.2 발화 활동이 없어도 영어학습이 일어남

학습자들에게 영어를 가르치기 위해 가장 널리 사용되는 교수법 중에서 핵심이 되는 부분은 학습자들에게 영어로 말을 하게 하거나 작문을 하도록 하는 것이다. 한편으로는 기계적인 반복에서부터 다른 한편으로는 자유토론에 이르기까지 교사는 학습자들이 언어를 생성하도록 다양한 정도의 통제를 발휘할 수 있다. 여기에 내재된 중요한 요점은 학습자들은 영어를 생성해 내는 연습을 통해서 언어 규칙체계를 내재화시킨다는 것이다.

하지만 자연적인 영어학습 과정을 관찰하다보면 학습자들로 하여금 영어를 의도적으로 생성하게 하는 연습이 언어를 배우는데 가장 중요한 요인이 되는지에 대해서는 의문을 갖게 한다. 자연적인 영어학습 과정을 관찰함으로써 우리가 얻은 증거에 의하면, 학습자의 내적 언어 처리 메카니즘은 오히려 영어를 외적으로 발화하지 않을 때 더 효과적으로 작동하고 있다는 것을 보여준다. 예를 들어, 영어를 배우는 첫 단계에서 종종 침묵의 시기(silent period)가 발견된다. 일반적으로 이 시기의 학습자들은 영어를 말하지 않는다. 학습자들이 발화를 하지 않는 침묵의 시기이지만, 학습자들은 언어규칙 체계를 내재화시키고 있으며, 그리고 그들이 말할 준비가 될 때 발화를 하게 된다. 학습자들이 자신들의 내면에 내재화시킨 언어규칙을 반영하여 발화를 한다는 사실은 창의적 언어구성이 발화의 생성보다 선행한다는 점을 암시해 준다. 왜냐하면, 발화를 생성할 수 있도록 해주는 언어의 규칙체계가 없이는 발화 그 자체가 불가능하기 때문이다.

따라서 우리가 만약 의도적이고 의식적인 발화연습을 하지 않더라도 창의적 언어구성이 일어날 수 있다는 점을 받아들일 수 있다면, 우리는 수용적 활동들(receptive activities)이 갖는 실제적인 역할을 보다 많은 영역에 적용시켜볼 수 있다. 그렇게 함으로써 우리는 언어를 이해하는데 도움이 되는 특별한 기술뿐만 아니라 언어를 사용하는데 내재된 일반적인 언어능력을 보다 쉽게 이해할 수 있다. 이런 맥락에서 우리는 교수법과 관련해서 매우 유용한 결론을 도출해 낼 수 있는데, 왜냐하면 듣기와 읽기와 관련된 수용적 학습활동들은 교실에서 많은 이점들을 제공해 주기 때문이다. 예를 들어, 이러한 활동들은 학습자 자신의 관심에 부합할 수 있는 흥미와 동기를 부여할 수 있는 학습 자료들을 접할 수 있도록 해주며, 학습자들에게 명확한 학습목표를 설정하는데 도움이 되는 광범위하고도 다양한 학습과제를 고안할 수 있도록 해준다. 또한 대단위 수업이지만 학습자들이 동시에 학습활동에 참여할 수 있는 이점을 제공해 준다.

침묵의 시기 동안에 학습자들이 계속적으로 언어규칙을 내재화시킨다는 점은 대단위 수업에서 이루어지고 있는 말하기 활동에 대해 우리들이 취할 수 있는 태도적인 측면에서 매우 중요하다. 예를 들어, 50분 영어수업에서 교사 한 사람이 40여명의 학습자를 대상으로 말하기 활동을 한다고 가정할 때, 50분 전부를 말하기 활동 시간으로 사용한다 하더라도 학습자 개개인들은 충분히 말할 수 있는 기회를 갖지 못한다. 통상적으로 주요 학습내용을 전달하고 설명하는데 수업시간의 반을 사용하고 나머지 시간동안에 말하기 연습을 할 경우, 학습자에게 질문을 하고, 질문에 대한 학습자의 답변에 대해서 반응을 보이고 수정한다고 할 때 실제로 학습자 개개인들이 말할 수 있는 시간은 30여초 정도에 불과할 것이다. 만약 교사가 영어학습의 성공여부는 학습자들이 얼마나 많은 시간동안에 발화연습을 하였는가에 달려 있다고 믿고 있다면, 앞에서 제시한 수업 상황에서 학습자 개개인들이 갖는 말하기 시간은 언어학습에 충분하지 못하다는 좌절감에 사로잡히게 될 것이다. 하지만 학습자들이 침묵하는 가운데에서도 그들의 언어능력을 개발시키고 있다는 점을 받아들일 수 있다면 앞에서 언급한 좌절감은 줄어들게 될 것이다. 따라서 영어학습에서 중요한 점은 학습자들이 얼마나 많이 발화를 하였는가에 달려있지 않다. 오히려, 영어학습의 성공 여부는 학습자들이 받아들이는 언어입력에 대해서 상호작용하면서, 그리고 내면적으로 언어규칙을 발견하는데 얼마나 많은 주의력을 기울이는가에 달려 있다고 할 수 있다.

일부 교사들과 언어학자들은 교실 상황에서 영어를 배우고 있는 학습자들도 자연적인 상황에서 영어를 배우고 있는 학습자들과 같이 침묵의 시기를 갖을 필요가 있다고 주장한다. 이 시기 동안에 학습자들은 영어로 말해야 하는 어떤 부담도 갖게 해서는 안 된다는 것이다. 오히려, 침묵의 시기 동안에 교사는 학습자들이 이해 가능한 언어입력(comprehensible input)에 노출될 수 있도록 해주어야 한다. 교사는 시각적인 또는 구체적인 상황을 통해서 학습자들이 전달하고자 하는 의미를 분명하게 이해할 수 있도록 해주며, 또한 학습자들이 비언어적인 방법으로 또는 필요하다면 모국어로 반응을 보일 수 있도록 한다. 이러한 방식은 학습자들이 언어규칙을 내면에 내재화시킬 수 있는 기초를 놓게 되며, 또한 발화를 할 준비가 되어있지 않음에도 불구하고 발화를 해야 하는 불안감과 부담감에서 해방될 수 있다. 만약 학습자들이 내재화된 언어규칙을 활용하여 발화할 준비가 되었다면, 그들이 발화를 할 수 있도록 권고해야 한다. 이러한 절차들은 앞에서 언급한 자연적 교수법의 한 부분으로 통합될 수 있다. Asher와 그의 동료들(1974) 그리고

Postovsky(1974)는 실험연구를 통해서 침묵의 시기가 영어학습에 미치는 긍정적인 효과를 보고하였다.

14.3 보편적 순서에 따라 영어학습이 진행됨

일반적으로 공식적인 교육기관에서 외국어로서 영어를 가르치는 교육과정에는 외적교수요목(external syllabus)이 존재하는데, 이는 학습자들이 학습해야 할 순서에 맞추어 언어적 항목을 제시하고 있다. 영어학습에 관한 최근 연구에 의하면, 영어교사들은 내적교수요목(internal syllabus)에 대한 이해가 필요하다는 것을 암시해 주고 있다. 내적교수요목은 학습자들의 내적 언어학습 메카니즘에 의해서 다양한 언어적 항목과 규칙들을 습득할 때 거치는 습득 단계를 의미한다. 따라서 내적교수요목과 외적교수요목 간에는 충돌이 일어날 수 있다. 그 결과로서, 학습자들이 교실에서 배우는 언어항목의 학습순서는 자연적인 상황에서 학습자들이 영어를 배울 때 보여주는 보편적인 습득순서와 맞지 않을 수 있다. 이들 두 교수요목 간의 충돌을 보다 분명하게 보여주는 가장 보편적인 방식은 학습자들이 보여주는 오류를 비교함으로써 가능해진다.

학습자들이 보여주는 보편적인 습득순서에 대해서 이야기할 때 우리는 다음 2가지 중의 하나를 의미한다.

1) 학습자는 언어적 항목 B(예를 들어, 3인칭 단수 뒤에 붙는 -s)를 습득할 준비가 되기 전에 언어적 항목 A(예를 들어, 복수를 나타내기 위해 명사 뒤에 붙는 -s)를 습득한 준비가 되어 있다.

만약 우리가 이러한 습득순서에 대해서 충분한 지식을 갖고 있다면, 우리는 외적교수요목을 적절하게 수정함으로써 학생들에게 가르치는 언어적 항목의 순서가 자연적인 습득순서를 그대로 반영할 수 있도록 할 수 있다. 그러나 우리는 이러한 방식이 학습자의 발화에서 오류를 완전히 제거할 수 있을 것이라고는 기대하지 않는다. 왜냐하면, 자연적인 언어습득이란 어느 단계에서 특정 언어적 항목을 완벽하게 학습을 한 후 다음 단계로 이동해 가는 것이 아니라 언어학습이 진행되면서 특정 언어적 항목에 대한 정확성이 점차 증대되는 점증적인 과정을 거치기 때문이다.

2) 특정 문장의 변형(예를 들어, yes/no 답변을 요구하는 의문문, 또는 부정문)을 학습하는데, 보편적인 습득순서는 일반적으로 A, B, C... 단계를 거친다.

이러한 습득순서가 외적교수요목에서 그대로 구현될 수 있도록 조정하는 것은 매우 어렵다. 교실이라는 수업현장에서 교과내용을 학습자에게 선달하는 역할은 교사가 담당하게 되는데, 초기 자연적인 학습상황에서 생성된 언어적 항목을 교실에서 가르친다고 할지라도 서로 다른 교사가 그리고 서로 다른 수업현장에서 가르치는 언어적 항목은 다소 다를 수 있다. 그러나 보편적인 습득순서에 대한 지식은 어떤 오류가 발생할 것인지에 대해 예측을 하는데 도움을 준다.

영어를 학습하면서 학습자들이 보여주는 보편적인 습득순서에 대해 교사의 교수적 입장에서 취할 수 있는 방법은 다음 세 가지가 있을 것 같다.

첫째, 학습자에게 가르치는 교수항목의 순서는 가능하다면 학습자들이 보여주는 습득순서를 반영하도록 함으로써 교수순서(external syllabus)와 습득순서(internal syllabus) 간에 나타나는 차이로 인해 충돌을 일으키기 보다는 오히려 상호간에 보완하도록 하는 것이다.

둘째, 앞에서 언급한 첫째 사항이 여의치 않다면 학습자들이 영어를 학습하면서 생성해 낼 수 있는 오류들을 예측해 보는 것이다. 그리고 이러한 오류들은 영어학습 과정 중에서 필연적으로 나타나는 것으로 여길 것인지, 아니면 추가적인 교수를 통해서 이들 오류들은 제거될 수 있는 것인지를 결정해야 한다.

셋째, 교과과정에 의해 정해진 순서에 따라 학습자에게 언어항목을 가르쳐야 한다는 생각을 포기하는 것이다. 대신에 외부에서 제공되는 언어 입력을 처리하면서 학습자 자신이 선호하는 경로에 따라 학습자의 내적교수요목이 그대로 따라 가면서 영어를 배우도록 하는 것이다.

영어학습에서 학습자들이 보여주는 보편적 습득순서에 대해 우리가 취할 수 있는 전략적 결정사항과는 별도로 보편적 습득순서에 대한 지식은 교실에서 이루어지는 상호작용 가운데 나타나는 오류를 어떻게 다룰 것인지에 대한 우리들의 인식변화에 많은 영향을 미치게 되었다. 과거에는 오류란 교사와 학습자 모두에게 학습의 실패 또는 잘못된 학습의 결과를 나타내는 것으로 인식하였다. 오류는 바람직하지 않은 것이기 때문에 즉각적으로 수정 또는 제거되어야 한다는 생각이 지배적이었다. 따라서 오류는 교사와 학습자 모두에게 좌절감을 안겨줄 수밖에 없었다. 그러나 최근에는 학습자들이 보여주는 오류는 더 이상 부정적인 것으로 인식하지 않고 외국어를 학습하면서 나타날 수밖에 없는 필연적인 것으로 인식한다. 또한 학습자들은 외국어를 학습해 나가면서 언어능력을 발달시켜 나가는데, 이때 학습자들이 보여주는 오류는 학습자의 현재 언어발달 단계를 보여주는 매우 중요한 증거로 인식되고 있다.

따라서 학습자들이 어느 과제에서는 언어규칙을 올바르게 활용하여서 오류를 보여주지 않지만, 다른 과제에서는 언어규칙을 잘못 활용하여 오류를 발생하게 되는데, 이제는 이러한 현상을 매우 자연스러운 것으로 인식한다는 것이다. 따라서 과거 오류에 대해 부정적인 입장이 최근에 들어와서는 매우 긍정적인 면으로 변화되고 있음을 알 수 있다. 이러한 오류에 대한 인식의 변화는 예를 들어, 교실에서 이루어지는 학습활동 가운데 학습자들이 보여주는 오류에 대해 교사는 수정을 할 것인지 아니면 그대로 무시할 것인지 선별적으로 접근하도록 해 주었다. 이전에 학습자들이 습득한 지식과 관련이 없거나 의사소통 상에 치명적인 장애를 가져오지 않는 학습자의 오류에 대해서 교사는 수정을 하지 않아도 된다. 또한 교사의 수정으로 인해서 학습자들이 의사소통을 하면서 전달하고자 하는 의미에 집중할 수 없다면, 이 경우에도 역시 교사는 학습자의 오류에 대해서 수정을 하지 않는 것이 교육적으로 더 효과가 있다. 일반적으로, 학습자들이 영어를 사용하는데 있어서 불안감을 덜 느끼도록 하는 것이 중요하다. 또한 교사는 학습자들의 오류에 대해서 관용과 인내심을 가질 필요가 있다. 이는 영어 수업현장에서의 보다 나은 분위기 형성과 함께 학습자의 동기부여에 긍정적으로 영향을 미칠 것이다.

14.4 단순화된 언어체계를 사용하여 의사소통이 시작됨

의사소통을 위한 수단으로서 학습자들이 영어를 어떻게 사용하는가에 대한 연구를 살펴보면, 학습자들은 언어체계에 대한 불완전한 지식을 활용하여 의사소통의 목적을 충분히 달성할 수 있다는 것을 발견하게 된다. 이러한 사실은 부분적으로 앞에서 언급하였지만 학습자들이 보여주는 오류에 대해서 보다 관용적인 입장을 취하도록 해준다. 그러나 영어를 가르치는 교사의 입장에서 몇 가지 고려해야 할 사항이 있다.

대부분의 외국어 관련 교과목에서 갖고 있는 교수 목적은 특정 언어항목을 완벽하게 학습하는 것으로 설정되어 있다. 공식적인 교육기관에서 사용하고 있는 전형적인 교육과정의 특징은 영어의 구조적인 문형들 그리고 의사소통적 기능을 구성하고 있는 여러 목록들이 단계적인 순서로 정해져 있다는 것이다. 이들 각각의 언어적 항목은 건물을 짓는데 사용되는 벽돌과 같은 것으로 건물을 짓기 위해 벽돌 하나씩 쌓아 올리는 것과 같이 학습자들은 영어학습을 진행하면서 점차 언어체계에 대한 총체적 지식을 구성해 나간다. 따라서 학습자는 다음 언어적 항목으로 옮겨가기 전에 이전 언어적 항목에 대해서는 완벽한 정확성을 획득할 정도로 학습하게 된다.

하지만 자연적인 영어학습 과정을 관찰함으로써 우리는 영어학습이 진행되는 과정에 대해서는 보다 다른 방식의 설명이 가능하다. 자연적인 방식으로 영어학습을 하는 학습자들은 언어체계의 각 부분을 차례대로 학습해 나가는 단계별 발달과정(step-by-step progression)을 거치지 않는다. 학습자들은 처음 시작단계에서부터 언어의 전 체계를 망라하여 사용하면서 영어를 학습하기 시작한다. 물론 의미전달에 차이를 가져올 수 있는 기본적인 언어적 요소들을 제외한 나머지들은 생략하고 보다 단순화된 언어체계를 사용하면서 영어를 학습하기 시작한다. 하지만 언어체계가 발달해 나가면서 학습자들은 의미전달에 섬세한 차이를 가져오는데 필요한 언어적 요소들을 점차 채워나가게 된다. 이런 과정을 통해서 영어학습의 초기에 사용되었던 단순화된 언어체계는 궁극적으로 의사소통을 위한 수단으로서 보다 정교화하게 된다.

이러한 사실을 교실에서 이루어지는 학습활동과 연계시켜 본다면 교사들의 수업목표를 보다 단순하게 설정할 필요가 있다는 것을 암시해 준다. 즉, 교사는 학습자들이 각각의 언어적 항목들을 완벽하게 학습하는 방식으로 수업목표를 설정할 필요가 없다. 대신에 전체적인 언어체계가 점증적인 단계를 거치면서 보다 더 정교화되고, 의사소통적인 잠재력을 점차 증대시켜 나갈 수 있는 방향으로 수업목표를 설정해야 한다. 이를 위해서 교사가 취할 수 있는 교수전략은 다음과 같다.

1) 교사는 영어학습의 초기단계에서부터 학습자들이 그들의 언어체계에 대해서 자신감을 가지도록 하며, 그들의 언어체계가 의사소통적 목적을 위해서 사용될 수 있도록 권고해야 한다. 이를 위해서 교사는 난이도 정도에 따라 정선된 의사소통적 활동과 관련된 광범위한 목록들을 고려할 필요가 있다.
2) 교사는 학습자들이 영어를 사용하여 의사소통을 하는 가운데 어려움에 직면하였다면 의사소통전략(communication strategies)을 사용하도록 권고해야 한다. 물론 학습자들이 의사소통전략을 많이 사용한다면 그들의 발화는 이국적인 면(foreignness)을 증대시킬 수 있지만, 의사소통상의 목적을 잘 실현시킬 수 있는 방법이 된다. 또한 교사는 서로 다양한 상황에 맞추어 효과적으로 사용될 수 있는 여러 의사소통전략의 이점을 학습자들에게 안내할 필요가 있다.
3) 학습자들의 언어수행 정도를 평가하는데 있어서, 교사는 언어형태의 정확성보다는 의사소통적 효과성을 더 중요하게 다루어야 한다. 그렇다고 해서 언어적 형태의 정확성이 중요하지 않다는 것을 의미하는 것은 아니다. 영어 학습자들의 발화가 갖는 소통적 효과를 살펴본 여러 연구들의 결과는 교사들이 교실 상황에 적용할 때 사용할 수 있는 표준을 제공해 준다. 교사는 교실 상황에서 학습자들에게 전반적인 의사소통체계에 대해서 평가를 할 때 사용될 수 있는 기법들의 목록들을 지속적으로 개발하고 확장시킬 필요가 있다.

앞에서 언급한 두 가지의 언어발달 단계가 상호 배타적이라고는 생각하지 않는다. 교사는 효과적인 영어학습을 위해서 학습자들이 언어의 각 항목을 단계적으로 학습해 나가야 한다는 전통적인 생각을 자신이 실행하는 교과과정의 주 체제 내에서 사용할 수 있을 것이다. 이와 동시에 학습자들의 전반적인 의사소통능력이 발달될 수 있도록 부수적인 학습활동의 기회를 제공할 수 있을 것이다. 이는 앞에서 언급한 의사소통 전 활동(언어적 항목의 단계별 발달 단계 중시)과 의사소통 활동(전반적인 의사소통을 위한 맥락 제공)이라는 체제 내에서 실현될 수 있다.

14.5 영어학습은 복합적인 심리적 요인에 의해서 영향을 받음

동일한 조건에서 영어학습을 시작하였더라도 학습자들이 도달하는 숙달도에 있어서 차이가 나타나게 된다. 학습자들이 보여주는 숙달도의 차이를 설명하는데 있어서 전통적으로는 주로 지능(intelligence)과 적성(aptitude)이 중요한 요인이 된다고 생각하였다. 분명 어떤 학습자들은 다른 학습자들보다 영어를 보다 잘 학습한다. 반면에, Gardner와 Lambert(1972)는 우리들의 시각을 보다 넓혀 주었는데, 태도(attitude)와 동기(motivation)도 학습자들이 보여주는 숙달도의 차이를 설명할 때 매우 중요한 요인이 될 수 있음을 보여 주었다. 그 이후로 많은 연구들의 결과는 다양하고 복합적인 심리적인 요인들이 영어학습 과정에 지대한 영향을 미치고 있다는 것을 보여 주었다.

하지만 이러한 심리적 요인들에 대한 우리들의 지식이 충분하지 않기 때문에 교수 목적을 위해서 너무 성급하고 비현실적인 결론을 도출하지 않도록 주의해야 할 필요가 있다. 예를 들어, 심리적 요인들에 대한 우리들의 지식이 충분하여 학습자들의 인성(personality) 또는 인지적 스타일(cognitive style)에 대한 평가를 제대로 할 수 있다면, 그 평가 결과에 따라 특정 학습자에게 적합한 교사를 배정하고 적절한 교수법을 활용한다면 영어학습의 효과를 극대화시킬 수 있다. 그러나 이러한 상황은 이론적으로 가능할 뿐 가까운 미래에도 가능할 것 같지는 않다. 따라서 우리는 보다 일반적인 측면에서 도출할 수 있는 몇 가지 결론에 대해서 만족할 수 있을 것 같다. 우리가 도출할 수 있는 몇 가지 결론의 예를 들면 다음과 같다.

1) 외국어를 학습하는 가장 중요한 목적은 의사소통의 필요성을 충족시키는데 있다. 따라서 교사는 학습자들로 하여금 그들이 현재 배우고 있는 언어를 사용하여 의사소통을 할 때 갖게 되는 소통적 가치가 매우 크다는 사실을 인식시켜 주어야 한다. 예를 들어, 학습자들이 학습하고 있는 언어와 그 언어가 사용되는 사회적 맥락이 서로 관련이 될 수 있도록 해주며, 교실에서도 언어가 사용될 수 있는 의사소통적 상황을 창출하며, 또한 학습자들은 자신의 인성적 성향과 개인적인 필요성을 표현하기 위해 언어를 사용할 수 있도록 도움을 받을 필요가 있다. 그리고 가능하다면, 교사는 학습자들이 원어민과 자주 접촉할 수 있도록 일정을 조정할 수 있다.
2) 대부분의 상황에서 학습자들이 원어민 공동체 사회에 대해서 긍정적인 태도를 갖고 있을 때 외국어 학습을 보다 효과적으로 할 수 있다. 따라서 교사는 원어민 공동체 사회에 대해서 학습자들이 막연하게 갖고 있는 편견들이 제거될 수 있도록 도움을 제공할 필요가 있다. 학습자들이 갖고 있는 보편적인 관심사와 원어민 공동체 구성원들이 갖고 있는 보편적인 관심사 또한 상호 관련이 있고 공통점이 있다는 것을 알려줄 필요가 있다. 이는 적절한 교재를 활용함으로써 또는 원어민과 직접 접촉을 함으로써 성취될 수 있다.
3) 대부분의 외국어 학습자들은 목표어 국가를 처음 방문하였을 때 소위 문화충격(culture shock)이라는 불편하고 불안한 느낌을 경험하게 된다. 가능하다면 원어민과 첫 접촉에서는 이러한 느낌들을 경험할 수 있다는 것을 학습자들에게 교육시키고, 따라서 이러한 상황에 대해서 적절하게 대처할 수 있도록 적절한 교재와 전략훈련을 통해서 학습자들을 준비시킬 필요가 있다.
4) 교실에서 학습자들이 갖는 불안감은 영어를 사용하여 자신을 표현하는데 주저하도록 만들기 때문에 영어학습에 대해서 부정적인 영

향을 미친다. 따라서 학습자들이 보여준 언어수행에 대해서 너무 지나친 비평은 삼가하는 것이 좋으며, 또한 학습자 개개인들이 스스로 발화하고 연습할 수 있는 사적인 공간을 마련해 주는 것도 효과적이다. 또한 지나치게 발화위주에 초점을 맞추고 있는 학습 활동은 지양하는 것이 좋으며, 학습자의 자아를 보호하고 동료 친구들과 서로 협력할 수 있는 우호적인 학습 분위기를 만드는 것도 매우 중요하다.

5) 외국어를 성공적으로 학습하는 학습자들은 종종 자신에게 맞는 학습전략을 적절하게 사용한다. 예를 들어, 언어항목을 연습하고, 실제로 사용할 수 있는 기회를 찾는다든지, 또는 다른 학습자에게 주어진 질문에 대해서 가능한 답변을 미리 입안에서 중얼거려 본다든지 등의 학습전략을 사용한다. 따라서 교사는 영어 학습자들이 이러한 학습전략을 사용할 수 있도록 격려해야 한다.

앞에서 언급한 5가지 결론은 교사들이 영어학습에 영향을 미치는 다양한 심리적 요인들을 인식하도록 하며, 그리고 이러한 심리적 요인들이 그들의 교수 방식에 영향을 줄 수 있다는 점을 부각하기 위해서 제시되었다. 물론 교사 개개인마다 위에서 제시된 내용과는 서로 다른 결론을 도출시킬 수 있을 것이고, 개개인마다 서로 다르게 교수방식을 적용시킬 것이다. 심리적인 요인들이 영어학습에 어떻게 영향을 미치는지에 대한 교사의 지식은 어떤 상황에서는 예를 들어, 학습자의 필요에 부합한 언어 항목을 선택하고, 동료 친구들과 상호 협력할 수 있는 학습 활동들을 계획하고 준비할 수 있는 구체적인 절차에 근거하여 교수방식을 실행할 수 있다. 한편, 또 다른 상황에서는 오류에 대한 태도 또는 교사의 통제보다는 학습자의 주도적인 면에 대한 강조 등과 같이 다소 구체적이지 않으면서 간접적인 변경을 통해서 교수방식을 실현시킬 수 있다.

14.6 영어학습 연구를 통해 얻은 일반적인 견해 및 주장

외국어인 영어를 어떻게 학습/습득해 나가는지에 대해서는 많은 학자들이 관심을 가지고 지속적으로 연구를 진행하고 있다. 앞서 본 교재에서도 영어학습의 과정을 보다 체계적으로 이해하기 위해 많은 요인들을 살펴보았으며, 또한 많은 학자들마다 그 주장이 약간씩은 서로 다르다는 것을 알 수 있었다. 하지만 학자들의 서로 다르고 다양한 이론과 주장들이 서로 개별적이기 보다는 서로 간에 밀접한 관련을 맺고 있으며 그러한 조합가운데서 영어학습의 과정을 보다 신뢰성있게 설명할 수 있을 것이라 생각된다. 본 교재를 마무리하는 이 장에서는 먼저 연구에 의해서 검증은 되지 않았지만 성공적인 영어학습을 위해서 많은 사람들이 믿고 있는 개인적인 생각들 가운데서 가장 인기 있는 견해를 먼저 소개하고, 다음에는 체계적인 연구에 의해서 얻은 효과적인 영어학습 방안을 소개하고자 한다. 먼저, 검증은 되지 않았지만 인기 있는 견해는 다음과 같다(Lightbown & Spada, 1993, pp. 111-116).

1) 언어는 주로 모방을 통해서 이루어진다.
2) 아이들이 발화를 하면서 오류를 나타내면 부모들은 그 발화에 대해서 피드백을 제공하여 수정해 준다.
3) 지능(IQ)이 높은 학습자일수록 언어를 잘 배운다.
4) 아이들이 학교에서 영어에 빨리 노출될수록 영어학습의 성공률은 더 높아진다.
5) 학습자들이 보여주는 오류의 대부분은 학습자의 모국어에서 오는 간섭 때문이다.
6) 학습자의 오류는 굳어지기 전에 가능한 빨리 수정되어야 한다.

한편, Lightbown(1985, pp. 176-180)은 영어학습 과정에 대한 연구를 통해 얻은 일반적인 결론들을 다음과 같이 제시하였다.

1) 성인과 청소년들도 어린이들과 마찬가지로 '습득'할 수 있다.
2) 학습자는 자신의 모국어 간섭으로 인해서 오류를 유발할 뿐만 아니라 모국어로서 영어를 습득하는 어린이들이 보여주는 것과 유사한 오류를 유발한다. 이는 체계적인 중간언어 형성이라는 점을 뒷받침해 준다.
3) 언어습득에는 예측 가능한 순서가 존재한다. 따라서 어떤 언어적 항목은 다른 언어적 항목이 습득되기 전에 반드시 습득되어야 한다.
4) 단순히 연습을 많이 한다고 해서 언어를 성공적으로 습득하는 것은 아니다.
5) 언어규칙을 안다는 것과 실제 의사소통 상황에서 언어를 적절하게 사용하는 법을 아는 것과는 별개의 문제이다.
6) 학습자가 보여준 오류에 대해서 개별적으로 분리하여 명확하게 수정해 주는 것은 학습자의 언어행위를 변화시키는데 별다른 영향을 미치지 않는다.
7) 대부분의 성인 학습자들은 원어민과 같은 수준의 언어체계에 도달하기 전에 언어발달이 중단되어 화석화되는 경향이 많다.
8) 하루에 1-2 시간 정도의 학습으로는 원어민과 같은 수준의 언어체계에 도달하는 것은 불가능하다.
9) 언어는 매우 복잡한 현상이기 때문에 실제로 성공적인 영어학습을 위해서 언어학습 과정 중에서 학습자들이 해야 할 일은 매우 많다.
10) 유의적인 맥락에서 언어를 이해하고 사용할 수 있는 능력은 그렇지 않은 맥락에서 언어를 사용하는 능력, 또는 복잡하고 정확한 언어를 사용하는 능력보다 훨씬 더 우수하다.

본 장은 교재의 마지막 장이기 때문에 이곳에서는 영어학습에 대한 선험 연구결과를 근거로 도출될 수 있는 몇 가지 아이디어들 그리고 통찰력에 대해서 논의를 해 보았다. 또한 교사들이 실제로 영어를 교수하는데 있어서 도움이 될 수 있는 몇 가지 함축적인 점을 제안하였다. 본 장에서 제시된 몇 가지 아이디어들과 통찰력들은 학습자들이 영어학습을 보다 성공적이고 효과적으로 수행할 수 있도록 교사들이 참조하고 사용할 수 있는 처방전 역할을 담당하리라 생각된다. 하지만 영어학습의 전 과정에 걸쳐서 우리들이 갖고 있는 지식은 충분하지도 않고 완벽하지도 않다. 또한 교실이라는 상황 속에는 다양한 변인들이 내재되어 있어서 영어학습의 과정에 대한 완벽한 설명은 불가능해 보인다. 그럼에도 불구하고, 많은 연구를 통해서 영어학습 과정에 대한 우리들의 지식은 점차 증대되어질 것이며 이는 궁극적으로 교사들의 교수방식을 개선시키는데 많은 긍정적인 영향을 미칠 것으로 생각된다. 교수방식의 개선은 지금까지 우리가 해온 모든 작업의 목표가 되고 정당성을 부여해 준다고 할 수 있는 학습자의 영어학습을 촉진시킬 것이다.

참 고 문 헌

강인애. (1995). 구성주의 학습원리와 적용: 조교 교육프로그램의 개발. *교육공학연구, 11*(1), 5-26.

김낙훈 외. (1997). *교육용 멀티미디어 저작도구 설계 연구*. 서울: 멀티미디어 교육 지원센터.

김동식. (1996). *Computer-based instruction: 설계, 개발의 논리*. 서울: 원미사.

김은주. (2002). 영어 교육과정. 김영숙, 최연희, 차경애, 김은주, 남지영, 문영인.(편저). *영어과 교육론: 이론과 실제*(pp. 175-211). 서울: 한국문화사.

김정렬. (1999). 멀티미디어를 통합한 초등학교 수업모형 개발연구. *Multimedia-Assisted Language Learning, 2*(1), 74-99.

김정렬. (2000). *내용, 방법 및 매체를 중심으로 본 21C 영어교육*. 서울: 홍릉과학출판사.

김정렬. (2002). *영어교육론*. 서울: 한국문화사.

김태영. (2004). Vygotsky 사회문화이론과 영어교육에의 시사점. *Journal of English learning and linguistics, 4*(3), 293-323

권성호. (1990). *교육공학원론*. 서울: 양서원.

권오량. (1984). Affective domain of Korean EFL students. *영어교육*, 28, 한국영어교육학회.

나일주. (1995a). 교수매체 연구의 현대적 과제: 교수매체의 효과성 논쟁을 중심으로. 교육공학연구, 11(1), 47-71.

나일주. (1995b). 교수매체의 효과에 관한 심리학적 논점. 교육이론, 9(1), 117-136.

나일주, 정인성. (1990). *CAI 개발과 활용*. 서울: 교육과학사.

나일주, 정인성. (1996). *교육공학의 이해*. 서울: 학지사.

문교부. (1981). *중학교 교육과정 해설*. 서울: 대한교과서.

문교부. (1988). *중학교 교육과정 해설*. 서울: 대한교과서.

문룡. (1976). 구한말의 영어교육. *영어교육*, 12, 한국영어교육학회.

문룡. (1984). *영어교수법*. 서울: 신아사.

민영순. (1973). *교육심리학*. 서울: 교육출판사.

박경식. (1996). *비디오를 통한 영어교육*. 서울: 아시아 출판사.

박경자, 조인정, 강혜순. (2001). *e-언어학습: 이론과 실제*. 서울: 박영사.

박도순, 홍후순. (1999). *교육과정과 교육평가*. 서울: 문음사.

배두본. (1997). *초등학교 영어교육*. 서울: 한국문화사.

백영균, 한승록, 박주성, 김정겸, 박정환, 강신천, 변호승, 최명숙. (2002). *교육방법 및 교육공학*. 서울: 학지사.

박원. (2000). *영어교육학*. 인하대학교 출판부.

박의재. (1985). 대학 교양영어 교재의 제 문제. 영어영문학연구, 27, 353-369.

박형기. (1981). 한영 양어의 어휘 비교: 의의 면을 중심으로. *영어교육,* 23, 112-129.

서울대학교. (1982). *교육용어사전*. 서울대학교 출판부.

신성철. (1993). *Reorientation of foreign language education. 한.일 국제학술회의 발표 논문집.* 충남대학교 인문과학연구소.

신성철, 박의재, 이정원. (1999). *현대영어교육*. 대전: 문경출판사.

신성철, 박의재, 신두호. (1996). *미국문화와 영국문화*. 대전: 문경출판사.

신성철, 황봉주, 박의재. (1985). 한, 미국의 사고유형과 문화유형 분석. 언어, 6, 65-73 충남대학교 어학연구소.

신용진. (1981). *영어교수 학습의 이론과 실제.* 서울: 한신문화사.

안병규. (1998). *멀티미디어를 활용한 영어교육.* 호남영어교육학회 98 봄 전국 학술대회 발표 논문.

양인석. (1980). 영어 조기교육의 찬반론. "*외국어교육 논문집* (pp. 33-66)" 한국 외국어대학교 외국어 연수원.

이병민. (1996). 영어학습과 연구를 위한 인터넷의 활용. *영어교육, 51*(4), 237-254.

이병민. (1997). 인터넷을 활용한 영어수업. 정동빈(편집). *어린이 영어교육* (pp. 247-266). 서울: 홍익미디어.

이영자. (1980). Motivational variables effecting the learning of EfL in Korea. Presentation at 1980 TESOL Convention. San Francisco.

이정원. (1997). 초등영어 교육에 대한 제언. *언어, 18*, 충남대학교 어학연구소.

이정원(역). (2005). *언어평가의 이해*. 서울: 경문사.

이진주. (1999). Web 기반 교수-학습 과정의 멀티미디어 활용: 영어 듣기교육을 중심으로. *Multimedia-Assisted Language Learning, 2*(1), 143-153.

이종배. (1978). 구한말의 영어교육과 교수법. 영어교육, 15, 한국영어교육학회.

이태욱. (1999). *컴퓨터 교육론*. 서울: 좋은 소프트.

임정훈. (1998). 인터넷을 활용한 가상수업에서의 교수-학습활동 및 교육효과 연구. *교육공학연구, 14*(2), 103-136.

전상범. (1981). Adults vs. children FL learning: Psychological conditions. *외국*

어 교육 논문집. 서울대학교 사범대학 영어교육과.

정양수. (1999). 학생, 교사, 그리고 학부모를 연결하는 매개체로서의 인터넷과 영어교육: 새로운 이론 정립을 위한 제언. *Multimedia-Assisted Language Learning, 2*(1), 160-178.

정양수, 박의재. (2003). *새로운 영어교수법*. 서울: 한신문화사.

정양수(역). (2005). *영어교사를 위한 교사연구론*. 서울: 경문사.

조명원. (1979). 실행능력에 입각한 영어교사 교육의 모형연구. *영어교육, 18*, 한국영어교육학회.

황윤한. (1998). *초등학교 주제단원중심 통합교육과정: 이론과 실제*. 광주: 광신출판사.

황종배. (2004). *제2언어 습득론*. 서울: 경진문화사.

최동근 역. (1986). *수업매체 선정 모형과 활용*. 서울: 배영사.

최수영. (2000). 멀티미디어 영어교육. 서울: 박문각.

최수영, 김기섭, 이철기, 설양환. (1999). 효과적인 영어교육을 위한 컴퓨터 코스웨어의 현장 적용 연구. *Multimedia-Assisted Language Learning, 2*(1), 179-256.

Adams, M. A. (1978). Methodology for examining second language acquisition. In Hatch (1978a).

Albrechtsen, D., Henriksen, B., & Færch, C. (1980). Native speaker reactions to learners' spoken interlanguage. *Language Learning, 30*, 365-396.

Alpert, R., & Haber, R. (1960). Anxiety in academic achievement situation. *Journal of Abnormal and Social Psychology, 61*, 207-215.

Asher, J. J. (1969). The optimal age to learn a foreign language. *Modern Language Journal, 53*.

Asher, J., & R. Garcia. (1969). The optimal age to learn a foreign language. *Modern Language Journal, 38*, 334-341.

Asher, J. J., Kusudo, J. A., & De La Torre, R. (1974). Learning a second language through commands: The second field test. *Modern Language Journal, 58,* 24-32.

Ausubel, D. A. (1968). *Educational psychology: A cognitive view*. New York: Holt, Rinehart & Winston.

Bailey, N., Madden, C., & Krashen, S. (1974). Is there a natural sequence in adult second language learning? *Language Learning, 24*(2), 235-243.

Banarthy, B. H., Trager, E. C., & Waddle, C. D. (1966). The use of contrastive data in foreign language course development. In A. Valdman (Ed.), *Trends in language teaching*. New York: McGraw-Hill Book Company.

Beebe, L. (1980). Sociolinguistic variation and style shifting in second language acquisition. *Language Learning, 30*, 433-437.

Bialystok, E. (1990). *Communication strategies*. Oxford: Blackwell.

Birdsong, D. (1992). Ultimate attainment in second language acquisition. *Language, 68*, 706-755.

Birdsong, D. (1999). Whys and why not of the critical period hypothesis for second language acquisition. In D. Birdsong (Ed.), *Second language acquisition and the critical period hypothesis*. (pp. 1-22). New Jersey: Lawrence Erlbaum Associates.

Bloom, L. (1970). *Language development: Learning and teaching*. New Jersey: Prentice Hall.

Bohn, O. (1986). Formulas, frame structures, and stereotypes in early syntactic development: Some new evidence from L2 acquisition. *Linguistics 24,* 185-202.

Brown, H. D. (1994). *Teaching by principles. Englewood Cliffs.* NJ: Prentice Hall Regents.

Brown, H. D. (2000). *Principles of language learning and teaching* (4th ed.). Englewood Cliffs. NJ: Prentice Hall Regents.

Brown, R. (1973). *A first language*: The early stages. Harmondsworth: Penguin Books.

Burstall, C. (1975). Factors affecting foreign-language learning: A consideration of some recent findings. *Language Teaching and Linguistics: Abstracts, 8*(1), 5-25.

Burstall, C., Jamieson, M., Cohen, S., & Hargreaves, M. (1974). *Primary French in the balance.* Slough: NFER.

Burt, M. K. (1975). Error analysis in the adult EFL classroom. *TESOL Quarterly, 9*, 53-63.

Canale, M., & Swain, M. (1980). Theoretical bases of communicative approaches to second language teaching and testing. *Applied Linguistics, 1*, 1-47.

Cancino, H., Rosansky, E. J., & Schumann, J. H. (1978). The acquisition of English negatives and interrogatives by native Spanish speakers. In Hatch, (1978a).

Carroll, J. B., & Sapon, S. (1959). *Modern language aptitude test.* New York: Psychological Corporation.

Chapelle, P., & Roberts, C. (1986). Ambiguity tolerance and field independence as predictors of proficiency in English as a second language. *Language Learning, 36,* 27-45.

Chaudron, C. (1985). Intake: On models and methods for discovering learners' processing of input. *Studies in Second Language Acquisition, 7,* 1-14.

Chiara, T., & Oller, J. W. (1978). Attitudes and attained proficiency in EFL: A sociolinguistic study of adult Japanese speakers. *Language Learning, 28,* 55-68.

Chomsky, N. (1965). *Aspects of the theory of syntax.* Cambridgc, Mass.: MIT Press.

Chomsky, N. (1989). Some notes on economy of derivation and representation. *MIT Working Papers in Linguistics, 10,* 43-74.

Comrie, B., & Keenan, E. (1979). Noun phrase accessibility revisited. *Language, 55,* 649-664.

Cook, V. (2001). *Second language learning and language teaching* (3rd ed.). Arnold.

Coppieters, R. (1987). Competence differences between native and near-native speakers. *Language, 63,* 544-573.

Corder, S. P. (1967). The significance of learners' errors. *IRAL, 5*(4), 161-170.

Corder, S. P. (1971). Idiosyncratic dialect and error analysis. *International Review of Applied Linguistics, 9*, 147-159.

Corder, S. P. (1974). Error analysis. In J. Allen & Corder, S. P (Eds.), The Edinburgh course in applied linguistics, 3. London: Oxford University Press.

Corder, S. P. (1978). Strategies of communication. *AFinLa 23.*

Cromer, R. F. (1974). The development of language and cognition.: The cognition hypothesis. In B. Foss(Ed.), *New perspectives in child development. Harmondsworth*: Penguin Books.

Cunningham, D. J. (1991). In defense to extremism. Educational Technology, September, 26-27.

de Villers, J. G., & de Villers, P. A. (1973). A cross-sectional study of the acquisition of grammatical morphemes in child speech. *Journal of Psycholinguistics Research, 2*(3), 267-278.

Dechert, H. (1983). How a story is done in a second language. In C. Færch & G. Kasper (Eds.), *Strategies in interlanguage communication* (pp. 175-195). London: Longman.

Dickerson, L. J., & Dickerson, W. B. (1978). Learning to pronounce: research responses to classroom concerns. *English Teaching Forum, 16*(4), 13-15.

Dörnyei, Z. (1995). On the teachability of communication strategies. *TESOL*

Quarterly, 29, 55-85.

Dörnyei, Z., & Scott, M. L. (1997). Communication strategies in a second language: Definition and taxonomies. *Language Learning, 47*(1), 173-210.

Duffy, T. M., & Bednar, A. K. (1991). Attempting to come to grips with alternative perspectives. *Educational Technology, September,* 12-45.

Duffy, T. M., & Jonassen, D. H. (1991). Contructivism: New implication for instructional technology? *Educational Technology, May*, 9-11.

Dulay, H. C., & Burt, M. (1973). Should we teach children syntax? *Language Learning, 23*(2), 245-57.

Dulay, H., & Burt, M. (1974a). Natural sequences in child second language acquisition. *Language Learning, 24*(1), 37-53.

Dulay, H., & Burt, M. (1974b). Errors and strategies in child second language acquisition. *TESOL Quarterly*, 8, 129-136.

Eckman, F. (1977). Markedness and the contrastive analysis hypothesis. *Language Learning, 27*, 315-330.

Elliot, A. J. (1981). *Child language*. New York: Cambridge University Press.

Ellis, R. (1985). *Understanding second language acquisition*. Oxford: Oxford University Press.

Ellis, R. (1990). *Instructed second language acquisition:* Learning in the classroom. Cambridge, MA: Basil Blackwell.

Ellis, R. (1994). *The study of second language acquisition.* Oxford: Oxford University Press.

Ellis, R. (2001). Introduction: Investigating form-focused instruction. *Language Learning, 51*, 1-46.

Engestrom, Y. (1999). Activity theory and individual and social transformation. In Y. Engestrom, R. Miettien, & R. M. Punamaki (Eds.), P*erspectives on activity theory* (pp. 19-38). New York: Cambridge University Press.

Ervin-Tripp, S. M. (1972). Some strategies for the first two years. In T. Moor (Ed.), *Cognitive development and the acquisition of language*. NY: Academic Press.

Ervin-Tripp, S. M. (1974). Is second language learning like the first? *TESOL Quarterly, 8*(2), 111-127.

Færch, C., & Kasper, G. (1983a). On identifying communication strategies in interlanguage production. In C. Færch & G. Kasper (Eds.), *Strategies in interlanguage communication* (pp. 210-238). Harlow, England: Longman.

Færch, C., & Kasper, G. (1983b). Plans and strategies in foreign language communication. In C. Færch & G. Kasper (Eds.), *Strategies in interlanguage communication* (pp. 20-60). Harlow, England: Longman.

Færch, C., & Kasper, G. (1985). Procedural knowledge as a component of foreign language learners' communicative competence. In H. Bolte & W. Herrlitz (Eds.), *Kommunikation im Sprachunterricht*. Utercht: Instituut 'Franzen', University of Utrecht.

Fathman, A. (1975). The Relationship between age and second language productive ability. *Language Learning*, 25(2), 245-254.

Felix. S. (1978). Some differences between first and second language acquisition. In N. Waterson & C. Snow (Eds.), *Development of communication*. New York: John Wiley and Sons.

Felix, S. (1985). More evidence on competing cognitive system. *Second Language Research, 1*, 42-72.

Fillmore, W. (1976). The second time around: Cognitive and social strategies in second language acquisition. Unpublished doctoral dissertation. Stanford University.

Fillmore, W. (1991). Second language learning in children: A model of language learning. In E. Bialystok (Ed.), *Communicative strategies: A psychological analysis of second language use*. Oxford: Blackwell.

Fotos, S., & Ellis, R. (1991). Communicating about grammar: *A task-based approach. TESOL Quarterly, 25*(2), 605-628.

Fromkin, V., & Rodman, R. (1998). *An introduction to language* (6th ed.). New York: Harcourt Brace College Publisher.

Gardner, R. C. (1980). On the validity of affective variables in second language acquisition: Conceptual and statistical considerations. *Language Learning, 30*(2), 255-270.

Gardner, R. C. (1983). *Frames of mind: The theory of multiple intelligences*. NY: Basic Books.

Gardner, R. C. 91985). *Social psychology and second language learning*. London: Edward Arnold.

Gardner, R. C., & Lambert, W. (1972). *Attitude and motivation in second language learning*. Rowley, MA: Newbury House.

Gatbonton, E. (1978). Patterned phonetic variability in second language speech: A gradual diffusion model. *Canadian Modern Language Review. 34*, 335-347.

Girard, D. (1977). Motivation and young foreign language learner. *English*

Language Teaching Journal, 31(2), 109-112.

Guiora, A. A., Brannonm R. C., & Dull, C. Y. (1972). Empathy and second language learning. *Language Learning, 22*, 111-130.

Guiora, A. Z., Paluszny, M., Beit-Hallahmi, B., Catford, J. C., Cooley, R. E., & Dull, Y. C. (1975). Language and person: Studies in language behaviour. *Language Learning, 25*(1), 43-61.

Haastrup, K., & Phillipson, R. (1983). Achievement strategies in learner/native speaker interaction. In C. Færch & G. Kasper (Eds.), *Strategies in interlanguage communication* (pp. 140-58). Harlow, England: Longman.

Hakuta, K. (1974a). A report on the development of grammatical morphemes in a Japanese girl learning English as a second language. *Working Papers in Bilingualism* (Toronto), 3, 18-44. Reprinted in Hatch, (1978a).

Hakuta, K. (1974b). Prefabricated patterns and the emergence of structure in second language acquisition. *Language Learning, 24*(2), 287-297.

Hakuta, K. (1974c). A preliminary report on the development of grammatical morphemes in a Japanese girl learning English as a second language. *Working Papers on Bilingualism, 3,* 18-43.

Hakuta, K. (1976). Becoming bilingual: A case study of a Japanese child learning English. *Language Learning, 26*(2), 321-351.

Halliday, M. A. K.(1975). *Learning how to mean.* London: Edward Arnold.

Hatch, E. (Ed.). (1978a). *Second language acquisition: A book of readings.* Rowley, Mass.: Newbury House.

Hatch, E. (1978b). Discourse analysis and second language acquisition. In Hatch (1978a).

Hatch, E. (1983). *Psycholinguistics: A second language perspective.* Rowley, MA: Newbury House.

Heyde, A. (1979). *The relationship between self-esteem and oral production of a second language.* Unpublished doctoral dissertation. University of Michigan, Ann Arbor.

Hill, J. (1970). Foreign language acquisition and cerebral dominance revisited. *Language Learning, 20,* 237-248.

Huang, J., & Hatch, E. M. (1978). A Chinese child's acquisition of English. In Hatch, (1978a.)

Hyltenstam, K. (1984). The use of typological markedness conditions as predictors in second language acquisition: The case of pronominal copies in relative clauses. In R. Andersen (Ed.), *Second language: A crosslinguistic perspective.* Rowley, Mass.: Newbury House.

Jakobovits, L. A. (1970). *Foreign language learning: Psycholinguistic analysis of the issues.* Rowley, Mass.: Newbury House.

Johnson, J. S., & Newport, E. L. (1989). Critical period effects in second language learning: The influence of maturational state on the acquisition of English as a second language. *Cognitive Psychology, 21,* 60-99.

Johnston, M., & Pienemann, M. (1986). *Second language acquisition: A classroom perspective.* New South Wales Migrant Education Service.

Jonassen, D. H. (1991). Objectivism and constructivism: Do we need a new philosophical paradigm? *ETR & D., 39*(3), 5-14.

Johnson, D. (2004). *A philosophy of second language acquisition.* Yale University Press.

Kellerman, E. (1991). Compensatory strategies in second language research: A critique, a revision, and some (non-) implications for the classroom. In R. Phillipsion, E. Kellerman, L. Selinker, M. Sharwood Smith, & Swain (Eds.), *Foreign/second language pedagogy research: A commemorative volume for Claus Færch*, 142-161. Clevedon, England: Multilingual Matters.

Kellerman, E., Ammerlaan, T., Bongaerts, T., & Poulisse, N. (1990). System and hierarchy in L2 compensatory strategies. In E. Scarcella & S. Andersen, & S. D. Krashen (Eds.), *Developing communicative competence in a sccond languagc* (pp. 163-178). New York: Ncwbury Housc.

Khalil, A. (1985). Communicative error evaluations: Native speakers' evaluation and interpretation of written errors of Arab EFL learners. TESOL Quarterly, 19, 225-351.

Klein, W. (1995). Language acquisition at different ages. In D. Magnusson (Ed.), *The lifespan development of individuals: Behavioral, neurobiological, and psychological perspectives* (pp. 244-264). New York: Cambridge University Press.

Klima, E., & Bellugi, U. (1966). Syntactic regularities in the speech of children. In J. Lyons & R. Wales (Eds.), *Psycholinguistics papers.* Edinburgh: Edinburg University. Press.

Krashen, S. (1973). Lateralization, language learning, and the critical period: Some new evidence. *Language Learning, 23,* 63-74.

Krashen, S. (1977). The monitor model for adult second language performance. In M. K. Burt, H. C. Dulay, & M. Finocchiaro (Eds.), *Viewpoints on English as a second language* (pp. 152-161). NY: Regents.

Krashen, S. (1981). *Second language acquisition and second language learning.* Oxford: Pergamon.

Krashen, S. (1982). *Principles and practice in second language acquisition.* Oxford: Pergamon Press.

Krashen, S. (1985). *Input hypothesis: Issues and implications.* London: Longman.

Krashen, S. D. (1973). Lateralization, language learning and the critical period: Some new evidence. *Language Learning, 23*, 63-74.

Krashen, S. D. (1977). Some issues relating to the monitor model. In H. D. Brown, C. Yorio & R. Crymes (Eds.), On TESOL *77: Teaching and learning English as a second language: Trends in research and practice* (pp. 144-158). Washington: TESOL.

Krashen, S. D. (1978). Individual variation in the use of monitor. In W. C. Ritchie (Ed.), *Second language acquisition. San Francisco*: Academic Press.

Krashen, S. D. (1981). *Second language acquisition and second language learning.* Oxford: Pergamon Press.

Krashen, S. D. (1982a). *Principles and practice in second language learning.* Oxford: Pergamon Press.

Krashen, S. D. (1982b). Accounting for child-adult differences in second language rate and attainment. In R. C. Scarcella & M. H. Long (Eds.), *Child-adult differences in second language acquisition* (pp. 202-226). Rowley, MA: Newbury House Publisher.

Krashen, S., & Scarcella, R. (1978). On routines and patterns in language acquisition and performance. *Language Learning*, 28, 283-300.

Krashen, S., & Terrell, T. (1983). The natural approach: *Language acquisition in the classroom*. Oxford: Pergamon.

Labov, W. (1970). The study of language in its social context. *Studium Generale,* 23, 30-87.

Lado, R. (1961). *Linguistics across culture*. Ann Arbor: University of Michigan Press.

Lado, R. (1961). *Linguistics across culture.* Ann Arbor: University of Michigan Press.

Lantolf, J. P. (2000). Second language learning as a mediated process. *Language Teaching, 33,* 79-96.

Larsen-Freeman, D. E. (1975). The acquisition of grammatical morphemes by adults ESL students. *TESOL Quarterly, 9*(4), 409-420.

Larsen-Freeman, D., & Long, M. H. (1991). *An introduction to second language acquisition research*. London: Longman.

Lebow, D. (1993). Constructivist values for system design: Five principles toward a new paradigm. *ETR & D*., 41(3), 4-16.

Leont'ev, A. N. (1979). The problem of activity in psychology. In Wertsch, J. V. (Ed.), *The concept of activity in Soviet psychology* (pp. 37-71). Armonk, NY: E. M. Sharpe.

Lenneberg, E. H. (1967). *Biological foundation of language,* New York: John Wiley.

Levelt, W. J. M. (1978). Skill theory and language teaching. Studies in *Second Language Acquisition, 1*(1), 53-70.

Lightbown, P. M. (1985). Great expectations: Second language acquisition research and classroom teaching. *Applied Linguistics,* 6, 173-189.

Lightbon, P. M., & Spada, N. (1990). Focus-on-form and corrective feedback in communicative language teaching: Effects on second language learning. *Studies in Second Language Acquisition, 12*, 429-448.

Littlewood, W. (1987). *Foreign and second language learning: Language acquisition research and its implications for the classroom*. Cambridge: Cambridge University Press.

Littlewood, W. (1998). *Foreign and second language learning.* Cambridge: Cambridge University Press.

Long, M. H. (1985). Input, interaction and second language acquisition. In S. M. Gass & C. G. Madden (Eds.), *Input in second language acquisition.* Rowley, Mass.: Newbury House.

Long, M. H. (1988). Instructed interlanguage development. In L. M. Beebe (Ed.), *Issues in second language acquisition: Multiple perspectives.* New York: Newbury House Publisher.

Long, M. H. (1990). Maturational constraints on language development. *Studies in Second Language Acquisition, 12*, 251-285.

Long, M. H. (1996). The role of the linguistic environment in second language acquisition. In W. C. Ritchie & T. K. Bhatia (Eds.), *Handbook of second language acquisition. San Diego*: Academic Press.

Long, M. H. (1998). Focus on form in task-based language teaching. *University of Hawaii working papers in ESL, 16*(2), 35-49.

Lukmani, Y. (1972). Motivation to learn and language proficiency. *Language Learning, 22*(2), 261-273.

Lyons, J. (1968). *Introduction to theoretical linguistics.* Cambridge: Cambridge University Press.

MacIntyre, P. D., & Gardner, R. C. (1991). Methods and results in the study of anxiety and language learning: A review of the literature. *Language Learning, 41*, 85-117.

Macnamara, J. (1975). Comparison between first and second language learning. *Working Papers on Bilingualism.*

McLaughlin, B. (1985). *Second language acquisition in childhood, Vol. 2: School-age children.* Hillsdale, NJ: Lawrence Erlbaum.

McLaughlin, B. (1985). *Second language acquisition in childhood, Vol. 2: School-age children.* Hillsdale, NJ: Lawrence Erlbaum.

McLaughlin, B. (1987). *Theories of second language learning.* London: Edward Arnold.

McLaughlin, B. (1990). "Conscious" versus "subconscious" learning. *TESOL Quarterly, 24,* 617-634.

McNeill, D. (1966). Developmental psycholinguistics. In F. Smith and G. Miller(Eds.), *The genesis of language: A psycholinguistic approach.* Cambridge: MIT Press.

Meisel, J. M. (1980). Linguistic simplification: A study of immigrant workers speech and foreigner talk. In S. W. Felix (Ed.), *Second language development: Trends and issues.* Tübingen: Gunter Narr.

Naiman, M. M., Fröhlich, M., & Stern, H. H. (1978). *The good language learner.* Toronto: Ontario Institute for Studies in Education.

Nattinger, J., & DeCarrico, J. (1992). *Lexical phrases and language teaching.* Oxford: Oxford University Press.

Nemser, W. (1971). Approximative systems for foreign language learners. *IRAL*, *9*(2), 219-227.

Neufeld, G. (1978). On the acquisition of prosodic and articulatory features in adult language learning. *Canadian Modern Language Review*, 34, 164-174.

Newmark, L., & Reibel, D. (1968). Necessity and sufficiency in language learning. *IRAL, 6,* 145-164.

O'Malley, J. M., & Chamot, A. U. (1990). *Learning strategies in second language acquisition.* New York: Cambridge University Press.

Ochs, E. (1979). Planned and unplanned discourse. In Givon (Ed.), *Syntax and semantics, 12: Discourse and semantics.* New York: Academic Press.

Oller, J. W., & Ziahosseiny, S. M. (1970). The contrastive analysis hypothesis and spelling errors. *Language Learning, 20*, 183-189.

Ohta, a. (2000). Rethinking recasts: A learner-centered examination of corrective feedback in the Japanese classroom. In J. K. Hall & L. S. Verplaetse (Eds.), *Second and foreign language learning through classroom interaction* (pp. 47-71). London: Lawrence Erlbaum.

Oxford, R. I. (1990). *Language learning strategies: What every teacher should know.* Boston: Heinle & Heinle.

Oxford, R., Crookall, D., Cohen, A. D., Lavine, R. Z., Nyikos, M., & Sutter, W. (1990). Strategy training for language learners; Six situational case studies and a training model. *Foreign Language Annals, 22*, 197-216.

Oyama, S. C. (1976). A sensitive period for the acquisition of a phonological system. *Journal of Psycholinguistic Research, 5*, 261-283.

Paribakht, T. (1985). Strategic competence and language proficiency. *Applied Linguistics, 6,* 132-146.

Patkowski, M. (1980). The sensitive period for the acquisition of syntax in a second language. *Language Learning, 30*, 449-472.

Pawley, A., & Syder, F. (1983). Two puzzles for linguistic theory: nativelike selection and nativelike fluency. In J. Richards & J. Schmidt (Eds.), *Language and communication.* London: Longman.

Piaget, J. (1952). *The origins of intelligence in children.* NY: International University Press.

Pica, T. (1987). Second language acquisition, social interaction, and the classroom. *Applied Linguistics, 8*, 3-21.

Pica, T. (1988). Interlanguage adjustments as an outcome of NS NNS interaction. *Language Learning, 38*(1), 45-73.

Pica, T., & Doughty, C. (1985). Input and interaction in the communicative language classroom: A comparison of teacher-fronted and group activities. In S. M. Gass & C. Madden (Eds.), *Input in second language acquisition* (pp. 115-132). Rowley, MA: Newbury House.

Pica, T., Young, R., & Doughty, C. (1987). The impact of interaction on comprehension. *TESOL Quarterly, 21*(4), 737-758.

Pienemann, M. (1985). Learnability and syllabus construction. In K. Hyltenstam and M. Pienemann (Eds.), *Modelling and assessing second language acquisition.* Clevedon, Avon: Multilingual Matters.

Pimsleur, P. (1968a). Testing foreign language learning. In A. Valdman (Ed.), *Trends in language teaching.* NY: McGraw Hill Book Co.

Pimsleur, P. (1968b). *Language aptitude battery.* New York: Harcourt Brace & World.

Porter, J. H. (1977). A cross-sectional study of morpheme acquisition in first language learners. *Language Learning, 27*(1), 47-62.

Postovsky, V. A. (1974). Effects of delay in oral practice at the beginning of second language learning. *Modern Language Journal, 58,* 229-239.

Prator, C. H. (1967). *Hierarchy of difficulty.* Unpublished classroom lecture. University of California, LA.

Ravem, R. (1968). Language acquisition in a second language environment. *IRAL, 6*(2), 175-185.

Ravem, R. (1978). Two Norwegian children's acquisition of English syntax. In Hatch (1978a).

Richard, J. C. (1974). *Error analysis:* Perspectives on second language acquisition. Longman: Longman Group, Ltd.

Richards, J. C. (1971). A non-contrastive approach to error analysis. *English Language Teaching, 25*(3), 204-219.

Rivers, W. (1964). *The psychologist and the foreign language teacher.* Chicago: The University of Chicago Press.

Rivers, W. (1981). *Teaching foreign-language skills (2nd ed.).* The University of Chicago Press.

Rosansky, E. (1975). The critical period for the acquisition of language: Some cognitive developmental considerations. *Working Papers on Bilingualism*, 6, 10-23.

Rosansky, E. (1976). Methods and morphemes in second language acquisition research. *Language Learning, 26*(2), 409-425.

Sajavaara, K. (1981). *The nature of first language transfer: English as L2 in a foreign language setting*. Department of English. University of Jyvaskyla.

Savery, J., & Duffy, T. (1995). Problem based learning: An instructional model and its contructivist framework. *Educational Technology, 35*(5), 31-38.

Savignon, S. J. (1972). *Communicative competence:* An experiment in foreign-language teaching. Philadelphia, PA: The Center for Curriculum Development.

Savile-Troike, M. (1984). *The ethnography of communication.* Oxford: Basil Blackwell.

Saville-Troike, M. (1988). Private speech: Evidence for second language learning strategies during the 'silent' period. *Journal of Child Language, 15*, 567-590.

Scarcella, R. C. (1983). Discourse accent in second language performance. In

S. Gass & L. Selinker (Eds.), *Language transfer in language learning* (pp. 306-322). Rowley, Mass.: Newbury House.

Scarcella, R., & Krashen, S. (Eds.). (1980). *Research in second language acquisition*. Rowley, Mass.: Newbury House.

Schachter, J. (1974) An error in error analysis. *Language Learning, 24.*

Schachter, J. (1988). Second language acquisition and its relationship to Universal Grammar. *Applied Linguistics, 9,* 219-235.

Schmidt, R. (1983). Interaction, acculturation and the acquisition of communication competence. In N. Wolfson & E. Judd (Eds.), *Sociolinguistics and second language acquisition.* Rowley, Mass.: Newbury House.

Schumann, J. (1975). Affective factors and the problems of age in second language acquisition. *Language Learning, 25,* 209-236.

Schumann, J. (1976a). Social distance as factor in second language acquisition. *Language Learning, 26,* 135-143.

Schumann, J. (1976b). Second language acquisition: The pidginization hypothesis. *Language Learning, 26*, 391-408.

Schumann, J. (1978a). *The pidginisation process: A model for second language acquisition.* Rowley, MA: Newbury House.

Schumann, J. (1978b). The acculturation model for second language acquisition. In R. Gingras (Ed.), *Second language acquisition and foreign language teaching* (pp. 27-50). VA: Center for Applied Linguistics.

Schumann, J. (1980). The acquisition of English relative clauses by second language learners. In R. Scarcella & S. Krashen (Eds.).

Scovel, T. (1969). Foreign accents, language acquisition, and cerebral dominance. *Language Learning, 19*, 245-254.

Scovel, T. (1988). *A time to speak: A psycholinguistic inquiry into the critical period for human speech.* NY: Newbury House.

Seah, H. (1980). *Contrastive analysis, error analysis and interlanguage in relation to adult Chinese speakers learning English as a second language.* Unpublished doctoral dissertation. Simon Fraser University.

Sebba, M. (1997). *Contact languages: Pidgins and creoles*. Basingstoke: Macmillan Press.

Seliger, H. W. (1978). Implications of a multiple critical period hypothesis for second language learning. In W. Richie (Ed.), *Second language acquisition research* (pp. 11-19). New York: Academy.

Seliger, H. W. (1978). Implications of a multiple critical period hypothesis for second language learning. In W. Richie (Ed.), *Second language acquisition research* (pp. 11-19). New York: Academy.

Seliger, H., Krashen, S., & Ladefoged, P. (1975). Maturational constraints in the acquisition of second language accent. *Language Science, 36*, 2-22.

Selinker, L. (1972). Interlanguage. IRAL, 10(3), 201-231.

Sharwood Smith, M. (1991). Speaking to many minds: on the relevance of different types of language information for the L2 learner. *Second Language Research, 7*(2), 118-132.

Sheorey, R. (1986). Error perceptions of native-speaking and non-native speaking teachers of ESL. *English Language Teaching Journal, 40*, 306-312.

Slobin, D. I. (1973). Cognitive prerequisites for the development of grammar. In C. Ferguson and D. I. Slobin (Eds.), *Studies of child language development*. New York: Holt, Rinehart & Winston.

Slobin, D. I. (1979). *Psycholinguistics*(2nd ed.). Glenview: Scott, Foresman.

Snow, C. (1987). Relevance of the notion of critical period to language acquisition. In M. Bernstein (Ed.), *Sensitive period in development: An interdisiciplinary perspectives* (pp. 183-209). Hillsdale, NJ: Erlbaum.

Stenson, N. (1974). Induced errors. In J. Schumann & N. Stenson (Eds.), *New frontiers of second language learning*. Rowley, Mass.: Newbury House.

Stern, H. (1974). Achievements and problems. In Albert Valdmen (Ed.), *Trends in language teaching.* New York: McGraw-Hill.

Stevick, E. W. (1980). *Teaching languages: A way and ways*. Rowley, MA: Newbury House.

Stockwell, R. Bowen, J. D., & Martin, J. W. (1965). *The grammatical structures of English and Spanish.* Chicago: University of Chicago Press.

Swain, M. (1985). Communicative competence: Some roles of comprehensible input and comprehensible output in its development. In S. M. Gass & C. G. Madden (Eds.), *Input in second language acquisition*. Rowley (pp. 235-257). Rowley, Mass.: Newbury House.

Swain, M., & Lapkin, S. (1995). Problems in output and the cognitive process they generate: A step towards second language learning. *Applied Linguistics, 16*, 371-391.

Tarone, E. (1977). Conscious communication strategies in interlanguage: A progress report. In H. D. Brown, C. A. Yorio & R. C. Crymens (Eds.), *On TESOL '77* (pp. 194-203). Washington, DC: TESOL.

Tarone, E. (1980). Communication strategies, foreigner talk, and repair in interlanguage. *Language Learning, 30*, 417-431.

Tarone, E. (1982). Systematicity and attention in interlanguage. *Language Learning, 32*, 69-82.

Tarone, E. (1983). On the variability of interlanguage system. *Applied Linguistics, 4,* 143-163.

Tarone, E. (1985). Variability in interlanguage use: A study of style-shifting in morphology and syntax. *Language Learning, 35,* 373-403.

Tarone, E., & Yule, G. (1989). *Focus on the language learner.* Oxford: Oxford University Press.

Taylor, B. (1975). The use overgeneralization and transfer learning strategies by elementary and intermediate students of ESL. *Language Learning, 25*, 73-108.

Terrell, T. D. (1977). A natural approach to second language acquisition and learning. *Modern Language Journal, 61*(7), 325-337.

Terrell, T. D. (1982). The natural approach to language teaching: *An update. Modern Language Journal, 66*(2), 121-132.

Trahey, M., & White, L. (1993). Positive evidence and preemption in the second language classroom. *Studies in Second Language Acquisition, 15*(2), 181-204.

Tucker, G. R., Hamayan, E., & Genesee, F. H. (1976). Affective, cognitive and social factors in second language acquisition. *Canadian Modern Language Review, 32*(3), 214-226.

Vigil, A., & Oller, W. (1976). Rule fossilization: A tentative model. *Language Learning*, 26, 281-295.

Vygotsky, L. S. (1986). *Thought and language* (2nd ed.). Cambridge, MA: Wells, G. (1981). Becoming a communicator. In G. Wells et al. (Eds.), *Learning through interaction: The study of interaction development.* Cambridge: Cambridge University Press.

Wells, G. (1981). Becoming a communicator. In G. Wells et al. (Eds.), *Learning through interaction: The study of interaction development.* Cambridge: Cambridge University Press.

Wells, G. (1986). *The meaning markers: Children learning language and using language to learn.* London: Hodder and Stoughton.

White, L. (1987). Against comprehensible input: The input hypothesis and the development of second language competence. *Applied Linguistics, 8,* 95-110.

White, L. (1998). Getting the learners' attention: A typological input enhancement study. In C. Doughty & J. Williams (Eds.), *Focus on form in classroom second language acquisition* (pp. 139-155). New York: Cambridge University Press.

Whitman, R. (1970). Contrastive analysis: Problems and procedures. *Language Learning, 20*, 191-197.

Whitman, R., & Jackson, K. L. (1972). The unpredictability of contrastive analysis. *Language Learning, 22*, 191-197.

Wilds, C. (1962). *Time requirement for foreign language achievement*. Washington D.C.: Foreign Service Institute.

Wode, H. (1976). Developmental sequences in naturalistic L2 acquisition. *Working Papers in Bilingualism* (Toronto), 11, 1-31.

Young, R. (1988). Input and interaction. *Annual Review of Applied Linguistics, 9*, 122-134.

찾 아 보 기

ㄱ

ㅈ

ㅎ

저 자

정양수

충남대학교 영어영문학과 학사, 석사

미국 Stephen F. Austin State Univ. 석사

미국 Brigham Young Univ. 박사

현재 충남대학교 영어영문학과 교수

저 서

새로운 영어교수법(2003, 한신문화사)

영어교사를 위한 교사연구론(역)(2005, 경문사)

영어 교수·학습의 원리(2005, 한신문화사)

영어교육을 위한 미국 문화의 이해(2007, 충남대학교 출판부)

영어교사를 위한 영어교육(2010, 경문사)

현대 영어 교수·학습론

1판 1쇄 발행 _ 2013년 2월 28일

저 자 • 정 양 수

발 행 인 • 정 현 걸

발 행 • 신 아 사

인 쇄 • 예지인쇄

출판등록 • 1956년 1월 5일 (제9-52호)

주 소 • 서울특별시 은평구 녹번동 28-36번지 2F

전 화 • (02)382-6411 • 팩스 (02)382-6401

홈페이지 • www.shinasa.co.kr

E - MAIL • shinasa@chol.com

ISBN: 978-89-8396-790-9(93740)

정가 *14,000*원